동순태호 - 동아시아 화교 자본과 근대 조선

강진아(姜珍亞)

서울대학교 동양사학과를 졸업하고 도쿄대학에서 박사학위를 받았다. 경북대학교 사학과 부교수로 재직 중이다. 주요 저서로 『1930년대 중국의 중앙, 지방, 상인』(서울대출판부, 2006), 『문명제국에서 국민국가로』(창비, 2009)가 있으며, 역서로는 『소일본주의』(소화, 2002), 『미완의 기획: 조선의 독립』(소와당, 2009), 『베이징의 애덤 스미스』(길, 2009), 『다시 보는 동아시아 근대사』(까치글방, 2010) 등이 있다. 중국근현대사, 동아시아 비교경제사와 화교네트워크에 관심을 두고 연구하고 있다.

동순태호 – 동아시아 화교 자본과 근대 조선

Tongshuntai – Chinese merchant network
in East Asia and modern Korea

초판1쇄 2011년 12월 30일 | **초판2쇄** 2012년 7월 23일
지은이 강진아 | **펴낸이** 함인석 | **펴낸곳** 경북대학교출판부
출판등록 1973년 10월 10일 ㉣97호 | **주소** 대구광역시 북구 대학로 80번지
전화 053-950-6741~3 | **팩스** 053-953-4692 | **E-mail** press@knu.ac.kr
Homepage http://knupress.com

ISBN 978-89-7180-334-9 93910

값은 표지 뒷면에 있습니다.
파본은 바꾸어 드립니다.

동순태호 - 동아시아 화교 자본과 근대 조선

강진아

경북대학교출판부

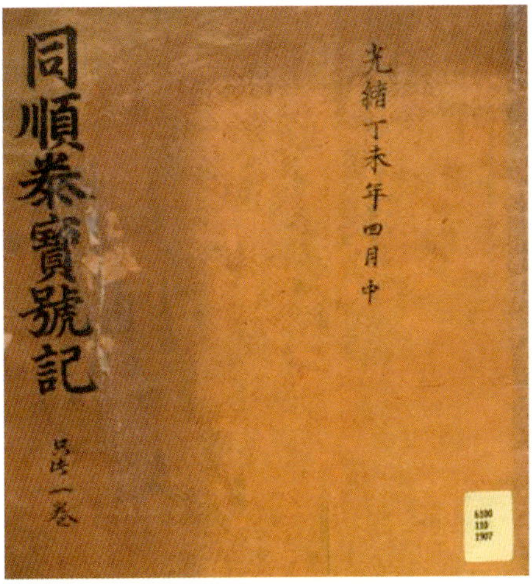

◉ 『동순태보호기』 표지(서울대학교 중앙도서관 제공)

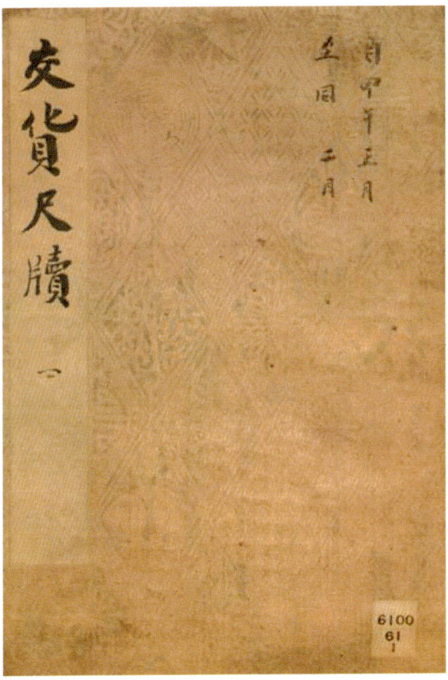

◉ 『동순태왕복문서[교화척독]』 표지(서울대학교 중앙도서관 제공)

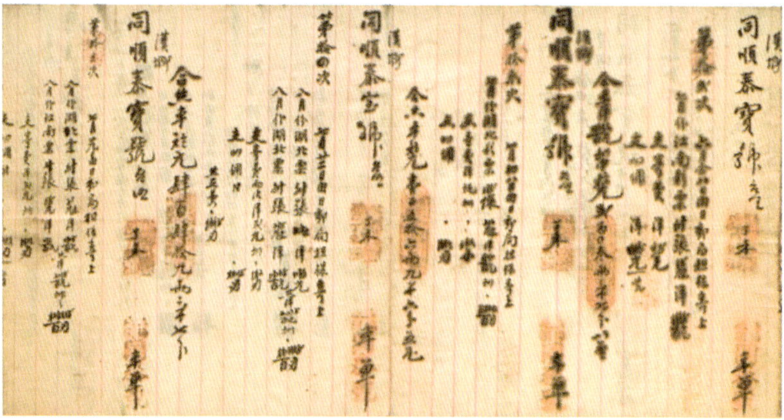

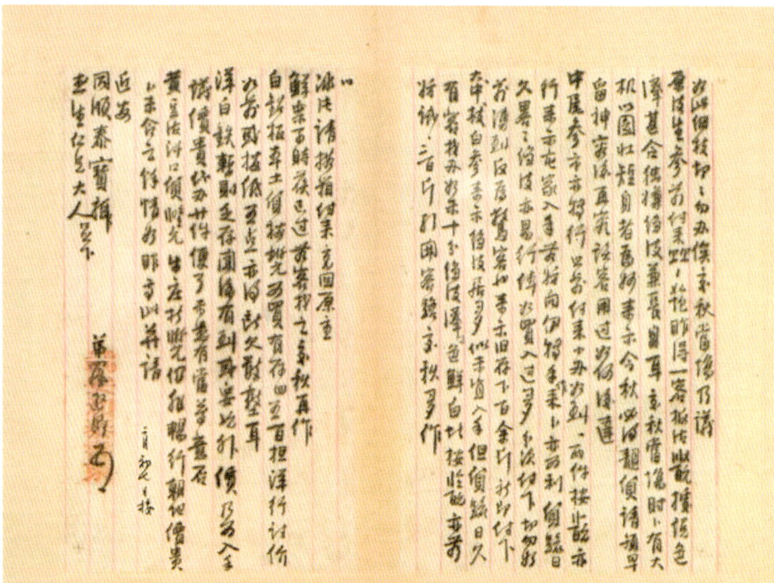

◉ (위) 『동순태보호기』 | (아래) 『동순태왕복문서』(서울대학교 중앙도서관 제공)

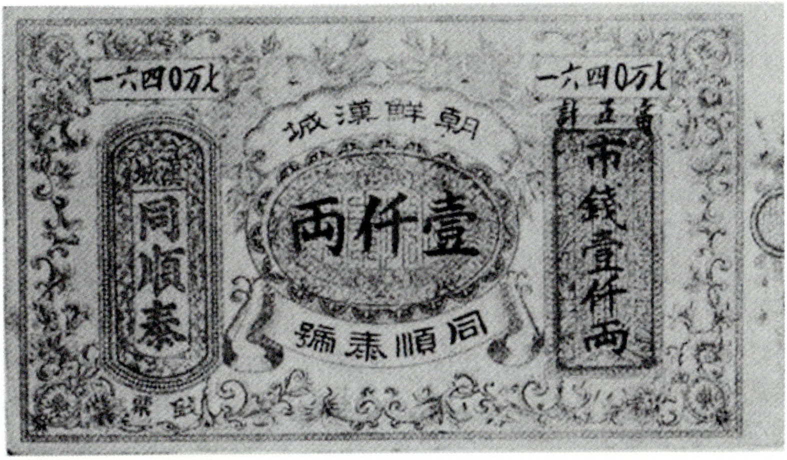

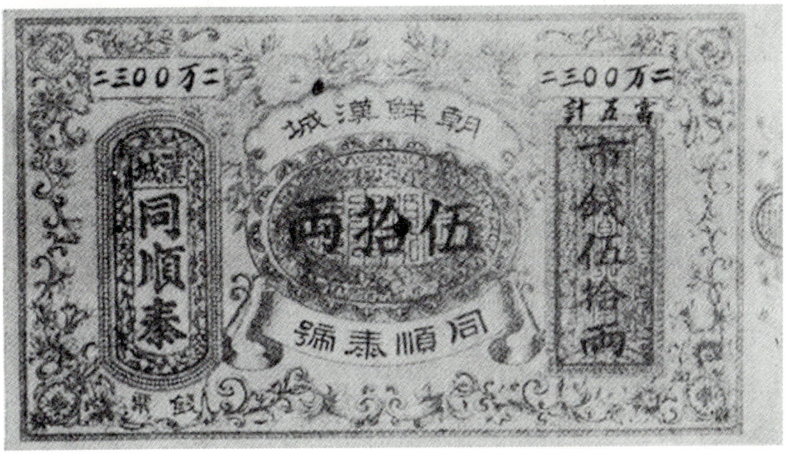

◉ (위) 동순태표 1천 량 | (아래) 동순태표 50량(인천 지방사 연구자 제공)

◉

(위 왼쪽) 동순태 후손들[좌에서 우로, 담계운(譚桂雲, 싱가포르), 담내성(譚乃盛, 타이뻬이), 담내훈(譚乃勳, 상해), 담내홍(譚乃鴻, 미국 LA)], 2005년(담영봉 씨 제공)
(위 오른쪽) 담걸생(담영봉 씨 제공)
(아래 왼쪽) 담걸생 9남 담정택(譚廷澤), 2005년(담영봉 씨 제공)
(아래 오른쪽) 담걸생의 증손 담영봉(Frank Tang) 씨와 저자, 2010년 산호세 공항에서

책을 펴내며

'한말과 식민지 시기 조선의 거부'라는 말에 중국인의 이름을 떠올리는 사람은 드물 것이다. 그런데 1923년에 서울시 개인납세액 1위는 담걸생(譚傑生, 1853~1929)이라는 중국인이었다. 담걸생은 19세기 말부터 20세기 초까지 조선에서 활동한 대표적 화교상점인 동순태호(同順泰號)의 경리(經理), 요즘 말로 CEO였다. 이 책은 세월에 묻힌 재한 화교계의 거부 동순태호 담걸생에 대한 이야기이다.

저자가 처음 동순태호를 알게 된 것은 1998년 즈음 일본에서 공부할 때였다. 지금은 이화여대 사학과에 재직하고 있는 정혜중 교수의 소개를 통해서였다. 우리는 도쿄대학의 하마시타 다케시(濱下武志) 교수의 지도 아래 한창 박사 논문을 준비하고 있었다. 당시 하마시타 선생님은 산서표호(山西票號)를 연구하는 정혜중 교수에게 재한 화상 동순태호의 장부가 서울대학교 규장각에 소장되어 있다며 한번 연구해 보지 않겠느냐고 권하셨다 한다. 산서표호는 청 말 오늘날의 은행 역할을 했던 상인집단이다. 그런데 조선 개항장에서 화상 활동이 활발해지면서 산서표호가 인천에도 지점을 두었다는 것이었다. 하마시타 선생님은 동순태호까지 시야를 넓혀 조선에서의 중국인 자본 유통 경로를 연구해 보길 바라셨던 것 같다. 하지만 정혜중 교수는 방대한 양의 산서표호 장부를 분석하느라 여유가 없다며 내게 나중에 기회가 되면 공부해 보라고 정보를 알려 주었다. 그때는 저자 역시 1930년대 중국 광동성(廣東省)의 경제정책으로 논문 구상을 마친 상태였다. 동순태호가 광동성 상인들의 상점이었기 때문에 흥미는 있었지만 관심은 딱 거기까지였다.

그러다가 2002년 성균관대학교 동아시아학술원에 연구교수로 재직할 당시 '동아시아와 한국'이라는 주제로 공동연구를 진행하게 되면서, 예전의 동순태호에 관한 기억을 다시 끄집어내게 되었다. 그리고 그것이 동순태호라는 화교 상인을 추적하는 작업의 출발점이 되었다.

그 과정은 힘들기는 하지만 보람이 있고 재미도 충만했다. 처음에 규장각 문서를 접할 때는 수기(手記)로 작성한 문서를 해독하기가 어려워, 먼저 동순태호와 담걸생에 관한 단편적인 기록부터 신문과 한국사통합시스템에서 수집했다. 한편으로 초행서(草行書)로 작성된 문서 읽기도 무작정 시작하였다. 초기에 모르는 글자가 나오면 달려가서 괴롭힌 분이 경북대학교 한문학과 황위주 교수이다. 조선 시대 초서 전문가이신 황위주 선생님은 바쁘신 와중에도 이웃 학과 신임교수의 불시 습격을 탓하지 않고 최대한 도와주셨다. 새삼 감사드린다.

이렇게 동순태문서가 조금씩 읽히게 될 무렵, 자료를 수집하는 과정에서 서울대학교 중앙도서관 고문헌자료실에 학계에 아직 알려지지 않은 또 다른 동순태문서가 대량으로 소장되어 있음을 알게 되었다. 그때의 기쁨은 둘째를 얻었을 때와 거의 비슷했다. 좋은 일은 겹쳐서 생긴다고, 마침 저자와 비슷한 시기에 동순태호 연구를 시작한 일본 사가대학(佐賀大學)의 이시카와 료타(石川亮太) 교수가 규장각 연구원 자격으로 한국을 방문했다. 신촌의 한 커피숍에서 처음 만난 우리는 서로의 '내공'을 겨루면서도 아무도 관심을 기울이지 않았던 이 분야에 매료된 사람끼리 의기투합했다. 그리고 새로운 자료를 공유하고 문서를 해독하는 윤독회를 몇 달간 지속하게 되었다. 중국사에 강한 저자와 한국사에 강한 이시카와 교수, 지금은 싱가포르대학 박사과정에 화교사(華僑史) 전공으로 진학한 경북대 사학과의 김종호 군이 무더운 여름날 매주 규장각에서 만나 성실히 한 자 한 자 윤독을 이어 갔다. KTX 비용이 만만치 않았지만 성과는 컸다. 각자 전공이 달랐기 때문에 서로 배우는 것이 많았고, 이시카와 교수는 저자보다 먼저 동순태문서를 해독하고 우수한 논문을 발표해 오고 있었기 때문에 문서 해독과 해석에 결정적인 도움을 주었다.

이시카와 교수가 귀국한 후에는 동순태문서 윤독회에 몇 명의 대학원생과 또 다른 관심 있는 한국사 연구자들이 돌아가면서 참가했다. 모임은 저자가 연구년을 떠나기 전인 2009년 말까지 경북대학교 대학원동 연구실에서 계속되었다. 그 과정에 윤독회에 짬짬이 참여한 동북사범대학(현재는 요녕대학으로 옮김)의 권혁수 교수는 문서 독해에서뿐 아니라 훗날까지 연구 전반에 큰 도움을 주었다. 또 당시 윤독회 고정 멤버였던 경북대 영남문화연구원의 김혁 교수는 조선시대 고문서 전문가로서 윤독 중에 읽기 힘든 초행서체가 나오면 늘 해답을 주시곤 했다. 모두 이 졸저의 공헌자이다.

2010년 1월부터 저자는 LG연암재단 해외파견교수로 선발되어 캘리포니아 어바인 대학(University of California, Irvine)에서 1년간 공부하게 되었다. 파견 목적은 동아시아 중심의 새로운 지구사(地球史) 연구에 관해서 미국 학계의 현황을 파악하고 정리하는 것이었다. 그런데 이 미국행에서 동순태호 연구와 관련하여 뜻하지 않은 수확을 얻었다. 중국의 권혁수 교수로부터 담걸생의 증손이 캘리포니아에 살고 있다는 이메일이 날아온 것이다. 전해 받은 전화번호로 저자는 문제의 증손 담영봉(譚永鋒) 씨와 연락을 했고, 담영봉 씨가 실리콘밸리의 구글(Google) 본사에서 엔지니어로 근무하고 있으며 증조부인 담걸생의 행적에 관심을 가지고 자료를 모아 왔다는 것을 알게 되었다. 담영봉 씨는 담걸생의 유산상속인으로 지정된 구남(九男) 담정택(譚廷澤) 씨가 남긴 회고록을 제공했다. 이 자료는 담걸생의 자녀와 가족 관계, 1920년대 중후반부터 조선을 떠나기 전의 동순태호 상황을 이해하는 데 많은 도움을 주었다. 또 손자에 해당하는 세대가 아직 대만, 상해, 홍콩, 싱가포르, 미국에 흩어져 살고 있다는 것도 알았다.

이 책은 이러한 학문적 여정의 결과물로, 지난 몇 년간 발표해 온 재한화상 동순태호에 관한 연구를 모아서 펴낸 것이다. 언뜻 보면 먼 나라에 와서 거부를 일군 백만장자에 대한 다이내믹한 보고서로 대단히 흥미로울 것 같은데, 실상 내용을 보면 전문적이고 사회경제사 연구답게 딱딱하다. 또 내용 역시 채운 것보다 부족한 것이 더 많다. 동순태문서는 상업서간만 약 3천 통, 그 외 장부자료까지 더하면 수천 페이지에 달하는 방대한 양을 자랑하는데 저자는 아직 일부분밖에 보지 못했다. 또 원래대로라면 세계 각지에 흩어져 있는 담가의 후손들을 만나서 인터뷰도 하고, 광동성 고요현에 매장했다던 담걸생의 묘에도 찾아가고 싶었다. 그렇지만 기왕의 성과라도 모아서 출판해 보자는 주위의 권유가 마음을 흔들었다.

출판을 결심한 또 다른 이유는 그간의 논문들이 공부가 진행되면서 하나씩 발표되다 보니 상호 모순되는 내용도 있고 훗날 보아서 오류인 기술도 적지 않아, 논문이 계속 유통되는 시점에서 적절한 수정이 필요하다고 생각했기 때문이다. 책으로 나온 글 중에는 편집자의 이해 불가한 실수로 페이지가 섞여 버린 경우조차 있었다. 이런저런 이유로 글 전반을 손볼 필요가 생겼다. 마지막으로 부족한 상태에서 책으로 묶게 된 것은 앞으로 동순태문서를 이용한 연구나 동순태호 연구가 국내에서 더욱 활발해지기를 바라는 마음에서이다. 이 글이 현재까지의 연구 수준만을 반영하는 것이라 할지라도 밟고 올라가는 디딤대로서의 역할은 해 주리라 믿는다. 이 책에서 앞으로 발견될 오류나 잘못을 후학이 교정해 주고 질정해 준다면 먼저 연구를 시작한 사람으로서 기쁘게 받아들이고 싶다.

이 책 각 장의 저본이 된 논문은 다음과 같다. 먼저 제2장은 「근대 동아시아의 초국적 자본의 성장과 한계 - 재한화교기업 동순태의 사례 - 」(『경북사학』 27, 2004), 제3장은 「광동네트워크와 조선화상 동순태」(『사학연구』 88, 2007), 제4장은 「근대전환기 한국화상의 대중국무역의 운영방식 - 《동순태보호기(同順泰寶號記)》의 분석을 중심으로 – 」(『동양사학연구』 100, 2008), 제5장은 「한말(韓末) 채표업(彩票業)과 화상(華商) 동순태호 – 20세기 초 동아시아 무역 네트워크와 한국 – 」(『중국근현대사연구』 35, 2008), 제6장은 「동순태문서를 통해 본 근대전환기 조선화상의 타자인식」(동북아역사재단 주최 국제학술회의 "역사적 관점에서 본 '동아시아세계'의 아이덴티티와 다양성", 2009)이다. 이 외에 중국 광주(廣州)의 중산대학(中山大學)에서 열린 국제학술대회 발표문인 "조선화상 동순태문서로 본 근대 조주산(潮州産) 당류(糖類)의 유통"(第八屆潮學國際硏討會, 2009) 및 「중일(中日) 무역마찰의 전개와 조중(朝中)관계의 변화」(『근대전환기 동아시아 속의 한국』 성균관대학교출판부, 2004), 「식민지 대만과 조선의 대중무역 구조 비교」(『대구사학』 81, 2005), 「동아시아경제사연구의 미답지 – 서울대학교 중앙도서관 고문헌자료실 소장 조선화상 동순태호 관계문서 – 」(『동양사학연구』 100, 2007)를 적절히 참고하여 포함시켰다. 또 「이주와 유통으로 본 근현대 동아시아 경제사」(『역사비평』 79, 2007)는 서장과 종장에서 나누어 재정리하였다.

책을 내려니 고마운 사람 천지이다. 어느 누구보다도 앞서 이시카와 료타 교수, 권혁수 교수께 다시 한 번 깊은 감사의 말씀을 올린다. 앞으로도 "동학(同學)"으로 늘 함께할 수 있기를 바란다. 서울대학교 중앙도서관 고문헌자료실은 원래 복사가 불가능했던 동순태 자료들을 화상파일로 만드는 비용을 저자가 부담하는 조건으로 자료 복사본을 제공해 주었으며, 소장 자료의 이미지를 책에 쓸 수 있도록 관대하게 허락해 주었다. 그 과정에서 서울대 도서관과의 교섭을 담당해 준 서울대학교 동양사학과 구범진 교수께 큰 신세를 졌다. 그리고 런던 국립공문서관(National Archives)은 해당 시기 동순태호의 활동에 관한 귀중한 자료들을 저자가 찾아낼 수 있도록 훌륭한 환경을 제공해 주었다. 런던 자료는 동순태문서나 신문 자료에서 찾을 수 없는 정보를 다수

제공했다. 런던공문서관 바로 옆에 숙소를 알선해 주고 매일 공문서관 출퇴근 길을 함께해 준 교토대학 무라카미 에(村上衛) 교수 역시 감사 리스트에서 뺄 수 없다. 덕분에 열흘 남짓의 시간을 대단히 효율적으로 이용할 수 있었다. 도쿄대학의 요시자와 세이치로(吉澤誠一郞) 교수는 저자의 도쿄 동양문고 방문 때 가까운 산죠회관에 숙소를 마련해 주었다. 이 방문에서 딱 원하던 자료를 찾았다. 상해(上海) 자료여행에서는 저자의 경제사 연구를 늘 격려해 준 복단대학(復旦大學)의 주인꾸이(朱蔭貴) 교수와 상해사회과학원 자료를 열람하도록 도와준 쑹짠요우(宋鉆友) 교수께 특별한 도움을 받았다. 동순태호 연구를 발표하도록 홍콩대학에 초청하여 쑹짠요우 교수를 만나게 해 준 리페이더(李培德) 교수, 이시카와 교수의 연구를 처음 소개해 주고 늘 학문적 자극을 주는 오카모토 다카시(岡本隆司) 교수, 탁월한 화교사 연구로 학덕(學德)을 입고 있는 재일학자 이정희 교수께도 감사 인사드린다. 탈고 과정에서 경북대학교 전상욱 군은 한글 전용으로 본문을 수정하는 데 도움을 주었으며, 김종호 군은 교정과 그림 작성을 도와주었다. 출국 전까지 아낌없이 도와준 김종호 군에게 앞으로 싱가포르에서 세계적인 화교 연구자로 성장하기를 축원하고 싶다.

그리고 담정택 회고록을 소개해 주고 담가의 후예들을 일일이 정리해 준 담영봉 씨께 마음으로부터 인사를 하고 싶다. 지난 해 가을 산호세(San Jose) 공항에서 담영봉 씨와 나눈 따뜻한 악수는 100년의 세월을 건너뛰어 연구 대상과 마주하는 놀라운 경험으로 남아 있다. 역사학자로서 감개무량한 순간이었다. 끝으로 학술서 출판이 갈수록 어려워지는 엄혹한 환경 속에서 자칫 표류할 뻔했던 원고를 멋진 책으로 엮어 주신 경북대학교출판부와 교열에 힘써 주신 김용훈, 박인경 두 분께 마지막 감사를 돌린다.

2011년 12월 복현골에서

목차

책을 펴내며 · 9

일러두기 · 18

서장 재한 화교사 연구와 동순태문서 19

1. 화교사 연구와 근대 전환기 조선 · 19
2. 변경의 역사 : 조선 화교사 · 33
3. 동순태문서(同順泰文書) 소개와 이 책의 구성 · 50

제2장 동순태호의 역사 59

1. 한말 화상의 조선 진출과 동순태의 성립 · 59
2. 대청차관(對淸借款)과 동순태 · 69
3. 청일전쟁 이후 동순태의 자본 확장 · 79
4. 1920년대 중반 이후 동순태의 쇠락과 철수 · 97
5. 동순태호의 철수와 해방 후의 에피소드 · 103

제3장 동아시아 역내의 광동네트워크와 동순태호 113

1. 동순태문서로 본 광동(廣東)네트워크(Canton-Network) · 113
2. 광동네트워크의 정치적 성격과 구성 원리 · 124
   1) 상해 광조방(廣肇幇)과 조선 · 124
   2) 광동네트워크의 구성 원리 : 가족, 동향에서 동업자로 · 133

제4장 『동순태보호기』로 살펴본 1907년 한중무역의 존재 형태 149

1. 동순태와 『동순태보호기』 · 149

1) 『동순태보호기』에 나타난 교역네트워크 · 149

2) 『동순태보호기』로 본 정미년(1907년)의 교역량과 한중무역의 운송로 · 160

2. 『동순태보호기(同順泰寶號記)』의 기재 방식과 결제 방식 · 172

1) 화물 발송장과 채표 발송장의 기재 방식 · 172

2) 결제 방식의 다양성 : 상관행(商慣行)과 잡종화폐(雜種貨幣) · 179

3. 조선 대외무역의 결제화폐와 한중무역 · 197

제5장 동순태호와 한말 복권 사업 211

1. 청 말 근대적 채표업의 흥기 · 211

2. 한말(韓末) 채표영업(彩票營業)과 재한화상 · 217

1) 『황성신문』의 채표광고(彩票廣告) · 217

2) 동순태호의 우세와 그 원인 · 222

3) 한말 채표상의 성격과 1903년의 광고 중단 · 229

3. 중국 채표시장의 판도 변화 · 233

4. 『동순태보호기』에 나타난 정미년 중국 채표의 수입 · 243

제6장 동순태호의 눈에 비친 근대 조선과 타자인식 255

1. 동향의식과 국민의식의 경계 · 255

2. 정치(政治)와 치부(致富) 사이 · 263

3. 청일전쟁을 바라보는 이중의 시선 · 275

종장 동아시아사를 다시 생각한다 280

조선 화교사 관련 연구문헌 목록 · 287 / 중문요약 · 295 / 찾아보기 · 297

표 목차

〈표 1-1〉 한말 주요 개항장의 설치 연도·36
〈표 1-2〉 조선 화교인구의 변화(1883~1945년 해방 직전)·36
〈표 1-3〉 서울대 규장각 소장 동순태 관련 문서·51
〈표 1-4〉 서울대 고문헌자료실 소장 동순태 관련 문서·52
〈표 2-1〉 동순태차관(1, 2차) 상환 내역·72
〈표 2-2〉 조선과 중국의 무역(1883~1934년)·87
〈표 2-3〉 1923년 한성 개인 최고 납세액의 비교·95
〈표 3-1〉 『동태래신』의 국내 발신자와 지역 분포·114
〈표 3-2〉 『동태래신』, 『동순태왕복문서』의 국외 발신/수신자와 지역 분포·115
〈표 4-1〉 『동순태보호기』 각 문서 내역·150
〈표 5-1〉 『황성신문』의 광고에 나타난 중국 채표의 판매 현황·219
〈표 5-2〉 강남의진채표의 발행 규모·234
〈표 5-3〉 임인년(1902년) 호북표의 발매 현황·242
〈표 5-4〉 『동순태보호기』 내 채표 발송문서 내역·244
〈표 5-5〉 채표의 종류별 수량과 가격·245
〈표 5-6〉 종류별 채표의 수입 수량 추이·245

그림 목차

〈그림 2-1〉 통혜공사 한양호 개통 영문 광고지·75
〈그림 2-2〉 동순태표 50량권과 1천 량권·83
〈그림 2-3〉 동순태호의 조선 철수를 알리는 신문기사·105
〈그림 2-4〉 담걸생의 구남(九男) 담정택 말년의 모습·109
〈그림 2-5〉 담정택 회고록의 표지·109
〈그림 2-6〉 담걸생의 손자들·110
〈그림 2-7〉 담걸생의 증손 담영봉 씨와 저자·110
〈그림 2-8〉 담걸생 가계도·111
〈그림 4-1〉 당강의 교역네트워크·159
〈그림 4-2〉 정미년(1907년) 화물 및 채표 발송장 총액의 추이·161
〈그림 4-3〉 정미년(1907년) 화물 발송장 총액의 추이·161
〈그림 4-4〉 정미년(1907년) 채표 발송장 총액의 추이·161
〈그림 4-5〉 상해 양리(洋厘)의 변화(1907년)·191
〈그림 4-6〉 일본의 은원(銀元) 주화·203
〈그림 4-7〉 일본 제일은행권·204
〈그림 4-8〉 멕시코 달러, 즉 묵은(墨銀)·204
〈그림 4-9〉 여러 가지 은정(銀錠)·205
〈그림 4-10〉 조선 동전·206
〈그림 5-1〉 1899년 발행한 강남의진채표(江南義賑彩票)·213
〈그림 5-2〉 호북첨연채표(湖北籤捐彩票)·216
〈그림 5-3〉 동순태호 최초의 『황성신문』 채표광고·224
〈그림 5-4〉 동순태호의 『황성신문』 강남채표 1등 당첨광고·226
〈그림 5-5〉 동순태호의 『황성신문』 한국인 교주채표 4등 당첨광고·228
〈그림 6-1〉 동순태호 네트워크를 통한 청과 주한파견기관의 송금·271

일러두기

1. 본문은 한글 전용으로 하고 한자어를 괄호 안에 병기하였다. 단 본문 안에 사료의 부분 인용으로 굳이 한글 독음이 필요없는 경우는 한자만 노출하였다.
2. 각주 및 출전에는 한자를 노출하여 표기하였다.
3. 중국 인명과 지명은 대체로 신해혁명 이전에 해당하므로 한글 독음으로 통일하였다.
4. 일본 인명과 지명은 일본어 독음으로 표기하였다.
5. 본문 안에 나오는 해당 시기의 금액 단위는 량(兩)과 원(元)이 있으며, 량은 조선 량이 아니라 중국 은량(銀兩)이다. 화폐 단위로서 원은 圓, 元, 円, silver dollar과 통용되며, 화폐 명으로 元은 洋과 통용된다. 예를 들어 銀元, 洋銀은 같은 말이며, 日元(일본 은원)은 日洋과, 墨元(멕시코 은원)은 墨銀, 墨洋과 같은 말이다. 자세한 내용은 제4장을 참조.
6. 국명과 지명 중에 조선(한국, 대한제국, 남북한)과 서울(한성, 경성)처럼 해당 시기에 명칭이 계속 바뀌는 경우는 시기와 문맥에 따라 적절히 변경하여 사용하였다.

서장

재한 화교사 연구와 동순태문서

1. 화교사 연구와 근대 전환기 조선

동순태호는 근대 전환기 조선에서 무역을 주름잡고 정관계를 아우르며 맹활약한 화교 상점이었다. 1892년에는 비록 명의만 빌려주었다고 하지만 일개 상점으로서 조선 정부에 차관까지 하였으므로 한국 근대사 연구자들에게는 "동순태차관"이란 이름으로 어느 정도 알려진 존재이기도 하다. 그렇지만 전공자 이외에는 놀라울 정도로 동순태호는 조선근대사에서도 중국근대사에서도 잊혀 버렸다. 그 이유는 무엇일까? 첫째로 역사 연구 자체가 그간 일국사의 틀에 갇혀 소수자인 이민자 그룹에 관심을 두지 않았기 때문이다. 두 번째로는 근대 조선 사회에서 외세나 외국자본의 연구가 일본 및 일본 자본에 집중되었기 때문일 것이다. 청일전쟁의 패배로 조선에서 청의 정치력이 급감하고 궁극적으로 조선이 일본의 식민지가 되었으므로, 학문적 관심이 일본 자본에만 쏠린 것은 자연스러운 현상이기도 했다.

따라서 오늘날 동순태호가 재조명되기 시작한 것은 이와 같은 두 가지 상황이 바뀐 것, 즉 일국사 연구의 탈피와 일본 중심의 탈피가 이뤄지고 있음을 말한다. 그러한 전환에는 역사학 전반의 학문적 변화와 대국으로 부상한

중국이라는 현실적 환경 변화가 둘 다 작용하고 있다. 화교에 대한 근년의 학문적 관심은 동아시아사와 세계사의 흥기와 깊은 관련이 있다. 또한 동아시아 지역경제권의 비약적 성장과 중국 경제의 부상은 경제 세력으로서 또 월경적(越境的) 디아스포라로서 화교를 주목하게 한 현실적 배경이다.

화교 연구는 인류학, 사회, 문화, 정치경제 제 방면에서 다양하게 전개되고 있는데, 저자가 줄곧 관심을 가지고 있는 주제는 좁게는 동아시아 경제, 넓게는 세계 경제의 변천 과정에서 화교의 역할과 지위 변동이다. 이 책은 그 일환으로 조선의 동아시아 경제 내지 세계 경제 편입과정에서 화교의 활동을 다룬다. 오늘날 각 학문 영역에 걸친 화교 연구의 현황을 개괄하는 것은 저자의 역량과 관심을 뛰어넘는 일이고, 여기에서는 사회경제사 영역에 한정하여 화교사 연구의 등장 배경을 살펴보고 그 속에서 조선 화교의 특수성을 살펴보겠다.

화교 연구는 지난 20여 년간 성장해 온 세계경제사 및 동아시아경제사의 맥락에서 위치 지을 수 있다. 근대 이후 한 지역 혹은 한 국가의 변화를 그 분석 단위 내에서의 변수와 재편만으로 설명하는 것은 어불성설이 되었다. 특히나 자본주의의 세계화 과정이 본격화된 근대에서 경제사 서술을 일국사 수준에서 완결 짓는 것은 거의 불가능에 가깝다고 할 수 있다.

그럼에도 여전히 조선경제사, 일본경제사, 중국경제사라는 식으로 서술 단위가 바뀌지 않고 있는 것은 막상 지역이나 국가 단위를 벗어난 서술을 어떻게 해야 할지에 대한 방법론적 고민과 돌파가 필요했기 때문이다. 일국경제의 병렬이 아닌, 경제행위가 발생하고 상호영향을 미치며 구성 지역의 사회구조를 변화시키는 유기적 공간으로 동아시아와 세계를 파악하면서, 그 역사 서술의 구체적인 사례로 화교와 화교 자본에 관한 관심도 높아지게 되었다. 이러한 관점의 연구는 계속 축적되고 있는 중이지만 지금까지의 동아시아 및 세계 경제사 관련 연구들을 몇 가지로 범주화하여 화교 연구와의 관련성을 살펴보면 다음과 같다.

첫 번째로, 동아시아 내부의 경제적 역량과 광역적인 교역네트워크의 발전을 재평가하는 연구경향이 있다. 이른바 캘리포니아 학파로 불리는 웡(R. Bin Wong), 포머란츠(Kenneth Pomeranz), 그리고 후기종속이론가로서 중국 중심의 세계체제론을 주장한 프랑크(A.G. Frank) 등의 작업을 대표적으로 꼽을 수 있다.[1] 이 새로운 학문경향은 세계사와 근대의 형성을 16세기 이래 유럽의 세계팽창과 유럽 근대문명의 지구적 확대과정으로 여겨 왔던 통설을 비판한다. 나아가 동아시아(내지 아시아)의 시각에서 세계사를 새로 쓴다. 세 사람의 연구가 입을 모아 강조하고 있는 것은, 근대 이전 동아시아 지역의 높은 경제발전 수준과 방대한 양의 인적·물적 교류가 이뤄진 지역경제 네트워크이다. 여기에서 특히 강조되는 지역경제의 주체는 중국 상인[華商]과 화교(華僑), 인도 상인[印商]과 인교(印僑)이다.

두 번째로는 일본 학계의 동아시아 및 아시아 무역네트워크 연구가 있다. 특히 하마시타 다케시(濱下武志)의 조공무역체제론, 가와카츠 헤타(川勝平太)의 쇄국체제하 일본 근세경제사 연구, 스기하라 가오루(杉原薰)의 아시아간 무역론은 각국사의 범주를 넘어 지역사로서 동아시아사 내지 아시아사의 가능성을 제기하는 데 큰 역할을 했다. 첫 번째 연구는 두 번째 연구의 영향을 크게 받았다. 다만 전자가 전근대 이전 유럽에 필적할 만한 아시아 경제를 재평가하는 데 주안점이 있다면, 후자는 전근대 동아시아(혹은 아시아) 지역

1) R. Bin Wong, *China Transformed : Historical Change and the Limits of European Experience*, Cornell Univ. Press, 1997; Kenneth Pomeranz, *The Great Divergence : China, Europe and the making of the modern world economy*, Princeton University Press, 2000; Andre Gunder Frank, *ReOrient : global economy in the Asian Age*, University of California Press, 1998. 캘리포니아 학파에 관해서는 Patrick Manning, "Introduction", AHR Forum : Asia and Europe in the World Economy, *American Historical Review*, vol. 107-2, April 2002 참조.

경제 네트워크와 근대 이후 동아시아(혹은 아시아) 지역경제 네트워크의 연속성을 강조하여, 19세기 중반 서구에 의한 개항으로 비로소 근대가 개시되었다는 통설을 비판하는 데 주력한다.

두 번째 범주의 학자 중에서도 하마시타 다케시는 동아시아 지역경제권의 전통적 유통 담당자는 화상(華商)이었고, 개항 이후 서구 자본과 근대화에 성공한 일본 자본도 화교의 배급네트워크에 의존해야 했다고 주장했다. 그런 의미에서 하마시타는 동아시아의 개항은 동아시아가 세계경제에 피동적으로 편입된 것이 아니라, 오히려 서구자본이 동아시아 경제권에 "참여해 들어간(參入)" 것이었다고 말한다.

세 번째는 근대 전환기 동아시아 자본주의의 성장 경로를 동아시아(내지 아시아)의 지역적 상호영향 속에서 재해석하는 연구들이다. 이 발상에는 근대 전환기, 나아가 20세기 일국의 자본주의 성장은 국내적 조건만으로는 설명할 수 없고, 동아시아 타 지역의 자본주의와 세계 자본주의의 운동 속에서 종합적으로 설명할 수 있다는 무언의 전제가 있다. 그에 따라 근대 전환기와 20세기에 지역 헤게모니를 행사했던 일본 자본주의가 동아시아 각국 자본주의 발전에 미친 영향에 대한 적극적인 해석이 시도되었다.

식민지근대화론은 일본의 식민지지배가 한국 자본주의 발전에 중요한 역할을 했다는 결론만으로 비판의 대상이 되고 있지만, 넓은 의미에서 동아시아 경제사의 성과 중 하나로 볼 수 있다. 식민지가 아닌 중국에 대해서도 구미와 일본을 포함한 제국주의 자본이 중국 자본주의 성장에 미친 영향이 실증적으로 재검토되고 있다. 최근에는 근대 중국에 투자된 해외자본을 제국주의의 진출로 파악하지 않고 선진 산업기술과 노무관리를 소개·도입하는 등 중국의 근대화에 긍정적인 역할을 했다고 보아, 중국 민족자본과의 경쟁뿐 아니라 상생의 측면을 부각시키기도 한다. 중국 현지의 일본 면직공장인 재화방(在華

紡)에 대한 평가가 다변화한 것이 그 대표적인 사례이다. 다른 한편, 만주사 연구의 진전으로 만주에 일본이 건설한 산업유산이 어떻게 중국과 소련의 전후건설에 활용되는가에 대해서도 최근 연구가 나오고 있다.[2)]

물론 이러한 연구가 주로 일본학계에서 이뤄지고 있다는 점은 역사의 정치적 이용이라는 측면에서 우려되는 면도 없지 않다. 그러나 이 분야의 실증적 연구의 축적이 일국사의 틀에서는 잘 보이지 않던 다채로운 역사상을 드러낸 점도 부인할 수 없다. 아울러 조선에서 일본 자본에 대한 재평가와 마찬가지로, 1882년 이후 화상 및 일상의 조선 시장 '침투' 내지 '침탈' 역시 조선 경제와 동아시아 경제, 세계경제와의 결합 과정과 연관 지어 다각도에서 재검토될 여지가 있다.

끝으로 일국사의 역사서술에서 잘 보이지 않았던 월경적(越境的) 존재에 대한 연구이다. 연구가 가장 활발하고 축적된 성과도 가시화된 것이 '이동민(移動民)' 연구이다. 무라이 쇼스케(村井章介)는 중세부터 근세까지의 왜구(倭寇) 활동을 국경과 국적을 초월한 해상 상업세력으로 재해석했다. 또 바다를 삶의 터전으로 삼아 국경을 넘나들며 교류하고 살아온 이른바 '해민(海民)' 개념을 제기한 아미노 요시히코(網野善彦)와 같은 연구도 등장했다.

왜구가 중국인과 조선인을 다수 포함한 변경인의 집단이었다는 무라이의 주장에 대해서는 혼성의 규모나 시기에 대해 국내에서 반론이 제기되기도 했다. 또한, '해민' 개념은 원래 일본사의 해양지향성을 설명하기 위해 등장한 것이다. 그렇지만 결과적으로 이후 월경적 집단에 대한 학계 내외의 관심은 크게 증폭되었고, 대륙 국가를 자임하던 중국에서도 자국의 역사를 해양제국

---

2) 馬陵合, 「近代中國外債研究中的中外學者本位差距」『安徽師範大學學報(人文社會科學版)』 2006年 3期; 森時彦, 『在華紡と中國社會』京都大學學術出版會, 2005; 강진아, 「중국과 소련의 사회주의 공업화와 전후 만주의 유산」, 『현대중국연구』 8-1, 2006.

으로 재조명하는 책들이 쏟아져 나왔다. 중국사에서 명말청초의 정성공(鄭成功) 집단이나 명대부터 동남아시아로 대거 진출한 화교는 대표적인 해양중국의 사례들이다. 근대에 들어와서 월경적 존재는 '이주민(移住民)'이란 형태로 등장하는데, 이제는 화교, 인교(印僑)뿐 아니라 한교(韓僑)까지 포괄하여 근대 세계 속에서 디아스포라의 확대가 연구되고 있다.

이상 살펴본 네 가지 범주의 관심이 함께 만나는 영역이 다름 아닌 중국인 해외이주민, 즉 화교(華僑) 연구이다. 정리하자면 화교 연구의 활성화에는 오늘날 개혁개방 이후 뚜렷해진 중화경제권의 등장이 자극이 되었지만, 디아스포라 연구의 한 소재로서도 환영을 받았으며, 또한 동아시아 지역의 유통네트워크에 대한 이론적 연구가 진전되면서, 국제간 물류의 담당자로서 화교에 관한 관심 역시 크게 높아졌던 것이다.

이처럼 사회경제사 분야에서 화교 연구는 앞서 하마시타의 문제 제기에 이어, 화교를 구미자본이 주도하는 자유무역질서에 수동적으로 편입되는 것이 아니라, 능동적으로 근대에 적응하고 새롭게 전통적인 교역망을 발전시키는 아시아적 주체로서 재조명하고 있다. 하마시타 다케시(濱下武志) 외에도 후루타 가즈코(古田和子), 가고타니 나오히토(籠谷直人)와 같은 학자의 거시적 연구는 이미 학계에도 많이 알려져 있다.[3] 다른 한편으로 개별 국가나 개항장이 화교의 통상네트워크 속에 어떻게 편성되어 있었는가에 대한 실증 연구도 크게 진전되었다.[4] 화교 연구의 진척에 따라 화교 인구가 집중되어

---

3) 古田和子, 「上海ネットワークの中の神戸」『年報近代日本研究』 14, 1992; 古田和子, 「アジアにおける交易交流のネットワーク」平野健一郎　編, 『地域システムと國際關係』(講座現代アジア 4)東京大學出版會, 1994; 籠谷直人, 「1880年代のアジアからの"衝擊"と日本の反應」『歷史學硏究』 608, 1990; 籠谷直人, 「アジアからの"衝擊"と日本の近代」『日本史硏究』 344, 1991; 籠谷直人, 『アジア國際通商秩序と近代日本』 名古屋大學出版會, 2000.

4) 日本 長崎의 福建 籍貫 華商 泰益號에 관해서는, 山岡由佳와 廖赤陽의 專著를 비롯해 태익호의 최대 거래처였던 上海鼎記號와의 관계를 분석하여 근대재일화상의 상해무역을 분

있는 동남아시아 화교 외에, 일본, 조선, 대만 등 동아시아 지역 화교에 대한 연구도 늘어났다.

하지만 조선의 개항과 세계시장, 아시아시장으로의 편입, 그리고 그 과정에서 화상(華商)의 역할에 대해서는 아직도 그다지 연구가 많지 않다. 조선은 일본보다 20년 늦은 1876년에 개항했다. 지금까지 조선개항의 경제적 의미는 조선의 재래수공업에의 영향이나 일본 산업혁명과의 관련 등 생산 측면에 치우쳐 연구되었다고 할 수 있다. 물론 유통 측면에서도 영국제 면제품의 수입에 있어서 조선화상이 한 역할의 중요성은 일찍부터 지적되어 왔지만,[5] 조선화상에 대한 관심은 그들의 조선 내에서의 활동에만 치우쳐, 그 유통망이 조선 국외로 연계, 확대되는 과정에 주목하는 시각은 적었다. 그러한 가운데 1990년대 이후 동아시아론의 활성화와 더불어, 후루타 가즈코는 19세기 말 조선을 보다 광역적인 지역유통망 속에서 파악하고자 시도하였다. 후루타는 1880년대 나가사키 화상(長崎華商)의 상해(上海)-인천(仁川) 간 영국제품 중계무역에 착목하여, 조선 역시 고베와 마찬가지로 "상해네트워크"의 말단이라고 주장하였다. 1870~1880년대 조일무역(朝日貿易)이 조청무역(朝淸貿易)의 중계무역 성격이 강했다는 것은 다른 연구자들도 이미 지적했었다.[6] 하지만 후루타는 그 사실을 자신의 "상해네트워크"의 시점에서 다시 파악하고, 조일무역까지 시야에 넣은 동아시아 규모의 유통시스템을 구상했다.

석한 공동연구가 출간되기도 하였다. 山岡由佳, 『長崎華商經營の史的研究ー近代中國商人の經營と帳簿ー』 ミネルヴァ書房, 1995; 廖赤陽, 『長崎華商と東アジア交易網の形成』 汲古書院, 2000; 和田正廣, 翁其銀 共著, 『上海鼎記號と長崎泰益號-近代在日華商の上海交易』 中國書店, 2004. 古田와 廖赤陽의 책에 대해서는 국내에도 동아시아 교역론 전체에 대한 제언을 담은 뛰어난 서평이 있다(하세봉, 「"동아시아 교역권"론의 지평 확대」『중국근현대사연구』 10, 2000).

5) 北川修, 「日淸戰爭までの日鮮貿易」『歷史科學』 創刊號, 1932; 彭澤周, 「朝鮮市場をめぐる日淸の貿易競爭」『明治初期日韓淸關係の硏究』 塙書房, 1969.

6) 村上勝彦, 「植民地」大石嘉一郎 編 『日本産業革命の硏究』 下, 東京大學出版會, 1975.

이처럼 유통의 측면에서 개항 후 조선을 보다 광역적인 동아시아사 속에서 파악하려는 작업은 막 시작된 것에 불과하지만, 실증연구 성과가 없는 것은 아니다. 이시카와 료타(石川亮太)는 조선의 가공해산물 생산과 국제적 유통을 분석하여, 조선개항장의 일본 상인과 화상 활동에 수목하고 화상통상망의 동아시아적 확대를 논하였다.[7)]

조선은 1876년에 일본과 강화도조약을 맺으며 개항하여, 1882년 이후 청 및 서구 각국과도 통상조약을 체결하였다. 하지만 서구와의 직접 교역은 미미하여 직접적인 무역상대국은 사실상 청과 일본 두 나라에 한정되었다. 교역 담당자 역시 개항장에 진출한 일본상인과 청상(淸商) 즉 화상(華商)이었다. 즉 조선의 개항은 국제법적으로는 세계를 향해 문호를 연 것이었지만 경제적으로 보아 실질적으로 "아시아 역내시장"으로의 참가라는 성격이 매우 강했던 것이다.[8)]

청일전쟁 전까지 수출무역은 일관되게 대일무역이 압도적인 비중을 차지했지만, 수입무역 상대국은 일본에서 청으로 비중이 옮겨 가는 추세였다. 그 전환이야말로 조선에 화상이 진출하는 과정과 중첩되어 있으며, 당시 최대의 수입품이었던 영국제 면직물의 수입 경로 변화와 연관되어 있다. 일본 상인들은 동아시아의 물류 센터였던 상해에서 나가사키로 영국제 면포를 수입하여 조선에 재수출했는데, 청과 자유무역이 시작된 1880년대 중반부터 인천에서 활동하는 화상이 증가하면서 이들 화상이 상해에서 영국제 면포를 직접 인천에 수입해 조선에 팔기 시작했다. 그러자 일본 상인은 열세에 몰렸고, 청일전쟁

---

7) 石川亮太, 「19世紀末東アジアにおける國際流通構造と朝鮮一海産物の生産·流通から一」『史學雜誌』 109-2, 2000.

8) 1883년까지는 부산, 원산, 인천 3개 항이 개항장으로 지정되고, 전신망의 정비도 조선의 동아시아시장으로의 편입을 가속화하였다. 인천, 서울에는 1885년에 의주 경유로 상해와의 전신이 개통되었고, 1889년에 부산 경유로 일본과의 전신이 개통되었다(朝鮮總督府遞信局, 『朝鮮通信事業沿革史』 朝鮮總督府, 1914, p. 76).

직전에는 일본과 청 양국의 수입액이 거의 길항하기에 이르렀다.[9)]

조선화상의 대청무역에 대해 언급한 연구는 한국사에서 지금까지 적지 않게 있다.[10)] 이때 많은 경우 화상에 의한 대청무역(淸貿易)의 성황은 정치적 요인과 결부되어 설명되었는데, 주로 청 정부가 조선에 대한 개입을 강화한 것을 반영한 현상으로 이해했던 것이다. 실제로 청이 적자 노선인 상해-인천 정기항로를 조선에 대한 영향력 보존이라는 정치적 목적 때문에 조선화상들의 요청대로 유지했고, 청일전쟁에서 패하자 곧 포기해 버린 것만 보아도, 조선에서 화상의 발전은 정치적 요인을 빼고 생각하기 힘들다.

그렇지만 조선에서 화상 활동의 활성화는 이 시기 동아시아 전체에서 화상 활동이 팽창하는 현상의 일부분이기도 하였다. 당시 동아시아에서는 자유무역을 보장하는 제도적 기반이 확대함에 따라 조선뿐 아니라 전체적으로 화상 활동이 활발해지고 있었다. 그렇다면 조선에서 화상활동의 발전에는 조선, 청의 양국 간 관계의 심화와 광역적인 화상통상망의 확대 발전이 함께 작용하고 있었다고 볼 수 있다.

이와 같은 문제의식이 공유되면서 조선의 개별 화상에 대한 실증적 연구가 시작되는데, 그 대표적인 사례이자 아직까지 유일한 사례가 담걸생이 이끄는 조선 최대의 화교 자본 동순태호이다. 동순태호를 통해 개별 조선화상이 거래

---

9) 北川修, 「日清戰爭までの日鮮貿易」『歷史科學』 創刊號, 1932; 彭澤周, 「朝鮮市場をめぐる日清の貿易競爭」『明治初期日韓淸關係の硏究』 塙書房, 1969.

10) 譚永盛, 『조선말기의 청국상인에 관한 연구 - 1882년부터 1885년까지』 단국대학교 사학과 석사논문, 1976; 楊昭全, 孫玉梅 著, 『朝鮮華僑史』 中國華僑出版公司, 1991; 河明生, 「韓國華僑商業-1882~1897年迄のソウルと仁川を中心として」『(神奈川大學大學院經濟學硏究科)硏究論集』 23, 1994; 崔承現, 『韓國華僑史硏究-從「上國」國民到多層次認同』 北京大學歷史系 博士學位論文, 2000; 李玉蓮, 『근대 한국화교사회의 형성과 전개』 인하대학교 대학원 문학박사학위 논문, 2005. 이 외에, 인류학적 연구이지만 역사적 과정에 언급한 선구적 연구로 朴銀瓊, 『한국화교의 종족성』(한국연구원, 1986)이 있다. 조선 화교 연구의 동향에 대해서는 李正熙, 「韓國華僑硏究の現在と今後の課題」(『京都創世大學紀要』 3, 2003)를 참조.

처의 타 개항장 화상과 어떠한 관계를 맺었으며, 그것이 집계적인 무역구조 속에 어떻게 반영되어 있는지에 대한 연구가 가능했던 것은 세계 유일의 자료가 서울대학교 규장각과 서울대학교 중앙도서관 고문헌자료실에 남아 있었기 때문이었다. 2000년대부터 이시카와 료타 교수와 저자에 의해 동순태호에 관한 본격적인 연구가 시작되었다. 이시카와의 연구가 주로 1890년대를 대상으로 동순태호의 해외유통망의 면밀한 복원과 조선 상인과의 관계에 집중되어 있다면, 저자의 연구는 아시아 역내 자본의 이동에 따른 갈등 구조의 등장, 민족주의와 화교 자본 간의 관계에 관심을 두면서 조선 화교 자본의 성장과 한계를 설명하는 데 주된 관심이 있었다.[11]

저자의 이러한 관심은 경제 네트워크 연구에 경도된 일본학계의 연구 경향과 청의 대조선 정책이라는 정치적 접근방식에 경도된 한국학계의 연구 경향의 가운데에 위치해 있다고 하겠다. 개략적으로 훑어보았듯이 일본학계의 화교 연구에서 경제사적 연구 관점이나 디아스포라로 접근하는 연구 관점이 주류를 형성하고 있는 데 반해, 한국 학계의 화교 연구는 국제정치사적 접근이 두드러진다는 특징이 있다. 물론 한국 학계도 위에서 서술한 탈국가적(脫國家的)·월경적(越境的) 연구 경향이나 화교 경제권에 대한 관심 고조의 영향을 받고 있다. 하지만 한국학계에서 화교 연구가 재조명되고 있는 배경과 방식에는 한국만의 독자적인 맥락이 있다는 점을 특별히 지적하고 싶다. 그 점은 한국의 지정학적 특수성 및 조선 화교 형성의 특수성과 직결되어 있다.

19세기 말에서 20세기 초로 이어지는 세기 교체기에 한반도는 중국과 일본의 지역 내 패권 경쟁과 영국, 미국 및 러시아와 같은 서구열강의 세계전략의 영향을 압도적으로 받으며 휘둘려야 했다. 그리고 유사한 상황이 오늘날

11) 동순태호 연구의 성과 및 재한 화교에 관한 역사 연구는 부록으로 정리한 조선 화교사 관련 연구문헌 목록을 참고하기 바란다.

20세기 말에서 21세기 초로 이어지는 새로운 세기 교체기에 재현되며 착시현상을 불러일으키고 있다. 냉전 종료로 세계패권을 독점하는 듯 했던 미국이 걸프전과 재정위기를 겪으며 흔들리자, 일본은 지역 패권자로 미국 세계전략의 일익을 담당하며 동아시아 내 중국의 대국 부상을 견제하려 하였다. 한편 중국은 기록적인 경제성장을 자산으로 미일의 제휴를 다각적 외교로 효과적으로 따돌리며 지역패권은 물론 미국의 대체 권력까지도 노리고 있다. 소련 해체 이후 주춤했던 러시아는 에너지전쟁 시대를 맞이하여 석유와 천연가스를 한쪽에, 미국을 견제하는 구 사회주의 연대를 다른 한쪽에 포석으로 깔고, 중국과 사안에 따라 연대하며 동아시아 지역에도 영향력을 행사하려 한다.

한반도는 100년 전에도 '동양의 화약고', '동양의 발칸반도'였지만 오늘날에도 언제 세력 충돌의 장이 될지 모른다는 위기감이 짙게 깔려 있다. 지정학적 숙명처럼 느끼는 사람도 있고, 한반도 분단이 가져온 구조적 모순이라고 느끼는 사람도 있다. 6자회담 테이블을 보며 구한말 조선을 떠올리고 마는 착시현상은 두 시점의 한반도 상황이 판이함에도 불구하고 어느 정도 근거가 있는 것이다.

그런 의미에서 한국학계에서 화교 연구가 활발해지고 있는 것은 구한말 중국의 대조선 정책에 대한 관심이 고조되고 있는 현상과 맥이 닿아 있다. 그간 구한말 청의 '유사(類似) 제국주의적' 간섭은 일본이 결국 1910년 조선을 강제 병합하는 바람에 일본제국주의 침략사에 묻혀 있었는데, 오늘날 중국의 대국 부상과 북한에 대한 후견인과도 같은 보호, 북한에 대한 정치적·경제적 개입의 강화가 과거 100년 전의 중국과 조선에 대한 학문적 관심까지 끌어올리고 있는 것이다. 청의 정치적 개입의 한 측면으로 등장한 조선 화교 연구는 앞에서 봤던 탈국가적 디아스포라의 측면 외에도 대단히 정치적인 측면을 애초부터 가지고 있다.

이처럼 한국학계가 화교 문제를 보는 시각의 독특함은 분명히 어느 정도는 기존 화교 연구가 가진 맹점을 잘 지적하고 있다. 근대전환기 동아시아 교역구조에 관한 연구가 활발해지고 있음에도 불구하고 그 대부분의 연구 성과가 일본에서 나오고 있고, 그 때문에 부지불식간에 일본적인 시각에서 해석한 근대전환기의 동아시아 역내 무역구조론이 점차 정론화되고 있는 것이 사실이다. 이 연구들은 경제적인 수치분석에 치우쳐 식민지적 상황의 다양한 정치적 요소, 인종 간의 갈등과 충돌과 같은 사안을 도외시하고, 근대 교역망의 확대과정을 순수한 경제적 논리로 환치시키는 경향이 있다. 동아시아 역내유통망의 양적 확대가 때로는 바로 개별 각국 경제의 양적 성장으로 동일시되어 버리는 위험성을 포함하고 있는 것이다. 화교 자본의 동아시아적 확대는 조선, 중국 등 개별 지역의 정치적 상황 – 식민지, 혹은 "반식민지"라고 표현되기도 하는 – 과 분리하여 설명할 수 없으며, 그 과정에서 화상의 부침 역시 청의 대조선 정책과 지역패권의 퇴조, 일본 자본주의의 성장 및 일본의 대아시아 정책을 시야에 넣어야만 제대로 파악할 수 있다고 생각한다.

결론적으로 동아시아 경제사적 시각과 국제정치사적 시각을 겸비하여 재한 화상 문제를 매개로 조선 경제의 동아시아화 내지 세계화 과정을 조명하는 작업은 꼭 필요하다고 하겠다. 지금까지 국내 학계는 청의 조선 정책이나 정치적 개입과 관련하여 화교나 화상 문제를 주로 취급했다. 반면 화상유통망에 대한 관심의 고조에 따라 조선 역시 시각에 넣은 연구가 최근 해외에서는 활발히 이루어지고 있음에도 불구하고, 국내에서는 연구가 부진했고 여전히 부족하다. 한국역사학계에서 한국사 연구자에게도 중국사 연구자에게도 조선 화교 자본의 문제는 오랫동안 관심 밖에 있었다. 동아시아의 화교 자본이라는 광역적인 틀 안에서 조선의 대외무역과 조선 화교의 문제를 해석해 내면서도 '조선'이란 '내부자'의 시선을 잃지 않고 접근하고, 그 성과를 해외학계에 발신하는 것이 절실하다.

더구나 20세기 초 조선으로의 화교 자본 팽창방식이 21세기에 들어선 오늘날 다시 재현되고 있다는 점은 동아시아 화교 자본 연구의 현실적 필요성을 더욱 설득력 있게 보여 주고 있다. 냉전의 와해 이후 중국경제의 부상과 함께 중국은 상품, 자본, 인력 세 방면에서 놀라운 속도로 한반도에 진출하고 있다. 중국은 미국과 일본을 누르고 한국의 최대무역상대국이 되었다. 흑자를 구가하던 대중무역 역시 저렴한 중국 상품의 공세에 흔들리고 있다. 매년 증가하는 중국 노동인구의 유입으로 불법체류자까지 합하면 100여 만 명의 중국인이 한국에서 생산 및 유통활동에 참여하고 있다. IMF 이후 자본투자가 자유화되면서, 적지 않은 기업이 중국 자본에 매수되었다.

그나마 한국경제는 20세기 중, 후반에 쌓은 자본과 노하우로 중국 자본의 동아시아적 확대 과정에서 어느 정도 대응력을 가지며 윈-윈의 성장구도를 유지하고 있지만, 자본적으로 턱없이 취약한 북한경제는 화교(그리고 중국) 자본에 의해 심각할 정도로 잠식되고 있다. 20세기 초에도 한반도 북부지역은 지역적으로 동삼성(東三省, 구 滿洲)에 가깝다는 이유도 있어 화상(華商)과 화교노동자의 활동이 남부에 비해 월등히 활발했지만, 1980년대 이후 북한경제가 빈사상태에 빠지자 화교상인들은 중국과의 소규모 국경무역에서부터 출발하여 평양의 암시장을 대부분 장악했다. 이후 화교상인뿐 아니라 조선족[종족적으로는 한국인(ethnic Korean)이지만, 국적은 중국인(national Chinese)]의 북한경제 진출 역시 괄목할 만큼 늘어나고 있다.

중국정부의 북한지역 투자 역시 한반도에서 정치적 영향력을 계속 보유하기 위한 정치적 목적과 성장 지속을 위한 에너지 및 천연자원 확보라는 경제적 목적의 양 측면에서 크게 늘어났다. 중국의 대북투자는 2003년 112만 달러에서 2004년 1,413만 달러로 크게 늘어났다. 2004년도 중국의 대북

투자는 그때까지 북한에 대한 중국 투자액 총액의 48.6%에 달하며 그 해 외국이 북한에 투자한 총액의 85%에 달했다.[12] 이후 줄곧 늘어난 중국의 대북투자는 지금까지 1억 달러를 넘지는 않았지만 올해 중국 국영기업인 상지관군투자유한공사(商地冠群投資有限公司)가 20억 달러 규모의 대북 투자계획을 발표함에 따라 새로운 국면을 맞고 있다. 20억 달러는 북한의 2009년도 국내총생산(GDP)의 9%에 달하는 거액이다.[13] 중국의 투자가 희귀광물, 광산개발에 집중되고 있다는 점, 투자 성격이 수익이 낮음에도 지속하는 정치적 투자에서 점차 경제적 성격으로 바뀌고 있다는 점 모두 근대전환기 청의 대조선 정책과 거울에 비춘 듯이 유사하다. 20세기와는 다른 방식이지만, 화상, 화교 자본, 중국 자본의 한반도 진출은 놀라울 정도의 유사성을 가지고 재현되고 있으며, 또 정치적 환경과 밀접한 관계를 맺으며 진행되고 있는 것이다.

이 책은 바로 이러한 시각에서 19세기 말에서 20세기 초(1880~1940년대) 동아시아 화교 자본의 활동을 재한 화상 동순태호의 사례를 통해 살펴보고자 한다. 동아시아의 화교네트워크의 확대, 발전 과정 속에서 재한 화상이란 존재를 해명하면서도 "내부자"의 시선을 견지하여 일본과 구미 위주의 기존 학계와 차별되는 부분이 있을 것이다. 나아가 21세기 새로운 중화광역경제의 확대 과정에 대한 역사적 이해에도 도움이 될 수 있기를 기대한다.

다음으로는 동순태호에 관한 본격적 분석에 들어가기에 앞서 일반 독자들을 위해 화교란 어떤 존재이며 그중에서도 조선 화교는 어떠한 특징을 가지고 있는지 알기 위해, 우선 조선 화교의 역사를 간략하게 회고해 보겠다. 그리고

12) Jae Cheol Kim, "The Political Economy of Chinese Investment in North Korea : A Preliminary Assessment", *Asian Survey*, Vol. 46, No. 6, 2006, pp. 898-899.

13) 신동천, 「중국의 대북투자와 북한경제」『(연세대학교 통일연구소)통일연구』 15, 2011, p. 7, p. 16.

동순태호 분석의 주된 자료가 되는 서울대학교 소장 동순태문서에 관해 소개한 뒤 본서의 장별 구성을 간단히 요약하여 이해에 도움이 되고자 한다.

2. 변경의 역사 : 조선 화교사

개항과 화상의 등장

조선에 화상이 등장한 것은 개항장이 열린 19세기 후반이다. 하지만 개항 이전 조선이 동아시아 역내무역에서 소극적 자세를 견지하며 멀찌감치 떨어져 있을 때, 동아시아를 누비면서 지역경제를 링크시킨 것은 화상들이었다. 15~16세기에는 조공무역(朝貢貿易), 즉 관무역(官貿易)이 번성했지만 17세기 이후 청과 일본이 각각 해금(海禁), 쇄국(鎖國)을 강화하면서 아시아 무역은 화교(華僑), 인교(印僑)에 의한 사무역(私貿易)의 주도로 이루어지게 되었다. 중국과 일본 간에 공식적인 무역이 없었는데도, 1688년 나가사키에 입항한 중국 선박은 198척이나 되었다.[14)]

19세기에 들어서면 상인뿐 아니라 농공업 노동자의 이주도 크게 늘었다. 중국의 인구는 1700년 당시 1억 5천만 명가량에서 1850년에는 약 4억 3천만 명으로 3배나 증가하여, 많은 유효 노동력이 해외로 빠져나갔다. 때마침 흑인 노예제가 폐지되고 동남아시아, 미국, 오스트레일리아 등 세계 각지에서 개척과 근대공업을 위한 노동수요가 급증했기 때문에, 불법적인 계약이민이 크게 늘었다. 『대청율례(大淸律例)』는 몰래 해외로 도항한 자를 참수에 처한다고 규정하고 있었지만, 아편전쟁 이전에 출국 이주한 중국인은 이미 100만여 명에 달했다. 그렇지만 세계적으로, 또한 동아시아에서도 화교가 수량과 경제

14) 永積洋子, 「17世紀の東アジア貿易」『アジア交易圏と日本工業化 : 1500~1900』藤原書店, 2001(新版), pp. 127~128.

적 역량 면에서 크게 성장한 것은 개항 이후였다.

사실 재외중국인을 지칭하는 '화교(華僑)'라는 말은 근대에 와서 생겨났다. '화교'란 말이 사용된 최초의 사례는 1883년 정관응(鄭觀應)이 이홍장(李鴻章)에게 보낸 문서「초상국(招商局)과 이화(怡和) 태고(太古)와의 협상체결을 위해 북양통상대신 이부상(李傅相)께 품(稟)함」과 이듬해 베트남과 타이를 시찰한 정관응이 양광총독(兩廣總督) 장지동(張之洞)에게 올린 시찰보고문이었다.[15] 재외중국인에 대한 정책의 필요성이 제기되고 이들이 하나의 집단으로 뚜렷하게 인식되면서 화교란 용어가 만들어졌음을 알 수 있다. 1860년 10월 북경조약에서 청조는 열강의 압력에 의해 중국인의 해외도항을 인정했으나, 여전히 화교들을 '기민(棄民)'으로 보는 자세를 유지했다. 하지만 정관응과 같은 개명적 관료를 중심으로 화교들을 중국의 부강에 활용할 자원으로 적극적으로 관리해야 한다는 시각이 확산되었다. 마침내 설복성(薛福成)의 상주에 의해 1894년 공식적으로 해금이 철폐되었고, 화교의 대량이주가 가속화되었다.

이 과정에서도 알 수 있듯이, 금령을 어기며 경제적 기회를 찾아 해외로 나갔던 전근대 화교는 국가권력과 무관했지만, 근대 화교는 중국인의 정체성을 지니고 국가권력과 긴밀한 관련을 가지며 성장했다. 이 점은 근대의 이주자 모두에게 해당된다. 만주로 이주한 일본인과 조선인 역시 전근대시대의 왜구나 해민과 달리 일본 정부에 의해 전략적으로 관리되고 거꾸로 국가권력을 이용하기도 했다.

특히 조선의 화교는 동아시아 경제사에서 근대 화교의 역할과 성격에 대해 전형적인 사례를 제공한다. 조선은 일본이나 동남아시아와 달리 근대 이전까지 화교가 거의 없었다. 이는 아시아 역내에서 다각적 교역망을 이끌던 화교

15) 安井三吉,『帝國日本と華僑ー日本, 臺灣, 朝鮮』青木書店, 2005, p. 18.

경제 네트워크에서 조선이 다소 비켜 있었음을 의미한다. 조선도 물론 왜관과 호시를 통해 일본 및 중국과 교역을 하고 있었지만, 조선에 장기 거주하는 화교가 상당한 규모로 등장한 것은 1882년 이후였다. 1882년 임오군란(壬午軍亂)을 진압하기 위해 오장경(吳長慶)이 이끄는 청군 3천여 명이 경기도 남양주만에 도착했을 때, 청국 상인 40명이 따라왔는데 일반적으로 이들을 근대 재한화상의 시초로 본다. 이들은 상주 목적으로 온 것은 아니었지만, 그해 8월에 조청상민수륙무역장정(朝淸商民水陸貿易章程)을 체결하면서 화상 활동에 유리한 환경이 조성되자 개항장을 중심으로 화교 이주가 급격히 늘게 되었다.

순수한 경제적 디아스포라로 보는 일반적인 화교 연구와 달리 조선 화교에 주목하여 화교의 정치적 성격을 강조한 것은 미국학자 라센(Kirk Wayne Larsen)이었다. 라센은 개항기 중국의 대조선 정책을 종주권을 재확립하려는 중화주의가 아니라, 조선에 개항장 시스템을 도입함으로써 제국의 경제적 이익을 최대화하고자 하는 '비공식적 제국주의(informal imperialism)'로 파악했다. 개항장 시스템은 조약체제, 해관 설립, 경제적 이익의 극대화로 요약할 수 있는데, 영국의 중국에 대한 '비공식적 제국주의' 정책을, 중국이 조선에 벤치마킹했다는 것이다. 따라서 조선 사회에서 화교의 등장은 중국의 비공식적 제국주의의 침투와 더불어 시작되었고, 이것은 중국경제가 세계경제로 편입된 것과 마찬가지로 조선경제가 동아시아경제, 나아가 세계경제로 편입되도록 했다. 그 선두에 선 것이 화교였다.

라센의 분석에서 흥미로운 것은, 조선 정책에서 '중-영 비공식 제국주의(Sino-British informal imperialism)'와 일본의 '공식적 제국주의(Japanese formal imperialism)'를 대립시키고, 이를 축으로 한 동아시아경제 주도권의 역전을 조선시장을 통해 보여 주고 있다는 점이다. 즉 무대는 조선이고 주연

〈표 1-1〉 한말 주요 개항장의 설치 연도

도시명	개항 연도	화교 진출 연도	화교 거주비율			
			1892년		1923년	
부산(釜山)	1876	1892	142	6.5%	333	2.1%
원산(元山)	1880	1893	75	3.4%	677	4.4%
인천(仁川)	1883	–	711	32.5%	1,774	11.5%
목포(木浦)	1897	–	–	–	164	1.0%
진남포(鎭南浦)	1897	–	–	–	578	3.7%
군산(群山)	1899	1899	–	–	323	2.1%
성진(城津)	1899	–	–	–	–	–
용암포(龍岩浦)	1906	–	–	–	–	–
청진(淸津)	1908	–	–	–	1,419	9.2%
신의주(信義州)	1910	–	–	–	3,641	23.7%
한성(漢城, 서울)	–	1882	957	57.4%	4,107	26.7%
평양(平壤)	–	1882	–	–	1,497	9.7%
대구(大邱)	–	1905	–	–	378	2.4%

출전 : 개항연도는 王正延, 『朝鮮華僑概況』 1930, p. 3, 화교 진출 연도는 華僑志編纂委員會 編 『韓國華僑志』 臺北, 華僑志編纂委員會, 1958, p. 46, 화교 거주비율은 楊昭全, 孫玉梅 著, 『朝鮮華僑史』 中國華僑出版公司, 1991, p. 131의 도시별 거주 및 p. 180의 대도시 거주 상황표 참조.

〈표 1-2〉 조선 화교인구의 변화(1883~1945년 해방 직전)(단위 : 명)

연도	인구	연도	인구
1883	162	1918	21,894
1884	666	1919	18,588
1885	264	1920	23,989
1886	463	1921	24,695
1891	1,489	1922	30,826
1892	1,805	1923	33,654

연도	인구	연도	인구
1893	2,182	1924	35,661
1906	3,661	1925	46,196
1907	7,902	1926	45,291
1908	9,978	1927	50,056
1909	6,568	1928	52,054
1910	11,818	1929	56,672
1911	11,837	1930	67,794
1912	15,517	1931	36,778
1913	16,222	1932	37,732
1914	16,884	1933	41,266
1915	15,968	1934	49,334
1916	16,904	1936	31,711
1917	17,967	1945	4만~6만

출전 :

* 1883~1906년은 楊昭全, 孫玉梅 著, 『朝鮮華僑史』 中國華僑出版公司, 1991, pp. 124~125 재인용. 이 책은 1883~1893년은 『清季中日韓關係史料』 속의 「北洋大臣李鴻章致清總理衙門文」에서 취하고, 1906년은 統監府 官房文書課, 『第一次統監府統計年報』 1907, p. 39에서 취했는데, 저자는 원사료 대조 없이 인용했다.
* 1907~1930년은 楊昭全, 孫玉梅 著, 위의 책, p. 125 및 pp. 165~166을 인용. 이 책은 1907~1910년 수치는 조선총독부 총계를 인용한 盧冠群, 『韓國華僑經濟』(臺北, 海華出版社, 1956)에서 취했고, 1910~1930년은 중국 『外交部公報』(1931년 12월) 자료에서 취했다. 1907~1928년까지 수치는 조선총독부 역년인구통계를 이용한 王正延, 『朝鮮華僑概況』 1930, pp. 5~7 및 華僑志編纂委員會 編, 『韓國華僑志』 臺北, 華僑志編纂委員會, 1958, p. 49와 거의 일치하여 모두 조선총독부 자료에서 취했다고 판단된다. 1910~1928년 수치 중 몇 개 숫자는 재인용에 오류가 있어, 『朝鮮華僑概況』에 따라 교정함.
* 1931~1934년, 1936년, 1945년 수치는 모두 楊昭全, 孫玉梅 著, 『朝鮮華僑史』 中國華僑出版公司, 1991, pp. 256~257의 재인용이다. 1930년대 수치의 원출전은 『外交部公報』(1931년 12월), 朝鮮總督府의 『昭和九年總督府統計要覽』, 『僑務月報』 등이고, 1945년의 4만 명은 앞의 『韓國華僑志』(臺北, 華僑志編纂委員會, 1958, p. 48)를 인용했는데, 楊昭全은 여기에 태평양전쟁 때 조선으로 강제 징발된 화공 2만여 명을 더하면 1945년 해방 직전의 재한화교 숫자는 6만 명이라고 추정했다. 이 중 남한이 약 2만 명, 북한이 화공까지 더하면 약 4만 명이다.

은 화상(華商)과 일상(日商)이었으며 플롯은 양자의 각축과 일상(日商)의 최종적인 승리였다.

개항기 조선의 수입총액 가운데 평균 54% 이상을 차지했던 직물시장에서 외국자본은 크게 두 가지 경쟁을 벌이고 있었다. 구미(주로 영국제) 면포의 판매를 둘러싼 일본 상인과 화상의 경쟁이 첫 번째이고, 조선 면포시장을 둘러싼 일본 면업자본과 구미(주로 영국) 면업자본의 경쟁이 두 번째였다. 일본 상인들은 화교 상인에 앞서 조선시장에 진출했지만, 조선에서 미곡, 해산물, 귀금속 등을 구매하는 데 필요한 일본 자체의 물산이 없었다. 따라서 그들은 홍콩, 상해를 통해 수입한 영국산 면포를 조선에 재수출하여 구입대금을 마련했다. 한 통계에 의하면 1877~1882년 사이 일본이 조선에 수출한 물품 중 88%가량이 일본상품이 아니라 외제였다고 하는데, 그 상당수가 영국산 면포였다. 일본 상인들은 상해에서 면포 등 서양 물품[양품(洋品)]을 직접 수입하기도 했지만, 상당수는 나가사키에 있는 화교 상점에서 구입했다. 이 패턴은 한중 해상교통이 열리는 1882년 이후 변화했는데, 일본에 근거지를 가진 화상들이 조선과 직접 교역을 시작하고, 이 과정에서 새로운 화상들이 조선에 대량으로 진출했기 때문이었다.

화상들은 청조가 조선에 도입한 개항장 시스템을 통해 아시아 역내 교역망을 조선으로까지 확대했고, 영국산 면포 유통을 둘러싼 중일 경쟁은 화상의 승리로 돌아갔다. 조선의 대외수입무역액을 살펴보면, 1885년에는 대일수입이 전체의 97%(미화 377,775달러)로, 대중수입은 3%(5,479달러)에 불과했으나, 1892년에는 대일수입이 55%(2,555,675달러), 대중수입이 45%(2,055,555달러)로 거의 비슷해졌다. 후발자인 화상은 청의 정치적 후원까지 받으면서 빠르게 조선시장에서 선발자인 일본 상인을 따라잡았던 것이다.[16)]

청일전쟁 패배 후 재한화상의 지속적 발전

1894년 청일전쟁에서 일본이 승리하면서 조선 화교를 둘러싼 정치경제 환경은 크게 바뀌었다. 그렇지만 주의해야 할 것은, 화상의 우위는 청일전쟁 이후에도 사라지지 않았다는 것이다. 전쟁의 패배로 청조의 지원은 사라졌지만, 비공식 제국주의라는 정치적 흐름을 타고 진출한 화교 자본은 상해를 중심으로 하는 강력한 교역네트워크를 바탕으로 일본 자본을 누를 수 있었다. 대체로 영국 면업자본과 화상들은 인천, 서울 및 조선의 서해안 지역에서 가장 성공을 거둔 반면 부산에서는 줄곧 일본이 우세를 유지했는데, 이는 조선이라는 일국 경제가 동아시아의 자본경쟁구도와 지정학의 영향을 크게 받으며 지역적으로 분할되었음을 보여 준다.

하지만 영국 면업자본과 화교 상업자본의 우위는 결국 무너지고 마는데, 라센은 이를 두 번째의 경쟁, 즉 면업자본의 경쟁에서 일본이 적극적인 시장조사, 품질개량, 저렴한 가격 등으로 영국 면포시장을 잠식해 갔기 때문이라고 보고 있다. 하지만 그는 일본 산업자본주의의 노력뿐 아니라 정치적 요소와 지정학적 요소도 중요했다고 말한다. 일본은 조선을 식민지화할 수 있었기 때문에, 면업자본에는 보조금을 지급하고 중국비단의 사용을 규제하여 한국인의 수요에 개입할 수 있었다. 또 조선의 금과 인삼 수출권을 화상에게서 빼앗아 오고, 한국 화폐를 엔에 링크시켜 일본 상인에 유리한 조건을 창출했다. 지정학적 조건 역시 조선에서 일본의 승리를 도왔다. 일본 면사는 조선에서 영국산·인도산 면사를 구축했지만, 중국 시장에서는 그렇지 못했다. 1913년경 인도 면사는 화남에서 압도적 우위를 차지한 반면, 화중에서는 수입면사 전체 판매량 중 인도 면사가 70%, 일본 면사가 30%를 차지했으며, 화북과 만주에서는

---

16) 楊昭全, 孫玉梅 著, 『朝鮮華僑史』 中國華僑出版公司, 1991, pp. 140~141.

일본 면사가 점차 인도 면사를 대체했다. 즉 산업자본의 양질 격차가 줄어들자 지정학적으로 가까운 곳으로 시장이 분할되는 경향이 보였던 것이다.

라센은 상해에서 오는 영국 면포보다 일본과 조선의 지정학적 거리가 가까웠다는 점을 조선에서 일본 면포가 승리한 중요한 요인으로 특기했다. 그런데 1920년대 후반부터 중국 시장에서는 일본 면사를 다시 중국 면사(물론 이 안에는 중국 현지의 일본 면업자본인 재화방 등 외국자본의 비중이 적지 않았다)가 대체했다. 이렇게 볼 때, 식민지라는 정치적 요소가 없다면 지정학적으로 먼 자본에서 가까운 자본으로, 다시 현지 자본으로의 대체가 상당히 신속하게 이루어지고 있다고 볼 수 있다.

개별 논점에서 라센의 제기는 완전히 새로운 것은 아니다. 영국산 면포 유통을 추적해 상해를 중심으로 한 동아시아 역내 교역망을 정교하게 설명한 것은 후루타 가즈코(古田和子)의 일련의 작업이 먼저였고, 오카모토 다카시(岡本隆司)는 중국의 조선 정책이 종주권 회복뿐 아니라 제국주의적 성격을 띠는 이중적인 것이었음을 한청 외교사안의 교섭과정을 치밀하게 추적하여 생생히 드러냈다.[17] 하지만 라센의 연구는 근대 동아시아 경제사를 생각하는 데 몇 가지 중요한 시사점을 잘 보여 주고 있다. 과거보다 더욱 정치와 밀착된 경제, 광역경제에 더욱 지배받는 일국경제, 국가권력에 더욱 동원되는 민간의 경제주체, 그리고 완전히 같은 리듬으로는 움직이지 않는 양자 간의 긴장이 그것이다.

그러나 라센의 주장처럼 일본 제국주의의 공식적인 승리, 즉 조선의 식민지화로 화교와 화교 자본의 조선경제에 대한 영향력이 바로 급속하게 줄어든 것은 아니다. 라센은 1905년을 계기로 1910년대에 걸쳐 화교 자본의 퇴조를 주장했으나, 1920년대까지도 조선과 중국 간의 무역은 팽창일로를 달리고

---

17) 岡本隆司,『屬國と自主のあいだ』名古屋大學出版會, 2004.

있었다. 1910~1930년을 통틀어 중국으로부터의 수입은 17배, 조선으로부터의 수출은 5배 증가했고, 기본적으로 대중국 수입무역에 대한 화교의 지배는 흔들리지 않았다. 무역과 상업에서 화교 자본이 본격적으로 퇴조하기 시작한 것은 1920년대라고 생각한다. 일본은 전후 불경기의 타개책으로 중국의 최대 무역흑자 지역이었던 조선에 대해서 보호무역정책을 강화시켜 갔다. 1924년 사치품 관세를 비롯한 강력한 관세인상 정책으로 비단, 린넨 등 중국의 주력상품 수입량이 큰 폭으로 줄어들었고, 수입상 위주의 화교사회는 타격을 받게 되었다.

전환기로서 1920년대와 1930년대

1910년 일본의 한국 강제 병합 이후에도 조선에서 화교의 경제적 세력은 부동산과 상업을 중심으로 굳건한 기반을 가지고 있었다. 그러나 1924년부터 강화된 관세정책과 화교의 부를 질시하고 경계하는 조선 사회의 여론 악화는 점차 화상의 상업 활동을 옥죄었다. 아울러 기존의 상인 중심의 화교사회는 농민과 노동자의 진출이 크게 늘어나면서 양적 성장과 함께 질적 변화도 맞이하기 시작했다. 화교 중에는 도시 근교의 채소농업에 종사하는 농민의 숫자도 크게 늘어났지만, 무엇보다 조선 사회와 직접적으로 접촉하면서 갈등을 증대시킨 것은 중국인 노동자, 화공(華工)의 진출이었다.

1910년에 11,818명이던 화교인구는 1930년에 67,794명으로 크게 증가했다. 인구 증가폭은 교역의 증가폭을 훨씬 능가하는데, 이 시기 유입된 화교들은 주로 노동자, 농민이었다. 조선 화교가 화상형(華商型)이 아닌 화공형(華工型)으로 전환해 간 것은, 1930년대부터 군수공업화가 추진되면서 조선에서 노동자 수요가 늘어나 대량의 화교인구 유입이 발생했기 때문이다. 상품교류의 양적 증가는 정치적 장벽에 의해 중단되었으나, 생산요소인 노동의 유동성은 더욱 높아졌다. 상대적으로 낮은 임금과 가혹한 노동을 감수하는 화공은 조선인 노동자의 일자리를 빼앗았고, 노동시장에서 조선 노동자와 중국 노동자 간의 경쟁은 민족갈등을 심화시켰다. 한 예로, 일본질소의 흥남비료공장에 전력을 공급하기 위해 1926년에서 1932년까지 부전강(赴戰江) 수력발전소가 건설되는데, 조선인은 임금과 안전 등의 문제로 돌아가는 자가 속출하여 중국인 노동자가 모집 노동자의 절반 이상을 차지했다.

노동조건의 하향화를 이끄는 화공의 존재는 조선인 노동자의 반감을 샀다. 문화적 차이 역시 커서, 노동현장에서의 민족갈등과 차별은 심각한 수준이었다. 한편 조선인의 만주 이주 역시 크게 늘면서, 중국 현지에서 조선인과 중국인 및 중국 당국과의 갈등은 조선 내 화교 문제에 영향을 주면서 사태를 악화시켰다. 1927년의 인천, 서울 및 전라도 등 남부지역을 중심으로 한 배화폭동(排華暴動, 화교배척폭동)과, 1931년 만보산 사건(萬寶山事件)으로 촉발되어 평양을 중심으로 백 명이 넘는 화교 사망자를 낸 배화폭동은 이러한 노동과 이주의 증대로 인한 민족갈등의 폭발이었다.

1927년 12월의 배화폭동과 1931년 배화폭동은 모두 폭동의 직접적인 계기가 만주에 있었다.[18] 만주의 중국당국과 중국인의 이주 한인에 대한 박해사건인 만보산 사건은 만주사변(滿洲事變)의 배경이 된 사건으로 워낙 유명하고 연구도 많기 때문에 상술하지 않겠다. 그런데 한국사에서 잘 알려져 있지 않은 1927년의 배화폭동도 역시 만주에서 불씨가 튄 경우였다. 산동인(山東人)의 만주 이주가 늘자 중국당국은 이들을 위한 토지를 마련해주기 위해 이미 정착해 있던 한인에 대해 만주 퇴거령을 내렸고, 이에 대한 반발로 화교

18) 1927년 배화폭동에 관해서는 강진아, 「中日 무역마찰의 전개와 朝中관계의 변화」『근대 전환기 동아시아 속의 한국』 성균관대학교출판부, 2004, 만보산 사건에 관해서는 박영석, 『만보산 사건 연구』 아세아문화사, 1985 및 손승회, 「1931년 식민지 조선의 배화폭동과 화교」『중국근현대사연구』 41, 2009 참조.

를 공격하고 상점을 불태우는 배화폭동이 발생했던 것이다. 1924년의 관세 인상으로 경제적으로 큰 타격을 입은 화교사회는, 이제 1927년의 배화폭동을 계기로 인적 교류에 대한 규제까지 점차 강화되면서, 조선 내 중국노동자에 대한 입국 제한과 단속문제가 조중(朝中)관계의 새로운 쟁점으로 떠올랐다. 이미 일본에서는 조선보다 일찍 중국인 노동자와 일본인 노동자의 경쟁 격화가 나타났고 그 사회적 반동의 하나로 1923년 관동대지진 때 중국인 학살이 발생했다. 한국에는 관동대지진에 대해 조선인 학살만이 알려져 있지만, 중국인 학살 역시 광범위하게 자행되었다.[19]

이 과정은 넓은 의미에서 19세기 말 미국의 중국인 노동자 학살과 1903년의 중국인 노동자 입국금지령의 전개와 흡사하다. 미국에서도 노동시장에서 밀리던 아일랜드 노동자들이 중국 노동자들의 학살을 주도하였고, 그 사건이 다시 중국 본토에 자극을 주어 전국적인 미국상품 보이콧운동이 1905년에 발생하였다. 즉, 공업화 정도에 따라 해외노동력이 유입될, 그리고 그를 흡수할 수요가 발생하기까지의 시간이 다르기 때문에, 시차를 두고 유사한 현상이 반복되었던 것이다. 그 시기가 미국의 경우 19세기 중·후반이었다면, 일본은 제1차 대전 호황기의 1910년대로 볼 수 있다. 외국노동자가 자국사회에 충격을 줄 만한 규모로 유입되면, 이 인력을 필요로 하는 자본의 논리와는 별도로 사회갈등이 발생하게 된다. 조선의 경우 그 시기는 1930년대였지만 이미 1920년대부터 단초가 나타나고 있었다.

1924~1927년의 전환기적 성격은, 화교들의 증언이나 기존의 연구에서도

19) 관동대지진 당시 조선인 학살에 관해서는 희생자 수 6,600명설에서 학살은 없었다, 폭력은 있었더라도 조선인의 범죄에 대한 정당방위였다 등 시각차가 크다. 중국인 학살에 대해서도 700여 명의 화공이 학살되었다는 연구가 있지만 일본 사회에 일반적으로 잘 알려져 있지 않다. 관동대지진 시의 화공 학살에 관해서는 仁木富美子, 『關東大震災中國人大虐殺』 岩波書店, 1991, 今井清一 著, 『史料集關東大震災下の中國人虐殺事件』 明石書店, 2008 등 참조.

분산적으로 엿볼 수 있다. 재한화교 여계직(呂季直)은 서울 인천의 수입업을 경영하는 큰 상행을 중심으로 화교가 조선경제의 70%를 조종하던 시기를 1895~1927년으로 잡고 있다. 중국학자 양소전(楊昭全)도, 1910년대와 1920년대 초까지는 『회사령(會社令)』, 『광산령(鑛山令)』 실시와 같은 일본 자본에 유리한 경제 환경 하에서도 일본상인과의 경쟁에서 화교상인이 우세했다고 보고, 그러나 "이후 비단을 비롯한 수입관세의 증가와 화교 영업세의 가중으로 인해, 1927년 이후 쇠락의 길로 갔다"고 기술하였다. 또한 1927년을 계기로 대중국 수입무역도 화교 중심에서 일본 상인 중심으로 변했다는 것이다. 이상의 진술들은 모두 1920년대의 보호관세정책과 1927년 배화폭동이 화교 상인자본에 심각한 타격을 가했음을 말해 준다.[20]

1927년 폭동 이후 일본당국은 중국인 입국에 대한 단속을 더욱 강화하여, 비자나 거주허가증이 없는 노동자에 대한 불시의 체포와 강제출국, 허가증 심사의 강화, 불법 체류자에 대한 벌금형을 엄격히 집행했다. 이들 법령은 이미 1910년대에 제정되었으나 사실상 유명무실했던 것을 일본당국이 점차로 엄격하게 시행하였던 것이다. 특히 허가증 심사나 체포·검색 과정에서의 힐문과 인격적 모욕이 공분의 대상이 되었다.[21] 그러나 무역과 상업 활동의 위축과 1927년 폭동의 여파에도 불구하고, 화교 노동자의 입국은 오히려 급증하였고, 이로 인한 조선인 노동자의 실업문제가 신문 지상에 보도되기 시작했다.[22] 사실 화교 노동자에 대한 단속 강화 자체가 지속적인 화교 노동자의 유입과 노동시장에서의 민족갈등 고조를 반증하는 것이었다. 〈표 1-2〉에서 나타나듯이, 1930년에 화교인구는 6만을 넘어 7만에 육박하면서 최고의 절정기를 맞았다.

20) 楊昭全, 孫玉梅 著, 『朝鮮華僑史』 中國華僑出版公司, 1991, p. 145, p. 185, p. 190, p. 192.

21) 『上海時報』, 1931년 6월 23일.

22) 『東亞日報』, 1928년 3월 8일, 4월 3일, 5월 18일, 10월 15일; 박은경, 앞의 책, 1986, p. 70.

1924~1927년 이후 보호무역정책으로 인해 중국 공산품의 유입을 통한 경제적 접촉은 희박해져 갔지만, 반면 화교 노동자, 농민 등의 광범위한 진출로 오히려 민중레벨의 직접적인 접촉이 커지고, 이에 따라 민족갈등의 소지도 확대되었다고 할 수 있다. 1931년 만주에서 한인 박해 사건인 만보산 사건이 터지자 조선 내에서 성난 군중에 의해 보복성으로 백 명이 넘는 화교가 살해당한 데에는 인적 접촉의 전면화로 인한 갈등 확산, 노동 경쟁이 있었던 것이다.

그러나 규제와 민족갈등의 심화에도 불구하고 경제적 유인(誘因)이 상존하는 이상 화교 인구는 줄지 않았다. 1931년 만보산 사건의 여파로 대량의 화교가 귀국하면서 화교인구는 일단 36,778명으로 대폭 줄어들지만, 이듬해 37,732명으로 소폭 상승하더니, 1933년에는 41,266명, 1934년에는 49,334명으로 늘어났다. 이는 만주국(滿洲國) 지배 지역을 통해 조선으로 입국한 이른바 '만교(滿僑)'가 증가했기 때문인데, 1937년 중일전쟁 발발 후 1940년 3월 왕정위(汪精衛) 괴뢰 정부가 성립된 후에는 '중화민국화교(中華民國華僑)'도 유입되었다. 1941년 태평양전쟁 발발 후는 각종 방어공사에 산동성(山東省)의 중국인 노동자 약 2만여 명이 조선으로 강제 징발되어, 1945년경의 조선의 화교인구는 실제로는 6만을 넘어섰다.

노동의 문제에서도 놓치지 말아야 할 것은 조선 화공 문제 역시 동아시아라는 광역적인 구도로부터 큰 영향을 받고 있다는 점이다. 야스이 산키치(安井三吉)는 조선 화교 문제가 만주나 일본의 조선인 문제와 연동되어 있었다는 점을 지적한다. 조선총독부는 대륙팽창 정책의 일환으로 정책적으로 조선인을 만주로 이주시키고 있었으므로, 중국이 조선인의 만주 이주를 용인한 이상 중국인의 조선 이주도 무조건 막을 수는 없었다.

한편 조선총독부의 화교 정책 결정에는 일본의 조선인 노동자 문제도 영향을 미쳤다. 재일조선인 수는 1910년 2,600명에서 급격히 증가하여 1927년에는 30만 명을 넘어서고 중일전쟁 직전에 이미 70만에 육박했다. 종전이 되었을 때는 강제징용의 영향으로 220만이나 되는 조선인이 일본에 있었다. 재일조선인은 소수의 유학생을 제외하고는 대부분 일자리를 찾아 도일한 노동자로, 조선 화교와 마찬가지로 일본 노동시장에서 일본인 노동자와 경쟁하며 문제를 일으키고 있었다. 하지만 조선인의 일본 이주를 억제하기 위해서는 조선 내 조선인의 고용을 확보할 필요가 있었고, 자연스럽게 조선인과 경쟁하는 중국인의 입국을 제한해야 했던 것이다. 무역, 이민과 노동이라는 창을 통해 보면 20세기 초기 동아시아는 유기적이라는 표현이 지나치지 않을 만큼 긴밀히 연관되어 있다.

해방 후의 재한 화교

재한 화교의 역사는 해방 후에 동아시아의 정세 변화와 더불어 커다란 전환기를 맞이했다. 재일 화교연구자 이정희는 해방 후 화교 자본에 관한 연구에서 그 극적인 반전을 잘 그려 냈다.[23] 1937년 중일 전면전의 발발로 적성국(敵性國) 국민으로 감시와 억압을 받았던 화교들은 전승국(戰勝國) 국민으로 입장이 바뀌었다. 미군정청(美軍政廳)은 재한 화교를 '연합국 국민'으로 분류하여 적국 및 중립국 국민과 달리 재산, 건강, 복지, 재판 등에서 특별대우를 했다. 화교는 귀속재산, 즉 몰수대상인 적산(敵産)의 처리에서 큰 이익을 얻었다. 당시 남한 총 자산의 약 80%가 일본인 재산이었는데, 귀속주택 거주비율은 화교가 한국인보다 10배나 높았고, 종업원이던 화교가 일본인

23) 이정희, 「해방 이후 한국화교 자본 축적과 그 의의(1948.8.~1949)」 한국경제공동학술대회 발표논문, 2001. 이하 해방에서 한국전쟁 전까지의 화교 자본에 관해서는 이 글을 정리한 것임.

주인이 귀국한 뒤 상점을 점유하기도 했다.

그러나 해방 직후에 1920년대를 능가하는 화교의 경제적 세력신장을 가능케 한 것은 이민 초기와 마찬가지로 대외무역이었다. 해방 후 대일본무역이 상대적으로 퇴조한 것과 대조적으로 한중무역이 급부상한 것이 첫 번째 요인이었고, 둘째로 외환이 부족하던 한국에서 화교가 대량의 달러를 장악하고 있었던 것이 주효했다. 여기에 미군정당국의 화교 우대도 한몫을 했다. 1946년 초 미군정청은 한중무역을 촉진하는 각종 정책을 펴면서 신용장선수제(信用狀先手制)를 실시했다. 이는 신용장을 가져온 무역업자에게 수출입의 권한을 주는 제도로, 중국 본토와 홍콩 등지를 아우르는 인적 네트워크를 가지고 오랫동안 신용거래를 해 온 화교 무역상에게 매우 유리한 제도였다.

반면 당시 신용장을 발급받을 만한 국제적 네트워크를 가진 경쟁력 있는 한국자본의 무역상사는 거의 없었다. 식민지시기 일본 무역상사에 눌려 토착자본은 거의 발전하지 못했던 것이다. 현 삼성물산의 전신이 된 삼성물산공사(三星物產公司)가 창립된 것이 1948년 11월로, 해방 직후 한국의 무역상사는 막 걸음마를 시작하고 있었다. 삼성물산공사는 홍콩과 동남아시아로부터 수입업을 하고 있었는데, 식민지시기 일반적으로 사용된 'company'의 일본어인 '회사(會社)'가 아니라 중국어인 '공사(公司)'를 사용하고 있는 것에서 해방 후 대외무역에서 중국의 영향력을 엿볼 수 있다.

한국에서 토착자본이 빈약했던 것은 화교가 한중무역을 독점하게 된 최대 원인이었다. 해방 직후 한국의 무역구조를 보면, 대중무역이 1946년 수출총액의 82%, 수입총액의 84%였고, 1947년도는 각각 52.5%, 45%였다. 비록 점유율은 대미무역이 급부상하면서 하강했지만, 절대치는 크게 늘어 같은 기간 수입액은 1억 6,000만여 원에서 9억 4,000만여 원으로 6배나 늘었다. 대중무역을 담당한 자본구성을 보면 화교 자본이 70%를 차지하여, 한국인 자본은 30%에 불과했다. 그 결과 1948년 대표적인 13개 화교무역상행이었던 만취동(萬聚東), 계중무역(啓中貿易), 호혜무역(互惠貿易), 정흥덕(正興德), 익창성(益昌盛), 인창공사(仁昌公司), 복융상(福隆祥), 익태동(益泰東), 광태성(廣泰成), 화교복무(華僑服務), 천덕양행(天德洋行), 중한무역(中韓貿易), 남방화교(南方華僑)가 한국 수입총액의 21%, 수출총액의 16%를 담당했다.[24)]

그러나 이러한 화교경제의 맹렬한 발전은 한국에 신정부가 서고 민족자본 우대 정책을 펴면서 견제를 받기 시작했다. 1950년 2월 한국 정부는 화교 자본의 성장을 경계해서 외래 상품의 불법 수입을 금지한다는 명목으로 화상의 창고를 봉쇄했다. 화물 보유량이 많았던 화교 상인의 창고는 차압당해 국유화되었다. 한국전쟁 도중 약탈과 파괴로 인한 손실도 30억 원 이상이었다고 한다.

종전 후 화교경제는 점차 회복되었지만, 한국 정부의 화교 자본에 대한 견제는 여전했다. 당시 무역에 대한 높은 수요에 비해 외환은 턱없이 부족했다. 한국 정부는 외환 배당에서 한국인 상인에게는 법정가격으로 외환을 배급했지만, 화교상인은 외국인에 대한 외환규제법으로 특혜를 누릴 수 없었기 때문에 수배에 달하는 시가로밖에 외환을 손에 넣을 수 없었다. 또 은행에서 신용대부를 받는 것도 한국인 상인에 비해 불리했다. 이 때문에 화교 상인은 한국인과 합작하는 경우가 많았는데, 명의를 빌려준 한국인이 법적 소유권을 주장하여 회사를 갈취하는 경우가 빈번히 발생했다. 1967년 한국 정부는 외국인(대부분 중국인)에 대해 주택만이 아니라 상점의 면적까지 50평 이하로 엄히 제한했고 화교 경영은 더욱 어려워져, 70년대에는 많은 화교들이 미국이나 대만으로 이민을 떠났다. 1954년 재한 화교는 22,090명이었으나 2002년

---

24) 1948년 한국 화교무역상 13곳의 수출입 통계는 華僑志編纂委員會 編, 『韓國華僑志』(臺北, 華僑志編纂委員會, 1958, pp. 79~80)에 표로 자세히 정리되어 있다.

에도 21,610명에 머물렀다.[25] 19세기 말 시작된 재한 화교의 발전사는 민족주의적 현지 정권의 등장으로 인해 긴 정체기로 들어섰던 것이다.

1958년 북한의 화교총수는 14,351명으로 이 중 10,993명이 농민, 노동자가 1,143명이었으며, 상인은 596명에 불과했다.[26] 남한과 마찬가지로 북한 역시 강력한 민족주의적 정책으로 화교사회를 억압하였고 공산화 이후 화교의 경제적 세력 역시 거품으로 돌아갔기 때문에 중국으로 돌아가는 화교의 수가 적지 않았다. 이러한 상황이 바뀐 것은 1990년대 이후 북한 경제가 어려워지고 중국 경제는 개혁개방정책이 궤도에 오르면서 급속하게 성장하면서였다. 물자부족이 심각해진 상황에서 화교들은 중국에서부터 북한의 정규시장과 암시장에 상품을 들여오는 주요한 공급자 역할을 하게 되었다. 공산품과 식량이 절대적으로 부족한 상황에서 중국과 물류 네트워크를 확보한 북한 화교들이 해방 전과 마찬가지로 상업적 수완을 발휘할 수 있게 되었던 것이다. 화교는 중국 국적을 보유하고 동향과 인척네트워크를 통해 상품 구입이 용이했다. 게다가 2000년 이후 중국이 6자회담을 통해 북한에 대한 정치적 영향력을 강화해 가고 대북한 투자를 확대하면서 북한 화교의 역할 역시 더욱더 커지고 있다. 이는 임오군란 이후 청의 정치적 개입 강화와 더불어 경제실력을 불려 간 화상의 역사를 상기시킨다.

모두에서 화교 문제는 동아시아적 맥락에서 고려해야 한다고 했는데, 조선내 화교 문제 역시 동아시아 규모에서 전개된 한국인, 일본인의 이동과 연계되어 진행되었음을 확인하였다. 그러한 측면에서 북한 화교 문제와 연동하여

---

25) 1954년 화교 인구는 (대만)중화민국 주한대사관의 조사이며(華僑志編纂委員會 編, 『韓國華僑志』 臺北, 華僑志編纂委員會, 1958, p. 49), 2002년 화교 인구는 박경태, 장수현, 이선옥, 손애경, 『국내거주화교인권 실태조사』 성공회대학, 국가인권연구회 간행, 2003의 조사 수치이다.

26) 楊昭全,孫玉梅 著, 『朝鮮華僑史』 中國華僑出版公司, 1991, p. 303.

생각해 보아야 할 것이 한교(韓僑)이다. 북한을 시야로 보면, 중국 화교와 더불어 북한 시장을 두고 경쟁하는 것이 재중교포, 즉 중국 내의 조선족 상인들이다. 양자 모두 국경을 넘나드는 종족적 정체성을 상업 이익의 실현에 적절히 이용하고 있다는 점에서 비슷하다고 하겠다. 그런네 한편으로 재중교포, 혹은 중국국적 보유자로서 조선족 노동자는 다중적(多重的) 종족 아이덴티티로 쉽게 입국비자를 받고 1990년대 이후 한국 사회의 저가 노동시장에 광범위하게 진출하였다. 한국의 자본은 이들의 성실하고 저렴한 노동을 선호했으며, 조선족 노동자는 언어와 문화에서 중국 내 한족(漢族)과의 노동 경쟁에서 불리했던 것이 한국 시장에서 오히려 장점으로 작용할 수 있었다. 오늘날 한국 노동시장에서 조선족 문제는 1920~1930년대 식민지 조선 사회에서 한국인과 중국인 사이에 벌어진 노동 경쟁과 유사한 상황을 재현시키고 있다는 면에서 더욱 주목할 만하다.

3. 동순태문서(同順泰文書) 소개와 이 책의 구성

앞에서 언급했듯이 이 책에서 다룰 동순태호는, 서울대학교 규장각(奎章閣)과 서울대학교 중앙도서관 고문헌자료실에 동순태호(同順泰號)의 거래 장부와 상업 서신 및 관련 서류들(여기에서는 이들 자료를 동순태문서로 통칭하도록 하겠다)이 남아 있었기 때문에, 조선화상의 한 사례로서 선구적으로 연구가 이뤄질 수 있었다. 여기에서는 앞으로 이 문서를 이용한 연구가 활발히 이뤄지기를 바라며 후발 연구자를 위해 문서의 구성과 성격을 간단히 소개해 두고자 한다.

이 자료들이 어떻게 규장각이나 서울대학교 고문헌자료실에 소장되게 되었는지는 확실하지 않다. 또 규장각 자료의 존재는 몇몇 일본학자들 사이에 이미 알려졌던 것 같은데, 확인할 수 있는 범위에서 가장 먼저 동순태 자료를 소개하고 분석을 시도했던 것은 라센(Kirk Wayne Larsen)의 하버드대학 박사논문인 듯하다. 하지만 라센은 그 자신이 이 자료들이 “거의 읽을 수 없는 흘림체로 쓰여 있고 많은 불가해한 약어를 포함하고 있으며” 오래 보관한 관계로 훼손되어 “너무나 읽기가 어렵다”고 토로한 것처럼,[27] 본격적인 분석에는 들어가지 못하고 초보적인 수준의 개설만을 하였다. 그 후 일본의 이시카와 료타(石川亮太)는 규장각 소장 동순태 자료를 체계적으로 소개하고, 이 자료를 이용해 1890년대 조선(朝鮮) 화상(華商)의 미곡무역(米穀貿易), 대상해무역(對上海貿易)을 세밀하게 복원하였다.[28] 뒤에 저자가 우연히 서울대학교 중앙도서관 고문헌자료실에도 대량의 동순태 관련 문서가 소장되어 있음을 알게 되면서 동순태호 연구에서 두 자료가 상호 보완적으로 이용될 수 있게 되었다.

〈표 1-3〉 서울대 규장각 소장 동순태 관련 문서

서명	책수	연도	청구기호
『進口各貨艙口單』	8책	1891년, 1895~1900년, 1903년	奎27581
『甲午年各埠來貨置本單』	2책	1894~1895년	奎27582
『乙未來貨置本』	1책	1895년	奎27583
『同泰來信』	19책	1889, 1890, 1893, 1894, 1903, 1905, 1906년	奎27584
총 4종 30책			

27) Kirk Wayne Larsen, “From Suzerainity to Commerce: Sino-Korean Economic And Business relations during the open port period 1876~1910”, June, Harvard University, Ph. D dissertation, 2000, pp. 246-247.

28) 石川亮太,「開港後朝鮮における華商の貿易活動~1894年の淸國米中繼貿易を通じて」『中國近代化の動態構造』京都大學人文科學研究所, 2004; 石川亮太,「朝鮮開港後における華商の對上海貿易－同順泰資料を通じて－」『東洋史研究』63-4, 2005.

〈표 1-4〉 서울대 고문헌자료실 소장 동순태 관련 문서

서명	책수	연도	청구기호
『同順泰往復文書』	35책	1890~1899년	6100 61 1-35
『同順泰寶號記』	1책	1907년	6100 110
총 2종 36책			

두 자료를 합하면 모두 6종 66책의 방대한 양이다. 동순태문서의 자료 성격과 체제, 분량에 관한 소개 글은 규장각 자료에 대해서는 이시카와가 2004년에,[29] 중앙도서관 고문헌자료실에 대해서는 저자가 2007년에 각각 잡지에 게재한 바 있다.[30] 두 글 뒤에는 모두 분석한 자료 중에 상업서신의 간단한 통계 및 세부 서신목록까지 실려 있기 때문에 앞으로 동순태문서를 참조할 연구자들은 직접 논문을 찾아보기 바란다. 다만 2007년의 소개 글에는 『동순태왕복문서』 중에서 제본, 정리하지 않고 모아둔 제31~35권까지의 분량은 포함되지 않았다. 이후 이시카와 교수가 제31~35권까지 서신도 포함하여 통계를 낸 글이 있으므로[31] 여기에서는 기존 두 편의 소개 글과 새로 진전된 부분을 종합하여 간단하게 동순태문서를 개괄하도록 하겠다.

동순태문서 중에 『진구각화창구단(進口各貨艙口單)』, 『갑오년각부래화치본단(甲午年各埠來貨置本單)』, 『을미래화치본(乙未來貨置本)』, 『동순태보호기(同順泰寶號記)』는 동순태의 국내 지점 및 해외 거래처에서 동순태 한성본

29) 石川亮太,「ソウル大學所藏『同泰來信』の性格と成立過程-近代朝鮮華僑研究の端緒として-」『九州大學東洋史論集』 32, 2004.

30) 강진아, 「동아시아경제사연구의 미답지-서울대학교 중앙도서관 고문헌자료실 소장 조선화상 동순태호 관계문서」『동양사학연구』 100, 2007.

31) 이시카와 료타, 「개항기 중국인상인의 활동과 정보매체 : 동순태서간자료를 중심으로」『규장각』 33, 2008, p. 188의 〈표 1〉 및 p. 189의 〈표 2〉 참조.

호(漢城本號)로 부쳐 온 물품발송장, 각종 영수증 및 회계정산서 등을 모은 자료이며, 『동태래신(同泰來信)』과 『동순태왕복문서(同順泰往復文書)』는 국내 지점 및 해외 거래처와 동순태 한성본호의 담걸생이 주고받은 상업서신집이다. 규장각 자료와 서울대 중앙도서관 자료의 성격은 조금 차이가 있는데 그 점에 대해 살펴보자.

먼저 상업서신집인 『동태래신』과 『동순태왕복문서』를 비교해 보겠다. 『동태래신』은 1889, 1890, 1893, 1894, 1903, 1905, 1906년의 서신이 간헐적으로 묶여 있으며, 전체 19권이다. 총 913건 중에 담걸생이 보낸 편지는 36건(1894년 30건, 1903년 4건, 1905년 2건)뿐이고 877건이 모두 담걸생이 수신한 편지이다. 877건의 수신 서간 중에 해외 거래처가 보낸 서신은 55건에 불과하고, 기타 및 발신자 불명의 서신 58건을 제외하고 국내 지점이 보낸 서신이 764건으로 전체 서신의 87%를 차지한다.[32]

『동순태왕복문서』는 1890년에서 1899년까지 서신이 연속적으로 묶여 있다. 전체 35권으로 1권에서 30권까지는 20여 페이지(혹은 50여 페이지도 있음)로 비교적 분량이 적다. 하지만 31권에서 35권까지는 각 권 500여 페이지가량으로 그 양이 방대하다.[33] 전체적으로 3천 페이지 남짓한 분량인데, 저자와 이시카와의 계산을 합산하면 모두 1,513건의 서간이 수록되어 있다. 게다가 『동순태왕복문서』는 대체로 편지가 여러 장에 걸쳐 긴 것이 많아 분량은 더 많다. 규장각 소장의 4종 마이크로필름 자료는 권당 모두 20~30컷(많은 경우 50여 컷)가량이다. 같은 서간집 성격의 『동태래신』은 500여 컷으로 1컷을 2페이지로 계산하면 약 천여 페이지가 되어, 전체량에 있어서도

32) 수록 연대 및 편지 건수의 통계는 세 논문에서 조금씩 차이가 있어서, 가장 최근의 통계인 위의 이시카와(2008) 통계를 따랐다.

33) 32권은 506페이지, 33권은 501페이지, 34권은 526페이지, 31권과 35권은 페이지 수의 표시가 없으나 거의 분량이 비슷하다.

고문헌자료실 소장 자료의 양이 앞선다. 또 『동태래신』과 달리 1,513건 중에서 국내 서신이 479통이고 수신자와 발신자를 잘 알 수 없는 38통을 제외한 66%가량의 편지는 모두 해외 거래처와 주고받은 것이다. 아울러 담걸생이 수신한 편지가 대부분인 『동태래신』과 달리 『동순태왕복문서』는 담걸생이 써 보낸 편지가 대부분이다. 제1권에서 제10권의 열 번째 편지까지는 담걸생이 수신한 편지이지만, 제10권 열한 번째 편지에서 35권 끝까지는 모두 담걸생이 발신한 편지이다. 수치로 보면 수신한 편지가 138건, 담걸생이 보낸 편지가 1,375건으로 발신이 압도적으로 많다.[34)]

이시카와는 『동태래신』의 담걸생이 발신한 36건의 편지가 아마 그가 인천 분호에 가 있을 때 한성본호로 보낸 편지일 것이며, 기본적으로 『동태래신』이 한성본호가 받은 편지를 묶은 자료일 것이라고 추정했다.[35)] 여러 근거에서 그 추정은 타당성이 있지만, 『동순태왕복문서』가 싣고 있는 대량의 담걸생 발신 편지들은 설명하기가 어렵다. 추정하건대 이 발신 편지들은 원문의 사본(寫本)일 가능성이 크다. 왜냐하면 발신 편지들은 모두 종이에 글씨가 번져 흐리다는 공통점이 있기 때문이다. 상업서신은 거래 정보의 확인에 중요하기 때문에 얇은 종이를 밑에 깔고 진한 먹으로 써서 위의 원문은 발송하고, 아래 먹이 스며들어 글씨가 복사된 사본은 보관하였던 것으로 보인다.

두 자료는 발신자와 수신자의 분포나 성격, 사료의 연대에서 상보적이라서, 향후 동아시아경제사 연구에 중요한 역할을 할 것으로 기대한다. 특히 두 자료 모두 1894년의 서신이 분량이 많아 갑오농민전쟁과 청일전쟁을 전후한 한국사와 동아시아사 연구에 훌륭한 재료를 제공할 수 있다. 『동태래신』

---

34) 동순태의 譚傑生이 아닌 譚晴湖 등 다른 관계자 앞으로 보내온 편지도 있으나 이는 극히 일부에 불과하다. 그 경우도 서신 말미에 譚傑生 공동 수신으로 기록하고 있다.

35) 石川亮太, 「ソウル大學所藏『同泰來信』の性格と成立過程-近代朝鮮華僑研究の端緒として-」『九州大學東洋史論集』 32, 2004, p. 139.

중에 음력 1894년(甲午年, 光緖 20년)의 서간은 189건이며, 『동순태왕복문서』는 275건이다. 『동태래신』은 국내 지점이 보낸 서신이 다수이고, 『동순태왕복문서』는 해외 거래처와 주고받은 서신이 다수라 양자를 함께 보면 국내외의 상황을 모두 잘 알 수 있다.

다음으로 물품발송장, 각종 영수증 및 회계정산서 등을 모은 자료들이다. 규장각 자료인 『진구각화창구단』(8책)은 1891~1903년, 1891년, 1895~1900년, 1903년 자료이며, 『갑오년각부래화치본단』(2책)은 1894~1895년, 『을미래화치본』은 1895년이다. 서울대 중앙도서관 고문헌자료실의 『동순태보호기』는 1907년으로 가장 시대가 내려간다. 『진구각화창구단』의 마지막 두 권은 1900년과 1903년의 문서를 모은 것이지만, 이 두 권은 동순태 인천분호에서 한성본호, 즉 담걸생에게 수출입을 대행하는 데 들어간 비용의 월별 보고서와 인천에 소유하고 있던 동순태 소유 부동산의 집세[房租]를 징수한 월별 보고서로 이루어져 있어 내용이 크게 다르다. 따라서 치본단 자료 중에서는 『동순태보호기』가 유일한 1900년 이후의 자료이다.

서신집의 특성상 상업서간으로 거래와 관련된 기술이 주종을 이루지만, 편지인 만큼 당시 조선을 둘러싼 정세와 조선화상의 시국관을 엿볼 수 있는 서술도 적지 않아, 비단 경제사 연구만이 아닌 한말 한국사 및 외교사 연구에서도 이용가치가 높다. 예를 들어 해외 거래처와의 서신에는 청일전쟁을 전후한 조선 국내 상황, 화의 진행상황에 대한 자세한 정보가 오갔으며, 일본 거래처에 패전조약을 맺으러 시모노세키에 간 이홍장(李鴻章)에 관한 정보 등도 문의하고 있다. 동순태와 그 최대 동업자였던 상해 동태호(同泰號)는 청의 양무파 관료와 친밀한 관계를 맺고 있어서, 조선 문제에서 적지 않은 역할을 했었음을 서신에서 확인할 수 있다.[36]

규장각 자료는 서울대 규장각에 마이크로필름 형태로 보존되어 있으므로 자유롭게 이용 가능한데, 아직 화상 자료로 만들지는 않아서 직접 방문하여 열람, 복사해야 한다. 서울대 중앙도서관 고문헌자료실의 자료는 처음 자료 제공을 요청했을 때 보존 상태가 좋지 않은 부분도 있어서 복사가 어려웠다. 서울대학교 동양사학과 구범진 교수의 도움을 얻어 도서관 측과 협의한 끝에, 결국 저자가 한국연구재단(당시 학술진흥재단)의 연구비로 화상 자료화하는 비용을 대고 파일은 서울대 도서관에 기증하는 조건으로 복사본을 얻을 수 있었다. 현재는 그 화상 자료가 서울대 도서관에 링크되어 열람과 저장이 가능하므로 자유롭게 이용할 수 있다.[37]

이 책에서는 이상 소개한 동순태문서를 주요 사료로 하여 화상 동순태호와 담걸생(譚傑生)의 활동을 가능한 한 미시적으로 복원하고, 동순태호 사례를 거울로 근대 전환기 동아시아 무역네트워크와 교류의 실태를 살펴보려고 한다. 책의 장절 구성은 다음과 같다.

서장에 이어 제2장에서는 동순태호의 역사를 큰 족적을 위주로 1880년대부터 1930년대까지 조감(鳥瞰)해 보겠다. 이 책에서 분석한 내용은 경제사 전공자에게는 익숙하지만 타 분야 연구자나 일반인들에게는 생소하거나 낯선 내용이 많기 때문에 제2장에서 동순태호라는 상점과 담씨 일가의 가족사를 먼저 살펴보면 훨씬 이해하기 쉬울 것이다.

이어서 제3장에서는 규장각과 서울대학교 고문헌자료실의 『동태래신』, 『동순태왕복문서』를 실마리로 동순태호의 교역 네트워크를 그려 보고, 그 네트워크 속에 작용하고 있는 광동(廣東)네트워크(Canton-Network)를 분석하였다. 그 과정에서 기왕의 일본 복건(福建)네트워크와 구별되는 초기 조선

---

36) 발신자, 수신자에 대한 상세한 소개 및 동순태의 비즈니스 및 정치네트워크에 관해서는 제3장에서 상술하겠다.

37) 서울대학교 중앙도서관에서 서명 검색.
http://library.snu.ac.kr/search/DetailView.ax?sid=1&cid=651248

화교 진출의 특성을 명확하게 하는 것이 가능할 것이다. 또 화교네트워크와 경제 활동 속에 일반적으로 작동하는 동향(同鄕), 동족(同族), 인척(姻戚) 관계망이 동순태호의 성립과 발전에는 어떻게 작용하는지 밝히려 한다.

제4장은 전문적인 경제사 연구의 영역에 속한다. 여기에서는 정미년(丁未年, 淸光緖 33年, 大韓光武 11年, 1907년)의 발송장을 모은 『동순태보호기』를 검토하여 20세기 초 재한화상의 대중국무역방식을 구체적으로 규명해 보겠다. 우선 『동순태보호기』의 전체 구성을 분석하고 등장 거래처의 신원을 추적한다. 이후 정미년(1907년) 교역 전반에 대해 통계적 분석을 한 뒤 운송방식을 검토할 것이다. 이어 발송장의 기재 방식을 각각 화물과 채표(彩票, 복권)로 나누어 검토하고, 이 자료에 나타난 품목, 화폐, 지역별 결제 방식을 살펴보겠다. 제4장은 경제사 전공자 입장에서는 19세기 말 20세기 초의 동아시아 무역이 구체적으로 어떻게 진행되었는가, 주문은 어떻게 이뤄지고 잡종화폐 간에 결제는 어떻게 이뤄졌는가를 알 수 있는 흥미로운 내용이 될 것이다. 그렇지만 경제사 전공자가 아니라면 복잡한 계산식과 도표로 머리가 복잡해질 수 있다.

제5장은 1890년대와 1900년대 동순태호의 주요 수익사업으로 등장했던 조선 내 채표(彩票), 즉 중국 복권의 수입판매를 다룬다. 『동순태보호기』에는 채표 발송장이 다량 포함되어 있는데, 이를 실마리로 삼아, 복권 광고가 실렸던 조선의 『황성신문』 및 중국 상해의 『신보(申報)』 광고를 사료로 중국 채표가 어떻게 한말 화상에 의해 시중에 대량 유통되게 되었는지 살펴보고자 한다. 이로써 청일전쟁 이후 화상의 경영 전략의 변화를 살펴보고, 채표를 소재로 20세기 초 동아시아의 교역네트워크를 통해 문화 상품이 전파, 확산되는 양상을 검토하겠다. 한말 화상의 채표업은 근대 전환기 동아시아에 새로운 사업이 전파, 유통되는 경로를 해명하는 사례 연구로서도 의미를 가질 것이다.

이어지는 제6장은 화상의 경제 활동 분석에 주력한 앞장과 달리 동순태호의 눈을 통해 한말 개항장을 수놓았던 여러 군상들의 사회적, 정치적 활동을 조명한다. 동순태문서의 상업서신에는 일반적인 시장 상황과 상거래에 관련한 정보 이외에도, 19세기 말 화상이 조선에서 상행위를 영위하면서 조선인이나 일본인, 또는 같은 화상(華商)끼리 부딪치는 여러 갈등과 관청과의 협조 및 반목도 상세히 기술되어 있어 흥미롭다. 이를 통해 강건한 동향의식과 초보적인 국가의식뿐 아니라, 조선의 내정(內政)과 국제관계에 대한 관찰도 엿볼 수 있다. 여기에서는 1894년 청일전쟁을 전후한 시기의 문서를 중점적으로 검토하여, 동순태호의 시선을 통해 조선화상의 타자인식을 엿보고자 한다.

마지막으로 종장에서는 동순태호의 사례를 통해 일국의 틀을 넘는 역사서술로서 동아시아사의 가능성을 타진해 보고 그 한계에 대해서도 생각해 볼 것이다.

제2장

동순태호의 역사

1. 한말 화상의 조선 진출과 동순태의 성립

1876년 강화도조약으로 조선이 개항된 후 조선 시장에 진출한 외국 상인은 주로 일본 상인이었다. 그러다가 1882년 10월 조청상민수륙통상장정(朝淸商民水陸通商章程)이 체결되면서 한성, 인천, 부산, 원산 등 개항장을 중심으로 무역 및 상업에 종사하는 중국인들이 적지 않게 등장하였다. 이 때문에 통설에서는 화교의 기원을 1882년에 둔다. 처음에 조선에 온 중국 상인 즉 화상(華商)은 주기적으로 조선 시장을 찾아오지만 거래를 마친 뒤 본국으로 돌아가는 유동형이 대부분이었다. 하지만 청의 조선 정국에 대한 개입이 늘어남에 따라 각종 상업 활동상의 특혜가 주어지면서 상주하는 인구도 점차 늘어났다.

1883년에 총판상무위원(總辦常務委員)으로 조선에 부임한 진수당[陳樹棠, 1883년 9월 16일~1885년 9월 23일 재임, 광동성(廣東省) 출신]은 부임 후 조선 내 화상의 세력 신장을 위해 노력하였다. 그는 1884년 4월 인천화상조계장정(仁川華商租界章程)을 체결하여 지금의 인천시 선린동 일대의 5천 평 토지에 중국 조계를 세우는 한편, 화교의 근거지가 된 인천을 서울과 연결시키는 작업을 추진했다. 조선 정부는 불법적으로 한강을 왕래하던 중국 정크선을 단속해 왔으나, 진수당은 조선 정부와 정식으로 교섭하여 1884년 4월부터 중국 정크선이 인천해관에 세금을 낸 뒤 마포로 기항할 수 있도록 했다.[1] 1888년 3월부터 청의 관영기업인 윤선초상국(輪船招商局)이 상해(上海)-연대(煙臺)-인천(仁川) 노선을 개통하자 청과 조선 사이에는 정기선의 운항으로 해상교통이 매우 편리해졌다.[2] 같은 해에는 인천-용산 간에 기선 항행도 개시됨으로써,[3] 윤선초상국의 상해-인천 간 정기노선과 연결되어 조선 시장에서 화상이 활동하기 위한 인프라가 크게 확충되었다. 이러한 청정부의 지원에 힘입어 조선 내 화교 상인의 수와 세력은 급성장하였다. 1888년에는 자본 규모에서 화상이 일본 상인을 압도했으며 1890년의 화교 수는 약 1천 명에 달했다.[4] 동순태호(同順泰號) 역시 그러한 조류에 편승하여 조선에 진출하고 발전한 화상이다.

그런데 당시의 일반적 상황을 고려할 때 동순태의 경우는 독특한 점이 있다. 우선 동순태호 경리(經理, 중국어로 최고 경영책임자) 담걸생(譚傑生)은 재한 화교의 대부분을 차지하는 산동성(山東省) 출신이 아니라 중국 최남단의 광동성(廣東省) 출신이다. 산동성은 조선과 해상 교통이 가장 편리한 인접 지역이어서 일찍부터 많은 산동인들이 연대항(煙臺港)에서 배를 타고 조선으

1) 譚永盛, 『조선말기의 청국 상인에 관한 연구-1882년부터 1885년까지』, 단국대학교 사학과 석사논문, 1976, p. 40.

2) 古田和子, 『上海ネットワークと近代東アジア』 東京大學出版會, 2000, p. 92. 청일전쟁 전의 윤선초상국의 정기항로 운행에 관해서는 高秉希, 「晩清中朝定期航線的開設背景及其影響」 『史學月刊』 2005年8期 및 나애자, 『한국 근대 해운업사 연구』 국학자료원, 1998를 참조. 高秉希의 연구는 나애자의 저작에 의존하는 바가 크지만, 경제성이 없는 정기항로 운행을 유지하게 한 재한화교의 적극적 활동에 관해서는 참신한 분석을 가하고 있다.

3) 京城府 著, 『京城府史』 1934, p. 39.

4) 박찬승, 「서울의 일본인 거류지 형성과정-1880년대~1903년을 중심으로」 『사회와 역사』 62, 2002, p. 84.

로 건너왔다. 그러므로 조선에서 상업 활동을 하던 화상 중 어느 시기이든 가장 수적으로 다수를 점했던 것은 산동성 출신의 상인들이었다. 그런데 한말 화교의 경제 활동에 관해 선구적인 업적을 남긴 담영성(譚永盛)은 조선에 상륙한 최초의 화상들은 산동 상인이 아니라 일본의 나가사키(長崎), 요코하마(橫濱), 고베(神戶)에 거류하던 중국 남부 광동성과 복건성(福建省) 출신의 화교 상인들이었으며, 이들은 일본 상인을 따라서 진출했을 가능성이 높다고 주장하였다. 화상에 앞서 조선시장에 진출한 일본 상인들은 주로 조선에 면포를 수출했는데, 이 면포는 대부분 영국산 제품으로 상해에서 화상들이 고베에 수입해 온 것을 일본 상인들이 재구매하여 조선에 판매했다. 개항기 초기 면포는 일본의 대조선 수출의 88.3%나 차지할 정도였고, 그 대부분이 영국산 면포였다.[5] 동아시아 무역망을 따라 일본에 진출해 있던 초기 화상들은 광동성과 복건성 출신이 많았다. 담영성은 이들 일본의 화상들이 조선의 시장 가능성에 착목하고 직접 조선에 진출한 것으로 추정하고 있다. 실제로 조선의 초기 화상은 후기의 산동 출신 일변도와는 달리 광동성, 절강성(浙江省) 등 중국 중남부 출신이 적지 않았다. 일본에서 조선으로 건너온 대표적인 사례는 일본에서 부산으로 진출했다가 다시 인천으로 본점을 옮긴 덕흥호(德興號)가 있다.

그렇지만 동순태호의 경우는 인접한 산동화상의 이주와도 다르고, 담영성이 말한 일본 경유의 이주와도 달리, 상해의 광동 상인들이 조선으로 진출한 경우였다. 동순태호의 경리인 담걸생에 관한 개인 신상은 화교들의 회고에 의존한 담영성의 선행연구에 따랐다가, 후에 동순태문서와 같은 공식적 기록을 분석하면서 수정해 나갔는데, 최근 담걸생의 구남(九男, 아들

5) 譚永盛, 앞의 논문, 1976, p. 16

중에는 六男) 담정택(譚廷澤)의 회고록이 존재한다는 것을 알게 되었다. 바로 『선부담공걸생전기(先父譚公傑生傳記-附家庭狀況及遺産償務處理過程)』(1973년 5월)이다. 이 회고록은 담걸생의 증손 담영봉(譚永鋒, Frank Tang) 씨가 제공해 주었다.[6] 이 책의 내용을 살펴보면 오류도 적지 않지만, 가족사에 관해서는 대체로 가장 정확한 기술로 평가할 수 있다. 기왕에 밝혀진 사실들과 새 사료의 기술을 종합하여 담걸생의 족적을 짚어 보도록 하자.

담걸생(譚傑生)은 휘(諱)가 이시(以時)고 자(字)가 걸생(傑生)으로, 1853년 음력 11월 28일에 광동성 고요현(高要縣)에서 태어났다. 5형제 중에 삼남(三男)이었다.[7] 담영성이 인용한 화교의 회고록에 따르면 고요현 금리촌(金利村)이라고 하고 아들 담정택 회고록에서는 묵강향(墨岡鄉)이 원적(原籍)이라고 되어 있다. 하지만 담정택의 회고록에도 담걸생의 부친이 금리허(金利墟)에서 극단 공연 중에 발생한 대형 화재로 1892년 사망했다고 적혀 있는 것을 보면 두 지명은 사실상 같은 생활권 내에 속한 듯하다.[8] 담걸생은 정부 관원과의 공식 문서 교환에서는 담이시(譚以時)로 서명하고 있고, 그의 형제들도 이(以)를 돌림자로 쓰고 있는데, 그 외의 경우에는 일반적으로 담걸생으로 활동하였다. 그는 고향에서 사숙을 다닌 뒤 상해로 가, 누이의 남편인 양륜경(梁綸卿)이 개설한 동태호(同泰號)에서 견습 직원

---

6) 담영봉 씨는 증조부 담걸생의 생애에 대해 관심을 가지고 자료를 모아 블로그를 운영하고 있는데 이 블로그에 가면 구글북스에 올려 놓은 담정택의 회고록을 볼 수 있다. http://sites.google.com/site/tanjiesheng/books

7) 형제 수는 담걸생의 아들 담정택의 회고록에 따른 것인데, "부친은 형제가 모두 5명으로, 세 번째였다"라고 기술하고 있고(譚廷澤, 『先父譚公傑生傳記-附家庭狀況及遺産償務處理過程』 1973, p. 4), 담걸생의 형은 담걸생을 "삼제(三弟)", 조카들은 "삼숙(三叔)"이라고 불렀다(제3장 참조).

8) 화재 발생 연도는 담걸생의 증손으로 캘리포니아에 거주하는 담영봉(譚永鋒) 씨의 주장이다.

으로 일을 시작했다. 담정택의 기록에 따르면 이때가 담걸생이 20세 즈음이었다고 하니 대략 1872년을 전후한 시기로 생각된다. 처음 월급이 응양(鷹洋, 미국 은화) 2원(元)이었다고 한다. 담걸생은 동태호에서 상해의 해관과 부두로 가서 해관에 수출입 관련 서류 수속을 하고 화물을 가져오는[報關提貨] 업무를 맡게 되었다.

상해에서 직원으로 일하던 담걸생이 조선으로 와서 동순태호를 열게 되는 시기는 언제쯤일까. 이 점은 아직 명확하지 않은데, 지금까지 밝혀진 자료로는 1874년, 1882년, 1885년 세 가지 주장이 있다. 먼저 1874년은 담정택의 동향인 정가현(鄭家賢)의 증언을 인용하여 담영성이 논문에서 제시했다.[9] 하지만 인천에 상주하는 화교가 거주하기 시작한 것은 1882년부터라는 기존의 상식에 비추어 무리한 점이 없지 않았다. 두 번째로 1882년은 담정택이 회고록인 『선부담공걸생전기』에서 주장한 것으로, 담걸생이 30세 즈음인 1882년에 인천에 와서 상점 개설을 모색하다가, 곧 한성에 가서 오늘날 관수동(觀水洞)에 상점을 열었다고 적고 있다.

마지막으로 1885년은 일본 사가대학(佐賀大學) 이시카와 료타 교수의 주장이다. 이시카와 교수는 대만중앙연구원(臺灣中央研究院) 근대사연구소(近代史硏究所) 소속 근대사당안관(近代史檔案館)이 수년 전 외교부에서 넘겨받아 정리·공개한 『주한사관당안(駐韓使館檔案)』에서, 동순태호가 1906년에 가옥 소유권 소송 관계로 한성 주재 청 총영사(總領事) 앞으로 보낸 문서에서 스스로 광서(光緖) 11년 음력 7월, 즉 1885년에 처음 인천에 왔다고 밝힌 것을 찾아내어, 1885년을 조선화상 동순태의 시작으로 보았다.[10] 이 문서에

9) 譚永盛, 1976, 앞의 글, p. 17.

10) 石川亮太, 「開港期漢城における朝鮮人、中國人間の商取引と紛争－「駐韓使館檔案」を通じて」『年報朝鮮學』 10, 2007, p. 13 및 p. 29 주 48. 사료의 원 출전은 『駐韓使館檔案』 2-35-62-7의 인용임.

따르면 동순태호 담걸생은 처음 인천에 와서 개성 상인 손경문(孫景文)의 상점과 교역을 하다가, 이듬해인 광서 12년(1886년)에 그의 알선으로 동생인 손윤필(孫允弼) 등이 운영하는 한성 가게에 동순태호 한성지점을 내고, 집세를 내지 않는 대신 모든 거래를 손(孫) 등에게 위탁했다고 한다. 이후 1889년 말에 손(孫) 등이 경영이 어려워져 도망하자 그 가옥(을지로 2가 소재)을 동순태의 소유로 인수했다는 내용이었다.[11] 『동태래신』의 1889년 서신에는 동순태호가 조선정부의 조폐국인 전환국(典圜局)에 오사카에서 동연(銅鉛)을 사와 납품하는 대신 홍삼 관삼 3,500근의 대량 수출을 청부하려고 하다가, 홍삼을 넘겨받지 못하고 조선 정부가 구리 값은 일본 시세가 떨어졌다며 깎으려 들어 낭패를 보는 내용이 자세히 나온다. 이때도 손경문(孫景文)이 중간다리 역할을 하고 있고, 한성본호에서 인천분호로 편지를 전달하는 심부름꾼이 대개 손경문과 손윤필의 하인이었던 것으로 보아 1889년까지 담걸생의 한성 거점이 손윤필의 점포였음은 틀림없는 것 같다.[12] 이시카와는 손윤필(孫允弼)이 이 동연의 대금을 받아 내지 못하여 점포 소유권이 동순태에게 넘어갔다고 보았다.[13]

이렇게 보면 후대 가족이나 지인의 증언보다는 아무래도 공식 문건인 영사에게 제출한 동순태호의 자술서에 공신력이 실리게 된다. 그런데 1937년 9월 동순태호(同順泰號)의 담가(譚家) 전체가 조선에서 철수할 때 일본자료에 따르면 담걸생이 약 60년 전에 조선에 왔다고 적고 있다.[14] 60년이라는 수치는

---

11) 이시카와는 중국인 상인이 조선인 객주에 입주해서 매매를 위탁하다가 독자 상점으로 발전해 나가는 사례로 보았는데 이에 관해서는 이시카와 료타, 「개항기 중국인 상인의 활동과 정보매체 : 동순태서간자료를 중심으로」『규장각』 33, 2008 참조.

12) 『同泰來信』 1889년의 1권과 2권 참조.

13) 이시카와 료타, 「개항기 중국인 상인의 활동과 정보매체 : 동순태서간자료를 중심으로」 『규장각』 33, 2008, p. 191.

14) 朝鮮總督府警務局保安課 「支那人引揚關係」『治安狀況』 第27報, 1937년 9월 17일 발행본.

1874년에 더 가깝다. 그런데 1874년설이 흘러나온 재한화교 정가현은 담정택의 회고에 따르면 광동성 동향이기는 하지만 원래 잘 알지 못하는 사이로 1966년에 담정택이 한국 정부를 상대로 명동의 토지 자산 반환 소송을 할 때 도와준 관계에 불과하다고 한다. 따라서 1874년이나 가족들 사이에 구전된 1882년보다는 1885년이 인천에 상점을 개설한 시기로는 정확하지 않을까 추정된다. 다만 초기 화교가 유동형에서 이주형으로 변해 갔다는 점을 고려하면 1882년 즈음이나 혹은 그 이전부터 상해 동태호는 조선 물산을 수입하면서 교역을 해 왔고 그 사이에 직원으로서 담걸생이 조선을 방문했을 수 있다. 그러다가 청 세력의 확대에 따라 조선 시장의 전망이 밝아지면서 아예 조선에 상점을 개설하기로 하고, 상해 동태호가 자금을 모집하여 처남인 담걸생에게 경영을 맡기는 형태로 조선 동순태호를 인천에서 처음 출범시켰을 가능성도 있다.

다음으로 동순태 한성본호(漢城本號, 서울 본점)는 어디에 있었을까? 담정택은 한성의 동순태호가 처음 관수동에 있었다고 했다. 담정택의 회고록에는 담영성의 이름도 나오는데, 한성화교중학(漢城華僑中學) 교무주임(教務主任)으로 있던 담영성이 그 학교에서 발행하는 『노력월간(努力月刊)』 잡지에 기고한 「담걸생의 인물과 사적[譚傑生其人其事]」을 상당 부분 인용하고 있다. 담영성은 이 글과 훗날 집필한 석사 논문에서 모두 동순태 한성본호가 수표교 아래 수표동(水標洞)에 있었고, 후에 경영이 확대되자 오늘날 을지로 2가 9번지로 이사 와서 2층짜리 붉은 벽돌 건물을 새로 지었다고 썼다. 담정택 역시 원래 점포가 좁아서 동현(銅峴, 구리개, 일제강점기 黃金町 2丁目 9番地, 오늘날 을지로 2가 9번지)의 987평을 구입하여 2층의 붉은 벽돌 건물[紅磚樓] 및 창고를 지었다고 했다. 그런데 이시카와의 주장대로라면 동현(을지로 2가)의 조선 상인 손윤필 점포가 첫 한성 진출 지점이라서 혼선이 있다. 아마 손윤필 점포를 사용하다가 근처의 토지를 구입하여 새로 건물을 지었다고 보는 것이 맞지 않을까 한다. 이 이른바 "붉은 벽돌 빌딩[紅磚大廈]"은 계속 한성본호로 쓰인 것 같다. 1900년대 신문 광고에 동순태는 소재지를 동현(銅峴)으로 표기하고 있는데 동현은 "구리개"의 한자 표기로, "구리개"란 지명은 을지로의 옛 이름이다. 1923년 12월의 『동아일보』 보도에도 이 을지로 즉 황금정(黃金町) 2번지가 담걸생의 주소로 보도되었다.[15] 첫 한성본호 자리는 관수동인지 수표동인지 정확한 판단 근거가 없으나, 새로 옮긴 본호는 을지로가 확실하고 1920년대까지 을지로에 있었다.

동순태호는 처음부터 자본 규모가 상당히 큰 상점으로 상해 동태호를 매개로 청과 조선 간에 수출입 무역을 운영했다. 담걸생은 청의 재한 파견기관 수장인 원세개(袁世凱)를 비롯해 청의 재한 파견 관료들과 돈독한 관계에 있었다. 또 화교 사회 안에서도 지도적인 역할을 수행했다. 조선의 화교도 다른 지역 화교와 마찬가지로 출신지에 따른 동향집단으로 조직되었는데, 크게 북방(北幇), 광방(廣幇), 남방(南幇)의 세 그룹이 있었다. 북방은 산동, 직예[直隷-하북(河北)] 출신들의 집단으로 재한화교 중에 숫자가 가장 많았다. 주로 비단, 일용잡화, 식당을 경영하였다. 광방은 광동성 출신의 광동방을 지칭한다. 홍콩, 유럽, 미국, 상해, 고베에서 약재, 비단, 린넨, 서양 잡화를 수입하는 업무에 종사하는 상인이 많아, 자금이 크고 업종상 무역상이 많았다. 마지막으로 남방은 상해를 중심으로 한 강남지역 강소(江蘇), 절강(浙江), 호남(湖南), 호북(湖北), 강서(江西), 안휘(安徽) 출신이 이에 속한다. 세 집단 모두 동향회관을 가지고 있었다. 담걸생은 광방의 광동동향회관 회장이었다.[16]

---

15) 『東亞日報』 1923년 12월 11일 2면.

16) 楊昭全, 孫玉梅 著, 『朝鮮華僑史』 中國華僑出版公司, 1991, p. 107. 원래 북경, 하북 출신

초기에 동순태를 비롯해 화상의 발전을 도운 것은 청의 정치적 후원이었다. 앞서 나온 정기항로의 개설뿐 아니라 청의 압력으로 조선정부는 한성에 외국인이 점포를 개설할 수 있도록 허가해야 했다. 이에 따라 광동방이 활약하던 수입업과 서울에 진출한 화상의 도소매업이 결합하면서 직접적인 무역의 독점 체제를 구축할 수 있게 되었고, 이러한 직배체제는 인천 개항장 객주의 서울 시장 진출을 차단시켰다. 또 종전에 대외무역을 전담한 조선 사상(私商)과 역관(譯官)의 기능이 대폭 축소되었으며, 수입무역품의 전매권을 쥐던 육의전의 지위가 국내시장에서 화상 및 일본 상인 등 외국 상인에 의해 크게 위협받게 되었다.[17]

동순태 역시 이 과정에서 무역자본으로 크게 성장하기 시작한 것으로 보인다. 대외무역과 도소매업이 일관 유통체제를 구축했던 이즈음에 동순태도 유사한 발전경로를 밟아 갔다는 것을 확인할 수 있다. 당시 인천의 일본영사의 보고에 따르면, 1885년 인천항의 화상 중 큰 상회(商會)는 없고, 매월 거래액 2,000~3,000원의 회사가 한 곳 있을 뿐, 그 외에는 대략 1,000원 이내의 상점이었다고 한다.[18] 그러나 화교 자본은 빠르게 성장하여, 1889년에는 서울에 80여 호의 상점, 화상 600여 명이 장사를 하였고, 총 거래액은 285만 엔에 달하였다. 이 금액은 같은 해 인천 화상의 수입총액의 3.7배인데, 서울의 화상들이 대부분 수입품을 취급했다는 점을 볼 때, 화교 자본이 번성한 밀무역의 수혜를 누리며 성장했다는 점을 알 수 있다.[19]

동순태호를 비롯해 당시의 규모 있는 화교 무역상들은 상해, 홍콩, 천진(天

은 京幇으로 따로 집단을 이루고 있었으나, 1910년에 北幇으로 흡수되어, 광, 남, 북 3방의 鼎足의 勢를 이루게 된 것이다.

17) 김정기, 「1890년 서울 상인의 철시동맹파업과 시위 투쟁」『한국사연구』 67, 1989, p. 91.

18) 仁川府廳 編纂, 『仁川府史』 1933, p. 129.

19) 김정기, 앞의 논문, 1989, p. 88.

津)에서 영국산 면포와 서양 잡화, 중국산 비단 및 한약재를 수입판매하고, 조선에서는 인삼, 금, 곡물, 소가죽[牛皮], 해산물을 구입하여 청에 수출하였다.[20] 동순태호는 특히 홍삼의 수출과 밀수로 큰 이익을 올렸다. 청은 조선정부에 압력을 가하여 홍삼의 수출세를 30%에서 15%로 인하하여 화상의 사업을 도왔는데, 이러한 합법적 수단 이외에도 진수당, 원세개(袁世凱)의 비호로 청의 군함이 홍삼 밀수에 종사하는 형편이었다. 동순태는 이 과정에서 원세개와 결합하여 홍삼 수출로 큰 수익을 올릴 수 있었다.[21] 동순태는 서울과 인천 이외에 조선 내에 분호(分號)를 다수 보유하고, 나가사키, 상해, 광주, 홍콩에 거래처인 연호(聯號)를 가지고 국제무역을 경영했다.

직배체제를 통한 화상의 팽창은 한성에서 조선 상인들의 시장을 침탈하였고, 조선 상인들은 집단적으로 반발했다. 1885년 말에 이미 육의전(六矣廛)은 한성의 화상과 일본 상인이 용산으로 이전하도록 요구한 바 있다. 이때는 조선에 진출해 있던 화상의 수나 규모가 크지 않았기 때문에, 원세개는 일본 상인에 대한 견제라는 면에서 긍정적으로 수락했지만, 청 상점의 5배나 되던 일본 상점의 이전비용을 조선 정부가 대 줄 수 없었기 때문에 결국 계획은 실행에 옮겨지지 못했다. 이후 화상의 한성 시장진출이 더욱 가속화되자, 한성의 조선 상인들은 실력으로 이들을 저지하기로 하고 세 차례의 집단적 시장 철수, 즉 파시(罷市)를 감행했다. 1887년 2월 3일에 육의전을 중심으로 이틀간의 파시가 단행되었다. 1889년 말 두 차례 파시를 거쳐, 1890년 1월 26일부터는 사전(私廛)을 제외한 모든 상점, 술집, 음식점, 골동품점 등이 동참하는 대규모 파시가 결행되었다. 육의전 상인 수백

---

20) 趙璣濬, 『韓國企業家史』 博英社, 1983, pp. 32~33 ; 石川亮太, 「朝鮮開港後における華商の對上海貿易ー同順泰資料を通じてー」 『東洋史硏究』 63-4, 2005.

21) 김정기, 「조선정부의 淸 차관도입(1882~1894)」 『한국사론』 3, 서울대학교 한국사학회, 1976, p. 434.

명은 외국 상인들의 용산 혹은 인천 이전을 요구하며 통리아문과 주변에서 연좌데모를 벌였다.

이 시위는 아무런 성과 없이 끝나고 말았지만, 이러한 시위가 한성에서 벌어진 것은 시사하는 바가 크다. 김정기는 시위 원인을 분석하여, 당시 동아시아의 북경(北京), 도쿄(東京) 등 수도에는 어느 곳도 외국상점의 개설이 허락되지 않던 상황에서 1882년 조청상민수륙무역장정의 한성개잔권(漢城開棧權) 인정으로 조선의 수도 한성만이 유일하게 외국인의 상점개설권이 인정되었고, 이에 따라 토착 상인들이 지방과 개항장을 연결시킨 단일시장권에 편입되어 외국 상업자본의 침범에 그대로 노출되었다고 진단하였다.[22] 그러나 거꾸로 바로 그런 조건 때문에 동순태를 비롯한 화상들은 조선에서 단기간 내에 신속한 자본축적을 할 수 있었던 것이다.

2. 대청차관(對淸借款)과 동순태

무역업과 도소매업으로 성장하던 동순태는 1892년 청조의 조선에 대한 차관에 이름을 빌려주면서 그를 계기로 각종 특혜성 사업에 뛰어들어 제2의 도약을 하게 된다. 당시 130만 량이나 되는 내·외채에 시달리던 조선은 청의 속박에서 벗어나려 미국과 일본에게 차관을 요청했다.[23] 그러나 청의 적극적인 방해공작으로 실패로 돌아가고, 결국 1887년 독일 상인 세창양행(世昌洋行, Meyer 상사, 1883년 인천 개설)에게 구입했던 창룡호(蒼龍號) 선채(船債) 원리금 상환을 위해 청 정부로부터 10만 량의 차관을 하게 된다. 이때 청은

22) 김정기, 「1890년 서울 상인의 撤市同盟罷業과 시위 투쟁」『한국사연구』 67, 1989, pp. 80~85.
23) 김정기, 앞의 논문, 1976, pp. 453~468.

조정 내의 반청 여론으로 차관을 꺼리던 조선 정부를 고려해, 실제로는 상해 중국해관의 출사경비항목(出使經費項目, 즉 외국에 주재하는 청 외교관의 경비)에서 차관을 제공하면서 표면적으로는 조선거류의 화교상점인 동순태호가 차관 제공자의 명의를 제공하도록 했다. 이것이 제1차 동순태차관(同順泰借款)으로 1892년 8월 19일에 체결되었다. 청은 이 10만 량을 8월 23일에 상해 회풍은행(匯豊銀行)에서 은량을 은원으로 환전한 뒤 윤선초상국 배편으로 조선에 부쳤는데, 그 보고 경로를 보면 상해에서 동순태호 담걸생에게 전보로 송금을 알리고, 다시 담걸생이 원세개에게 보고를 올리자, 원세개가 8월 25일에 이를 조선 통리교섭통상사무아문에 통보하고 있었다.[24] 이후 42일 만인 10월 6일에 일본제일은행(日本第一銀行) 차관의 이자 및 인천 미국 상인 타운센드(Townsand)의 선채 14만여 원의 체불 청산을 위해, 다시 10만 량의 제2차 차관 조약을 맺게 된다. 두 조약의 특색은 먼저 1차 차관에서는 담보로 인천해관수입을 설정하면서, 해관수입에 대해 차관상환 최우선권(제2조)을 설정한 것을 들 수 있다. 제2차 차관은 인천해관에서 부산해관으로 관세담보가 확대되었고, 추가적으로 인천-한성 간의 하천 운항권과 한강윤선 선로 개설권이 차관 대가로 제공되었다.[25]

71~72쪽의 도식과 표는 해관 총세무사(總稅務司)가 조선 정부 통리교섭통상사무아문(統理交涉通商事務衙門)에 보낸 문서를 정리한 『총관래신(總關來申)』에서 동순태 차관 상환 보고서를 뽑아 두 차관의 상환 방식과 상환 과정을 정리한 것이다.

---

24) 督辦總理交涉通商事務 → 署理總稅務司, 1892년 8월 30일, 統理衙門 編 『總關公文』 6. "準此查本月二十五日袁總理函開, 玆據同順泰號主譚以時稟稱, 頃接上海來電, 該款已於八月二十三日, 交匯豊銀行, 折作洋元, 換具票簿, 交商局船寄韓云…"

25) 統理交涉通商事務衙門 편, 『同順泰號借款合同』 1892년(고종 29년).

동순태 제1차, 제2차 차관의 상환 방식

제1차 차관(1892년 8월)

원금 매월 1,250량, 이자 600량(매월 7.5량씩 체감) × 80개월

→ (원금 + 이자)兩 ÷ 100 × 149 = ⓐ : 량(兩)에 상해시가(149)를 적용하여 멕시코 달러[墨洋銀] 가격으로 환산

→ ⓐ + (ⓐ ÷ 100) = ⓑ : 100원에 1원씩 추가하여 일본양은(日本洋銀)으로 환산[升色照加銀]

→ ⓑ + (ⓑ ÷ 1,000 × 8) : 보험료, 운반비[保險, 水脚費]로 100원에 8각씩 추가

제2차 차관(1892년 10월)

원금 매월 1,000량, 이자 600량(매월 6량씩 체감) × 100개월

→ (원금 + 이자)兩 ÷ 100 × 149 = ⓐ : 량에 상해시가(149.5)를 적용하여 멕시코 달러[墨洋銀] 가격으로 환산

→ ⓐ + (ⓐ ÷ 100) = ⓑ : 100원에 1원씩 추가하여 일본양은으로 환산[升色照加銀]

→ ⓑ + (ⓑ ÷ 1,000 × 8) = ⓒ : 보험료, 운반비[保險, 水脚費]로 100원에 8각씩 추가

→ ⓒ + (ⓒ ÷ 1,000 × 2) : 부산에서 인천으로 송금수수료[滙兌費] 100원에 2각

[이듬해 1893년 4월 6회분부터 4각으로 인상{최종식이 ⓒ + (ⓒ ÷ 1,000 × 4)로 바뀜}]

〈표 2-1〉 동순태차관(1, 2차) 상환 내역

제1차 차관					제2차 차관				
회차	本息(兩)	총액(元)	상환일	문서번호	회차	本息(兩)	총액(元)	상환일	문서번호
1	1,250 + 600	2,806.33	1892.9.23.	291	1	1,000 + 600	2,432.78	1892.10.17.	298
2	1,250 + 592.5	2,794.96	1892.10.23.	293	2	1,000 + 594	2,423.66	1892.12.10.	300
3	1,250 + 585	2,783.58	1892.11.23.	297	3	1,000 + 588	2,414.52	1893.1.10.	303
4	1,250 + 577.5	2,772.21	1892.12.20.	299	4	1,000 + 582	2,405.4	1893.2.10.	309
5	1,250 + 570	2,760.83	1893.1.23.	302	5	1,000 + 576	2,396.28	1893.3.10.	312
6	1,250 + 562.5	2,749.46	1893.2.23.	308	6*	1,000 + 570	2,391.92	1893.4.10.	321
7	1,250 + 555	2,738.7	1893.3.23.	310	7	1,000 + 564	2,382.78	1893.5.10.	323
8	1,250 + 547.5	2,726.7	1893.4.23.	315	8	1,000 + 558	2,373.64	1893.6.10.	325
9	1,250 + 540	2,715.32	1893.5.23.	322	9	1,000 + 552	2,364.5	1893.7.10.	329
10	1,250 + 532	2,703.95	1893.6.23.	326	10	1,000 + 546	2,355.35	1893.8.10.	341
11	1,250 + 525	2,692.57	1893.7.23.	331	11	1,000 + 540	2,346.22	1893.9.10.	344
12	1,250 + 517.5	2,681.2	1893.8.23.	337	12	1,000 + 534	2,337.7	1893.10.10.	347
13	1,250 + 510	2,669.81	1893.9.23.	342	13	1,000 + 528	2,327.92	1893.11.10.	353
14	1,250 + 502.5	2,658.44	1893.10.23.	348	14	1,000 + 522	2,318.79	1893.12.10.	359
15	1,250 + 495	2,647.6	1893.11.23.	354	15	1,000 + 516	2,309.66	1894.1.10.	364
16	1,250 + 487.5	2,635.69	1893.12.23.	358	16	1,000 + 510	2,300.52	1894.2.10.	369
17	1,250 + 480	2,624.31	1894.1.23.	362	17	1,000 + 504	2,291.37	1894.3.10.	377
18	1,250 + 472.5	2,611.93	1894.2.23.	368	18	1,000 + 498	2,282.23	1894.4.10.	388
19	1,250 + 465	2,601.55	1894.3.23.	376	19	1,000 + 492	2,273.1	1894.5.10.	393
20	1,250 + 457.5	2,590.17	1894.4.23.	384	20	1,000 + 486	2,263.95	1894.6.10.	396
21	1,250 + 450	2,578.8	1894.5.23.	392	–	–	–	–	–
22	442.5**	671.24	1894.6.23.	397	–	–	–	–	–

출전 : 總稅務司 → 統理交涉通商事務衙門 각 稅字 문서(『總關來申』 7-9, 奎17829, 외부아문 편, 9책)
· 량은 고평량(庫平兩, 단위 : 兩, 錢)
· 원은 일본양은[日本洋銀, 단위 : 元(=円), 角, 分]
· 문서는 세자(稅字) 第000號의 형태를 취함. 문서번호를 표에 기재했음.
· 기간은 광서 18년[임진(壬辰), 1892] 9월 - 광서 19년(1893) - 광서 20년[갑오(甲午), 1894]
· 1894년 6월까지는 공문서에 광서(光緖) 연호, 7월부터는 연호 대신 갑오(甲午)를 사용
* 6월부터 부산에서 인천으로의 송금비가 100원당 4각으로 2배 상승했다.
** 인천해관의 세수 부족으로 원금을 갚지 못한 채 이자만 지급한 것이다.

여기에서 알 수 있듯이, 차관은 청 재정에서 기준 화폐 단위인 호부(戶部)의 고평은량(庫平銀兩)으로 지급되었다. 그러나 조선 해관에는 은량(銀兩)이 아니라 은원(銀元)이 유통되었고, 당시 조선 개항장과 대외무역 결제화폐로는 은원 중에서도 일본 은원, 즉 엔화가 주로 사용되었으므로 상환은 일본 은원으로 지불되었다. 그런데 중국 고평량과 일본 은원 사이에 직접 환율시장이 성립하지는 않았기 때문에, 상해 화폐시장의 기준 화폐가 되었던 은원, 즉 묵은(墨銀, 멕시코 달러)으로 환산한 뒤에 다시 일본 은원으로 환산해야 했던 것이다.

〈표 2-1〉의 동순태 차관 상환 내역을 보면, 인천해관은 차관이 성립한 1892년 9월과 10월부터 꾸준히 매달 상환을 해 왔는데, 1894년 6월에 인천해관은 동순태 1차 차관 22회차 상환에서 세수 부족으로 원금을 갚지 못하고 이자만 지불하고 있다. 그 후 해관에서의 상환보고는 『총관래신』에서 발견하지 못했다. 동순태 2차 차관도 1894년 6월을 마지막으로 상환 기록이 나오지 않는다. 1894년 5월과 6월은 청일전쟁 전야로, 동학농민군이 전주를 점령하여 정국이 극히 혼란스러운 때였다. 이러한 특수 상황으로 인해 해관수입이 감소하고 차관 상환에 실패했을 것이다. 그러나 『공문편안(公文編案)』 탁지부(度支部) 편에는 이듬해 1895년 7월과 10월에 조선 탁지부가 청 산동성 연대의 파견관[煙臺派員]에게 훈령을 보내, 동순태에게 연대(煙臺) 삼세은(蔘稅銀) 가운데 일정액을 고평은(庫平銀)으로 지급하라는 내용이 발견되고 있어, 그 후에 차관 상환이 재개되었다는 것, 그리고 해관수입 이외에 삼세은(蔘稅銀)이 차관 상환에 동원되었다는 것을 알 수 있다.[26] 조선 정부가 어떤 연유

26) 度支部 → 煙臺派員 尹奎燮, 訓令, 乙未 7月12日 및 度支部 → 煙臺派員 尹奎燮, 訓令, 乙未 10月20日 『公文編案』 22, 奎18154, 탁지부 편, 99책; 度支部 → 煙臺派員, 開國五百四年七月十二日, 『訓令存(編)案』 01, 奎17876, 탁지부 편, 12책.

로 연대에 관리를 파견했는지, 또 청 현지에서 거둔 삼세은이 정확하게 어떤 것인지는 잘 알 수 없으나 대체로 조선의 주력 수출상품인 홍삼 수출과 관련된 세금 수입 가운데에서 동순태 차관의 일부를 상환하도록 하고 있었다고 추정할 뿐이다.

제2차 동순태차관의 직접적인 결과로 동순태는 한강 항행권을 수주할 수 있었다. 1883년 8월 양화진이 개항하자, 각국 선박은 인천세무의 검사를 거치지 않고 바로 마포로 입항해 버렸다. 이에 조선정부는 1889년에 마포에 검사국을 설치하고, 구미열강에 대해서는 양화진, 용산, 마포를 개항한 것으로 간주하지 않는다는 「외국기선불취항원칙(外國汽船不就航原則)」을 관철시켰다. 이 상황에서 일본 상인들은 소윤선 2척을 조선 선적으로 이름만 올려놓고 한강 도항의 이권을 독점하였다. 일본 상인을 견제하기 위해, 조선 정부는 동순태 2차 차관의 조건으로 청과 합작하여 기선회사를 창설하여, 2척으로 인천-서울 간 청국 상인의 화물 및 조량미를 운반하기로 하였다.[27] 청 측에서는 동순태에게 사업참여권이 주어졌다. 비록 합작이었지만 운영권은 동순태에게 있는 매우 유리한 조건이었다. 뿐만 아니라 향후 15년간 세미(稅米)의 조운독점권(漕運獨占權)을 보장받아, 매년 10만 포의 세미 조운과 화물 여객 수송이 기대되었다. 이렇게 하여 설립한 기선회사가 통혜공사(通惠公司)이다. 이 한강노선으로 상해-인천-서울 간의 무역로가 시간적으로 단축되어, 조선에서의 화상의 세력 확대에 기여하였고, 1890년대 화상의 일본 상인 압도의 한 원인이 되었다.[28]

---

27) 국사편찬위원회, 『고종시대사』 3, 國史編纂委員會, 1967, p. 326.
28) 김정기, 앞의 논문, 1976, pp. 475~477.

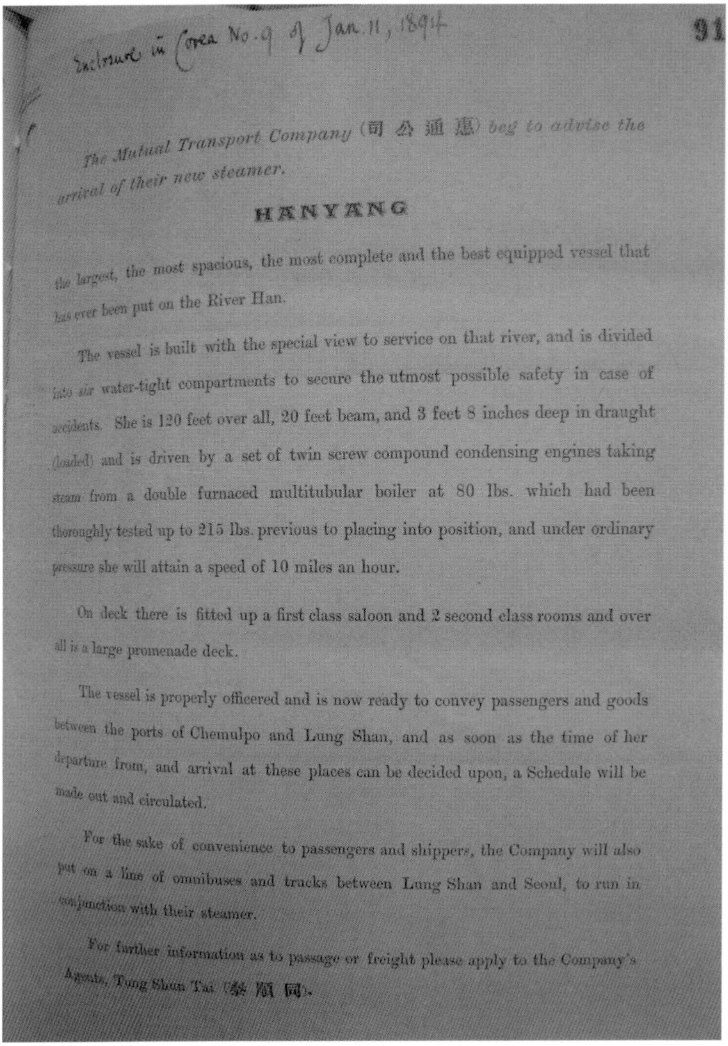

Enclosure in Corea No. 9 of Jan. 11, 1894

91

The Mutual Transport Company (司 公 通 惠) *beg to advise the arrival of their new steamer.*

HANYANG

the largest, the most spacious, the most complete and the best equipped vessel that has ever been put on the River Han.

The vessel is built with the special view to service on that river, and is divided into *six* water-tight compartments to secure the utmost possible safety in case of accidents. She is 120 feet over all, 20 feet beam, and 3 feet 8 inches deep in draught (loaded) and is driven by a set of twin screw compound condensing engines taking steam from a double furnaced multitubular boiler at 80 lbs. which had been thoroughly tested up to 215 lbs. previous to placing into position, and under ordinary pressure she will attain a speed of 10 miles an hour.

On deck there is fitted up a first class saloon and 2 second class rooms and over all is a large promenade deck.

The vessel is properly officered and is now ready to convey passengers and goods between the ports of Chemulpo and Lung Shan, and as soon as the time of her departure from, and arrival at these places can be decided upon, a Schedule will be made out and circulated.

For the sake of convenience to passengers and shippers, the Company will also put on a line of omnibuses and tracks between Lung Shan and Seoul, to run in conjunction with their steamer.

For further information as to passage or freight please apply to the Company's Agents, Tung Shun Tai (泰 順 同).

〈그림 2-1〉 통혜공사 한양호 개통 영문 광고지. 제물포와 용산 간에 승객과 화물 운행을 광고하고 있는데, 하단에 통혜공사 대리처로 동순태의 이름이 보인다.
출전 : 서울주재 대리총영사(W.H. Wilkinson) → 북경주재 영국공사 오코너(N.R. O'Conor), No. 9, 1894년 1월 11일, 영국공문서관 FO 228-1168(1894)의 첨부 문서.

그렇지만 동순태호와 담걸생에게 통혜공사는 그다지 수익성 있는 사업으로 발전한 것 같지는 않다. 통혜공사는 동순태호가 한강 항행권을 획득한 뒤, 상해에서 동태호를 비롯해 상해 광동 상인들의 자본을 초모(招募)하여, 1고(股)당 100원(元), 총 300고(股)를 모집하여 3만 원(元)의 자본금으로 세웠다.[29] 그중 2만 원을 투입해 구입한 증기선이 한양호(漢陽號)이다. 동순태호는 4대의 승합 마차를 총 1만 원을 투자해 구입하고, 한양호가 제물포에서 마포에 인접한 용산까지 한강을 운행하면, 승합 마차가 다시 용산에서 서울을 연결하도록 하였다. 원래는 일본에서 두 개의 소형 증기선을 추가로 구입해 항운에 투입하려고 했으나, 이 회사의 영업은 순탄치 못했다. 우선 서울과 용산까지 회사가 도로를 내거나 수리하게 되어 있었는데, 노상의 나무다리가 조선인들이 장작불로 쓰려고 떼어 가서 다 파손된 바람에 노선 전체를 달릴 수 없었다. 영국의 서울주재 대리총영사였던 윌킨슨(W.H. Wilkinson)은 "내가 아는 한 어떤 승합 마차나 화물 마차도 이 코스를 다 달린 적이 없다"고 말할 정도였다. 게다가 한강 운항이 시작된 초기에 한양호가 해안에 부딪쳐 프로펠러 날개가 부서져서 몇 주간 운행이 중단되었다. 또 항해를 재개한 지 얼마 지나지 않아 한양호가 좁은 제물포 항구를 다 차지하고 있던 중국 군함과 충돌하는 사고가 다시 일어나고 말았다. 한양호

29) 『仁川府史』(仁川府廳 編, 1933, p. 790)에서는 배 건조 비용 1만 5천 원, 용산 창고 건축비 1만 원, 합계 2만 5천 원이 투자되어, 원세개와 당소의가 1만 원, 동순태호가 8천 원, 이생호(怡生號)가 3천 원, 기타 광동 상인이 당소의의 알선으로 나머지를 염출했다고 적고 있다. 또 애초에 조선 전운아문과 맺은 기선 구매 계약을 보면 기선 2척을 구매하되 墨洋 100원에 1股로 하여 투자자를 모집하며, 한 척에 200고 즉 2만 원씩 두 척으로 합계 총 400고 4만 원을 모집한다고 되어 있다(『淸季中日韓關係史料』 第5卷, 臺灣中央硏究院, 1972, pp. 3070~3072). 결국 배를 2척이 아니라 1척만 구입한 것을 보면 배 1척에 2만 원이 맞고, 이 가격은 윌킨슨의 진술과 정확하게 일치한다. 아울러 주식투자자의 성격도 동순태문서에서 한양호 매각 금액을 나누는 과정을 분석한 제3장을 보면 알 수 있듯이 윌킨슨의 진술과 맞아떨어져 대체로 그의 보고서가 더욱 신빙성이 있다.

의 손실은 800원에 이르렀다. 결국 1893년 말에 통혜공사는 북경에서 구매한 말들은 반값에 경매로 처분하고, 1894년 1월에는 한양호를 조선 정부의 전운사(轉運司)에 3만 원에 매각했다.[30] 영국영사관의 윌킨슨은 한양호의 구입가가 2만 원이었다고 언급하였고, 한국사 연구자 나애자는 이 배의 구입비용이 25,000원이었고 당시 영업실적이 나빠 적자가 쌓여 가던 상황에 매각을 한 것이라고 하므로,[31] 이를 감안하면 매우 높은 금액에 매각했다고 할 수 있다. 담걸생도 상해 동태호의 양륜경(梁綸卿)에게 보낸 편지에서 "이 배를 팔아치운 것은 정말로 행운으로, 큰 부담을 던 것이다[沽去此船實是萬幸, 及去一大累也]"라고 말하고 있으며,[32] 윌킨슨 역시 "이 거래가 중국인 주주들에게는 만족스러운 것이라도, 한국에는 유리하다고 볼 수 없다"라고 평가했다.[33]

그런데 통혜공사의 기선 영업은 부진했다고 해도, 동순태호는 이 기선 영업으로 홍삼을 밀수하여 불법적인 수익을 얻었던 것으로 보인다. 한국사가 김정기는 원세개 휘하의 청 해군의 군함을 이용한 홍삼 밀수를 거론한 바 있지만, 실제 한말에 직접 문서로 확인된 동순태의 밀수안(密輸案)은 확인되지 않는다. 하지만 이와 관련하여 흥미로운 사례를 이 시기 영국영사관 보고서에서 찾을 수 있었다. 1893년 10월을 전후해서 서울의 영국대리총영사 윌킨슨(W.H. Wilkinson)은 몇 차례에 걸쳐 원세개의 막료이자 중국 영사로

30) 서울주재 대리총영사(W.H. Wilkinson) → 북경주재 영국공사 오코너(N.R. O'Conor), No. 9, 1894년 1월 11일, 영국공문서관 FO 228-1168(1894) To and From Korea, 1-52d, pp. 89a~90a.

31) 나애자, 『한국 근대 해운업사 연구』 국학자료원, 1998, pp. 132~133.

32) 譚傑生 → 陳達生 『同順泰往復文書』 11권-10, 1893.12.10.; 譚傑生 → 梁綸卿, 13권-1, 1893.12.26.付.

33) 서울주재 대리총영사(W.H. Wilkinson) → 북경주재 영국공사 오코너(N.R. O'Conor), No. 9, 1894년 1월 11일, 영국공문서관 FO 228-1168(1894) To and From Korea, 1-52d, pp. 90a~90b.

대우받고 있던 당소의(唐紹儀)가 홍삼 밀수를 방조했다는 스캔들을 보고하였다. 윌킨슨은 10월 30일 북경공사 오코너(N.R. O'Conor)에게 보낸 공문에서, 당소의가 휴가로 출국하면서 화상들에게 홍삼 1근(斤)에 2원(元)씩 수수료를 받고 1만 원 상당의 홍삼을 밀수했다고 보고했다.[34] 이 의혹은 외부로 새어나가 일본인 거류민이 발행한 『조선신보(朝鮮新報)』 11월 4일 자에 보도되었는데, 이 보도에 따르면 당소의가 출국하기 3~4일 전인 22일과 23일에 화상들이 시중에서 집중적으로 2만 원에 달하는 홍삼 사재기에 나섰고, 이 짐이 모두 중국 관아로 옮겨졌다는 것이다. 당소의는 한양호를 타고 용산에서 제물포로 갔는데, 이때 150여 개의 짐을 가지고 타서 바로 제물포에 정박한 윤선초상국의 정기선 진동호(鎭東號)로 옮겨 탔으며, 외교관의 특혜로 어떠한 해관 검사도 받지 않고 승선할 수 있었다.[35] 이 한양호는 동순태호가 조직한 통혜공사의 선박이었다. 사건의 내막은 정확히 알 수 없지만, 당시 최대의 무역상으로 홍삼을 주력 상품으로 취급하고 당소의·원세개와 각별한 관계에 있던 동순태가 이러한 특혜를 이용하지 않았으리라고 생각하기는 어렵다.

통혜공사가 획득한 15년간 조운 미곡의 독점운송은 실행된 기록이 없어 동순태호가 이 특권으로 어느 정도의 이익을 올릴 수 있었는지는 확실하지 않다. 1893년에 제대로 조운 운송을 맡아서 했다고 하더라도 한양호를 연말과 이듬해에 전운사와 교섭해서 매각한 것을 생각하면 통혜공사가 조운 특권

---

34) 서울주재 대리총영사(W.H. Wilkinson) → 북경주재 영국공사 오코너(N.R. O'Conor), No. 74, 1893년 10월 30일, (런던)영국공문서관(National Archives), FO 228-1129(1893) From Corea, vol. 2, no.41~end, pp. 179~183.

35) 서울주재 대리총영사(W.H. Wilkinson) → 북경주재 영국공사 오코너(N.R. O'Conor), No. 81, 1893년 11월 15일, 영국공문서관 FO 228-1129(1893) From Corea, vol. 2, no. 41~end, pp. 216 및 enclosure of no. 81 "extract from Chosen Shinpo" of Nov. 4, 1893, FO 228-1129, pp. 217~218.

으로 크게 수익을 얻었다고 보기는 힘들다. 그렇지만 경인간 수운의 활성화가 인천에서 수입하여 서울에서 물품을 판매하는 화교 상인들의 경제활동에 자극을 준 것은 틀림이 없을 것이다. 아울러 차관과 같은 국가 간 교섭에 명의를 제공하면서 동순태 역시 향후 조선과 청의 관료들과 더욱 돈독한 관계를 형성하고 각종 관방사업에 뛰어드는 데 큰 계기가 되었다고 볼 수 있다. 담걸생은 1892년 10월 제1차 동순태차관에 서명할 때만 해도 직함이 "漢城華商廣幇商會董事", 번역하면 "한성 화상으로 광방 상업회의소 이사"였는데 11월 제2차 동순태차관에 서명할 때 직함은 "漢城華商廣幇商會董事五品銜候選縣丞"으로 원 직함 뒤에 오품(五品) 후선현승(候選縣丞)의 관품을 명시하고 있어 중간 교섭을 담당하면서 관품까지 하사받았음을 알 수 있다.[36)]

3. 청일전쟁 이후 동순태의 자본 확장

동순태는 청조의 정치적 영향력의 증대로 성장했던 다른 재한 화교 자본과 마찬가지로 1894년 청일전쟁으로 정치적 지원을 상실했다. 청일전쟁이 발발한 직후에는 서울과 인천의 화상들이 대거 피난하기도 하였다.[37)] 그러나 패전으로 정치적 호조건이 사라진 뒤에도 조선의 화상들은 견실히 발전을 거듭하였고, 조선과 중국 간의 무역량 역시 계속 증가추세를 이어 갔다. 이 점은 조선에서 화상의 성공이 초기에 청 정부의 계획적 육성이라는 정치적 요인에

---

36)『淸季中日韓關係史料』第5卷, 臺灣中央硏究院, 1972, p. 3042, p. 3069. 청 말에는 재정 곤란으로 捐納이라고 하여 상인들에게 돈을 받고 관품을 내려 주는 사례가 일반화되었으므로 담걸생에게 차관에 얽힌 송금과 상환 수속을 위탁하는 대신 관품을 수여하는 것은 이상할 것이 없다.

37) 1894년 6월 21일에만 인천과 서울의 중국인 470여 명이 윤선초상국 기선 鎭東號에 타고 귀국했다고 한다(『仁川府史』 1933, p. 407).

크게 힘입었기는 하지만, 화상의 장사에 대한 노하우와 성실성 역시 약진의 커다란 요인이었음을 확인시켜 준다. 여기에서는 부족한 자료를 모아 청일전쟁 이후 동순태의 사업범위와 성장을 살펴보겠다.

금융업

동순태호가 다시금 세간에 크게 주목받은 것은 1903년 동순태표(同順泰票) 발행 금지를 요청한 시위사건 때문이었다. 동순태표란 동순태호에서 발행한 어음으로, 화상들 사이뿐 아니라 조선 상인들에게까지 신용이 두터워 시중에 널리 유통되었다. 당시 조선 시장에는 고액결제화폐가 부족했기 때문에 일개 상점이 발행하는 어음인 동순태표가 마치 화폐처럼 통용되게 된 것이다.

그런데 1902년에 일본 제일은행(第一銀行)이 부산에서 은행권을 발행하여 서울 및 개항장을 중심으로 대량으로 유통시키자, 외국화폐의 통용 일반이 화폐주권의 침해 사안으로 불거져 나오게 되었다. 사실 제일은행권이나 동순태표나 이미 개항장에서는 상인들 사이에 유통된 지 오래되었지만, 국권 상실의 위험에 대한 위기의식이 고조되는 가운데 1902년의 사태가 계기가 되어 외화 배척 움직임이 조직화되었던 것이다. 외화 유통에 대한 반감이 고조되면서 1903년 들어 두 지폐의 유통 금지를 요구하는 자발적인 시민운동이 벌어지게 되었다.

1903년 1월부터 서울에서는 송수만(宋秀萬), 심상희(沈相禧), 이상철(李相轍), 이희두(李熙斗) 등이 전국에 통고문을 발하여, 동순태표와 일본제일은행권의 발행 금지를 요구하는 운동을 시작하였는데, 6월에 이들의 발기로 두 지폐의 발행 금지를 요구하는 벽보가 종로 및 시내 요소에 붙었다. 그 벽보를 보면 "화상 동순태의 지표(紙票)와 일본 은행의 신권(新券)은 준비해 둔 은원

(銀元) 통화도 없을 뿐 아니라 여러 나라에 통용되는 것도 아니니 단지 빈 종이 조각에 불과하다. 이들은 이 지폐를 끊임없이 만들어 내어 우리나라의 유한한 자원을 취(取)하려 하니, 장차 우리 강산 삼천리를 그들 소유로 만들기에 [금전(金錢)의-역자] 부족을 염려할 필요가 없게 되었다. 생각과 말이 이에 미치니 어찌 통절(痛切)하지 않겠는가. 올해 정월 우리들은 피 끓는 심정으로 온 나라에 널리 고하였으니, 이른바 동순태의 지표와 일본은행권은 절대 통용시키지 말고, 만약 몰래 사용하는 자가 있으면 마땅히 성토해야 할 것이다"라고 하고 지폐의 통용으로 물가가 앙등하고 경제가 망가지고 있다고 비난했다. 그 비판에는 '통화의 권리가 외국인의 손에 떨어지게 되었다'는 민족주의적 위기감이 있었다. 서울에서는 윤이병(尹履炳), 심상희, 고석주(高石柱)를 중심으로 시민 조직인 공제회(共濟會)가 설립되어 역시 두 지폐의 유통 금지를 요구하는 대중 집회를 가지고, 서울 시내에 방을 붙이는 한편 전국 13부(府) 9항(港)에 통문(通文)을 발송하였다.[38]

일본공사 하야시 곤스케(林權助)는 즉각 외무부에 수차례 항의하고 이 시민운동은 이미 합의를 한 제일은행권의 유통을 방해하는 행위라고 비난하였다. 또한 한성부(漢城府)에 운동의 엄금과 주모자의 철저한 조사를 요청하는 한편,[39] 운동으로 입은 손해를 배상하라고 청구했다. 일본의 항의에 한국 정부는 반격을 못하고 7월에는 외무대신 이도재(李道宰)가 한성판윤(漢城判尹)에게 운동의 엄격한 단속을 명하는 등 진화작업에 나섰고, 운동 역시 수그러들었다.

---

38)『(국역)梅泉野錄』 제3권, 光武 7년 癸卯(1903년)① 2. 일본의 제일은행권 발행, 46. 서울 시민의 공제회 설립.

39) 漢城府判尹 閔景植 → 議政府贊政外部大臣 陸軍副將 李道宰 閣下, 報告書 第五號, 光武七年六月二十二日,『漢城府來去案』 1, 奎17984, 외부 편, 2책 ;『고종시대사』 광무 7년 7월 4일(토).

그러나 한국 정부는 일본에 대한 태도와 달리 정치적 영향력을 상실한 청에 대해서는 1월부터 적극적으로 동순태표를 제재하라고 요청하였다. 1903년 1월 15일 외무대신 이도재는 청국출사대신(淸國出使大臣) 허태신(許臺身)에게 동순태표의 발행을 취소하고, 이미 발행한 화표(貨票)는 현금으로 교환해 줄 것을 요청하였다. 허태신은 화상(華商)과 한민(韓民) 사이에 통용된 지 오래인 화표를 갑자기 없애는 것은 어려우나 동순태호로 하여금 이미 발행한 화표 이외의 추가 발행은 금지하도록 하겠다고 약속하였다.[40] 제일은행권의 유통은 아무런 제재를 받지 않은 것은 물론이다.

그런데 1903년의 시민운동에서 동순태표와 제일은행권은 "외국인이 지폐 발행 주권을 침해"한 사례로 동일시되어, 국권침탈의 상징물로 애국운동의 타깃이 되었으나, 동순태표의 성격은 1902년의 제일은행권 발행과는 구별지어 생각할 필요가 있다. 동순태의 해명에 따르면, 동순태표는 회사에서 발행하는 어음이므로 이미 발행한 지 수년이 되었고, 높은 신용을 바탕으로 각 시장에 문제없이 유통되었다는 것이다. 다만 문제가 된 것은 "오늘날 뻔뻔한 무리들이[無恥之徒] 우리 상점의 25량 전표를 1천 량표로 위조하여 사사로이 시장에 유통시켜" 물의를 일으킨 것에 있다고 주장하였다. 동순태표는 25량, 50량, 100량, 500량, 1,000량(이 량은 중국 은량이 아니라 조선 동전 단위임) 등 5등급으로 나눠져, 각 장마다 고유번호가 있고, 각 등급마다 종이 색이 다르고 도장이 찍혀 있으며, 번호 기입방식도 등급마다 달랐다. 동순태호는 비판 여론이 일고 있던 1903년 3월에 『황성신문』에 판별법을 숙지하여 속지 말라는 광고를 내고 있었다.[41]

---

40) 『舊韓國外交文書』 第9卷 淸案 2361號 光武 7年 1月 13日·2364號 光武 7年 1月 15日 皇城新聞 光武 7年 1月 17日; 『고종시대사』 6, 광무 7년(1903) 1월 15일.

41) 『황성신문』 1903년 3월 28일 자 3면.

〈그림 2-2〉 동순태표 50량권과 1천 량권. 조선 한성 동순태호가 발생했으며, 각각 당오전(當五錢)으로 시전(市錢) 50량과 1천 량으로 태환할 수 있음을 밝히고 있다(이 량 단위는 조선 량임). 동순태표는 액면가에 따라 연번이 달랐는데 25량표는 1~1,000호(號)까지, 50량표는 20,001~21,000호까지, 100량표는 40,001~41,000호까지, 500량표는 60,001~61,000호까지, 1,000량표는 70,001~71,000호까지였다. 위의 동순태표에도 이 번호에 맞추어 연번이 달려 있다.

동순태표가 언제부터 화상 간의 결제를 넘어서 개항장에서 널리 유통되었는가 정확한 정보를 알 수는 없다. 다만 그 범위와 세력을 짐작할 수 있는 유용한 증언이 있다. 1935년 조선상공회의(朝鮮商工會議)는 지난 25주년을 회고하는 좌담회(座談會)를 열었는데, 그 자리에서 진남포(鎭南浦)의 일본 상인 사이토 큐타로(齊藤久太郎)가 회고한 내용이다. 사이토는 명치 24년, 즉 1891년에 인천에 와서 잡화상을 시작했다. 그는 당시 "지나인(支那人)의 세력(勢力)은 매우 강했는데, 거상(巨商) 동순태가 어음[手形]을 발행하고 있어, 우리로서는 매우 억울했다. 예를 들어 우리 상점에 중국인[支那人]이 물건을 사러 오면 10을 사면서 돌아갈 때는 12를 가지고 간다. 우리가 분개해도 상대 영사관의 세력이 강해서 당해낼 수 없었다. 그러던 차에 27년(명치 27년, 1894년-인용자)의 청일전쟁[日淸戰爭]이 일어난 것이다. 정말 신이 났다"라고 증언했다. 이 회고에 따르면 1891년에 이미 인천 개항장에서는 일본상점에서조차 결제화폐로 사용될 정도로 동순태표가 일반적으로 유통되고 있었다.[42] 사이토를 비롯해 일본 상인들이 손해를 본다고 불만스러워한 것은, 현금이 아니라 어음인 동순태표로 결제할 경우 일종의 약속어음을 액면가 그대로 사용함으로써 화상들은 어음 태환날짜까지의 이자만큼을 절약할 수 있었기 때문이다. 그러나 동순태표가 신용이 두터웠고 또 일본 상인들의 불만에 따르면 청 영사관의 비호가 있었기 때문에 개항장에서는 현금처럼 액면가치 그대로 유통되었으므로 당장 태환하지 않는 일본 상인에게는 손해가 되었다는 의미로 풀이할 수 있다.

즉 동순태표는 개인 기업의 어음이었던 화표(貨票)가 동순태의 자산 규모와 신용에 의지하여 지폐처럼 유통된 사례였다. 그런데 이는 중국 상계에서는

42) 「始政記念！回顧商工座談會-朝鮮商工議主催 : 想えば二十有五年茨の道(終)」『京城日報』 1935년 10월 27일.

드물지 않은 일이었다. 지역사회의 자산이 풍부하고 신용 있는 상점의 어음이 널리 유통되면, 그 상점은 일종의 지방은행인 은호(銀號)의 역할을 겸하게 되고 어음은 화폐처럼 유통되었다. 은호가 자본금보다 30배 이상의 지폐를 발행하는 것은 중국 상계에서는 일반적으로, 지폐 유통과 대출로 높은 경영 수익을 올릴 수 있었다. 대규모로 원격지 결제까지 하는 표호(票號)도 마찬가지인데, 청 말 청의 재정 송금까지 맡아 하던 대표적인 표호인 산서표호(山西票號) 역시 원래는 안료(顔料) 상점에서 출발했다가 금융기관으로 발전했다.[43] 따라서 조선에서 동순태호가 발생한 어음인 동순태표가 신용을 바탕으로 처음에는 화상들 사이에서 유통되다가, 이후 한국인 사이에까지 유통이 확대되면서 대규모 결제수단으로 쓰이게 되었고, 그 과정에서 동순태호도 적극적으로 수익사업의 일환으로 지폐를 발행했던 것으로 보인다. 그러나 위조지폐의 창궐로 신용도에 문제가 생기면서 태환(兌換)을 둘러싸고 분규가 생기고, 이에 따라 동순태표의 문제성이 시장에 제기되었다. 그리고 마침 1902년의 제일은행권의 발행과 맞물리면서 동순태표도 함께 애국주의적 외화배척운동의 타깃이 된 것으로 볼 수 있다.

마침내 동순태표는 이듬해에 조선에서 발행이 중지되었다. 그런데 발행 중지의 원인은 동순태표의 국권 침탈적 성격과 이에 반발한 애국운동보다는 위조지폐의 창궐이 더 결정적이었던 것 같다. 1904년 8월에 동순태호는 『황성신문』에 광고를 내 음력 6월 23일부터 1개월 기한으로 전표(錢票)를 다 회수하려 하니 와서 현금으로 태환해 가라고 고지하였다. 그 이유로, "본 상점에서 발행한 전표는 수년 동안 여러분의 신용을 입어 감사드리기 이를 바 없다"면서, 최근의 위조 사태로 오용한 분들에게 누가 심하여 유폐를 막기

43) 정혜중, 「중국근대경제사에서의 산서표호(山西票號)의 연구」『중국사연구』 8, 2010, p. 182.

위해 일괄 태환을 실시한다고 밝히고 있다.[44] 동순태는 오랫동안 지폐 발행을 통해 안정적인 금융업을 운영해 오다가 민족주의의 고조와 위조지폐 유통으로 인해 1904년에 와서야 사업을 접었던 것이다.

무역업

청일전쟁 이후도 동순태호의 주력 사업인 수출 및 수입업은 지속적으로 발전하였다. 동순태호의 무역에 관해서는 제4장에서 자세한 분석을 하겠지만, 중국과 조선 간 무역은 청일전쟁 이후에도 쇠퇴하지 않고 꾸준히 발전하고 있었고, 동순태를 비롯한 화교 상인들이 여전히 수입업을 담당하고 있었다.

〈표 2-2〉에서도 알 수 있듯이 조선과 중국 간의 무역은 1883년에서 청일전쟁이 발발한 1894년까지 10배나 늘어났지만, 전후 조선에서 청의 영향력이 사실상 사라진 후에도 무역액은 계속 증가했으며 오히려 더욱 빠른 속도로 증가했다. 청일전쟁 직후인 1896년과 일본이 조선을 강제 병합한 1913년을 비교하면 양국 간 부역 규모는 재차 10배 이상 늘어났으며, 1927년에는 다시 7배 이상 늘어나 절정에 달했다. 조선과 중국과의 무역은 조선 대외무역의 7~8할을 점했던 대일본 무역에 은닉되어 잘 보이지 않지만 이처럼 정치적 환경 변화를 이겨 내고 성장하고 있었다. 여기에서 주목해야 할 점은 양국 간의 무역은 수출보다 수입이 훨씬 빠른 속도로 증가하여 무역규모 성장을 견인하고 있었으며, 그 담당자가 여전히 화상이었다는 것이다.

1923년에 중국의 대일본무역은 조선과 비교하면 수입은 17배(조선 1,196만 해관량, 일본 2억 1,102만 해관량), 수출은 6.5배(조선 3,028만 해관량, 일본 1억 9,852만 해관량)로 크게 차이가 났지만 일본과의 무역에서 1,251만

---

44) 『황성신문』 1904년 8월 4일 자 3면.

〈표 2-2〉 조선과 중국의 무역(1883~1934년)[단위 : 1만 해관량(海關兩)]

연 도	수출(한국 → 중국)		수입(중국 → 한국)		총 계	
	총 액	지 수	총 액	지 수	총 액	지 수
1883	1.1	0.3	0.2	0.0	1.3	0.1
1884	3.1	0.9	3.2	0.5	6.4	0.6
1885	2.4	0.7	12.0	1.8	14.5	1.4
1886	2.9	0.8	10.2	1.5	13.1	1.3
1887	1.8	0.5	18.2	2.7	20.0	1.9
1888	7.2	2.0	24.4	3.6	31.6	3.1
1889	12.0	3.4	20.0	2.9	32.0	3.1
1890	5.2	1.5	47.3	7.0	52.6	5.1
1891	10.0	2.9	47.9	7.0	58.0	5.6
1892	13.2	3.8	46.4	6.8	59.7	5.8
1893	12.6	3.6	39.9	5.9	52.5	5.1
1894	43.9	12.5	89.2	13.1	133.2	12.9
1895	5.5	1.6	63.8	9.4	69.3	6.7
1896	46.1	13.1	47.8	7.0	94.0	9.1
1897	61.2	17.4	78.2	11.5	139.4	13.4
1898	95.2	27.0	108.6	16.0	203.9	19.7
1899	80.7	22.9	72.9	10.7	153.6	14.9
1900	118.8	33.7	80.4	11.8	199.2	19.3
1901	51.3	14.6	117.8	17.3	169.2	16.4
1902	126.0	35.8	104.3	15.3	230.4	22.3
1903	141.6	40.2	126.8	18.6	268.4	26.0
1904	87.9	24.9	139.0	20.4	227.0	22.0
1905	175.3	49.7	218.5	32.1	393.9	38.1
1906	37.1	10.5	143.9	21.1	181.1	17.5
1907	149.4	42.4	216.9	31.8	366.3	35.4
1908	132.0	37.4	259.4	38.1	591.5	37.9
1909	209.5	59.4	291.7	42.8	501.2	48.5
1910	238.2	67.5	262.9	38.6	501.1	48.5

연 도	수출(한국 → 중국)		수입(중국 → 한국)		총 계	
	총 액	지 수	총 액	지 수	총 액	지 수
1911	251.0	71.2	349.0	51.2	600.0	58.0
1912	315.5	89.5	544.3	79.9	859.8	83.2
1913	352.6	100.0	681.2	100.0	1,033.9	100.0
1914	450.0	127.6	501.1	73.6	951.2	92.0
1915	644.6	182.8	565.8	83.1	1,210.4	117.1
1916	850.4	241.1	660.1	96.9	1,510.6	146.1
1917	118.4	335.8	851.8	125.0	2,036.1	196.9
1918	104.5	296.5	1,368.5	200.0	2,414.2	233.5
1919	943.1	267.0	2,261.7	332.0	3,204.9	310.0
1920	1,031.4	291.5	2,334.5	342.7	3,366.0	315.9
1921	1,195.5	339.0	1,509.7	221.6	2,705.2	261.6
1922	968.5	274.6	2,123.7	311.7	3,092.3	299.1
1923	1,195.4	339.0	3,028.1	444.5	4,223.6	408.5
1924	1,150.5	326.2	3,085.5	452.9	4,236.0	409.7
1925	1,003.3	284.5	3,478.1	510.5	4,481.4	433.4
1926	1,255.2	355.9	4,537.5	680.7	5,892.7	569.9
1927	1,574.6	446.5	5,982.6	878.1	7,557.3	730.9
1928	1,612.8	457.3	4,857.2	712.9	6,470.1	625.7
1929	1,566.3	444.1	3,978.3	583.9	5,544.7	436.3
1930	1,403.4	397.9	4,417.4	648.4	5,820.9	563.0
1931	1,076.0	305.1	2,963.1	434.9	4,039.1	390.6
1932	390.6	110.8	1,986.8	291.6	2,377.5	229.9
1933	96.5	27.4	1,132.4	166.2	1,228.9	118.9
1934	156.0	44.3	1,007.0	147.8	1,163.1	112.5

출전 : 何炳賢, 『中國的國際貿易(下)』 上海商務印書館, 1937, pp. 757~758의 표 〈歷年中國與朝鮮貿易統計表〉

* 원 출전에서 1천 량 이하 액수는 생략하였다. 따라서 수입과 수출 합산과 총액이 맞지 않는 경우가 있음.
* 음영 강조는 인용자. 강조한 해는 청일전쟁 전후인 1894년과 1895년, 기준 지수 100으로 삼은 한일합방 직후인 1913년, 조선과 중국 간 무역액이 전전 최고에 달한 1927년이다.

해관량의 무역적자를 기록한 반면 조선과의 무역에서는 1,833만 량의 무역흑자를 기록했다. 1923년 중국 대외무역에서 1천만 해관량 이상의 무역규모를 넘은 나라는 모두 16개였는데 조선은 그 중 하나였을 뿐 아니라, 중국이 출초(出超)를 내는 5개국 중 하나였다.[45]

중국으로부터의 주요 수입품은 주로 비단과 중국 마포(Linen, 夏布)였다. 한국사가 송규진에 따르면, 조선의 10대 수입물품에서 견직물은 1930년대까지 중상위에, 중국 마포는 1920년대 초까지 전체 순위 4~8위까지의 중위권에 포진해 있었다.[46] 중국 비단은 해외시장에서 기계로 대량 생산된 공장제 견직물에 밀려 1923년 수출액이 중국 수출무역 총액의 3.3%에 불과할 정도로 줄어들었다. 그러나 전통적인 중국 비단의 소비시장인 조선에서는 여전히 중국산 비단이 선호되었으며 1920년대 초까지 중국 비단 수출의 1/4이 조선에서 팔렸다.[47] 또 하나의 주요 수입품은 중국 마포였다. 중국 마포는 중국 10대 수출품 순위에도 들지 못하는 항목이었지만 1913년에서 1920년 내내 전체 수출액의 70~80%가 조선에 수출되었다.[48]

화상은 중국의 대조선 수출업을 1920년대까지도 굳건히 장악하고 있었다. 중국에게는 조선 시장이 거의 유일한 공산품 수출시장이었으며, 조선 화상이야말로 수출주역이었던 것이다. 동순태는 조선 화상 중에서도 대표적인 무역상이었다. 동순태호의 취급 물품에 관해서는 1894년과 1895년 교역에 대하여 이시카와 료타가 자세히 분석한 바 있는데, 다른 일반적인 화상과 마찬가지로 조선에 들여와서 파는 수입 품목은 견직물, 면직물, 마직물 등 직물류와 약재,

45) 松井清 『支那貿易の事情』 大坂毎日新聞社, 1941, pp. 49~51.
46) 송규진, 「1920~1931년 조선총독부의 관세정책과 조선무역구조의 성격」『韓國史學報』 6, 1999, p. 133.
47) 松井清, 『支那貿易の事情』 大坂毎日新聞社, 1941, p. 110.
48) 朝鮮總督府, 『朝鮮における支那人』 1924, p. 37. 1920년 중국 마포의 총수출액은 359만 량이었는데, 이 중 277만 량이 조선에 수출되었다.

잡화, 식품류가 다수였고, 수출품은 금은과 같은 귀금속 및 인삼 등 약재가 많았다.[49] 제4장에서는 1907년 동순태호의 영수증 목록을 분석하여 청일전쟁 이후의 무역 품목 변화를 추적해 보겠는데, 아무래도 무역 품목은 시기별로 여건에 따라 조금씩 변동이 있으나 1907년에도 수입품의 절반가량이 비단이었다.

자세한 분석은 제4장으로 미루고 여기에서는 『황성신문』에 게재했던 동순태의 각종 광고를 통해 그 활동의 일단을 살펴보는 데 그치겠다. 1901년에 동순태 한성본호는 수입품의 도매 광고를 내는데, 그 품목을 보면 서양가구, 피아노, 망원경, 전축, 유리 등 매우 다양하다.[50] 1904년에는 일본 기린맥주(麒麟麥酒)의 입수를 알리는 광고도 빈번히 내고 있어, 중국 물품의 수입뿐 아니라 일본 상품의 수입도 활발히 취급했음을 보여 준다.[51] 동순태의 취급 물품 중에 오늘날 우리들의 눈에 특이하게 비치는 것은 1899년부터 1900년대 중반까지 동순태호가 주력했던 중국 복권 판매업이다. 『황성신문』에는 복권의 판매 및 당첨자 발표를 알리는 동순태의 광고가 다수 실려 있다.[52] 동순태호의 복권 사업에 관해서는 제5장에서 상세히 검토해 보겠다.

결론을 앞질러 이야기하자면, 동순태호는 화상 중에서도 독보적인 자본 규모, 다년간 동아시아 무역을 전개해 온 수출입 네트워크를 보유하고 있었고, 따라서 복권과 같은 신규상품을 정기적으로 수입하고 당첨 정보 및 시장판도에 관한 안정된 정보를 확보하는 것이 가능했다. 이런 이유로 복권

49) 이시카와 료타, 「조선 개항 후 중국인 상인의 무역활동과 네트워크」『역사문제연구』 20, 2008, p. 25, p. 33의 〈표 3〉, 〈표 6〉 참조.
50) 『황성신문』 1901년 11월 18일 자 3면.
51) 『황성신문』 1903년 5월 2일 자 3면. 『황성신문』 1904년 1월 11일 자 4면.
52) 『황성신문』 1901년 11월 6일 자 2면, 1902년 1월 7일 자 3면, 1902년 5월 16일 자 3면, 『황성신문』 1902년 6월 2일 자 3면.

사업과 같은 신규 사업에서도 참여한 지 얼마 지나지 않아 곧 주도권을 장악할 수 있었던 것이다.

동순태호의 발전상을 가늠하는 사례로 신문물의 대표격인 전화가 있다. 1902년 서울과 인천 간에 일반 전화가 처음 개설되는데, 당시 전화회선 수는 4회선으로 가입자는 한성 10곳, 인천 12곳에 불과했다고 한다. 그런데 가입자 명단을 보면 동순태는 한성본호와 인천분호가 모두 들어 있었다. 전화의 이용이 무역업에 도움이 되었을 것은 물론이지만, 당시 이용료가 매년 100원의 거금이었던 것을 감안하면 동순태가 얼마나 대단한 규모의 상점이었는가를 미루어 짐작할 수 있다.[53)]

이상과 같이 청일전쟁 이후도 동순태는 각국에 거래처를 두고 수출입 무역업과 인천 및 서울 등 소비시장에서의 도소매점 운영이라는 패턴을 유지하면서 무역업을 계속 운영했다. 그런데 무역에서 교역액 자체는 줄고 있는데, 1894년 발송장으로 집계한 동순태의 수입액이 52,000량, 1895년은 148,000량이었던 것이,[54)] 1907년은 29,414량 규모였다. 〈표 2-2〉를 참조해서 추계해 보면, 동순태의 수입액은 조선의 중국 수입 총액 중에 각각 5.8%(1895년), 23.1%(1896년), 1.3%(1907년)를 차지하고 있다. 1907년에 가도 여전히 교역 규모는 작지 않지만, 액수가 줄어든 것은 사실이다. 그렇지만 무역업의 축소라는 표면적 사실과 달리 동순태호는 쇠퇴가 아니라 다른 분야로 사업을 확대하면서 계속해서 발전해 나갔다. 이 점을 다음에서 확인해 보자.

---

53) 「남기고 싶은 이야기(57) 희망의 단계(2) 전화」『중앙일보』 1967년 3월 18일.

54) 石川亮太, 「朝鮮開港後における華商の對上海貿易-同順泰資料を通じて」『東洋史研究』 63-4, 2005, p.34.

부동산 임대업

화상의 대표적인 자산 증식의 수단은 부동산이었다. 동순태호 역시 전형적인 사례에 해당한다. 화상이 부동산으로 크게 이익을 본 것은 화상의 조선 진출의 계기이기도 한 1882년 임오군린 때문이었다. 임오군란의 충격으로 서울 주민의 다수가 피난을 가는 바람에, 원래 25만의 서울 인구가 절반으로 줄었다고 한다. 그 결과 집값은 1/4로 폭락하였고, 연이은 갑신정변은 부동산 가격 하락에 박차를 가했다. 이 시기에 화상들은 최저가로 서울 번화가의 상점과 가옥을 대량 구입할 수 있었다. 서울의 화상은 1883년에 상점 22호, 상인 82명이었던 것이 1884년에 상점 47호, 상인 165명로 늘어났는데, 이들은 1년 반 동안(1883년 9월~1884년 말) 한성 번화가에 있는 13개의 건물과 대지(垈地) 450간(間)을 구입하였다. 이 시기에 전체 화상의 25%인 12호가 토지를 구입하고 있었다.[55] 화상들은 1885~1886년에 부동산 가격이 반등하자 재산이 몇 배로 늘어났다.[56] 그만큼 서울 부동산 가격 앙등의 원흉으로 화상들이 지목되고, 세입자인 조선인과의 마찰이 불거지면서 중국인에 대한 부정적인 인식이 자리 잡게 되기도 하였다.

토지와 가옥을 둘러싼 조선인과의 분쟁은 자주 소송으로 이어졌다. 청은 화상의 권익을 보호하기 위해 조선 정부에 압력을 가하여, 1893년 8월부터 한성부는 청국 상인들의 가옥과 토지의 소유권을 보장해 주기 위한 목적으로 한성부 내 가옥에 대해 가권(家券)을 발급하기 시작하였다.[57] 1899년에는 한성 전체에 대한 측량이 개시되어, 대한제국은 지계(地契)를 발급하여 거류민의 소유 토지도 권리를 인정받는 계기가 되었다.[58]

55) 譚永盛, 앞의 논문, 1976, p. 65.
56) 김정기, 앞의 논문, 1989, p. 96.
57) 김광우, 「대한민국 시대의 도시계획 - 한성부 도시개조사업 - 」『향토서울』 50, p. 107.
58) 『京城府史』, p. 682.

동순태의 소유 토지는 재한화교 중에서도 최대 규모로 알려졌는데, 그 전모를 파악하는 것은 어렵다. 1923년 12월 11일 자 『동아일보』의 보도에 다르면 1923년 11월 말 시점에서 서울 시내에 토지를 소유한 중국인은 총 156명으로 면적은 22,547평인데, 그중 담걸생이 혼자 8,626평으로 약 38%를 소유하고 있었고, 자산 가치는 16만 원에 달했다고 한다.[59] 다만 그 구체적인 소재지는 일일이 확인하기 어려운데, 그래도 부분적이지만 동순태 명의의 건물을 여러 사료에서 산견(散見)할 수 있다. 동순태는 1904년 1월 26일 자 『황성신문』 4면에 광고를 내어 서울 중서(中署) 경행방(慶幸坊) 한원궁(漢原宮) 제6통(統) 6호(戶)에 위치한 방 다섯 개짜리 가게 하나와 기와집 18칸의 건물 입주자를 구하기도 했다. 또 1909년 11월에 대구 사람 윤대섭(尹大燮) 등은 안중근의 이토 히로부미(伊藤博文) 저격을 사죄한다는 친일단체 국민사죄단(國民謝罪團)을 조직하는데, 이들이 모임을 갖고 사무소로 정한 곳도 서울 중부(中部) 대사동(大寺洞) 19통 9호의 동순태 소유 가옥이었다고 한다.[60] 중서 경행방은 오늘날 종로구 경운동, 낙원동 일대이며, 대사동은 종로구 관훈동, 인사동에 해당한다.

동순태 소유 건물 중에는 서양식 붉은 벽돌 건물로 인근에 유명한 건물이 많았다. 우선 한성본호 건물이다. 앞에서 살펴보았던 을지로 2가 9번지(일제강점기 黃金町 2丁目 9番地)의 2층짜리 붉은 벽돌 건물이 있고, 위의 1923년 『동아일보』 보도에서 앵정정(櫻井町, 현 중구 인현동)에도 동순태호 건물이 있어서 화재가 났었다고 적고 있어, 중구 일대에 토지뿐 아니라 건물 다수를 소유하고 있었음을 알 수 있다.

---

59) 『東亞日報』 1923년 12월 11일 2면.

60) 국사편찬위원회, 『한국독립운동사 자료7 안중근편Ⅱ』 六. 國民 謝罪團 關係件, 憲機 第二二八〇號.

특히 유명했던 것은 명치정(明治町, 오늘날 명동) 소재의 동순태 소유 3층 빌딩이었다. 화신백화점으로 유명한 화신연쇄점(和信連鎖店) 본점이 50,000여 점의 상품 박람회를 개최하기도 했으며, 최남선이 창간한 시대일보(時代日報) 사옥(社屋)으로 쓰이기도 했다.[61] 1925년에 현 유네스코회관 옆 명동에 있던 "동순태 건물"은 그 지역에서 가장 큰 건물이었다.[62] 이 건물은 후에 화재로 불타지만 오늘날 명동의 유네스코 회관건립대지에 해당하는 대지 1,508평은 해방 후에 재산권 분쟁의 대상이 되었다. 이 대지는 동순태호 담걸생이 1919년에 재단법인 사립선린상업학교이사 미노베 슌키치(美濃部俊吉), 야마모토 헤이지(山本平治), 아베 슈토(阿部集人) 및 중국인 당류기(唐榴記)에게서 구매한 토지였는데,[63] 1923년에 이 토지에 2층과 3층 건물을 지었다. 선린상업학교는 원래 1899년 대한제국이 관립상공학교 관제를 공포하면서 설립된 학교로 처음에는 명동 2가 25번지에 있었는데, 1913년에 현재 용산구 청파동으로 이전했다.[64] 담걸생이 구입한 토지는 아마 선린상업학교의 초기 부지가 아닐까 추정되는데, 매도자 중 한 사람인 미노베 슌키치는 조선은행(朝鮮銀行) 총재를 역임(1916~1924년)한 거물로 최남선의 후원자이기도 했다. 담정택은 이 토지에 담걸생이 2층과 3층 붉은 벽돌 건물을 지었는데 한국전쟁 당시 불타 없어졌다고 회고하고 있다.

담정택은 후반기 담걸생의 부가 바로 부동산 투자에서 나왔다고 기록했는데, 산동 화교들은 고향인 산동성에 땅과 건물을 구입했지만 담걸생만이 이윤을 모두 한성, 인천, 군산 등지의 토지 구입에 투자하여 건물을 사서 세를

61) 「和信連鎖店은 그 뒤 엇지 되엇나?」『삼천리』 제7권 제1호, 1935년 1월 1일.
62) 「남기고 싶은 이야기들(4279) 제82화 출판의 길 40년」『중앙일보』 1985년 5월 8일 7면.
63) 「골칫거리 뒤처리 - 유네스코 대지 소유권 확정 뒤의 문제점」, 『중앙일보』 1966년 9월 10일 7면.
64) 선린상업학교는 선린상고 시기를 거쳐 현재 선린인터넷고등학교로 교명이 바뀌었다. 이상 선린상업학교에 관해서는 선린인터넷고등학교 홈페이지(www.sunrint.hs.kr) 참조.

주었다고 한다. 담걸생의 부동산 중 90% 이상이 서울에 집중해 있었으며, 이 땅들이 일제강점 이후 폭등하여 거부가 되었다는 것이다.[65]

부동산 투자가 담걸생 후반의 최대 재원이었음은 틀림없는데, 1923년 한성 개인 최고 납세액에서 담걸생은 도시토지세, 가옥세, 호구세 세 항목 모두 1위를 차지했다.

〈표 2-3〉 1923년 한성 개인 최고 납세액의 비교(단위 : 원)

세목	담걸생 납세액	일본인 최고납세액	조선인 최고납세액	화교 납세 총액
도시토지세	2,461.95	1,157.11	1,082.32	6,082.32
가옥세	1,255.00	393.00	4,39.00	3,590.00
호구세	1,576.00	1,557.00	612.00	6,769.62
합계	5,292.95	3,107.11	2,133.32	16,441.94

출전 : 華僑志編纂委員會 編, 『韓國華僑志』 臺北, 華僑志編纂委員會, 1958, p. 67.

위 표를 보면 담걸생은 1923년에 세 항목의 세금으로만 5천 원 이상을 납부했으며, 토지세와 가옥세는 일본인 최고납세액의 2배를 훌쩍 뛰어넘었다. 이 두 항목에서 담걸생이 납부한 세금은 한성 전체 화교 납세총액의 약 40%나 된다.

후술하겠지만 1924년에 동순태호는 파산의 위기를 겪은 뒤 쇠락의 길을 걷게 되었다. 그러나 그런 상황 속에서도 동순태호의 보유 부동산은 대단한 것이었다. 경성부(京城府)의 공식 발표를 인용한 1932년 7월 13일 자 『동아일보』의 보도에 의거하면, 경성부 전체 7만여 호 중에 11,865호가 임대주택[借家]인데, 10호(戶) 이상의 임대주택을 소유한 자가 470명이고, 그중 조선

65) 담정택, 앞의 글, pp. 5~6.

신탁주식회사가 600호, 중국인 동순태가 350호를 소유하고 있었다.[66] 그렇다면 경성부, 즉 서울 시내 임대주택 34호 중에 하나는 동순태호 보유의 임대주택이었다는 놀라운 통계가 나온다.

기타 회사의 운영

화상의 진출로 육의전이 수입품의 판매독점권을 상실했다는 것은 지적한 바와 같으나, 육의전은 관부 물품 조달권까지 침식당하게 되었다.[67] 1906년 궁내부(宮內部)는 용달회사의 설립 특허를 냈다. 그 특허 용달회사로 한국인 조동원(趙東元) · 정영두(鄭永斗) · 예종석(芮宗錫), 청국인 동순태(同順泰), 일본인 핫토리 겐분스케(服部鍵文助, 인명 독음은 추정임-인용자)의 발기로 동양용달회사(東洋用達會社)가 조직되었다. 설립목적은 궁내부의 수요 일체에 응하여 재정 정리의 편의를 기하고, 회계 기초를 공고히 하기 위해서 납품 일체를 관리하고 그 지급을 확실히 한다는 것이었다. 이 회사에서 사장은 한국인 조동원이, 회계부장(會計部長)은 동순태가, 영업부장(營業部長)은 일본인 좌등목태랑(佐藤牧太郎)이 맡았다.[68] 여기에 나오는 "청국인 동순태"는 동순태호 담걸생을 지칭한 것으로 보인다. 다만 이 용달회사에 대한 후속 자료가 없어서 구체적으로 어떻게 궁궐에 납품을 했는지는 자세히 알 수 없다. 동순태호는 초기부터 비단과 약재를 왕궁과 서울 상류 양반층에 공급해 왔었기 때문에 쉽게 조달 사업에 참여할 수 있었을 것으로 추측할 뿐이다. 이외에 1908년에는 동순태가 한용식(韓龍植) 등 조선인과 함께 동양회사(東洋會社)를 조직했다는 보도가 있으나 1906년의 용달회사와 관련된 것인지 아니

66) 『동아일보』 1932년 7월 13일 2면. 이 기사에서 동아일보는 일개 회사나 상인의 대량 가옥 보유를 중대한 사회문제로 비판하였다.
67) 김정기, 앞의 논문, 1989, p. 92.
68) 『황성신문』 1906년 4월 21일; 『大韓每日申報』 1906년 2월 13일.

면 다른 것인지 상세한 것은 알 수 없다.[69]

한편 앞에서 소개한 것처럼, 동순태는 동순태 제2차 차관에 의해 한강항행권을 획득하여 기선회사(汽船會社)를 세워 인천-마포-용산 간을 운행했다. 동시에 기선 사업의 일환으로 용산의 선착장과 서울을 잇는 육로 교통 건설과 마차 사업도 시작했는데, 이를 계기로 동순태호는 무역업 일변도에서 벗어나 운송업으로 사업 영역을 확장시켜 나갔다.[70]

일제의 조선 강제 병합 이후도 동순태호의 운송사업은 지속되었다. 1920년대에 동순태호는 택시사업을 운영한 것으로 확인된다. 담걸생은 미국으로부터 최신형 고급차인 대당 1만 원의 커닝험(Cunningham)을 수입하여 을지로 2가에 미카도택시회사를 창업하였다. 신형고급차 커닝험이 들어오기 전의 서울 택시는 대당 4천 원 정도하던 포드(Ford) 차가 거의 대부분이었으나 낡고 구형이어서 타기도 불편하고 성능이 썩 좋지 않았다. 담걸생의 신형차는 큰 성공을 거두어 2년 후 다시 10대를 더 들여왔는데, 자동시동기가 장착된 것이었다. 또 최초로 자동차 광고를 내는 등, 당시 10개 택시회사와 경쟁해서 20년대 말에는 서울택시의 70%를 점유하게 되었다.[71]

4. 1920년대 중반 이후 동순태의 쇠락과 철수

한일합방 후에도 화상의 성장은 멈추지 않았다. 1920년대 전반기에 화교

---

69) 『황성신문』 1908년 2월 16일.

70) 저자는 예전 논문에서 간접 인용을 하여 1893년에 조선정부가 운행한 경인로(京仁路) 노선과 경의로(京義路) 노선의 마차 운행을 동순태호가 담당했다고 썼는데, 원 출처를 확인한 결과 중국 마차의 수입과 정기 운행 과정에서 원세개의 개입과 동순태 차관의 활용은 명확하지만 동순태호가 직접 경영에 개입했는지는 확인할 수 없어 그 내용을 빼고 수정하였다. 경인로 마차사업에 관해서는 『인천부사』 1933, pp. 813~814 참조.

71) 전영선, 『임금님의 첫 자동차』 정우사, 1992.

의 경제력은 절정기에 이르렀다. 1923년 조선총독부의 통계에 따르면 서울, 인천 두 지역에 거주하고 있는 화교의 수는 약 6천 명 정도로, 40여 년간 이들의 대중국 송금액을 합하면 1천만 엔에 달했다. 1924년에 서울 제2위의 개인납세자는 연간 수입 75,000원의 일본인 나카무라 사이조(中村再造)였으나, 1위는 동순태 담걸생이었다.[72]

담걸생은 경제적으로 재한화교 사회의 톱에 섰으며 화교단체에서도 리더십을 유지했다. 재한화교사회는 기본적으로 동향조직으로 분할되어 있었으나, 점차 출신 지역 구분을 넘어선 직업별, 지역별 단체나 재한화교 전체를 아우르는 단체가 속속 설립되었다. 1894년 서울에서 "중화회관(中華會館)"이 설립된 뒤, 1901년에 서울 3방이 "중화상회(中華商會)"라는 동업단체를 세우고, 1902년에는 각지 상회를 총괄하는 전국 조직인 "중화총무상회(中華總務商會)"가 발족되었다. 1923년 당시 중화총무상회 회장은 담걸생이었다. 산동출신 화교 숫자가 압도적인 조선 화교 사회에서 출신 지역의 전체 세력분포와 관계없이 동순태는 화교사회에서 독보적인 존재였음을 보여 준다. 부회장은 산동인 조직 북방의 왕죽정(王竹亭)이었다. 담걸생은 그때도 광동동향회장(廣東同鄉會長)을 겸임했다.[73]

하지만 이러한 번영의 이면에서 점차로 조선에서 중국인의 경제적 세력에 대한 우려의 목소리가 일본당국과 조선인 양쪽에서 새어 나오기 시작하고 있었다. 1920년대는 중국과 조선 사이의 무역이 급증하여 일본 당국의 견제를 유발했으며, 때마침 일본이 조선을 강제 병합할 때 외국열강의 입김으로 10년간 동결되었던 관세가 기간 만료되어 1921년부터 인상이 자유롭게 됨에 따라

---

72) 「戶別稅로 본 京城의 朝鮮人」『東亞日報』 1924년 7월 4일; 小田內通敏, 『朝鮮における支那人の經濟的勢力』 東洋硏究會, 1925年, pp. 55~56.

73) 朝鮮總督府, 『朝鮮における支那人』 1924, pp. 51~52.

조선총독부는 중국에서 오는 수입품 관세를 크게 올리기 시작했다. 보호무역 장벽의 강화로 1924년 사치품 관세를 비롯해 대중무역에 대한 관세가 연이어 인상되면서, 수입상 위주의 화교사회는 큰 타격을 입었다.[74)]

신문에는 중국인의 경제세력을 경고하는 기사가 심심치 않게 등장했다. 『동아일보』는 "일본 사람보다도 최근에 이르러 가장 무섭게도 조선 사람의 경제적 세력에 위협을 주는 중국 사람의 세력은 얼마만 한 뿌리를 박고 있는가"라고 선정적인 보도를 하였다. 이 기사는 중국인이 서울 중심부의 토지를 대량으로 보유하고 있다며, "그중 가장 많은 것이 시내 황금정(黃金町) 이정목(二丁目) 담걸생의 소유 토지 8,626평이라는데, 이 사람은 일전 앵정정(櫻井町)에서 불에 타버린 동순태(同順泰)의 주인이며 동순태의 가진 땅덩이의 값만 하여도 16만 원이라 하니, 이 모든 사람이 가진 땅은 값이 적은 잡종지도 아니고 금 같은 집터이라, 그 집터 위에 지어 놓은 집까지의 재산만 하여도 실로 놀라울 만한 재산일 터이라더라(인용자가 현대어로 고침)"라고 보도하였다.[75)]

그 이듬해 1924년 사치품관세 문제로 화교사회가 커다란 타격을 받은 것과 함께, 공교롭게도 같은 시기에 동순태에게도 위기가 찾아왔다. 8월에 동순태 담걸생과 아들 담정곤(譚廷琨)은 부도수표를 발행했다는 이유로 한성은행(漢城銀行) 동대문지점(東大門支店)과 상업은행(商業銀行)으로부터 거래정지를 당하였다.[76)] 이어 8월 9일 담걸생의 이남(二男) 담정곤과 삼남(三男) 담정림(譚廷琳)이 경기도 경찰부에 구인되었다. 담정곤은 인천에서 미두(米

74) 1920~1930년대 무역 구조의 변화와 조선 내 배화(排華) 풍조, 화상 지위의 하락에 관해서는 강진아, 「중일무역마찰의 전개와 한중관계의 변화-1920~30년대를 중심으로」(『근대전환기 동아시아 속의 한국』 성균관대학교출판부, 2004)를 참조.

75) 『東亞日報』 1923년 12월 11일 2면.

76) 『東亞日報』 1924년 8월 12일 2면.

豆) 중개업으로 곡물 투기를 하다 큰 실패를 하는데, 이 손실을 만회하기 위해 아편을 밀매하려다 발각된 것이었다. 이 사건은 동순태 미카도자동차부의 조선인 자동차운전수 권모(權某)의 밀고로 드러났는데, 열래잔(悅來棧)이라는 여관 지하실에 숨겨두었던 아편 10관(貫)을 회사 창고로 가져오자마자 적발되었다. 또 아편 수사 과정에서 30만 원에 달하는 홍삼밀수출건도 발각되었다. 『동아일보』와 『매일신보』는 "백만장자 중국인 거부 동순태의 아편밀매, 홍삼밀수출, 사기사건"을 대대적으로 보도하였다. 이 신문은 동순태가 수십 년간 아편 밀매를 계속해 왔으며, 이번에는 내부 갈등으로 인한 밀고로 다행히 드러난 것에 불과하다고 보도하였다.[77] 화교 사회의 지도자인 동순태호 담가에서 발생한 아편 및 홍삼 밀수라는 불미스러운 사건은 서울 화교 사회에도 적지 않은 파장을 일으켰다. 경성 거주의 화상 대표자들은 화상총회(華商總會)에 모여 이 문제를 협의하였다. 그 자리에서 교섭대표로 중국총영사관 수습영사(隨習領事) 진병곤(陳秉崑)이 선출되어 14일 경찰부를 방문하고 담씨 형제의 보석을 요청했으나 거절당했다.[78]

담씨 형제의 체포는 일파만파로 번져 조선 내 중국인 거부의 스캔들로 커다란 반향을 일으키며 장안을 떠들썩하게 하였다. 언론매체는 담정곤의 여성 편력을 "국제적 방탕", "담정곤 애첩, 어여쁜 자태를 경찰부에" 등의 표제로 뽑아 선정적으로 보도하였다.[79] 이 사건은 대단한 화제를 불러일으킨 모양으로, 사건이 발생한 지 8년이 지난 1932년에도 담정곤과 그의 조선인 애첩 이옥연(李玉姸)의 이야기가 잡지 『삼천리』에 소개될 정도였다.[80] 조선

---

77) 『東亞日報』 1924년 8월 13일 2면, 1924년 8월 14일 2면.

78) 『東亞日報』 1924년 8월 15일 2면.

79) 기사는 譚廷琨을 "돈의 위력으로 국제적으로 오입을 하는 자"로 평하고, 馬場梅子라는 일본인 부인과 조선 기생으로 그의 첩이 된 金玉蓮(다른 곳에는 李玉姸)의 이야기를 크게 보도하였다(『東亞日報』 1924년 8월 15일 2면).

80) 「長安名妓 榮華史, 黃金의 수레를 타고 榮華를 누리든 名妓 一代記 : 巨商의 寵愛를 一身

언론들의 보도는 이 같은 흥미본연의 선정적 보도와 더불어, 동순태의 몰락을 추악한 부호의 물욕이 일으킨 것으로 보도하는 경향도 보였다. 『동아일보』는 "부호배(富豪輩)들아!"라는 표제에서, 담씨 형제를 200만 원이나 되는 재산이 있으면서 더 부를 탐하다 옥중생활을 하게 된 탐욕스런 무리로 조소하였다.[81]

담걸생의 두 아들과 미카도자동차부 사무원 유만규(劉晩奎) 등 3인은 18일 구인된 지 열흘 만에 경성지방법원 검사국으로 송치되었는데, 소문은 분분하지만 혐의 내용은 끝까지 비밀로 지켜지다가 얼마 뒤 결국 불기소 처분되었다.[82] 그러나 그 과정에서 미곡 투기 실패 이후의 동순태의 심각한 재정난과 복잡한 가정사가 여실히 폭로되었다.[83] 이 사건을 기화로 이후에도 동순태는 끊임없는 가정 내 불상사, 고소, 고발에 시달렸다. 담걸생이 불기소 방면된 지 며칠 안 된 9월에는 담걸생이 경찰에 양복 도난 신고를 했다가 오남(五男) 담정주(譚廷珠)가 절도죄 범인으로 본정(本町)경찰서에 검거되는 해프닝이 보도되었다.[84] 방면되었던 두 아들도 계속 물의를 일으켰다. 담정곤은 9월에 변동현(卞東賢)이라는 사람에 의해 인천 미두 거래소[仁川米豆取引所]를 통해 계약금 500원(元)을 횡령한 혐의로 고소당했다.[85] 또 그는 1928년 5월 중순에 아편을 흡식한 것이 적발되어, 아편연취체규칙위반사건(阿片煙取締規

에 李玉姸」『삼천리』 제4권 제10호, 1932년 10월, pp. 82~83. 잡지에는 "여러분 중에는 「同順泰」라는 中國人 富豪을 기억하는 분이 만흐리다. 그 사람은 조선에 나온 중국 사람 중 가장 屈脂하는 富豪로 百萬長者라고 합니다"로 동순태를 소개하며 "花無十日紅"으로 동순태가 譚의 주식과 미곡 투기로 몰락하였다고 하였다.

81) 『東亞日報』 1924년 8월 16일 2면.

82) 『매일신보』 1924년 8월 26일 3면.

83) 『東亞日報』 1924년 8월 19일 2면.

84) 『東亞日報』 1924년 9월 9일 2면. 신문은 다섯째 아들로 보도했으나, 담정택 회고록에 나오는 5남은 담정검(譚廷劍)으로 담정주란 인물은 없다. 담정검의 오보이거나 담정주가 아들이 아닌 조카일 가능성이 높다.

85) 『東亞日報』 1924년 9월 25일 2면.

則違反事件)으로 체포되어 재판까지 받게 된다.[86] 삼남 담정림 역시 1931년 1월 12일 사기혐의로 다시 체포되었다. 담정림의 혐의는 수년 전부터 경성부(京城府) 명치정(明治町) 3정목(丁目) 82번지에 동아식산양행(東亞殖產洋行)을 열어 증권 매매 저리대출업을 운영하면서, 지방민을 속여 계약금 및 보증금 20만 7,540원을 빼앗은 사기죄였다.[87]

고소와 고발도 연이었다. 1925년에는 황해도(黃海道) 안악군(安岳郡) 대원면(大遠面) 가양리(加陽里)에 있는 담정곤 소유의 토지에 대해 이전 고용인 박문상(朴文尙)이 서류를 위조하여 소작인 30여 명으로부터 소작료를 가로챈 사건이 발생하여, 토지에 대한 소유권 및 소작료 문제로 다시 물의를 일으켰다.[88] 1929년 5월에는 인천부(仁川府) 화정(化町) 1정목(丁目) 91번지 77호의 거주민 900여 명의 대표 4인이 중화민국영사에 동순태의 "무리(無理)"를 고발하는 진정서를 제출하였다. 이 토지는 담걸생 소유로, 그는 1926년 5월에 토지 2,874평을 1평에 매월 6.12전(6전 1리 2푼)으로 택지로 임대하여, 현재의 거주자들이 집을 짓고 입주해서 살게 되었다. 그런데 동순태는 3년 만에 임대료를 11.5전, 12.5전으로 거의 2배로 인상한다고 통보했고, 입주자들은 집단적으로 반발했다.[89]

1920년대 후반부터 스캔들과 고소, 고발로 동순태의 위신은 크게 추락하였다. 이러한 동순태의 위축 과정은 1924년 사치세 관세 이후 보호관세 정책으로 인한 한중무역의 퇴조와 화교 상업자본의 위축과 시기적으로 일치한다. 1929년 담걸생의 사망은 동순태호의 쇠락을 상징하는 것이 되었다.

---

86) 『東亞日報』 1928년 6월 5일 2면.
87) 『매일신보』 1931년 1월 14일 2면.
88) 『東亞日報』 1925년 12월 12일 5면.
89) 『매일신보』 1929년 5월 17일 2면.

5. 동순태호의 철수와 해방 후의 에피소드

동순태호와 담씨 가문이 조선에서 최종적으로 철수한 것은 1937년 9월이었다. 1920년대 중반 동순태호의 쇠퇴와 철수에 관해서는 단편적인 신문 기록밖에는 찾을 수 없었다. 그런데 해방 후 1966년 명동 토지의 재산권 반환소송으로 다시 세간에 화제가 된 담걸생의 구남 담정택은 이 재판의 정당성을 주장하기 위해 회고록(『先父譚公傑生傳記-附家庭狀況及遺産償務處理過程』 1973년 5월)을 남겼는데, 이 자료가 동순태호의 철수 과정을 아는 데 중요한 실마리를 제공하고 있다. 다만 글의 성격과 기억에 의존한 서술이라는 점에서 정확성이 떨어지거나 의심스러운 부분이 꽤 있는데, 그 점을 감안하면서 동순태호의 철수 과정을 재정리해 보도록 하겠다.

담정택의 회고에 따르면, 담걸생은 1923년 오녀(五女) 담수봉(譚秀鳳)의 혼례로 상해에 가게 되었다. 그런데 같은 해 담걸생은 앞서의 명동 부지에 "동순태 빌딩"으로 불리게 되는 2층과 3층 건물을 짓고 있어서 은행과 상시적으로 거액의 자금 왕래가 있었으므로 인감(印鑑)을 이남 담정곤에게 맡기고 상해로 떠났다고 한다. 그런데 담정곤은 삼남 담정림과 함께 유흥에 빠지고, 소유 부동산을 은행과 고리대업자에게 담보로 맡기고 돈을 빌려 미두거래소[米豆取引所]에서 투기에 몰두하였다. 그 결과 수개월 사이에 부동산은 조선식산은행(朝鮮殖産銀行), 야마구치은행(山口銀行), 고리대업자에게 저당 잡히고 140여 만 원의 부채를 지게 되었다. 부친의 추궁이 두려웠던 두 형제는 경찰이 "과거 업무"를 추궁하여 조사한다고 허위로 담걸생을 위협하여 귀국을 막았다고 한다. 담걸생은 이 때문에 상해에서 혼사를 마친 후에도 귀국을 못하고 중국 동북 봉천(奉天)의 지인에게 신세를 지며 2년을 보냈다가 셋째 부인의 독촉으로 귀국했다.

담정곤과 담정림은 연대와 상해로 도망하고, 담걸생은 파산 직전에까지 내몰렸다. 다행히 채권자들이 신청한 부동산 경매를 법원이 비준하기 직전에, 1919년에 결혼한 사녀(四女)의 시부(媤父)이자 오랜 친우인 정백소(鄭伯昭)가 상해에서 규은(規銀) 20만 량, 조선 엔화로 38만 원을 송금하여 겨우 파산을 면했다고 한다.[90] 담정택에 따르면, 정백소는 광동성 향산현 출신으로 담걸생이 상해 동태호의 점원으로 있으면서 해관에 수출입 관련 서류 수속을 하는 "보관(報關)" 업무를 할 때 알게 되었다고 한다. 당시 정백소도 담걸생과 같은 처지로 영태잔(永泰棧) 담배상[煙行]에서 일하고 역시 보관 업무를 맡고 있었는데, 그 인연으로 후에 사돈을 맺고 파산 직전의 담걸생을 구해 줬다는 것이다.

그러나 고리대를 청산하고도 조선식산은행 채무 80만 원, 야마구치 은행 20만 원의 이자 상환으로 부채가 늘어나고, 1920년대 말까지 불경기로 부동산 거래가 끊기면서 담걸생은 실의 속에서 1929년 음력 9월 18일에 향년 77세로 사망했다. 담걸생의 사후 담걸생의 두 부인과 7남 3녀는 1931년 가족회의를 열어 상해 호강대학(滬江大學)에서 학업 도중에 귀국한 구남(九男) 담정택을 법률상 상속자로 결정하고 재산 배분을 확정지었다.

담정택에 따르면 그가 상속자가 된 뒤 매월 지출은 6,780원인데 세입자들에게서 들어오는 수입은 4천 원에 불과하여 누계 적자가 3만 원에 이르렀다고 한다. 담정택은 두 채권 은행의 채무 100만 원과, 상해 정백소의 38만 원 및 누계 생활비 적자를 해소하기 위해 부동산을 처분해야 했다. 하지만 1930~1935년까지 6년간 줄곧 불경기로 매각을 못하다가, 1936년에 반짝 부동산 경기가 살아난 틈을 타서 재산을 다 처분하여, 은행 채무 100만 원 및 상해 정백소에게 빌린 돈을 갚았다. 부동산을 처분한 돈으로 채무를 다

90) 규은 및 화폐에 관해서는 제4장에서 상술하겠다.

갚고도 30만 원이 남았고, 남은 4분의 1의 유산에 해당하는 명동의 토지는 명의를 담정택으로 이전했다. 담정택은 조선식산은행 계통의 전문 부동산 경영기관인 성업사(成業社)에게 부동산 및 세입자 관리를 위탁하고 1937년 7월에 중일전쟁이 발발하자 9월 10일 남은 가족을 이끌고 조선을 떠났다. 담가의 조선 철수는 일본 당국의 주목을 받았으며, 당시 조선에서도 화제가 되어 각종 신문에 실렸다.[91)]

秋風わびし同順泰
曾ては飛ぶ鳥も落した華商
沒落の矢先に事變!
つひに戰禍の上海へ引揚げ
京日 12.9.10

〈그림 2-3〉 동순태호의 조선 철수를 알리는 신문기사. 1937년 9월 10일 자 『경성신문(京城日報)』 보도. 사진에 담정택(譚廷澤)과 명동[明治町] 동순태상점이 보인다.(서울대학교 중앙도서관 고문헌자료실 소장)

91) "華商街에 落寞한 秋風-同順泰 一門도 撤歸, 40年豪華, 頹衰殘影 남겨, 動亂의 故土 上海로" 『매일신보』 1937년 9월 11일 2면. 朝鮮總督府警務局保安課, 「支那人引揚關係」 『治安狀況』 第27報, 1937년 9월 17일 발행본.

담정택의 회고록은 그가 1931년과 1937년의 재산분할 과정에서 형제 간 상속 다툼이 있었고, 또 1966년 재산권 반환소송도 겪었기 때문에 자신의 입장을 최대한 변호하기 위해 쓰여진 글이라 신중하게 살펴보아야 한다. 우선 신문자료에서 살펴보았듯이, 1924년의 아편 및 홍삼 밀수 사건으로 담정곤이 실제로 체포되었다. 담걸생이 상해에서 귀국을 못한 이유는 담정택의 말처럼 날조된 위협 때문이 아니라 아들들의 관리 소홀로 인해 동순태호 사업의 불법 영업이 경찰 조사의 대상이 되었기 때문이었을 가능성이 높다. 또 2년간 동북에 체재했다고 했는데, 앞에서 살펴보았듯이 1924년 9월에는 신문기사에 담걸생이 등장하고 있어 여하튼 1924년부터는 담걸생이 나서서 사태를 수습했다고 보인다. 한편 담걸생이 파산 위기를 구해준 사돈 정백소를 상해 동태호 직원 시절에 만났다고 담정택은 회고하고 있으나, 정백소는 1863년생으로 30세에 뒤늦게 영태잔에서 일을 하게 되었으므로 1893년경이 된다.[92] 담걸생은 늦어도 1885년에는 조선에 왔기 때문에 두 사람이 만난 시기나 경위가 맞지 않는다.

또 담정택은 1936년에 재산을 모두 처분하여 140만 원의 채무를 전액 상환하고 30만 원의 현금과 재산의 4분의 1에 해당하는 명동 토지가 남아 있었다고 했다. 담정택의 주장대로라면 담걸생의 재산 규모는 약 210여 만 원일 것이다. 그리고 담정택은 긴 분량을 할애하여 자신이 법적 상속자로 지정된 것의 적법성을 강조하고 있다. 그런데 아래 1937년 9월 조선총독부(朝鮮總督府) 경무국(警務局) 보안과(保安課)의 정기 보고서인『치안상황(治安狀況)』제27호를 보자.

92) 1861년설도 있는데 그 경우 1891년경이 되겠다. 정백소에 관해서는 제3장에서 자세히 검토하기로 한다.

> 유력 지나인(支那人, 중국인-인용자)의 철수. 지나(支那, 중국-인용자) 광동성 고요현 출생, 주소 경성부(京城府) 명치정(明治町) 2정목(丁目) 82 건물임대업 동순태 담정곤(譚廷琨). 실부(實父) 담걸생은 약 60년 전 중국 광동성에서 조선에 와서 경성부 황금정(黃金町) 2정목(丁目)에서 무역상을 경영하여 조선 내 각지 주요 도시에 지점 또는 출장소를 설치하고 조선 내에서 화상(華商)의 상권을 장악하여, 일시 자산이 약 4백만 원이라고 칭해졌으나, 그 후 몰락하여 소유 부동산을 처분해 부채를 청산하고, 현재 식산은행(殖産銀行)에 약 15만 원의 부채를 남겨 놓고 있다. 그리고 본인은 시국의 악화에 따라 가채(家債) 및 기타 수입을 고려하지 않고 철수하기로 결의하여 현재는 부동산은 전부 식산은행 내 성업사(成業社)에 위탁 관리하도록 하여, 9월 10일 인천발 신화호(神華號)로 귀국길에 오른다고 한다. 또 본 인물의 실제(實弟), 인천부(仁川府) 이생정(彌生町) 29 담정택(譚廷澤)도 항상 경성 중국영사관 및 인천 판사처(辦事處)에 출입하여 간첩[外諜] 용의 인물로서 동정을 시찰 중인바, 앞에 쓴 실형(實兄)과 함께 본월 10일 신화호로 가족 일동과 함께 귀국한다.[93)]

위의 글을 보면 일본 당국은 여전히 이남 담정곤을 동순태호의 대표 인물로 간주하고 있고, 재산 규모도 (전성기 규모라고는 하지만) 4백만 원으로 담정택의 주장보다는 많으며, 식산은행의 채무를 다 갚았다는 담정택의 주장과는 달리 식산은행에 15만 원이나 되는 부채가 있음을 알 수 있다. 따라서 성업사에 위탁 관리를 준 것은 위탁의 의미와 더불어 저당의 의미도 함께 있었다고 본다.

---

93) 朝鮮總督府警務局保安課, 「支那人引揚關係」『治安狀況』第27報, 1937년 9월 17일 발행본.

동순태호의 이름이 한국에 재등장하는 것은 1966년의 일이다. 담걸생의 구남 담정택은 원래 전쟁이 단기간에 끝날 것으로 예상하고 연대에 있다가 상해로 가서 귀국을 기다렸다고 하며, 대부분의 형제는 고향인 광동성 고요현으로 돌아갔다고 한다. 담정택은 1937년에 상해에 정주한 뒤 1949년 중국의 공산화 이후 1956년까지 상해에 있다가, 그해 9월 23일에 홍콩으로 이주하였다. 그리고 명동 토지의 반환을 위해 귀국에 노력하던 중에 1965년 9월 30일 28년 만에 귀국하여 이듬해 1966년 재산권 반환소송에서 이겼다. 이 약 1,500평 토지의 당시 시가는 담정택 주장으로는 1966년 물가로 약 5억 원(미화 120만 달러), 『중앙일보』 주장으로는 18억 원이었다.[94)]

2010년 저자는 캘리포니아주 산호세에서 담걸생의 증손 담영봉 씨를 만나 담정택의 회고록을 얻고 또 동순태호 후손들의 현재에 관해 여러 가지 소식을 들을 수 있었다. 1971년의 회고록을 쓸 때 이미 담걸생의 7남 3녀 중 담정택과 4녀만이 생존해 있었는데, 담정택은 후에 미국으로 이주하여 로스앤젤레스에서 부유한 생활을 보내다가 작고했으며 그를 마지막으로 담걸생의 자녀들도 모두 사망했다. 생전에 담걸생의 자녀들은 같은 어머니의 형제자매들만이 서로 연락을 유지했고 그 후손들도 그렇다고 한다. 1880년대부터 1930년대까지 장장 반세기 동안이나 조선 경제계를 호령했던 화교 자본은 이렇게 역사의 뒤안길로 잊혔다.

94) 「골칫거리 뒤처리-유네스코 대지 소유권 확정 뒤의 문제점」, 『중앙일보』 1966년 9월 10일 7면.

〈그림 2-4〉 담걸생의 구남(九男) 담정택 말년의 모습(담영봉 씨 제공)

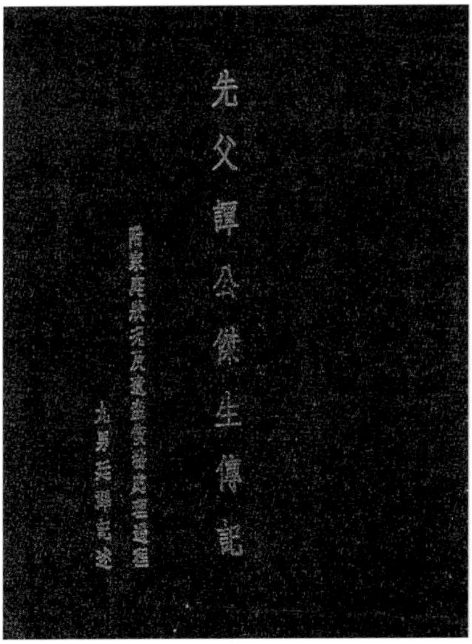

〈그림 2-5〉 담정택 회고록의 표지(담영봉 씨 제공)

〈그림 2-6〉 담걸생의 손자들[좌에서 우로, 담계운(譚桂雲, 싱가포르 거주), 담내성(譚乃盛, 타이뻬이), 담내훈(譚乃勳, 상해), 담내홍(譚乃鴻, 미국 LA)], 2005년(담영봉 씨 제공)

〈그림 2-7〉 담걸생의 증손 담영봉 씨와 저자, 2010년 산호세 공항에서

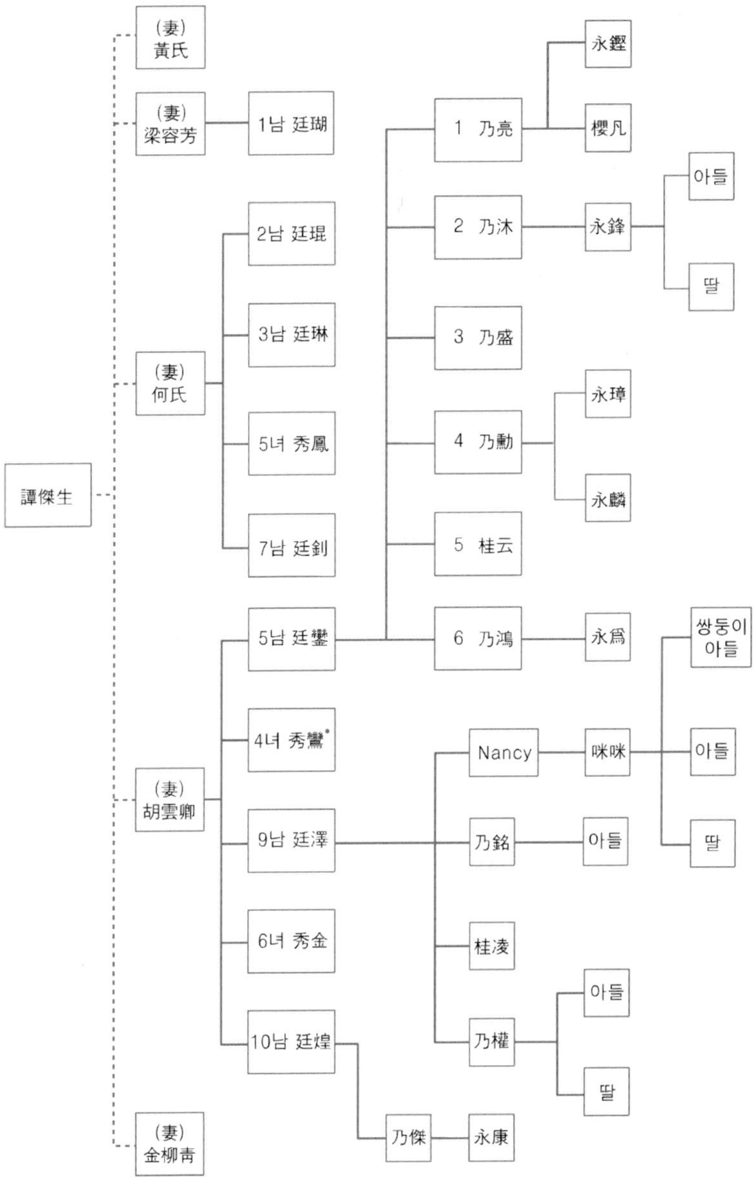

〈그림 2-8〉 담걸생 가계도

* 자녀들의 순번이 정렬되지 않는데, 원문 그대로이다.

✱ 부인들 및 자녀들의 행적

- 양용방과 1남 정호는 계속해서 고향에 머물면서 전지와 가옥을 관리하였다.
- 하씨와 정곤, 정림, 수봉, 정검 등은 한성에 머물렀고, 상점의 업무를 2남 정곤, 3남 정림으로 하여금 관리하도록 하였다.
- 호운경과 정란, 수란, 정택, 수금, 정황 등은 인천에 거했다.
- 김유청은 담걸생의 주위를 따라다니며 보살폈다.

① 첫째 부인 양윤경 : 광농 묵강향 출생. 생년월일 불명. 계속 고향에 거주. 1935년 향년 70여 세의 나이로 사망.

② 둘째 부인 하씨 : 묵강향 출생. 생년월일 불명. 결혼 후, 담걸생을 따라 한성 거주. 1937년 중일전쟁 이후, 2남 정곤을 따라 묵강향에 거주. 1952년 6월 노병으로 사망.

③ 셋째 부인 호운경 : 1875년 8월 26일 광동 불산(佛山) 출생. 18세 결혼 직후, 한성 거주. 이후 인천분호 개설 후, 인천으로 이주. 1937년 중일전쟁이 일어나자 상해에 거주. 1957년 말 홍콩으로 이주. 2년 후, 81세의 나이로 사망.

④ 넷째 부인 김유청 : 1898년 상해 출생. 20세에 결혼 후, 1917년 인천에 거주했다가 한성으로 이주. 담걸생 사후, 1936년 집안에서 나왔고, 중일전쟁 이후, 광동 불산 거주.

⑤ 1남 담정호 : 1875년 출생. 대부분 고향에서 거주. 1924년 담걸생의 부름으로 조선에 와서 상점업무를 도움. 1952년 사망. 향년 75세. 슬하에 5남 1녀. 3남이 홍콩에서 약재상을 경영하는 것 이외에는 모두 광동에 거주.

⑥ 2남 담정곤 : 1885년 한성 출생. 청년시절 담걸생을 도와 상점 업무 처리. 이후 투자에 실패, 담걸생이 파산하기에 이름. 중일전쟁 이후, 일본 나가사키 거주. 1960년 광동에서 사망. 향년 76세.

⑦ 3남 담정림 : 1889년 한성 출생. 2남 정곤과 함께 상점업무 처리. 1933년 고향으로 돌아가 거주. 1942년 홍콩에서 병으로 사망. 향년 54세.

⑧ 5남 담정란 : 1898년 한성 출생. 일찍이 인천분호에서 장사를 배움. 1937년 중일전쟁 후 귀국. 2차대전 시 미군으로 필리핀 상륙작전에 참가. 승리 후 퇴역과 동시에 상해로 귀국. 1950년 사망. 향년 56세. 슬하에 5남 1녀. 1남 내량은 중국은행 베트남 호치민지점 경리. 2남 내목은 사망. 3남 내성은 뉴욕 거주. 4남 내훈과 5남 내홍은 상해 거주. 1녀 계운은 이가서(李家曙)와 결혼하여 싱가포르 거주.

⑨ 5녀 담수봉 : 1901년 2월 한성 출생. 1923년 상해에서 반패접(潘佩蝶)과 결혼. 1932년 6월 상해에서 사망. 자식은 없고 남편은 상해 거주.

⑩ 7남 담정검 : 1905년 한성 출생. 어린 시절 인천 화교 소학교에서 수학. 졸업 후, 연대 지부중학(芝罘中學) 수학. 1930년 고향으로 돌아와 1942년 광동 불산에서 사망. 슬하에 2녀.

⑪ 6녀 담수금 : 1911년 인천 출생. 인천 화교 소학교에서 수학. 1925년 11월 6일 돌연 인천에서 사망. 15세.

⑫ 10남 담정황 : 1913년 인천 출생. 인천 화교 소학교 수학. 1927년 9남 정택과 함께 홍콩으로 건너가 세인트 조셉 대학(聖若瑟書院, Saint Joseph's College)에서 수학. 1년 후, 광주로 건너가 각각 영남대학(嶺南大學)과 배정중학(培正中學)에서 수학. 1929년 담걸생 사후, 조선으로 돌아와 북경 보인대학(輔仁大學)에 다니다가 공군군관학교로 전학. 졸업 후, 중일전쟁에서 많은 공을 세워 공군 상위에 임명. 1944년 3월 14일 사천에서 작전 중 사망. 부인 오모정(吳慕貞)은 인천 회풍은행의 경리 오발군(吳拔群)의 장녀. 슬하의 1남 내걸은 홍콩에서 상점 경영.

* 4녀 수란은 정관주(鄭棺柱)와 결혼하였다.

제3장

동아시아 역내의 광동네트워크와 동순태호

동순태호는 무역상으로서 개항 초기부터 화상 중 최대 규모를 자랑했다. 동순태가 남긴 각종 장부와 문서를 살펴보면 개항 초기 조선에 도착한 화상이 어떠한 루트로 진출했는지, 또 이들의 활동을 통해 조선이 어떻게 동아시아 역내 무역 네트워크 속으로 편입해 들어갔는지를 알 수 있다. 이번 장에서는 동순태문서를 통해 동순태호가 참여하고 활동한 동아시아 역내 광동네트워크와 그 조선 환절이 가지는 정치경제적 의미에 관해 검토해 보겠다.

1. 동순태문서로 본 광동(廣東)네트워크(Canton-Network)

동순태문서의 등장인물과 친인척 관계

동순태문서 중에 『동태래신(同泰來信)』과 『동순태왕복문서(同順泰往復文書)』는 동순태호가 국내 지점, 각국 거래처와 교환한 상업서간을 묶은 자료이다. 이 상업서간의 발신자와 수신자, 그리고 서신 속에 언급된 인물들을 찾아보면 동순태호가 경영한 상업망과 성격이 자연스럽게 나타난다. 동순태호의 거래처 네트워크에 관해서는 규장각 자료에 기초하여 꼼꼼하게 정리한 이시카와 료타의 선구적인 연구가 훌륭한 가이드라인을 제공해 준다. 기왕의 연구들을 참조하고 서울대 중앙도서관 소장의 『동순태왕복문서』와 비교하여 동순태의 거래 네트워크를 그려 보면 아래와 같다. 다음 〈표 3-1〉과 〈표 3-2〉는 동순태문서에 등장하는 인물들의 분포도이다.

〈표 3-1〉 『동태래신』의 국내 발신자와 지역 분포

상호	인물
同順泰 仁川分號	何麗堂, 譚廷賡, 譚廷彰, 譚晴湖, 李泉享, 李益卿, 何介眉, 李瑞雲, 譚廷銳
同順泰 全州分號	何梃生, 劉時高, 羅明階, [譚?]群枝, □常錯
同順泰 群山分號	李靜波
同順泰 漢城本號	李泉享, 邵蘭圃, 譚象喬
仁川 怡生號	陳如三
仁川 義生盛	周夢龍, 周子齊
仁川 同意棲	인명 미상
元山 同豊泰	羅耀箴, 羅煜甫
朝鮮 淸國領事館	黎子祥(元山領事), 唐恩桐(鎭南浦領事), 錢明訓(漢城總領事)
(지역불명) 巨昌泰	黃泰芬
기타 발신인물	古達庭, 李偉初, 譚秀枝(이상은 鎭南浦發 서신을 보낸 인물) 譚以莊, 周義, 何仲候, 周祺蘭, 梁棖昭, 錢瑞甫, 黃泰芬, 梁□堂, [譚]廷瑚, □德謙, 米郭泉, 何錦垣, □永祥, 陳祺思

출전 : 石川亮太「ソウル大學所藏『同泰來信』の性格と成立過程-近代朝鮮華僑硏究の端緖として-」『九州大學東洋史論集』 32, 2004의 인물 분석 및 附表『同泰來信』所收書柬一覽을 참고하여 작성.

* [ ]는 원문에는 없지만 인용자가 성명을 補正해 넣은 자이다. □는 불확실한 글자. ( )는 인용자의 설명이다.
* 譚傑生이 발신한 편지 중 수신자로 상기 인물 이외에 [譚]期□가 있다.

〈표 3-2〉『동태래신』, 『동순태왕복문서』의 국외 발신/수신자와 지역 분포

『同泰來信』 발신자 상호(발신자) 서간 수량	『同順泰往復文書』 발신자 상호(발신자) 서간 수량	『同順泰往復文書』 수신자 상호(발신자) 서간 수량
上海 同泰號(梁綸卿, 羅柱臣)32	同(梁綸卿, 羅柱臣)37	同(梁綸卿)43
香港 安和泰(羅子明)7	同(羅遜卿)6	同(羅遜卿, □載臣)20
神戶 祥隆號(陳達生)10	同(陳達生)32	同(陳達生)36
橫濱 福和號(譚玉階, 譚沛霖)5	同(譚玉階, 譚沛霖)14	同(譚沛霖, 譚玉階)21°
長崎 萬昌和(潘達初)2	同(潘達初)3	同(潘達初, □澤生)3
		廣州永安泰(□煜田)5

출전 : 『同泰來信』 관련 사항은 〈표 3-1〉과 출전 같음. 『同順泰往復文書』는 저자 작성으로 전체 35권 중 정리가 된 1~30권까지를 정리한 것임.

*『同泰來信』에는 譚傑生 발신 편지 39통이 있으나, 해외로 보낸 편지는 없다.

° 담패림은 1894년 11월 20일에 광동성으로 귀향하여 1895년 2, 3월에 橫濱로 돌아온다고 하고, 부재 시 福和號의 각 업무를 玉堦(= 階)叔에게 맡긴다고 하여, 두 사람은 淑姪 관계임을 알 수 있다(譚沛霖 → 譚傑生, 『同順泰往復文書』 10권-7, 1894.11.19.寄).

성과 이름의 항렬, 편지에서 인척관계를 확인할 수 있는 경우로 위 인물들을 묶어 보면, 우선 동순태 직원 중에는 담씨(譚氏) 친인척으로 보이는 담씨 일족이 가장 많다. 담걸생과 같은 항렬의 인물들을 살펴보면, 담걸생(譚傑生)의 형제로 추측되는 인물로 담청호[譚晴湖, 담걸생을 삼제(三弟)로 호칭], 담이장[譚以莊, 담걸생을 삼형(三兄)으로 호칭]이 있다. 담걸생이 관(官)과의 공식적인 문서에서 사용하는 이름은 담이시(譚以時)인데, 항렬에 나타나는 돌림자를 감안하면 담이장(譚以莊)은 담걸생의 형제로 보인다.[1)] 친형제는 아

1) 譚傑生 → 梁綸卿, 『同順泰往復文書』 21권-1, 1894.9.16.付. 이하 『同順泰往復文書』의 인용은 중복될 경우 책명을 생략하고, 발신자와 수신자를 밝힌 뒤, 권수 및 날짜(付는 서신을 부친 날짜, 泐은 서신을 쓴 날짜)를 병기한다. 이 자료의 전체 목록과 상세한 서지사항은 앞의 강진아, 「동아시아경제사 연구의 미답지 : 서울대학교 중앙도서관 고문헌자료실

닌 것 같으나 담걸생과 같은 항렬의 인척으로 보이는 자로는 담수지(譚秀枝)와 [담]군지([譚]群枝)가 등장한다. 담수지는 담걸생을 종형(宗兄)으로 지칭하였고, [담]군지([譚]群枝)는 성을 밝히지 않았으나 수지와 같은 돌림자로 담씨로 추정하였다. 두 번째로 『동태래신』에는 조카[侄]로 자칭하고 담걸생을 숙부[叔]로 지칭하는 담걸생 아래 세대의 그룹이 등장한다. 담정예(譚廷銳), 담정갱(譚廷賡), 담정창(譚廷彰), [담]정호([譚]廷瑚) 등이다. 이들은 돌림자로 정(廷)을 공유하고 있다고 추정된다. 담걸생의 아들 이름이 모두 정(廷)을 돌림자로 쓴 것을 보아도 정(廷)은 담씨 가문에서 담걸생 아래 세대의 돌림자일 가능성이 높다. 위의 인물 중 [담]정호([譚]廷瑚)는 일찍이 저자가 논문에서 이름만 나타나지만 돌림자로 담씨일족(譚氏一族)으로 추정한 바 있는데,[2] 담정택의 회고록에 따르면 담걸생의 장남 이름이 담정호(譚廷瑚)라고 하므로 동일 인물로 추정된다. 이 외에 담걸생(譚傑生)을 삼숙(三叔)으로 부르는 담상교(譚象喬)도 이 그룹에 속하는데, 그는 돌림자를 쓰고 있지 않다. 담상교(譚象喬)는 담걸생 부재 시에 한성본호에서 중요한 역할을 하는데, 담걸생이

소장 朝鮮華商 同順泰號關係文書」『동양사학연구』 100, 2007의 附表를 참조. 이 외에도 많은 서신에서 譚傑生은 譚晴湖를 家兄으로 지칭하여 혈연관계가 확실시된다. 한편 다른 편지에서, 梁은 譚에게 "동생은 어려서 경험이 적으니, 어려운 일은 모두 청호와 잘 상의해야 한다. 지금은 힘든 시기이므로 수족이 서로 의지하는 것이 상책이다[吾弟年輕, 未多經驗, 阻之事宜各事, 與晴湖細商爲要, 今是患之際, 以手足相依爲上也]"라고 하고 있어(梁綸卿 → 譚傑生, 5권-8, 1894.5.25.付), 형제 사이를 확인시켜 준다. 아마 晴湖는 傑生과 마찬가지로 돌림자(以)를 공유하는 族名 이외의 別號로 추정된다. 譚晴湖와 譚以莊은 『清季中日韓關係史料』 第4卷(臺灣中央研究院, 1972)의 1886년 인천지역 華商리스트에 譚傑生과 나란히 등장하며 세 명 모두 廣東省 高要縣人으로 기재되어 있다(위의 책, pp. 2209~2210). 같은 해 부산지역의 출입화상 명단에는 4월에 廣東人 譚以瑞가 부산에 왔고 廣東人 譚以莊이 부산을 떠나 인천으로 갔다는 기재가 있다(같은 책, p. 2222). 이 譚以瑞는 龍山華商 명단에도 등장하는데 역시 廣東 高要縣人으로 되어 있다(같은 책, p. 2228). 同順泰의 가족 경영을 감안하면 譚以瑞 역시 동순태 점원 중 한 사람일 가능성도 있으나, 가족경영의 범위와 실상은 발/수신인을 제외하고도 다양한 인물군이 등장하는 『同泰來信』, 『同順泰往復文書』의 전체적인 분석을 기다려야 할 것 같다.

2) 강진아, 「광동네트워크와 조선화상 동순태」『사학연구』 88, 2007, p. 786.

원래 이름[諱]은 돌림자를 넣어서 담이시(譚以時)이지만 자(字)를 써서 보통 담걸생이라고 칭하고 있고, 담걸생의 형인 담청호 역시 보통 쓰는 청호는 자(字)인 것으로 보아, 담상교도 돌림자인 정(廷)을 넣은 이름[諱]이 따로 있고 자(字)인 상교(象喬)로 칭한 것으로 파악해도 무방할 것이다.

동순태 내부 인물 가운데는 담씨가 아닌 인물군도 물론 있다. 그중에는 이씨와 하씨가 많은데, 이천향(李泉享), 이익경(李益卿), 이서운(李瑞雲), 이정파(李靜波), 하정생(何梃生), 하개미(何介眉), 하려당(何麗堂) 등이다. 소속 미상의 인물까지 합하면, 이위초(李偉初)를 더해 이씨가 다섯 명, 하중후(何仲候), 하금원(何錦垣)을 더해 하씨가 다섯 명이다. 하정생과 하개미가 인척관계임은 확인되는데, 이상의 인물들이 친인척 관계로 얽혀 있을 가능성도 향후 검토해야 할 과제이다. 왜냐하면 중국의 상계 관습에서는 고향을 떠나 외지로 가서 장사하는 객방(客幇)의 경우 예외 없이 현지에서 직원을 조달하는 것이 아니라 동향과 종족이라는 두 가지 루트로 고향에서 직원을 조달하기 때문이다. 담걸생이 처음 고향인 광동성 고요현을 떠나 자형인 양륜경이 경영하는 상해 동태호에서 직원으로 일하게 된 과정도 똑같다. 담걸생의 사례를 고려한다면, 이들 하씨 직원들이 담걸생의 두 번째 부인 하씨(何氏)의 친인척일 가능성도 배제할 수 없다. 하씨는 담걸생이 고향에서 취한 둘째 부인으로, 그녀는 첫째 부인이자 본부인인 양용방(梁容芳)이 장남 담정호(譚廷瑚)와 함께 담걸생의 고향인 광동성 고요현에 머물며 가산을 돌보는 동안, 줄곧 한성본호에서 담걸생과 동거하며 담정곤, 담정림을 비롯해 3남 1녀를 낳아 조선에서는 사실상 본처와 다름없었다.[3)]

---

3) 譚廷澤, 『先父譚公傑生傳記-附家庭狀況及遺産償務處理過程』 1973, p. 6.

동향관계와 교역네트워크

친인척 관계와 함께 중요한 것은 광동이라는 동향관계였다. 동순태 인천분호(仁川分號)에서 일한 하려당은 광동성 고요현 출신이었고, 소속 미상의 주기란(周祺蘭) 역시 광동성 개평현(開平縣) 출신이다. 『동태래신』에는 동순태호의 점원 충원에 대한 언급도 가끔 나오는데 1894년에 인천분호의 실무를 맡던 조카 담정갱은 담씨로 추정되는 "정빈([譚]廷賓)"이란 인물을 인천분호에 쓰고 싶지만 인천분호의 담청호가 탐탁치 않아 한다면서, 한성본호에서 써 줄 수 없는지, "지금 형제를 써 주신다면 감사드릴 따름이다[今日用兄弟, 則有恩心耳]"라고 하고 있다.[4] 또 동순태호 관계자인 채병화(蔡炳龢)라는 인물이 "하군초(何超群)"라는 인물의 사위 "복가(福哥)"가 해외개항장에서 일을 하고 싶어 한다며 담걸생이 직원으로 써 줄 수 없는지 부탁하고 있다.[5] 역시 친인척 관계와 동향관계의 오버랩을 잘 보여 준다.

이 점은 사료에 등장한 거래처에서도 나타나는데, 거래처 인물의 태반이 동순태 담걸생과 마찬가지로 광동성, 특히 주강유역(珠江流域)의 광주(廣州), 조경(肇慶) 지역 출신이다. 동순태호의 최대 사업 파트너인 상해 동태호 양륜경이 담걸생의 자형이자 동향인 것이 대표적인데 이 관계는 따로 상술하도록 하고 다른 거래처를 보아도 마찬가지이다. 동순태호의 국내 거래처인 인천 의생성(義生盛)의 주몽룡(周夢龍)은 광동성 개평현, 인천 이생호(怡生號) 진여삼(陳如三)은 광동성 향산현(香山縣), 원산 동풍태(同豊泰)의 나요잠(羅耀箴) 역시 광동성 적관(籍貫)이다.

해외 거래처에서는 교역망을 둘러싸고 있는 동향네트워크가 더 잘 드러난다. 이시카와 료타는 일본 나가사키 만창화(萬昌和)의 반달초(潘達初)가 광동

4) [譚]廷賓 → 譚傑生, 1894.2.9, 『同泰來信』 5권, p. 6.
5) 蔡炳龢 → 譚傑生, 1894.1.18燈下泐. 『同泰來信』 5권, p. 2.

성 남해현(南海縣) 출신으로 나가사키 광동동향회관인 합복당광동회소(合福堂廣東會所)의 회원임을 밝혔는데, 중국학자 공백홍(龔伯洪)은 일본의 광동 출신 화상을 소개하면서 반달초의 만창화를 나가사키의 광동적(廣東籍) 화상(華商) 8대가(大家) 중 하나로 꼽고 있어 그 규모가 상당히 큰 상점이었음을 알 수 있다.[6] 또 다른 일본 거래처인 요코하마 복화호(福和號)의 경리 담옥계(譚玉階)는 자료에서 출신지를 확인할 수는 없었다. 그렇지만 이 시기 요코하마 화상의 다수가 광동 적관이었고, 또 담걸생과 주고받은 서신에서 담옥계는 담걸생을 종형(宗兄)으로 부르고 스스로 종제(宗弟)를 칭하고 있어 동족 관계를 추측할 수 있다.[7] 고베의 거래처인 상융호(祥隆號)의 진달생(陳達生)은 광동성 순덕현(順德縣) 출신으로, 고베 광동동향회관인 광업공소(廣業公所) 이사(理事)를 역임한 유력 광동 화상이었다.[8]

일본에 광동 상인이 진출하게 된 계기는 일본의 개항에 따라 구미자본이 진출하면서였다. 홍콩이 영국 식민지가 된 후, 구미상사들은 홍콩, 마카오, 광주에 지부를 설치하면서 일본까지 지부를 확대하였다. 이때 홍콩, 마카오, 광주 지부의 광동인 매판, 현지 고용인들이 일본에 가서 일을 하게 되었던 것이다. 일본 개항장에 자신의 점포를 여는 광동 상인도 나타났다. 1871년 청조와 일본이 『중일수호조규(中日修好條規)』를 체결한 후 그 수는 급증하였다. 개항 이후 요코하마가 무역항으로 크게 발전하여 점차 나가사키를 대체해

---

6) 龔伯洪,『廣府華僑華人史』廣東高等教育出版社, 2003, p. 241.

7) 하지만 앞서 동순태 내부자 사이에 확실한 친인척 관계의 경우 상호 侄과 叔, 兄과 弟의 호칭이 확실하지만, 譚傑生이 譚沛霖에게 보낸 서신에는 그를 宗兄으로 자신을 宗弟로 겸칭하고 있다. 두 사람이 어느 정도 가까운 친척인지는 확실하지 않다.

8) 이상의 인물 정보는 石川亮太,「ソウル大學所藏『同泰來信』の性格と成立過程-近代朝鮮華僑研究の端緒として-」『九州大學東洋史論集』32, 2004 및『清季中日韓關係史料』第4卷(臺灣中央研究院, 1972)의 1885년과 1886년 조선 각 개항장 거류 화상 성명 籍貫 數目을 참조하였다.

갔는데, 이에 따라 화교 역시 요코하마에 집중적으로 거주하게 되었다. 1880년 요코하마 화교는 2,172명으로, 일본 화교 총수의 60%를 차지했다. 광동인의 동향단체인 광동공소(廣東公所)도 나가사키(1872년), 고베(1876년), 오사카(1896년), 요코하마(1898년)에 차례로 설립되었다.

화교사회에서 광동방의 영향력은 매우 컸다. 1871년 요코하마중화회관(橫濱中華會館)에서 광동 화교가 다수를 차지했고, 1874년 고베 화상 457명 중에 광동인이 323명으로 70%를 점했다. 일본에서 광동 화상의 주도적 지위는 19세기 중반부터 20세기 초까지 개항장을 막론하고 뚜렷했다. 공백홍(龔伯洪)에 따르면 1920년대까지 대만인(臺灣人)과 복건인(福建人)이 일본으로 대거 진출하면서 수적으로는 광동 화상보다 더 많아지지만, 상업계의 영향력은 광동 화상이 여전히 가장 컸다고 한다.[9]

그렇다면 '연호(聯號)'라고 불리는 일본의 거래처와 동순태의 관계는 어떠했을까? 『동순태왕복문서』를 일별하면 일본 거래처와의 교역에서 가장 중요했던 것은 동순태의 최대 거래처인 상해 동태호로 보내는 송금이었다. 조선의 동순태는 상해 동태호에게 보낼 결제금을 조선의 일본 제일은행(第一銀行)을 통해 오사카로 송금하고 송금증서[匯單, 匯票]를 고베 상융호로 부치면, 고베 상융호가 제일은행 오사카지점에서 찾아 다시 회풍은행(匯豊銀行, Hongkong & Shanghai Banking Cooperation, 홍콩상해은행, 오늘날의 HSBC) 오사카지점에서 회풍전표(匯豊電票)의 형태로 상해 동태호에게 송금하였다. 조선에서 송금할 때는 원(元) 단위로, 일본에서 상해로 송금할 때는 량[兩 = 문(匁)]으로 환전하여 보냈다.[10] 또 송금수수료를 항상 비교하여 때로는 요코하마

9) 龔伯洪, 『廣府華僑華人史』 廣東高等教育出版社, 2003, p. 166.
10) 陳達生 → 譚傑生, 『同順泰往復文書』 1권-3, 1894.1.2.; 1권-13, 1894.1.28.; 1권-16, 1894.2.3. 및 譚傑生 → 陳達生, 30권-5, 1895.2.29. 등 다수의 사례가 있다.

복화호(福和號)로 송금한 뒤 역시 회풍은행을 통해 상해로 송금하기도 했다.[11)]

일본 거래처들은 송금네트워크의 환절을 담당했을 뿐 아니라 물류네트워크에서도 중요한 환절이었다. 홍콩이나 상해 등지의 화물을 일본 개항장으로 수입하여 다시 인천으로 전송(轉送)하는 것, 반대로 조선 화물을 일본 개항장으로 수입하여 홍콩, 상해 등지로 수출할 때 전송하는 등, 직접 교역 이상으로 물류에 있어서 일본 거래처의 역할은 컸다. 특히 1894년 청일전쟁 기간에는 황해와 만주가 전쟁터로 화하는 바람에 조선과 중국 간의 교통이 원활하지 않았으므로 중개자로서 일본 거래처의 역할은 더욱 중요했다.[12)] 이 밖에도 일본의 거래처와 동순태는 상업서신을 보낼 때마다 주요 수출입 물품, 금은의 시세를 확인하고, 동아시아 각국 개항장의 가격차를 비교하여 경영에 참고하였다. 동순태호는 일본, 홍콩, 중국의 각 거래처와 정기적으로 상업 서간을 교환하면서 최적의 상품을 최적의 시장에 가장 유리한 가격으로 판매할 수 있었다. 연호망(聯號網)은 바로 이러한 정보, 송금, 물류를 전천후로 지원하는 사업 파트너의 네트워크였던 것이다.

발송장으로 본 교역네트워크

상업서간집인 두 자료 이외에도 동순태문서에는 발송장을 비롯한 각종 영수증 모음집이 있다. 규장각 자료인 『진구각화창구단(進口各貨艙口單)』, 『갑오년각준래화치본단(甲午年各準來貨置本單)』, 『을미래화치본(乙未來貨置本)』의 3종과 서울대 고문헌자료실의 『동순태보호기(同順泰寶號記)』 1종이

---

11) 譚傑生 → 譚沛霖, 『同順泰往復文書』 13권-4, 1894.1.9. 및 譚沛霖 → 譚傑生, 1권-5, 1894.2.7.接; 譚沛霖 → 譚傑生, 10권-7, 1894.11.19.寄; 制弟 譚傑生 頓 → 譚沛霖, 24권-8, 1894.11.11. 등 다수의 사례가 있다.

12) 1895년 2월에 同順泰는 祥隆號 陳達生을 통해 白蔘鬚 6箱을 香港 安和泰에게 轉送하였다(譚傑生 → 陳達生, 30권-5, 1895.2.29.).

이에 속한다. 우선 규장각 자료에서 한 번 이상 등장한 해외 거래처와 그 출현 빈도를 살펴보면 다음과 같다. 홍콩 거래처는 안화태(安和泰, 총 44건), 무화상(茂和祥, 2건), 만상당(萬祥堂, 2건) 등 3곳이며, 중국 거래처는 광주의 영안태(永安泰, 6건)와 서초당(瑞草堂, 2건), 상해의 동태호(170건), 노열좌흥기(老悅坐興記, 1건), 화창호(華彰號, 1건), 진강(鎮江)의 발기(發記, 64건), 진항순호(陳恒順號, 1건),[13] 연대(煙臺)의 만경원(萬慶源, 2건), 이태겸(履泰謙, 4건)으로 모두 9곳이다. 마지막으로 일본 거래처는 나가사키 만창화(萬昌和, 4건), 고베 상융호(祥隆號, 17건), 요코하마 복화호(福和號, 2건) 등 3곳이다. 지역별로 더 자세히 보면 홍콩 3개, 광주 2개, 상해 3개, 진강 2개, 연대 2개로 중국과 홍콩이 12개, 일본이 나가사키, 고베, 요코하마가 각각 1곳으로 3곳, 합계 15개의 거래처가 등장한다. 이 중 상당수는 장부가 기록을 남긴 8개 해[14] 중에 한두 번 등장하는 데 그치고 있는데, 3년 이상 등장한 상점은 홍콩 안화태, 상해 동태호, 진강 발기, 고베 상융호 이상 4곳이다.

종합적으로 판단하자면 동순태의 교역범위는 중국과 일본에 걸쳐 있지만, 중국과 홍콩이 압도적으로 많다는 점을 알 수 있다. 제1 교역상대는 상해 동태호였고, 그 다음이 진강 발기, 세 번째가 홍콩의 안화태이다. 이 세 거래처만으로 전체 거래액의 86%를 차지한다. 그런데 진강 발기는 비단전문상점으로 이 영수증은 모두 동태호가 동순태의 주문대로 매입하여 인천으로 보내면서, 발송장의 금액과 확인 대조하도록 보낸 영수증이다. 이른바 "원단(原單)"으로 불리는 영수증이다. 홍콩 안화태 역시 홍콩에서 인천까지 직항로가 없어

13) 石川亮太, 「朝鮮開港後における華商の對上海貿易－同順泰資料を通じて－」『東洋史研究』 63-4, 2005, p. 25 〈표 2〉에서 불명 상호로 분류한 陳恒額號는 『同順泰寶號記』 내 문서 No. 5의 발신자인 陳恒順號로 보인다.

14) 규장각 자료 장부 3종에서 거래가 확인되는 해는 1888, 1891, 1894, 1895, 1893, 1897, 1898, 1899년이다. 각 해의 거래 분포는 石川亮太, 위의 글, 2005, p. 25의 〈표 2〉가 자세하므로 참조.

상해로 보내서 인천으로 전송했기 때문에 안화태의 화물과 영수증은 모두 상해 동태호가 받아서 동순태호로 부쳤다. 결국 동순태의 교역 대부분은 상해 동태호의 손을 거쳤음을 알 수 있다.

시대순으로 보면 어떨까. 규장각 자료 중 발송장 형식으로 정리한 것 중에 가장 늦은 연도인 1899년의 내역을 보면, 여느 해와 마찬가지로 상해 동태호가 29건으로 1위, 진강 발기가 12건으로 2위인 외에, 홍콩 안화태(2건), 광주 서초당(2건), 상해 노열좌흥기(1건), 상해 화창호(1건), 진강 진항순호(1건)로 초기에 빈번히 보였던 일본 상점의 거래문서는 보이지 않고, 상해와의 거래가 두터워지고 있었다.

1907년의 거래를 기록한 『동순태보호기』에는 그러한 경향이 더욱 뚜렷해진다. 『동순태보호기』에서는 일본과의 거래를 증명하는 영수증은 우선 보이지 않는다. 『동순태보호기』에는 모두 12개의 상호가 나오는데, 규장각 자료에 나타난 상해 동태호, 홍콩 안화태, 진강 진항순호, 광주 서초당 4개 상점 이외에, 새롭게 등장한 8개의 상점 중 소재지가 확인되는 상점은 모두 상해의 상점들이었다. 또 전체 교역량 29,414.312량 중에 광주 서초당의 98.748량을 제외하고는 전부 동순태호가 직접 중국 현지에서 구매하거나 홍콩 안화태의 화물을 전송하여 보낸 물품들로 거래액의 99% 이상이 상해 동태호의 손을 거친 것이다. 『동순태보호기』의 상점과 1907년의 교역에 관해서는 다음 장에서 상술하도록 하겠는데, 여기에서는 시대가 내려갈수록 동순태호의 교역 범위가 한층 상해와 중국 중심으로 좁아져 갔음을 지적할 수 있을 것이다. 일본과의 관계는 적어도 화물 거래는 보이지 않았다. 대신 중국과 홍콩, 무엇보다 상해 동태호와의 교역이 거의 대부분을 차지하게 되었다. 상해 동태호 이외에 유의미한 교역지역은 홍콩과 광주, 즉 광동네트워크의 고향이었다.[15)]

2. 광동네트워크의 정치적 성격과 구성 원리

1) 상해 광조방(廣肇幇)과 조선

상해 동태호의 인적 네트워크

앞 절의 분석에서 알 수 있듯이 조선 동순태호에게 최대의 교역상대는 상해 동태호였다. 〈표 3-2〉의 『동태래신』(전 19권)과 『동순태왕복문서』(1~30권)의 해외 거래처와 교환한 상업서간은 모두 276통인데, 그중 상해 동태호와 교환한 서간이 112통으로 전체의 40%를 차지하고 있고, 규장각 영수증 자료에서 추산한 교역량의 86%, 『동순태보호기』 거래액의 거의 전부가 상해 동태호의 손을 거쳐 조선으로 발송된 상품이었다. 그렇다면 동순태의 최대 거래처이자 사실상 동순태 교역의 대부분을 담당한 상해 동태호는 어떤 상점이었을까?

동순태문서에 등장하는 동태호의 주인 양륜경(梁綸卿, 별명은 梁應綿)은 상해의 대표적인 광동 화상이었다. 양륜경이 언제부터 상해에서 동태호를 운영했는지는 확실하지 않지만 1918년에 출판된 『상해상업명록(上海商業名錄)』(徐柯 編)에는 동태호가 광방(廣幇) 카테고리 내의 46개 회사 중 하나로 등재되어 있다. "同泰…英租界甯波路11號(江西路西) 經理 梁綸卿"으로 기술되어 있어, 1918년에는 상해 영국조계 내의 영파로에 위치해 있었고 양륜경이 그때까지도 여전히 경리를 맡고 있음을 알 수 있다.[16] 같은 책의 1920년판에는 동태호의 이름이 보이지 않으나, 1925년 임하(林霞)가 편찬한 『상해상업명록(上海商業名錄)』(上海, 商務印書館)과 이 책의 1928년 증정(增訂) 5판

---

15) 그러나 일본과의 교역이 완전히 없었다고는 보이지 않는다. 우선 『同順泰寶號記』가 중국과의 거래만을 따로 모아 둔 장부일 가능성도 있고, 1900년대 초 『皇城新聞』 등의 동순태 광고에는 洋貨뿐 아니라, 일본 麒麟맥주 등의 日貨도 다수 기재되어 있었기 때문이다.

16) 徐柯 編, 『上海商業名錄』上海商務印書館, 1918, p. 72.

(版)에는 광주방(廣州幇) 내에 동태호가 수록되어 있고, “英租界北京路慶順里 U 62號 經理 梁綸卿 電話 中央 4498”로 주소가 적혀 있다. 주소는 약간 달라지지만 1928년까지 양륜경은 줄곧 상해에서 동태호 경리로 활발한 활동을 하고 있다.

양륜경은 광동성 고요현 적관(籍貫)으로, 상해의 광동동향조직인 광조공소(廣肇公所)의 동사(董事, 이사)를 오랫동안 역임했다. 이뿐만 아니다. 양륜경과 관련하여 주목할 만한 사실은 윤선초상국의 매판(買辦)이자 『성세위언(盛世危言)』, 『이언(易言)』의 저자로 유명한 개혁사상가 정관응(鄭觀應, 1842~1922)과 교분이 깊었다는 사실이다.[17]

정관응은 광동성 향산현(香山縣, 오늘날 中山縣) 사람으로 17세에 상해로 와서, 미국 덴트사[Dent & Co. 보순양행(寶順洋行)]의 하위직 매판으로 일하고 있었다. 1868년 27세 때 그는 영국 선교사가 세운 영화서관(英華書館)에서 영어를 배우는데, 이때 동문수학한 친구가 다름 아닌 양륜경이었다.[18] 후에도 두 사람의 교분은 계속되었던 것 같다. 1907년에 출간된 『성세위언후편(盛世危言後編)』에는 「양도우의 『해산기우』 재간행 서문에 대한 답서[答梁道友重刊〈海山奇遇〉序]」, 「양륜경 도우에게 보내는 글[致梁綸卿道友書]」 등의 글이 수록되어 있어 두 사람의 친밀한 관계를 짐작케 해 준다.

정관응의 집안에는 매판이 많았다. 그의 숙부 정정강(鄭廷江)은 상해 오버웨그사[Overwer & Co. 신덕양행(新德洋行)]의 매판, 친척 증기포(曾寄圃)는 덴트사의 매판이었으며, 청 말 대표적인 매판인 서윤(徐潤)과는 집안 대대로 친분이 있었다. 이들 모두는 광동성 향산현 출신이다.

17) ≪上海對外經濟貿易志≫編纂委員會, 『上海對外經濟貿易志14-貿易促進』 上海社會科學出版社, 2001.
18) 夏東元, 『鄭觀應』 廣東人民出版社, 1995, p. 6.

특히 조선 문제와 관련해서 중요한 역할을 하게 되는 당정추(唐廷樞, 별명은 唐景星, 1832~1892)는 정관응의 근친으로 두 사람은 매우 가까운 사이였다. 당정추 역시 광동성 향산현 출신이다. 당정추는 이화양행(怡和洋行, Jardin & Matheson Co.)의 매판을 역임하고 이홍장의 신임을 받아 윤선초상국총판(輪船招商局總辦)으로 있으면서 조선의 개항에 직접적으로 관여한 인물이다.[19] 조선 문제를 좌우했던 청조 양무파(洋務派)와 친밀했던 당정추는 진수당(陳樹棠)이 총판조선상무위원(總辦朝鮮常務委員)으로 임명되고, 마건충(馬建忠)으로 하여금 묄렌도르프 밑에 일할 중국인 해관직원으로 당소의(唐紹儀, 1860~1938)를 발탁하는 데 영향력을 발휘했다.[20] 진수당은 광동성 향산현으로 그와 동향이었으며 당정추의 조선행을 수행했었다. 당소의는 동향일 뿐 아니라 당정추와 인척으로 숙질(叔姪) 관계에 있었다. 당소의는 처음에 해관직원으로 조선에 왔지만 원세개의 신임을 얻어 막료로 활동하다가 영사에 해당하는 용산 상무위원으로 활약하였다.[21] 훗날 중화민국 초대총리가 된 당소의는 청일전쟁 기간 동안 조선에 머물며 사후 수습에 힘썼으며 조선총영사로 막대한 영향력을 행사했다.

당정추가 조선에 온 것은 1회에 불과했지만, 그가 조선에 뿌려 둔 광동성 향산현 인맥은 조선정책을 좌우한 이홍장에게 등용되어 향후 조선에서 청의 제 정책을 실질적으로 수행하게 되었던 것이다. 이처럼 조선 문제에 깊이 관여했던 당정추와 정관응의 관계가 남달랐다는 것은 정관응이 1883년 당정추의 가장 화려한 이력이자 조선과의 관계에서도 핵심이었던 윤선초상국 총

19) 라센은 그를 중국의 對조선정책에서 경제적 기회의 확대라는 비공식적 제국주의(informal imperialism)를 상징하는 인물로 평가했다(Kirk Larsen, ibid, pp. 5~6).

20) 岡本隆司, 『屬國と自主のあいだ』 名古屋大學出版會, 2004, p. 132, p. 427.

21) 조선 체재 중의 당소의에 관해서는 權赫秀, 「唐紹儀在近代朝鮮十六年活動考述」『韓國研究論叢』 21, 世界知識出版社, 2009를 참조.

판직을 계승한 것에서도 알 수 있다.[22] 양륜경이 조선에 관심을 가지게 된 데에는 이러한 정관응, 당정추와의 인맥이 작용했을 가능성을 무시할 수 없다.

양륜경이 정관응과 막역지우가 될 수 있었던 것은 동문수학한 친구였다는 점뿐 아니라, 두 사람의 출신인 광동성 향산현과 고요현이 모두 광조방(廣肇幇)으로 같은 동향공동체에 속했다는 점이 결정적이었다. 여기에 또 한 명의 흥미로운 인물이 있다. 양륜경은 1902년 상해 최초의 상회조직인 상해상업공의공소(上海商業公議公所)가 조직되었을 때 72명의 회원 중 한 사람이었다. 당시 공소(公所)를 이끄는 다섯 명의 총동(總董) 중 한 사람은 당걸신(唐傑臣, 별명 唐榮俊, 1862~1904)으로 광동성 향산현 출신이었고, 상해 광조방 동향회관인 광조공소(廣肇公所)의 총조(總肇)를 맡고 있었다. 그는 당정추의 친형인 당정식(唐廷植)의 장자였다. 당걸신은 삼촌이었던 당정추, 부친인 당정식을 이어 이화양행 총매판(總買辦)을 맡고 있었다. 당걸신과 양륜경은 광조공소의 지도적 인물로 오랫동안 함께 일했다. 1899년 광조회관의 중수(重修)에 임해 쓰여진 『상해광조회관서(上海廣肇會館序)』에 나오는 11명 대표에도 당걸신과 양륜경의 이름이 등장한다. 상해의 광조방[혹은 광방(廣幇)]은 상해 객방(客幇) 중 최대 세력을 형성하는데, 중화민국 시기에까지도 상해총상회(上海總商會)의 광동적(廣東籍) 회동(會董)은 거의 광조 상인(廣肇商人)이 독점했다고 한다.[23] 양륜경은 담걸신보다 연배가 높기는 하지만 활동 기간이 겹치고 있어 동향집단인 상해 광조방의 리더이자 상해상업공의공소(上海商業公議公所)의 핵심인물로 친밀한 관계였음에 틀림없다. 당걸신은 정관응 이외

22) 이화승, 「19세기 상해의 경제개혁사상, 상전 - 정관응 사상의 배경과 전개 - 」『현대중국연구』 4-2, 2002, pp. 161~163, p. 176.

23) 劉正剛, 「淸代以來廣東文化在內地傳播探析」『廣東社會科學』5, 2004, p. 103 ; 劉正剛, 『廣東會館論稿』 上海古籍出版社, 2006, p. 100.

에도 당정추 및 조선의 광동성 향산현 출신의 정치엘리트들과 양륜경, 동순태를 연결시켜 주는 고리이다.

당걸신은 조선총영사를 지낸 당소의와도 특별한 관계에 있었을 가능성이 높다. 물론 집안으로도 두 사람은 친인척이었지만, 두 사람은 모두 "유동유미(幼童留美)" 즉 중국 최초의 관비유학생프로그램에 선발되어 도미(渡美)한 경력이 있다. 역시 광동성 향산현 출신의 용굉(容宏)이 주도한 이 프로그램은 1872년부터 1875년까지 네 차례에 걸쳐 매년 30명씩 어린 소년들을 선발하여 미국으로 유학을 보냈다. 이 중 제4차 유학생에는 양무관원과 상인 자제가 대거 포함되어 있었는데 광동적 상인들의 자제가 단연 많았다. 당걸신은 제4차 유학생 출신이었다. 한 살 위인 당소의는 1874년 제3차 유학생으로 도미했었다. 당소의와 함께 조선해관에 부임한 주수신(周壽臣, 1861~1959) 역시 제3차 유미아동(留美兒童) 출신으로 당소의와는 콜럼비아대학 동기이기도 하다. 마찬가지로 광동인이다.[24] 그는 1894년 조선 인천영사로 임명되었다. 이 청 최초의 관비 미국유학생 프로그램으로 파견된 학생은 모두 120명이었는데, 이 중 84명이 광동성, 또 그중 40명이 향산현 적관이었다.[25]

---

24) 周壽臣의 原籍은 廣東省 新安縣(寶安, 현 深圳)이고 출생지는 香港이다. 朝鮮에서의 직무를 마친 뒤 1903년에 天津輪船招商局總辦으로 임명되었다. 이후에도 여러 洋務企業의 總辦을 역임하다가, 辛亥革命 이후는 홍콩으로 가 東亞銀行을 창립하고 실업활동에 전념하였다. 香港衛生局 및 立法局 議員을 역임하였다. 홍콩정부에서 최초의 중국인 행정의원으로 활동하는 한편 기사 작위를 수여받았다(鄭宏泰, 周振威『香港大老周壽臣』香港, 三聯書店, 2006). 唐紹儀보다 1년 앞서 제2차 유학생으로 파견되었던 唐國安(1858~1913)은 唐紹儀와 마찬가지로 唐廷樞의 族侄로 후에 淸華大學 창설에 기여하였다(牟翔, 「淸華大學第一任校長-唐國安」『廣東史志』 2002年第2期, 2002, p. 60).

25) 林輝鋒, 「旅滬廣幇與首次官派幼童留美」『集美大學學報』 7-4, 2004, p. 110. 留美兒童에 광동성 향산현 출신이 많은 이유는 당정추와 용굉이 모리슨학교(중문명 : 塢禮遜學校) 동문이기 때문이다. 선교사 모리슨(Robert Morrison)이 세운 이 학교는 1836년 마카오에 문을 연 최초의 서양식 학교로 1842년에 홍콩으로 옮겼다(陳小卡, 「基督教在中國現代進程中的影響和作用」『粵海風』 3, 2002, p. 53). 容宏은 1835년부터 마카오의 이 학교에서 공부를 시작하여 1847년 미국 유학길에 오를 수 있었고, 唐廷樞는 아버지가 홍콩의 이

이처럼 양륜경과 광동성 향산현 출신 관상(官商) 엘리트들과의 남다른 관계를 통해 보면, 1892년 동순태 차관의 의미를 다시 한번 생각하게 된다. 당시 동순태가 재력이 상당한 유력화상이기는 하지만 지극히 정치적인 활동에 일개 화상이 개입하는 과정이 분명히 해명된 것은 아니었다. 한국사가 김정기가 지적한 동순태가 원세개와 결탁해 청의 군함의 도움을 받아 홍삼을 밀수출하여 큰 수익을 올렸다는 점 역시 마찬가지였다.[26] 이 관계는 향후 더욱 검토가 필요하지만, 양륜경과 당씨 가문과의 관계, 당소의를 전적으로 신임하여 신해혁명 후에도 총리로 중용(重用)했던 원세개와의 관계를 생각하면 일말의 실마리를 잡을 수 있다.

조선에서 청의 활동과 동순태호

동순태와 조선주재 관원들과의 돈독한 관계는 『동순태왕복문서』에서도 산견된다. 1893년 12월에 담걸생은 원총헌(袁總憲), 즉 원세개의 명을 받은 왕초안[王初安, 11권-10에서는 황초안(黃初安)]이란 인물에게 소윤선 구입을 문의받고, 고베 상융호에게 배의 구입가를 타진하였다. 결국 담걸생의 주선으로 고베 조선소에서 4월까지 12,000원 가격으로 배를 건조하고 인천에 와서 14,000원에 넘기도록 거래가 성립했다. 이 과정에서 동순태 한성본호는 선박구입비로 900원을 염출했다. 담은 양륜경에게 돈을 적게 내고 싶어도 "관장(官場)"과의 교섭은 실로 어렵고 체면도 있어서 이 정도는 낼 수밖에 없다고 하고, 이걸 기회로 이익을 낼지도 알 수 없는 노릇이라고 여운을 남기고 있다. 즉 청 관료들의 눈치를 봐야 하고 하고 싶지 않은 투자도 해야 한다는

학교에서 일을 하고 있었던 관계로 1842년부터 공부를 시작하여 1848년에 졸업하였다(歐陽躍峰, 「唐廷樞 : 中國第一位近代企業家」『安徽師範大學學報』 3, 2004, p. 335).

26) 金正起, 앞의 글, 1976, p. 434.

불만이었다.

그런데 같은 편지에서 담은 통혜공사 소속 기선인 한양호를 조선 전운사에 30,000원에 팔았다고 보고하고 있었다. 나애자의 연구에 따르면 이 배의 구입 비용이 25,000원이었고 당시 영업실적이 나빠 적자가 쌓여 가던 상황에 매각을 한 것이라고 하므로,[27] 이를 감안하면 가격을 매우 높게 받았다고 할 수 있다. 담은 "이 배를 팔아치운 것은 정말로 행운으로, 큰 부담을 던 것이다[沽去此船實是萬幸, 及去一大累也]"라고 되뇌었다. 그는 관(官)과의 관계로 인해 개입하고 싶지 않은 사업에도 개입하는 등 불평을 하고 있지만, 사실상 많은 특혜를 누리고 있었던 것이다.[28]

이러한 관계로 동순태는 조선정부와도 가까운 사이였던 것으로 보인다. 같은 달에 조선 관원 안학주(安學柱)라는 인물이 동순태를 찾아와, 조선국왕 즉 고종이 연말에 3만 문(匁 = 兩)이 필요하다면서, 이자를 2푼 2리[2.2分]로 쳐 줄 테니 관삼(官蔘) 5,000근을 정월(正月)에 중국 우장(牛莊)으로 보내 동순태가 상해, 홍콩에 대리 판매하자고 제안하였다. 이에 대해 동순태는 한성본호에 1만 문가량의 자금밖에 없다며 상해 동태호의 지원을 요청하면서도, 거래규모가 너무 크고 연말이라 상점마다 돈이 없다고 거래를 받아들일지 여부를 양륜경에게 타진하였다.[29] 양륜경의 답신은 누락되어 있어 정확한 대답을 알 수 없지만, 이후 연결된 편지에서 이 사업에 관한 언급이 없다는 점, 또 이 시기를 전후하여 동태호의 연말 결산을 위해 동순태가 자금을 대량으로 계속 상해로 송금하고 있었다는 점을 볼 때, 이 거래는 받아들여지지 않았던 것으로 판단된다. 이 사례에서도 동순태의 정치적 네

27) 나애자, 앞의 책, pp. 132~133.

28) 譚傑生 → 陳達生, 11권-10, 1893.12.10.; 譚傑生 → 梁綸卿, 13권-1, 1893.12.26.付.

29) 譚傑生 → 梁綸卿, 12권-1, 1893.12.10.付.

트워크가 상당했고, 최종판단은 역시 상해 동태호의 지시에 따르고 있음을 알 수 있다.

동순태의 정치적 성격은 청일전쟁 와중에서 더 잘 드러난다. 1894년 6월 일본이 파병하여 인천을 점령하고, 청군은 아직 파병을 결정하지 않아 혼란스러웠던 시기 담걸생이 양륜경에게 보낸 서한에는 정치적인 언급이 상당히 많다. 그는 편지에서, "일본공사 오토리(大鳥, 즉 大鳥圭介-인용자)가 조선왕에게 상주를 했는데 지금 이 상주문을 베껴서 한 부 보내오니 보십시오. 이 상주문의 대강은 조선을 도와 자주를 하여 중국에 등을 돌리고 일본과 손잡고 순치(脣齒)가 되어, 제도를 모두 바꾸고 무관을 파견하여 군사를 훈련시키고, 이로써 부국강병을 구한다는 뜻입니다[此奏稿大意, 扶朝鮮自主, 要違背中國, 與日本聯爲脣齒, 而具更改制度及差武員來教兵, 以求富國强兵之義]"라고 운을 뗀 뒤, "조선왕은 어리석고 유약하여[朝王是愚蠢柔懦]", 중국이 파병한 뒤 죄를 물을까 봐 승낙을 못하고 있을 뿐이라고 하고, "그러므로 이 상주문을 원총판(원세개)에게 주어 중당(中堂, 이홍장)에게 전보로 아뢰도록 하려 합니다[是以將此奏稿交袁總辦電稟中堂, 번역문 속의 ( )는 인용자]"라고 말했다. 편지에서 나타난 담걸생의 행보는 조선을 둘러싼 정국 변화에 기민하게 정보를 수집하고 청국 관방과도 빈번한 접촉을 하고 있었다. 실제 담걸생의 역할이 어느 정도였는지는 단편적인 글만으로는 판단할 수 없으며 그 역할 역시 과장해서 파악할 수는 없지만, 적어도 담걸생은 파병 문제에 적극적으로 개입하려 노력하고 있었다.

한편 담걸생은 원세개와 일본전권대사[일본흠차(日本欽差)]에게 적극적으로 상황을 문의하고, 조계지역의 각국 외교사절의 회의 결과에서도 실시간으로 정보를 얻었다. 만일의 사태에 대비해 재산을 보호하기 위해 한성본호 재고품 중 시가 25,000원가량의 비단을 인천조계지에 있는 창고에 비축하고,

5,000~6,000원가량의 린넨 등의 물품은 하금원(何錦垣)이란 인물에게 부탁하여 해관창고에 비축할 수 있었다. 또 최악의 경우라도 각국 병사들에 의해 보호를 받을 수 있다고 장담하고 있다.[30]

이상으로 단편적이지만 조선에서 개항초기 광동 상인들이 상당한 경제적, 정치적 영향력을 행사하고 있었음을 살펴보았다. 그런데 그 네트워크는 조선에만 한정된 것이 아니라 홍콩, 광주, 상해, 일본 각 개항장과 연결되어 있는 광역적인 것이었다. 개항 후 광동 상인집단은 대규모로 해외로 세력을 확장해 나가 하나의 강대한 경제적 세력을 형성했다. 중국학자 임휘봉(林輝鋒)은 "여호광방(旅滬廣幇, 문자 그대로는 상해에 거류하는 광동 상인집단)"이야말로 그 전형적인 예라고 보았다. 그는 "여호광방"을 청 말에서 중화민국 초기라는 특정한 역사적 시기에 광조공소를 핵심으로 상해에 거류하고 있던 상인들을 주체로 한 광주, 조경(肇慶) 적관 이민자들의 비교적 느슨한 공동체라고 규정하였다. 1853년에 상해에 거류하고 있는 광동 인구는 자그마치 8만 명에 달했다.[31] 그는 "양무파가 세운 가장 대표적인 기업들은 당정추, 정관응, 서윤 및 그들 배후의 수많은 광방 고동(股東, 동업자, 주주)과 긴밀한 관계가 있었다"고 평가하였다. 한말 청한관계를 연구한 오카모토 다카시는 당정추가 자신을 중심으로 하는 광동인 세력으로 조선 '양무'의 실권을 장악하려고 했다고 평가했는데,[32] 동순태는 그 말단에서 정치적 자양분을 취하여 성장했다고 볼 수 있다.

---

30) 譚傑生 → 梁綸卿, 20권-1, 1896.6.5.付; 20권-2, 1896.6.7.付.

31) 정식 등록인구로는 1885년에 21,013명, 1905년에는 54,559명으로 상해에 거류하고 있는 타성 인구 중 15~20%를 점하였는데, 이 수는 광동인 활동이 가장 왕성한 서양인주택지, 공장, 소농가, 선상 노동자 등을 포함하지 않은 수이므로 실제 거류자 수는 등록 수보다 훨씬 많았다(劉正剛, 『廣東會館論稿』 上海古籍出版社, 2006, pp. 80~81).

32) 岡本隆司, 앞의 책, pp. 131~132.

2) 광동네트워크의 구성 원리 : 가족, 동향에서 동업자로

담걸생의 본적지

앞에서 양륜경을 실마리로 조선의 광동네트워크가 가지는 정치적 성격을 거시적으로 살펴보았다면, 여기에서는 광동네트워크의 보다 보편적인 구성 원리를 성원 내부에서 미시적으로 살펴보겠다. 먼저 가장 중요한 두 인물인 동순태 담걸생과 양륜경과의 관계에 대해 가능한 범위에서 재구성을 해 보자.

우선 두 사람의 고향인 광동성 고요현에 대해 살펴보겠다. 1993년 고요현의 인구조사에 따르면 모두 232개 성씨가 있는데, 최대 성씨가 양씨였고, 담씨 역시 인구 오천 명 이상의 대성(大姓)으로 21번째로 큰 씨족이다.[33] 양륜경이 고요현 어느 촌 출신인지는 아직 밝히지 못했으나, 선행 연구에 따르면 담걸생의 고향은 고요현 금리촌(金利村)이었다. 오늘날 광동성 고요현에는 금리진(金利鎭)이라는 지명이 있는데 인구 58,700명으로 대부분이 농업인구이다. 홍콩, 마카오, 대만 화교가 9,600명, 해외화교가 2,300명으로 많다.[34] 상당한 비율이 해외로 진출해 있었던 것이다. 제2장에서도 살펴보았듯이 담정택은 회고록에서 담가의 고향을 금리촌이 아니라 묵강향(墨岡鄕)이라고 했으나 오늘날 금리진 부근임에는 틀림이 없을 것이다.

1947년에 출판된 『중화민국고요현지초편(中華民國高要縣志初編)』을 살펴보면 고요현의 본을 달리하는 담씨는 모두 20개 종족이 있었다. 이중 금리촌에 주로 포진하고 있었던 씨족은 모강(茅岡) 담씨와 그 지파(支派)였던 것으로 보인다. 모강 담씨는 시조가 조경부성(肇慶府城)에서 범주도(范州都) 모강촌(茅岡村)으로 옮겨와 1947년에는 24대에 이르러 정구(丁口)가 680인에 달했다. 모강촌에서 다시 옮겨간 지파로 고구계[古球系, 정구(丁口) 70], 남변사

33) 高要縣地方志編纂委員會, 『高要縣志』 廣東人民出版社, 1996, p. 143.

34) 高要縣地方志編纂委員會, 『高要縣志』 廣東人民出版社, 1996, p. 89.

(南邊社, 120), 동패계(東壩系, 180), 서패계(西壩系, 100), 곡기계(穀基系, 240), 대파계(大播系, 90), 낭심계(埌心係, 130), 반룡계(蟠龍系, 50), 반고계(盤古系, 50), 신교계(新僑係, 50) 10개 그룹이 있는데 이들을 다 합하면 정구수는 1,770여 명에 달한다. 고요현의 담씨(譚氏) 중 가장 수가 많다.[35] 민국기(民國期)의 『고요현지』의 씨족권(氏族卷)은 모두 옛 지명으로 표기가 되어 있어 금리촌이란 지명을 직접 찾을 수는 없었다.[36]

다만 그 실마리를 현재 행정구역에서 찾을 수 있다. 현재 고요현에는 금리진(金利鎭)이 있고, 금리진은 하위의 28개 관리구로 나뉘어 있다. 그런데 그 관리구 중에 모강(茅崗), 동패(東壩), 서패(西壩), 반룡(蟠龍)이라는 관리구가 있어 모두 모강 담씨와 관련된 지명이 등장한다. 또 관리구 중에도 다시 금리(金利)라는 지명이 있다.[37] 반면 다른 담씨 종족의 분포 지역에는 금리와 관련된 지명이 없다. 그렇게 본다면 오늘날 금리진의 행정 범위 내에 "금리촌"이 존재했다고 볼 경우, 금리진 거주 담씨의 대다수가 모강 담씨라고 한다면, 담걸생 역시 모강 담씨일 가능성도 없지 않다. 이는 아직까지는 추정에 불과하지만 고요현 금리 지역에 담씨 종족이 상당한 수였던 것은 틀림없다고 하겠다.[38]

1947년에도 고요현 출신은 타지로 진출한 인구가 상당히 많았다. 같은

35) 梁贊燊, 『中華民國高要縣志初編』(1947初版, 臺北, 金山印刷公司, 1973重印), pp. 242~244.

36) 淸末 金利村이란 지명은 없으며, 金利墟라는 지명은 있지만 공식 행정구역은 아니었다. 淸末 高要縣은 전체 5개 班 9개 區로 나뉘어져, 현 金利라는 지역은 5班 8區에 해당하고, 소속 都堡로 金溪約, 東約, 中約, 淸平約, 西約이 있었다(高要縣地方志編纂委員會, 1996 『高要縣志』 廣東人民出版社, p. 17, p. 72). 따라서 譚傑生의 籍貫에서 말한 金利村은 金利墟만을 가리킨다기보다는 金利墟를 중심으로 한 주위의 金利라고 칭한 지역, 즉 현재의 金利鎭 전체를 가리킨다고 보아야 할 것이다.

37) 高要縣地方志編纂委員會, 1996, 위의 책, p. 89.

38) 저자는 과거 논문에서 이렇게 추정하였고 2010년에 증손인 담영봉 씨를 만나서 물어 볼 기회가 있었지만, 재미화교로 오래 살아온 담영봉 씨는 담씨 종족 구분에 관해서는 알지 못했다.

시기 홍콩에 고요현 출신은 3천여 명이나 되었고, 이들은 주로 공상업에 종사했는데 그중에서도 최대가 양화행(洋貨行)이었다.[39] 상해 역시 적지 않았을 것이다. 앞서 상해상업공의공소(上海商業公議公所)의 다섯 명의 총동(總董) 중에는 당걸신(唐傑臣) 이외에 한 명의 광동적(廣東籍) 총동이 더 있었다. 그는 영태원다잔(永泰源茶棧)과 남양주연채표국총판(南洋籌捐彩票局總辦)을 맡고 있던 양옥당(梁鈺堂)으로 역시 광동 고요현 출신이었다.[40] 동순태의 사업이 청일전쟁 이후 점차 다각화하면서, 수출입업에서 취급 화물도 비단, 약재와 같은 전통적인 품목에서 서양가구, 피아노, 망원경, 전축, 유리 등 양화(洋貨)로 다양화하는 것을 보면, 양화행이 많았던 고요현 출신의 상업네트워크가 도움이 되었을 것이다.

양륜경과 담걸생의 인척 관계

상해 동태호의 양륜경(梁綸卿)은 광동성 고요현 출신인데 더 자세히는 알 수 없다. 고요현 전체에서 양씨(梁氏)가 최대 성씨였으므로 금리촌에도 양씨가 많았지만 양륜경 역시 금리촌 출신이라는 증거는 없다. 양륜경은 담걸생의 누이의 남편으로 두 사람은 자형과 처남의 관계에 있었다. 담걸생의 아들 담정택의 회고록에서 이 점은 싱겁게 밝혀졌는데 이 자료를 얻기 전에는 담걸생의 개인 가정사에 관한 것은 동순태문서를 통해 추정할 수밖에 없었기 때문에 이시카와 료타 교수나 저자나 힘들게 자료 속에서 양자 관계를 추정해 냈었다. 이시카와는 『동태래신』을 분석하여 양륜경이 담걸생을 "내제(內弟, 처남)", 담상교(譚象喬)를 "내질(內侄, 처조카)"로 부른 지칭한 편지를 근거로 동태호는 동순태의 주주였을 뿐 아니라, 양륜경과 담걸생 일족이 인척관계(姻

39) 梁贊燊, 앞의 책, p. 518.

40) 劉正剛, 『廣東會館論稿』 上海古籍出版社, 2006, p. 84.

戚關係)에 있을 것으로 판단했다.[41] 저자는 『동순태왕복문서』에서 이를 구체적으로 실증해 주는 자료들을 찾아 내서 좀 더 자세히 양자의 친인척 관계를 복원했었는데 담정택 회고록과 비교하면서 다시 한번 살펴보도록 하자.

청일전쟁 도입기인 1894년 5월에 담걸생은 양륜경에게 보낸 편지에서 5월 18일에 친형 담청호(譚晴湖) 가족과 자신의 가족, 조카 담정창(譚廷昌) 등을 윤선초상국의 정기선인 진동선(鎮東船)으로 상해에 보냈다고 말했다.[42] 그는 상해로 가족들을 보내서 폐를 끼치고 싶지 않았지만 어린 아이를 돌보기가 어려울 듯 하여 일찍 미리 보낸 것이라고 했는데, 전후 편지를 살펴보면 부인이 출산이 임박하여 상해로 보낸 듯 하다.[43] 담정택의 회고록에 따르면, 1894년 단계에서 담걸생의 본처 양씨(梁氏, 梁容芳)는 고향에서 장남 담정호(1879년 광동 고요현 출생)를 키우고 있었고, 담걸생은 한성에서 두 번째 부인 하씨(何氏)와 이남 담정곤(1885년 서울 출생), 삼남 담정림(1889년 서울 출생)과 살고 있었다. 담걸생은 세 번째 부인 호운경(胡雲卿)을 1895년 광동성 불산(佛山)에서 거두기 때문에 이때의 임부(姙婦)는 하씨로 추정된다.[44]

여하튼 이후 1894년 7월에 담걸생 역시 조선을 떠나 연대(煙臺)를 거쳐 상해로 간 뒤 8월 중순까지 그곳에서 머물렀다. 그는 상해에서 양륜경과 마침 상해로 와 있던 고베 상융호(祥隆號)의 진달생(陳達生)을 만나고 상황을 봐서 다시 인천으로 오기 위해 8월 23일에 연대로 갔다.[45] 여기에서 인천으로 가는

---

41) 石川亮太, 2004, 앞의 글, pp. 148~149.

42) 일본 측 자료에는 煙臺로 갔다고 했기 때문에[在仁川 二等領事 能勢辰五郎 → 在京城 特命全權公使 大鳥圭介, 1894년 6월 20일, 『주한일본공사관기록』 京第三七號, (32) 探報書(국사편찬위원회 한국사데이터베이스)], 煙臺를 들러서 上海로 갔을 것이다.

43) 譚傑生 → 梁綸卿, 20권-1, 1894.6.5.付.

44) 譚廷澤, 앞의 글, p. 4, pp. 25~26. 다만 하씨의 소생으로 담정림 다음에 낳은 딸 담수봉(譚秀鳳)은 1901년에야 서울에서 출생했기 때문에 아기가 태어난 1894년과는 맞지 않는다. 형제자매 중에 요절한 경우는 담정택이 기억하지 못할 것이라 추정할 뿐이다.

45) 譚傑生 頓 → 陳達生, 20권-3, 1894.10.1.泐. 진달생은 8월 21일 상해를 떠나, 8월 26일

배편을 못 구해서 한 달여를 소진한 뒤 9월 24일에 영국 병선(兵船)에 승선하여 연대를 떠나 26일에 인천에 도착하고 있다. 연대에 발이 묶여 있는 기간에 양륜경과 주고받은 편지에는 가족 관련된 내용이 많다. 9월에 담(譚)은 상해의 가족을 다시 데리고 오고 싶다며 방금 얻은 아기가 태어난 지 얼마 안 되어 배를 타도 괜찮을지를 묻고 있다.[46] 아기는 8월에 태어났는데, 양(梁)은 이제는 배를 타도 괜찮을 것으로 이야기를 하면서, 10월 초에 고향으로 갈 예정으로 "세금(細妗, 어린 처남댁)"과 각 "생(甥, 생질)"을 모두 데리고 갈 것이며, "너의 누이[汝細姐]"도 동행한다고 답신하였다.[47] "금(妗)"은 처남댁이지만 "세(細)"는 광동어로 본처가 아닌 첩을 의미하기 때문에 상해로 가서 몸을 푼 담걸생의 처는 역시 두 번째 부인 하씨라고 확정지을 수 있다. "생(甥, 생질)"은 이남 담정곤, 삼남 담정림 및 새로 태어난 아기일 것이다. 여기에서 "누이"에 관한 언급이 처음 나온다.

또 앞서 9월 11일에 "북위방방(北闈放榜)", 즉 북경(北京)의 순천공원(順天貢院, 과거 시험장)에서 시험성적이 발표되어 여훤(汝煊)이라는 인물이 순천향시(順天鄕試)에 합격했다는 소식이 전해졌다. 향시는 청대의 성급(省級) 과거 시험으로 향시에 합격하면 거인(擧人)의 신분을 얻는데 이는 대단한 영광이었다.[48] 양륜경은 이 소식을 여러 차례나 편지에 쓰면서 방명(榜名)은

고베에 도착했다.

46) 譚傑生 → 梁綸卿, 21권-1, 1894.9.16.付.

47) 梁綸卿 → 譚傑生, 7권-8, 1894.9.21.付.

48) 청 말 지배엘리트인 紳士는 과거제도의 산물로 유교적 교양을 쌓아 과거시험에 합격하여 학위를 취득한 계층이다. 『광서대청회전(光緖大淸會典)』에 따르면 청 말 중앙과 지방의 문무관을 다 합하면 문관이 2천여 명, 무관이 4천여 명이었다. 과거제 하에서 가장 하급인 童試에 합격한 학위소지자 生員은 125만 명, 鄕試에 합격한 擧人과 최종시험인 會試까지 합격한 進士가 10여 만 명이었다. 청 말 인구가 4억을 넘었으므로 신사층 전부를 더해도 인구의 0.3%에 불과했다. 실제 관직에 나가는 것은 진사와 거인 중 일부에 불과했기 때문에 대다수의 신사층, 학위소지자들은 향리에서 특권을 누리며 지방사회를 지배했다. 이들은 요역을 면제받고 토지 부가세를 내지 않았으며, 체형 면제 등의 형사상 특

병광(炳光)이고 150등이라고 담걸생에게 전했다. 문맥으로 보아 여훤은 양륜경의 자제나 근친일 것으로 추정되는데, 갑작스러운 향리행 역시 사실 이 향시합격으로 결정된 것 같다. 담걸생은 답신에서 양륜경을 경하하면서 이는 형만의 기쁨이 아니라 모든 일족이 빛을 볼 수 있는 경사라고 언급하여 인척관계를 강조하였다.[49] 또 다른 편지에서 양(梁)은 조선에 있는 한 동향 사람의 의뢰로 고향에 120문(匁)을 송금해 주었는데 아직 돈을 받지 못하고 있는 사안을 언급하면서, 청호에게 대신 돈을 수금하도록 하라고 담(譚)에게 시키고 있다. 이를 볼 때도 양, 담 등은 인척관계에 더해 동향관계로 얽혀 있었다고 생각한다.[50]

동업관계와 합고(合股)

두 사람은 동향관계와 인척관계로 출발하여, 사업상에서는 "반(伴)"의 관계에 놓여 있었다. 『동순태왕복문서』에는 "우(友)"와 "반(伴)"이란 말이 계속 등장한다. "반(伴)"은 화반(伙伴), 즉 동업자를 의미하는 말로, 상융호의 인물들을 상융반(祥隆伴), 동순태 인천분호의 인물들에 대해서는 인반(仁伴) 등으로 구체적으로 지칭하기도 하고, 일반명사로도 자주 쓰인다. 직원으로 해석될 경우도 많지만 파트너십(partner-ship)을 전제로 한 용어이다. 예를 들어 담걸생이 아직 연대에 발이 묶여 있을 때 양륜경은 동순태 인천분호를 책임지고

권을 향유했다. 지방관은 통치를 위해 신사층과 협력해야만 했으므로 신사층은 비공식적으로 국가지배에 참여하며 각종 이권을 좌우했다. 청 말에는 紳商, 즉 학위소지자이면서 상인인 계층이 형성되는데, 상업활동을 하기 위해서도 자신이 학위소지자이거나 친인척에 관료 및 학위소지자가 많은 것은 꼭 필요했다.

49) 1894년에는 북경에서 鄕試와 會試가 모두 있었으나, 회시합격자 명단에 이 이름이 없으므로 향시로 보아야 할 것이다. 梁綸卿 → 譚傑生, 7권-5, 1894.9.12.付; 梁綸卿 → 譚傑生, 7권-6, 1894.9.15.; 譚傑生 → 梁綸卿, 21권-1, 1894.9.16. 원래 향리로 가서 正初에나 上海로 돌아올 예정이었으나 후에 전쟁으로 인한 급무 처리로 계속 향리행을 미루었다.

50) 梁綸卿 → 譚傑生, 7권-7, 1894.9.□□.付.

있던 담정갱(譚廷賡)에게 보낸 편지에서, "상융호는 계속 직원을 고베에 남겨 두고 있고, 진달생형 역시 지난달에 고베로 돌아갔으므로 만약 고베에 일이 있으면 그에게 부탁하면 된다. 나가사키 만창화(萬昌和)도 직원을 나가사키에 계속 남겨 두고 있고, 반달초형(潘達初兄)은 아직 고향(즉 광동-인용자)에 돌아가지 않았으므로, 만약에 화물을 부탁해서 (상해로-인용자) 전송하는 일이 생기면 그에게 부탁하면 된다. 요코하마 복화호(福和號)도 개항장(즉 요코하마-인용자)을 떠나지 않았으므로 모든 일은 평상시와 같이 처리해라[祥隆仍有伴在神戶, 陳達生兄昨月亦回神戶, 如有事于神戶, 祈照托他可也. 長崎萬昌和仍有伴在崎, 潘達初兄未返里, 如有托轉付貨等事, 祈照托他亦可. 橫濱福和亦不離埠, 各事照常□辦理(□는 미해독 글자)]"라고 말하고 있다.[51]

화상 네트워크의 참여자들의 관계를 이해하기 위해서는 중국의 전통적인 합고제도(合股制度)를 알아야 한다. 합고[혹은 합과(合夥)라고도 함]란 복수의 동업자들[이들을 고동(股東)이라고 부른다]이 지분[고분(股分)]을 가지고 사업에 공동 투자하는 것을 말한다. 하지만 주식과 달리 직원으로 일하는 노동 제공 역시 참여지분인 고분[身股]으로 계산하는 점이 다르다. 직원으로서 사업에서 수완을 발휘하여 기여도가 높으면 고분 역시 커진다. 일개 점원에서 출발하여 경리(經理), 즉 경영책임자로 승진하기도 한다. 따라서 반(伴)은 직원이기도 하지만, 사업 참여자이기도 한 것이다. 영업에 대한 책임 역시 고분에 따라서 지는데, 연말에는 이윤[홍리(紅利)]을 보유 고분대로 계산하여 나눠 주고, 도산할 경우 채무 역시 고분대로 부담하여 청산한다. 따라서 유한책임의 주식제도와는 다르다. 산서표호(山西票號)처럼 규모가 큰 네트워크성의 상업조직은 각 지점에 경영능력이 뛰어난 경리를 고용하는 경우가 많고,

51) 梁綸卿 → 譚廷賡, 6권-11, 1894.9.10.付.

자금주들의 지지를 받는 경리가 조직 전체를 장악하는 사례도 있다. 경리 역시 영업능력에 따른 고분을 소유하여 고동의 일원이었다.[52)]

즉 조선의 동순태는 상해 동태호가 동아시아 각 개항장에 가지고 있는 "반(伴)" 네트워크의 일원(一員)이었다고 볼 수 있다. 이 네트워크는 단순한 거래처의 망이 아니라 자본의 공동투자로 얽혀 있을 가능성이 있다. 동순태와 그 사업을 이해하는 데 합고형식(合股型式)이 유용하다는 것은 몇 가지 사례를 통해 증명된다.

앞에서 나왔던 통혜공사(通惠公司)는 동순태 사업 중 규모가 상당히 큰 것이었다. 통혜공사의 표면적인 투자액으로는 청 정부를 제외하고 동순태와 인천 이생호(怡生號)가 최대를 차지하고 있지만,[53)] 사실상 이 자금은 상해 광조방(廣肇幇) 상인들의 공동 투자였을 것이다. 『동태래신』에서 인천 이생호가 담걸생에게 보낸 서신에는 상해의 당원흥(唐袁興) 옹(翁)이 자신이 보유한 통혜공사 주식 1,000원을 처분하고 싶으니 지분증서는 부쳐 주고 대금은 상해 동태호에서 받고 싶다는 뜻을 전하고 있다.[54)] 이를 통해 본다면, 통혜공사 역시 합고의 형식을 통해 공동투자형태로 자금을 모집하였고, 자금모집책이 이생호와 동순태였을 가능성이 높다.

이미 이전에 1893년 12월에 소속 한양호를 매각할 때에도 합고의 존재를 확인할 수 있다. 담걸생은 매각 대금 중 먼저 받은 1만 원을 상해로 송금하여, 1고(股)에 42원으로 계산하여 상해의 "고우(股友)", 즉 고동(股東)들에게 나

---

52) 合股와 合夥의 개념과 형태에 관해서는 정지호, 「명청시대(明清時代) 합과의 경영형태 및 그 특질 - 중국의 전통적 기업경영에 관한 일고찰」『명청사연구』 15, 2001, pp. 148~150 참조. 자본출자에 대비되는 직원의 노력출자, 즉 身股에 관해서는 정지호, 「明清時代 合夥의 사회적 고찰」『명청사연구』 26, 2006, p. 355 참조.

53) 나애자, 앞의 책, pp. 132~133.

54) 『同泰來信』 5卷, (仁川怡生號書柬)弟 陳如三 → 譚傑生, 1894.2.7. "日前弟得接到上海唐袁興翁來書, 云及他通惠股份銀[1,000]元, 寄股份票來處□收銀, 亦是在上海同泰號收銀矣".

누어 주도록 하고, 회사의 채무 수천 원은 각 고동이 모여서 의논하여 청산하도록 했다.[55] 이듬해 6월 초의 편지를 보면 원래 3월까지 나머지 2만 원을 주기로 한 조선정부의 약속이 이뤄지지 않은 모양으로 고동들의 독촉이 있었던 것 같다. 담걸생은 양륜경에게 보낸 편지에서, 조선 전운국(轉運局, 즉 전운사)에 추궁하여 6월 말까지는 꼭 받기로 했다고 하면서 "만약 받으면 바로 고분(股分)에 따라 분배할 것이므로 각 고동들에게 통지하시기 바랍니다[如果得收卽按股分派, 祈通知各股友可也]"라고 말하고 있다.[56] 차후 세밀한 검증이 더 필요하지만, 광동 상인 교역네트워크의 형성에 합고 형식을 통한 자본공유가 중요한 매개물이었고, 네트워크를 통해 국가의 영역을 뛰어넘는 투자자금의 유입과 유출이 있었음을 추정할 수 있다.

합고는 조선 동순태 내부에서도 확인된다. 동순태 인천분호의 담정갱은 연대에 머물고 있는 담걸생에게 편지를 보내 함께 일하고 있는 송예(松藝)라는 인물이 자신과 상의 없이 거래를 좌우하고 자신을 무시하고 있다고 담걸생에게 불만을 토로하고 있다.[57] 답신에서 담걸생은 "같은 형제 친척이고, 또한 모두 같은 동업자이므로, 절대 너와 나를 구분해서 다른 사람에게 우습게 보이지 말고 대국(大局)을 보존해야 한다[因手足之親, 且全□一東家, 斷不可分彼此, 免至俾別人看小, 以保存大局可也]"라고 말했다.[58] 결국 조선 동순태 내부에서 확장된 동아시아의 "반(伴)" 네트워크까지 밀도에서 가족, 친지, 동향으로 외연이 넓어지는 동업자 네트워크로 이해할 수 있지 않을까.

55) 譚傑生 → 梁綸卿, 13권-1, 1893.12.26.付.
56) 譚傑生 → 梁綸卿, 20권-1, 1894.6.5.付.
57) 譚廷賡 → 譚傑生, 7권-13, 1894.9.1.; 7권-14, 1894.9.2.
58) 譚傑生 → 譚廷賡, 21권-2, 1896.9.12.晩泐.

동업네트워크의 위계질서

그런데 이 동업네트워크에도 위계질서와 독립성이 양존했던 것으로 보인다. 동순태의 경우 해외시장에 다각적 경영을 하고 있지만, 최종판단은 상해 동태호 양륜경의 지시에 거의 따르고 있었다. 담설생은 기본적으로 양륜경의 시장판단에 따라 이른바 '조선화(朝鮮貨)', '중국화(中國貨)'를 조달, 배급하고 있었다. 또 동순태 한성본호의 물건[한호화(漢號貨)]을 일본 현지에서 위탁 판매한 요코하마 복화호는 그 대금 2,628원을 한성이 아닌 상해로 송금하고 있다. 복화호와 같은 일본 거래처가 아닌 상점을 통해 판매하는 경우도 판매 대금은 상해로 보내졌다. 동순태 인천분호의 수출상품을 일본 후지타 공사(藤田公司)가 판매한 사례가 그것이다. 당시 인천분호는 후지타 공사로부터 대금을 받지 못해 자금 경색 상황이었는데, 그 경과를 보면 이 거래에 고베 상융호가 중간에 개입되어 있어 후지타 측에게 송금을 종용하고 있었다. 그런데 그 자금 결제 역시 후지타가 대금 17,604원을 인천으로 부치는 것이 아니라 회풍은행(匯豊銀行) 전표(電票)로 상해 동태호로 부치는 것으로 완결되고 있다.[59] 즉 시장 판단뿐 아니라 자금회전에서도 상해 동태호는 조선 동순태에 대해서 상급의 지위에 있었던 것 같다.

하지만 독립성이 엿보이는 부분도 있다. 담걸생은 청일전쟁 와중에 한성본호(漢城本號)의 재고품을 상해로 다시 가져오라는 양륜경의 말에 대해, 장래 재수입할 경우 이중으로 세금을 부담해야 한다며 조선에서 재고를 팔겠다고 결정하기도 하고,[60] 연대에서 인천으로 귀국을 준비하면서 인천행 선편 마련이 여의치 않자 상해를 거쳐 "중국 물건[中國貨]"을 장만한 뒤 고베로 가서 배편으로 다시 조선에 가겠다고 한 것 역시 그러하다.[61]

59) 梁綸卿 → 譚傑生, 7권-2, 1894.8.25.付; 7권-3, 1894.8.28.付; 7권-4, 1894.9.7.付.
60) 譚傑生 → 梁綸卿, 20권-2, 1894.6.7.付.

한편 같은 "반(伴)"이라고 할지라도, 동태호와 일본 각 호와의 관계는 동순태와는 달랐던 것 같다. 동순태 담걸생은 상해 동태호를 통해 "비행정로지화(非行正路之貨)" 즉 떳떳하지 못한 화물을 일본에 우송했던 것 같은데, 고베에서 하선 허가를 받지 못하여 고베 상융호는 동태호에게 이 배가 요코하마로 가니 복화호에게 알려서 방법을 마련해 화물을 받도록 하라고 하였다. 양륜경은 이 소식을 담걸생에게 말하며 "비행정로지화"를 "친구에게 대신 처리하도록 하는 것[매우대판(浼友代辦)]"은 실로 불안하다면서, 상융호 진달생의 편지도 기뻐하지 않는 어투였다고 전하고, 폐 끼치지 않는 쉬운 판로를 생각해 보라고 충고하였다.[62] 이로 볼 때 상융호가 일본에서 가장 거래가 빈번하고 가까운 상점이지만, 조선 동순태와는 성격이 달랐다고 볼 수 있다.

담걸생과 동순태호의 독립 과정

그런데 분명한 것은 1937년까지의 긴 동순태호의 역사를 볼 때 어느 시점에서 담걸생이 실질적인 동순태호의 오너로 성장해 나갔으며, 상해 동태호와의 관계에도 중간에 재정립이 있었다는 점이다. 그 과정은 먼저 조선 내부의 동순태호본호 및 지점들 사이에서 담걸생의 지위가 확고해지고, 나아가 동태호로부터 독립해 나가는 점진적인 것이었다고 추측된다.

청일전쟁 전야까지 동순태호의 상품 구입과 처분에 결정적인 지시를 내리는 것은 상해 동태호였다고 했지만, 조선 내에서도 비교적 초기 자료인 『동태래신』 제1권에서 3권까지의 1889년 상업서신을 보면 인천분호의 친형 담청호(譚晴湖)가 한성본호를 책임지는 담걸생에게 주로 상품의 매입과 처분 시기에 대해 지시를 내리고 있었다. 담걸생의 아들 담정택은 부친 담걸생이 백부

61) 譚傑生 → 梁綸卿, 21권-4, 1894.9.21.付.

62) 梁綸卿 → 譚傑生, 7권-9, 1894.10.1.付.

(伯父) "징호공(澄湖公)"과 함께 조선에 왔는데 백부는 북방의 풍토에 잘 맞지 않아서 3년여만 머물고 고향으로 돌아가 조모를 모셨고 다시 조선에 돌아오지 않았다면서 부친 담걸생이 뛰어난 혜안을 갖추어 경영에 뛰어나 십수 년 동안 사업이 크게 확장하였다고 적고 있다.[63]

동순태문서의 서신들과 비교해 보면 이는 잘못된 기억으로 보인다. 문서에 나오는 담걸생의 형제는 세 사람이고, 담정택이 말한 백부 담징호는 담걸생을 "삼제(三弟)"로 부르는 담청호라고 생각된다. 담정택의 회고대로라면 담걸생은 상해에서 양륜경 밑에서 형인 담청호와 함께 일하다가 조선에 같이 파견되었을 가능성이 높다. 이들은 인천에 먼저 동순태호를 열고 이듬해 한성에 진출했는데 한성이 본호가 되지만 먼저 사업을 시작했고 물류가 집합하는 인천을 담청호가 맡고, 뒤에 진출한 한성을 담걸생이 맡은 것으로 보인다. 그런데 조선에 진출한 시기를 이시카와 료타의 주장인 1885년으로 보든, 담정택의 주장대로 1882년으로 보든, 아니면 담영생 논문에서 말한 1875년으로 보든 담청호가 3년만 조선에서 사업을 하고 철수했다는 담정택의 주장은 맞지 않다. 『동태래신』과 『동순태문서』를 보면 1894년까지 담청호는 확실히 인천분호를 관장하고 있었으며 전쟁이 발발하자 가족을 이끌고 피난을 갔다는 것은 앞에서도 보았다.

이시카와 료타는 1890년 1월부터 서울본호와 인천분호가 상호명만 공유하고 경영상 분리되었고 자본금도 11,000량씩 나누게 되었다고 하였다.[64] 1894년의 상업서간을 살펴보아도 양측의 사업은 긴밀히 연결되어 분리할 수 있는 성격은 아니었기 때문에 회계만 분리되었다고 보는 것이 맞을 것이다.

---

63) 譚廷澤, 앞의 책, pp. 4~5.

64) 이시카와 료타, 「개항기 중국인 상인의 활동과 정보매체 : 동순태서간자료를 중심으로」 『규장각』 33, 2008, p. 191.

그런데 이때가 되면 1889년의 상업 서간에서 담청호가 담걸생에게 일일이 지시를 내리는 모습이 1894년 서간에서는 이미 사라지고 1894년에 인천분호가 보내는 서간을 보면 한성본호에서 판매하는 물품의 조달이나 수입미의 일본 판매와 같은 사업을 보조하고 있으며, 그나마 담청호보다는 조카 담정갱이 실무를 담당하며 주로 한성본호에 편지를 보내고 있었다. 또 영업상에 담청호와 담걸생 사이에 의견이 달라 부딪히는 경우에도 양보를 권하며 중재를 하는 것도 담정갱이었다.[65] 청일전쟁이 수습된 뒤에 담걸생은 확실히 귀국하는데 담청호의 거취는 알 수 없으나 담정택의 회고대로라면 장남으로서 고향에 남았을 것이다. 담걸생의 장남도 고향에 남은 것을 보면 장남이라는 지위로 귀향했을 수도 있지만, 1894년 이전의 동순태호 경영에서 담걸생이 확실하게 수완을 발휘하고 최대 주주인 동태호 양륜경의 신임을 얻으면서 밀려났을 수도 있다. 내부 정보를 확인할 수는 없으나, 담걸생이 동순태호를 경리로서 운영할 뿐 아니라 실질적으로 소유하게 된 것은 귀국자의 보유 자본금을 매입하고 나아가 상해 동태호의 보유 지분도 매입하는 방식을 통해서가 아닐까 추정한다.

이상으로 상해를 매개로 연결된 양륜경과 광동 향산현 출신 관상(官商) 엘리트의 인적 네트워크를 조선 동순태호까지 확장시켜 동향관계, 인척관계, 자본합작 관계 등 다양한 측면에서 살펴보았다. 이와 관련하여 마지막으로 흥미로운 에피소드를 하나 소개하겠다.

앞서 제2장에서 1924년 담걸생 만년의 파산 위기를 구한 사돈 정백소(鄭伯昭, 1863~1951)를 잠깐 언급했는데, 정백소 역시 광동 향산현 출신이고,

65) 譚廷賡 → 譚傑生, 1894.1.19.『同泰來信』5卷, p. 1. “所詳辦大米來仁沽之, 料晴湖叔意氣不悅, 前此亦有言略說於此事矣. 辦耘米來仁沽之, 他亦可無言也. 各事可以相就則就, 切勿蒟爲摠要樣于他, 不可與其爭論爲□策”

양자의 면식이 이뤄지고 사돈으로까지 관계가 발전한 것도 상해에서였다. 정백소는 조선에만 알려진 동순태호 담걸생과는 달리 중국 근대 상업사에서 "양담배 판매 대왕[洋煙銷售大王]"으로 유명한 인물이다. 정백소는 광동성 향산현에서 태어나 상해 중서서원(中西書院)에서 영어를 배운 뒤 졸업 후 해관, 철도회사, 은행에서 일하다가 30세인 1893년 즈음에 비로소 영태잔(永泰棧)이라는 담배 제조 및 판매상회에 들어갔다. 영태잔은 고동(股東)이 전부 광동인인 합고(合股) 회사로, 연구서에 따라 직원으로 들어갔다고 하기도 하고 함께 영태잔을 세웠다고 하기도 하는데, 앞에서 우리가 합고의 성격에서 살펴보았듯이 직원 역시도 투자의 한 형태였기 때문에 정백소 역시 동업자의 자격으로 참여했다고 해도 무방하다. 그러나 이 시기 그의 상점 내의 지위는 결코 높지 않았다.

그렇지만 후에 그는 영미연공사(英美烟公司, British and American Tobacco Company, 약칭 BAT)의 담배를 수입해 판로를 크게 확대하여 영업능력을 인정받아 경리(經理)로 승진하고, 1905년에는 업계 판매량 1위를 달성하였다. 그는 상해뿐 아니라 전국적으로 유통망을 확대하여 큰 성공을 거두었고, 그 성과를 인정받아 1818년부터 영미연공사 본사로부터 15년간 중국 판매독점권을 얻었다. 이듬해 1919년 그는 20여 년 일한 영태잔을 나와서 영미연공사 지분 51%, 자신 지분 49%로 영태화연행(永泰和烟行)을 창업했으며, 자연히 중국판매독점권도 영태잔(永泰棧)에서 영태화연행(永泰和烟行)으로 넘어왔다. 정백소는 이 상점을 1921년에 영태화 담배 주식 유한회사[永泰和烟草股份有限公司]로 개조했는데, 그때 총 주식[股份]은 100만 원(元)으로 영미연공사가 51%인 51만 원, 정백소가 49%인 49만 원이었다. 그렇지만 이사장[董事長]과 총경리는 정백소가 맡았다. 정백소는 상해에 영미연공사와 합작하여 부동산 회사인 굉안지산공사(宏安地産公司)를 1920년에 세웠는데, 상해 부동산 값의 폭등에 따라 정백소의 재산도 크게 불어나 1937년 전 정백소가 보유한 상해의 부동산자금은 약 3천만 원에 달했다. 그는 홍콩에도 동남지산공사(東南地產公司)를 세워 부동산 투자를 해 백만장자가 되었다. 1937년 중일전쟁과 제2차 상해사변이 터지자 홍콩으로 이주했으며 1951년에 마카오에서 88세로 사망했다.[66]

동순태호를 염두에 두고 정백소의 출신 배경과 성장 과정을 보면 상해, "여호광방", 광동 매판자본, 합고 관계와 독립 등 담걸생의 사례와 겹치는 비슷한 키워드들이 떠오른다.

19세기 말 20세기 초 이른바 근대전환기에 동순태는 인천을 발판으로 동아시아무역으로 자본을 축적한 대표적인 조선 화상이었다. 동순태와 그 내부 참여자, 국내외 거래처, 협력자들을 이어서 그려지는 네트워크는 모두 광동적(廣東籍), 좁게 말하면 광조방(廣肇幫)이라는 특수 지역의 동향네트워크가 겹쳐진다. 그 위에 친인척 관계가 겹쳐져 네트워크는 한층 강고해질 수 있었다.

한말 동순태를 통해 복원한 광동네트워크는 조선화상의 성격이란 면에서 일본의 복건화상과 복건네트워크와 비교해 뚜렷이 구별되는 여러 가지 측면

66) 이상 정백소에 관해서는 劉金源, 「洋煙銷售大王鄭伯昭」『民國春秋』 1998年5期, pp. 31~33 및 董浩林 主編 『上海專業志 : 煙草志』, 上海社科院出版社, 1998年版 및 「洋煙銷售大王鄭伯昭的生意經」『中山日報』 2010年3月15日 인터넷판 참조. 정백소의 출생년도를 『上海專業志 : 煙草志』만 1861년으로 하고 있는데, 대부분의 관련 자료들이 1863년으로 적고 있어 후자를 따른다. 중국 근대경제사에서 대표적인 "민족기업"인 남양형제연초공사(南洋兄弟煙草公司, 실제로는 화교기업이다)와 "제국주의" 자본인 영미연공사/정백소의 대결은 다윗과 골리앗의 싸움으로 늘 다뤄지는 주제였기 때문에, 정백소는 1930년대 상해의 매판적 자본가의 대표적 인물로 표상된다. 정백소는 1930년대 상해를 배경으로 한 중국 드라마나 영화에도 "매판" 이미지로 자주 나온다. 실제로 사업을 위해서는 수단 방법을 가리지 않았던 냉혈한으로 알려져 있는데, 담걸생에게 무이자로 38만 원이라는 거액을 빌려준 것을 보면 두 사람의 관계는 대단히 돈독했던 것 같다.

을 보여 주고 있다. 일본의 복건화상은 상업에 정치적인 개입이 들어갈 여지가 적었고 동향조직망 위에 상업적 기회를 찾아 뻗어 나가는 것이었다. 하지만 동순태는 한말 개항 특히 청조의 적극적인 대조선정책이 가시화되면서 인천에 상륙했고, 그 성장의 배경이 된 상해 동태호와 그 네트워크는 조선정책을 실질적으로 지도하는 청조 양무파 관료, 광동출신의 매판자본에까지 이어져 있었다.

1842년 남경조약으로 상해가 개항하면서 양행(洋行)의 본거지였던 광동인들은 양행의 상해 진출과 더불어 북상하였고, 1858년부터 일본의 개항이 본격화되자 역시 양행의 일본 진출과 더불어 광동인들 역시 일본으로 진출했다. 매판으로 도항한 광동인들은 이후 동향인들을 끌어들이면서 재빨리 현지에 상점을 열고 정착을 시작했던 것이다.[67] 동아시아 유통네트워크에서 광동네트워크의 형성은 서구세력의 아시아 개항 과정과 밀접하게 관련되어 있다. 그런데 조선의 경우는 청조의 대조선정책이 양무파 관료와 그와 손잡은 광동출신 매판들에 의해 주도된 결과 조선의 광동화상은 동아시아 광동네트워크 속에서도 정치적 지원을 향유할 수 있었을 뿐 아니라, 관(官)과도 밀착되었다. 그러한 점에서 조선의 광동네트워크는 일본 복건네트워크와 달리 단순한 화교네트워크가 아니라, 정치적 네트워크이기도 했다. 라센은 이러한 조선화상의 특질을 지목하여, 중국의 대조선정책은 "비공식적 제국주의(informal imperialism)"로 해석할 수 있으며, 조선화상은 바로 그 정책의 가장 전형적 산물이라고 주장했다. 동순태의 광동네트워크에서는 이러한 측면을 무시할 수 없다.

67) 劉正剛, 『廣東會館論稿』 上海古籍出版社, 2006, p. 79; 龔伯洪, 『廣府華僑華人史』 廣東高等教育出版社, 2003, pp. 165~166.

제4장

『동순태보호기』로 살펴본 1907년 한중무역의 존재 형태

청일전쟁은 조선 동순태호를 둘러싼 정치상업적 환경을 완전히 바꾸어 버렸다. 앞에서 살펴본 것처럼 동순태호는 그러한 환경 변화 속에서도 새롭게 비즈니스 기회를 발굴하고 발전을 지속해 나갔다. 전체적으로 그 과정은 조선 내의 부동산 투자나 운송업과 같은 토착화 경향을 띠었는데, 원래 동순태호의 주력 분야였던 무역에서 어떤 변화가 생겨났는지도 검토할 필요가 있다. 이 장에서는 발송장 가운데 시기적으로 가장 내려가는 1907년의 『동순태보호기』 자료를 분석하여, 청일전쟁 후 동순태호가 영위한 한중무역의 실태를 힘닿는 대로 복원해 보도록 하겠다.

1. 동순태와 『동순태보호기』

1) 『동순태보호기』에 나타난 교역네트워크

『동순태보호기』의 구성

『동순태보호기』는 동순태가 정미년(丁未年) 음력 1월 28일부터 12월 19일까지 거의 1년간 상해 동태호로부터 수령한 발송장 및 기타 영수증을 모은 것이다. 마지막 2장을 제외하고는 시간 순서로 정리되어 있다. 수신자는 "한성동순태보호(漢城同順泰寶號)"로 되어 있지만, 화물은 인천에서 하역하였다. 영수증은 총 62종인데, 문서 첫 페이지에 안화태(安和泰)에서 보낸 붉은색 영수증의 일부가 붙어 있어 이를 합하면 63종이다. 하지만 금액과 거래 내용이 누락되고 안화태의 서명 부분만 남아 있어 건수(件數)에서 제외하였다. 62개의 문서에는 방(幇)과 차(次)라는 두 종류의 연번이 존재한다. 이중 방은 화물의 발송장이고, 차는 상해에서 판매되는 "채표(彩票)" 즉 복권[lottery]의 발송장이다. 1년간 화물은 2방에서 21방까지, 채표는 2차에서 26차까지 상해 동태호에서 동순태호로 보내졌다. 정기적으로 거래가 있는 안화태도 화물 발송장에 방의 연번을 붙이고 있다. 화물과 채표 모두 1방과 1차가 보이지 않는데, 첫 페이지가 안화태 발송장의 끝 부분으로 시작하는 것으로 보아, 원래는 1방과 1차도 있었는데 정미년(丁未年) 정월(正月)의 영수증분이 소실된 것으로 보인다. 다음 〈표 4-1〉은 『동순태보호기』의 각 문서의 내역을 요약한 것이다.

〈표 4-1〉『동순태보호기』 각 문서 내역(정미년, 1907년)

	발행인 → 영수인	날짜	거래액	연번		발행인 → 영수인	날짜	거래액	연번
1	同泰號 → 同順泰	1.28.	534.503	第2次	32	同泰號 → 同順泰	7.29.	471.575	第15次
2	同泰號 → 同順泰	2.3.	956.547	第2幇	33	同泰號 → 同順泰	8.5.	762.543	第12幇
3	同泰號 → 同順泰	2.16.	260.259	第3次	34	同泰號 → 同順泰	8.23.	271.658	第16次
4	同泰號 → 同順泰	2.12.	1,990.332	第3幇	35	同泰號 → 同順泰	8.26.	567.669	第13幇
5	陳恒順號 → 同順泰	2.10.	第3幇 鎮江綢 原單		36	安和泰 → 同順泰	8.9.	645.05元	3幇
6	同泰號 → 同順泰	2.27.	409.486	第4次	37	同泰號 → 同順泰	9.1.	123.066	第17次
7	同泰號 → 同順泰	2.30.	2,072.944	第4幇	38	同泰號 → 同順泰	9.9.	433.618	第14幇
8	誦芬堂 → [同泰號]	3.13.	第5幇 六神丸 原單		39	同泰號 → 同順泰	9.13.	299.413	第15幇
9	生源 → 聯發寶行	2.19.	第4幇 糖姜 原單		40	同泰號 → 同順泰	9.20.	693.106	第18次
10	同泰號 → 同順泰	3.15.	132.072	第5次	41	同泰號 → 同順泰	9.27.	166.282	第19次

	발행인 → 영수인	날짜	거래액	연번		발행인 → 영수인	날짜	거래액	연번
11	同泰號 → 同順泰	3.15.	1,615.086	第5幇	42	同泰號 → 同順泰	9.27.	961.963	第16幇
12	生源 → 聯發寶行	2.24.	第5幇 糖姜 原單		43	同泰號 → 同順泰	10.11.	235.638	第17幇
13	同泰號 → 同順泰	3.28.	654.89	第6次	44	安和泰 → 同順泰	10.1.	411.1元	4幇
14	同泰號 → 同順泰	4.6.	2,187.782	第6幇	45	同泰號 → 同順泰	10.21.	469.704	第20次
15	同泰號 → 同順泰	4.20.	2,892.514	第7幇	46	同泰號 → 同順泰	10.24.	167.325	第21次
16	安和泰 → 同順泰	3.29.	1,545.02元	2幇	47	同泰號 → 同順泰	10.27.	242.601	第18幇
17	同泰號 → 同順泰	4.24.	647.233	第7次	48	同泰號 → 同順泰	11.9.	144.57	第22次
18	同泰號 → 同順泰	4.28.	786.899	第8幇	49	同泰號 → 同順泰	11.16.	699.785	第19幇
19	同泰號 → 同順泰	5.21.	第8幇 발송장 보충		50	同泰號 → 同順泰	11.17.	716.686	第23次
20	瑞草堂 → 同順泰	4.9.	98.748		51	同泰號 → 同順泰	11.30.	1,066.445	第20幇
21	同泰號 → 同順泰	5.5.	발송장 별도 기재		52	同泰號 → 同順泰	11.30.	第20幇 발송장 보충	
22	同泰號 → 同順泰	5.3.	728.388	第9幇	53	陳廣順 → 同泰號	11.2.	第20幇 磁器 原單	
23	同泰號 → 同順泰	5.17.	685.078	第10幇	54	同泰號 → 同順泰	11.23.	166.353	第24次
24	同泰號 → 同順泰	5.22.	642.291	第8次	55	同泰號 → 同順泰	12.4.	20.692	第25次
25	同泰號 → 同順泰	6.3.	209.803	第9次	56	同泰號 → 同順泰	12.18.	342.897	第26次
26	同泰號 → 同順泰	6.?	216.881	第10次	57	同泰號 → 同順泰	12.19.	836.517	第21幇
27	同泰號 → 同順泰	6.18.	902.122	第11幇	58	正恒隆 → 同順泰	12.17.	第21幇 伙食 原單	
28	同泰號 → 同順泰	6.21.	219.383	第11次	59	胡開文墨 → 同泰號	12.2.	第21幇 炭 原單	
29	同泰號 → 同順泰	6.28.	203.378	第12次	60	潤寶齋 → 同泰號	?	第21幇 紙料 原單	
30	同泰號 → 同順泰	7.8.	156.965	第13次	61	安和泰 → 同順泰	3.29.	1,633.12元	2幇
31	同泰號 → 同順泰	7.22.	449.37	第14次	62	協和號 → 同順泰	?	在粵東報關底單	

출처 : 『同順泰寶號記』 서울대학교 고문헌자료실 소장 자료, 丁未年(1907년).

* 거래액 단위는 上海98規銀(兩)이다. 元인 경우만 기입했다. 날짜는 음력이다.
* 16번은 홍콩 安和泰가 同順泰로 보내는 발송장으로, 15번 同泰號 발송장[同泰號 → 同順泰 第7幇]에 포함된 한약재 발송장이다. 안화태가 홍콩에서 상해로 화물을 보내면 上海 同泰號가 자신의 화물과 함께 인천으로 보냈다. 인천에 있는 동순태 지점[同順泰 仁棧]을 통해 최종적으로는 서울의 동순태 본점[漢城 同順泰本號]이 수령자가 된다. 동순태 제7방의 물품내역에는 "港來轉船"으로 표기하고, 단가, 액수는 기재하지 않고 총액에도 합산하지 않았다. 항구에서 轉送되므로 포장박스가 하나로 독립되어 있다. 61번은 16번 安和泰 2방의 계산이 틀려 재청구한 것이다.
* 19번은 제8방에 포함된 烟仔樣 가격에 대한 내역서이다. 1.41兩의 소액 거래인데, 4월 28일 발송한 후 한참 지난 5월 21일에 다시 물품가격을 자세히 보충 설명한 내역을 同泰號가 同順泰號로 보낸 것이다.
* 36번, 44번은 각각 35번 第13幇, 43번 第17幇에 포함된 안화태 발송장이다. 기타 사항은 16번과 같다.
* 20번은 廣州 瑞草堂 발송장으로 18번 발송장(同泰號 → 同順泰 第8幇에 포함된 戒煙丸의 발송장이다.

『동순태보호기』에 정리된 총 62종의 영수증을 살펴보면 동순태호의 거래처를 추적할 수 있다. 상해 동태호와 홍콩 안화태의 발송장을 제외하면 10개의 상호가 나타나는데, 이 중 진항순호(陳恒順號)와 서초당은 각각 1회와 2회씩 규장각 자료에 등장했던 상점이다. 이 두 상점은 모두 동순태 앞으로 영수증을 발행하고 있어 동순태와의 교역이 일시적인 것이 아니라 장기적인 것으로 판단할 수 있다. 다만 광주(廣州) 서초당은 안화태와 마찬가지로 상해로 화물을 보내 동태호에게 인천으로의 운송을 위탁하지만, 그 대금은 동태호 발송장에 포함하지 않아서 정산은 동순태와 직접 하고 있는 듯하다. 하지만 상해와 가까운 진강(鎮江)에 위치하고 있는 진항순호의 경우, 동태호가 물품의 운송뿐 아니라 대금 역시 동태호의 제3방(幇) 발송장 총액에 포함시켜 일괄 청구하고 있어 정산도 대리하고 있었던 것 같다.[1)]

『동순태보호기』에 등장하는 상해의 상점

『동순태보호기』에서 처음 등장한 상점은 모두 8개이다. 8, 53, 58, 59, 60, 62번째 영수증에 동순태호 및 동태호에게 영수증을 발행한 6개 상호와, 9번과 12번에 발행자와 수령자로 등장한 2개 상호이다. 이들 상점도 정보가 부족하지만 영수증에 찍은 인장을 통해 소재지를 추적할 수 있다.

먼저 처음 등장한 상호 중에서 동순태호 및 동태호에 대한 영수증 발행자로 등장하는 6개 상호를 보자. 8번째 영수증은 육신환(六神丸)이란 조제한약의 영수증이다. 육신환이 어떤 용도의 환약인지는 명확하지 않지만, 일본 복건화

1) 陳恒順號의 비단 상품은 上海 同泰號가 보낸 제3방 화물 속에 포함되어 2월 12일에 상해에서 인천으로 선적되어 떠났다. 제3방 발송장에는, "SA 鎮江綢 1箱 48斤 原單, 501.282 兩"이라고만 하여 무게(48근)와 가격 총액(501.282兩)만 기재되어 있고 내역은 原單을 첨부하는 것으로 대체하고 있다.

상 연구서에서 상해 정기호(鼎記號)가 나가사키 복건화상 태익호(泰益號)에게 대리 구매하여 보낸 한약 목록 중에도 이 환약이 있었다.[2] 이 영수증을 발행한 상호는 문서 앞에 찍힌 인장을 통해 “송분당(誦芬堂)”임을 알 수 있다. 맨 끝에는 다시 “上洋新北門/興聖街南口/雷□上發□(□는 판독 불능한 글자-인용자)”라는 인장이 찍혔다. 또 이 영수증 한 쪽에는 “本堂向內蘇州/穿珠巷內天庫/前周王廟街口”라는 인장도 찍혀 있다. “상양(上洋)”은 상해의 상점이라는 뜻이고, 흥성가(興聖街)는 옛 프랑스조계에 있던 거리로 지금의 상해 신북문(新北門) 영승로(永勝路)이다. 여기에서 등장하는 송분당은 뇌윤상(雷允上)이 세운 뇌송분당(雷誦芬堂)으로 추정된다. 원래 뇌송분당은 청(淸) 옹정(雍正) 12년(1734)에 뇌대승(雷大升)이 소주(蘇州) 천주항(穿珠巷) 천고(天庫) 앞에 약방을 낸 것이 시초였다. 뇌윤상은 의술로 유명해 이 약방은 강남 일대에 명성이 있었는데, 태평천국(太平天國)의 난(1850~1864) 때 태평천국군의 북진으로 자손들이 상해로 거점을 옮겼던 것이다. 뇌송분당 상해점은 1861년에 상해 프랑스조계 흥성가에 들어섰다. 당시 상해 4대 한약방 중 하나였던 큰 상점이다.[3]

53번째 영수증은 자기 판매에 대한 영수증이고, 따라서 발행 상호는 도자기, 식기 취급 상점이다. 이곳 역시 영수증 인장에 “上洋/新北門內盧家街口”라고 적혀 있어 상해 소재의 상점임을 알 수 있었다. 다만 영수증의 결단(結單) 부분의 인장이 흐려서 상점 이름을 판독할 수 없었다. 다행히 이 영수증의 상품 종류와 개수, 가격은 51번 제20방(幇) 화물 중에 담수선(淡水船) 장방(賬房)에게 부탁해서 가져갔던 자기물품(磁器物品)과 정확하게 일치하므로, 53번

---

2) 和田正廣, 翁其銀 共著, 『上海鼎記號と長崎泰益號-近代在日華商の上海交易』 中國書店, 2004, p. 71.

3) 尙耀, 「老字號“雷允上”今昔」 『中國藥業』 5, 2006, p. 11.

영수증이 바로 이 상품의 원단(原單, 발송장에 첨부한 구매 영수증)임을 알 수 있었다. 제20방(幇) 발송장에는 "진광순 상점의 자기 영수증 하나[陳廣順磁器一單]"라고 상점 이름이 정확하게 기재되어 있어, 53번 원단을 발행한 상점의 이름이 진광순(陳廣順)이고 상해 소재의 자기 전문점인 것을 확인할 수 있다.

다음으로 58번째 영수증을 발행한 상호는 정항륭(正恒隆)이며, 인장에는 "上洋抛球場/正恒隆單"이라고 찍혀 있다. 이 영수증은 발행 상호와 가격을 비교해 보면 57번 제21방 내 "正恒隆伙食一單"의 원단이다. "화식(伙食)"은 부대, 학교 등의 집단 급식을 뜻하므로 식사 대금으로 보인다. 포구장(抛球場)이란 1850년에 건설된 상해 남경로(南京路)의 제1경마장을 부르는 말이므로, 정항륭은 오늘날 상해 남경로 당시 경마장 근처에 있던 음식점일 것이다. 정항륭은 51번 제20방의 물품 목록에도 한 차례 "正恒隆貨一單" 명목으로 총 51.189량이라고 나오는데 이 품목에 대한 원단은 『동순태보호기』 안에서는 없었다.

59번째 등장한 영수증은 각종 붓의 구매 영수증이다. 53번 영수증과 마찬가지로 상품 품목과 개수, 액수로 판단하여 59번 영수증은 상해 동태호가 보낸 제21방 내 붓에 대해 발행한 원단임을 알 수 있었다. 영수증의 인장은 흐리지만 대체로 "上海分設/四馬路口南首大街/休城胡開文墨發票"라고 읽을 수 있는데, 상해에 분설된 "호개문묵(胡開文墨)"이라는 문방용품점이 발행한 영수증이다. 인장 속의 사마로(四馬路)는 상해 개항 전후에 현재의 복주로(福州路)를 부르던 속칭이다. 호개문(胡開文, 1742~1808)은 청 건륭(乾隆) 연간의 먹 제작 기술자로 먹 제작 분야에서 사대가(四大家) 중 한 사람으로 꼽히는 인물이었다.[4] 호개문묵은 호개문이 연 문방용품점인데 처음 문을 연 곳은 안휘성 휴녕(休寧)과 둔계(屯溪)였다. 호원걸(胡遠杰)이 펴낸 『복주로문화가

(福州路文化街)』에 따르면, 이 상점이 처음 상해에 분점을 낸 것이 1870년 복주로에 둔진호개문필묵장(屯鎭胡開文筆墨庄)이 개설한 때라고 한다.[5] 사마로, 즉 현재 복주로에 위치한 호개문묵이라고 인장에 써 있는 것으로 보아 59번째 영수증은 바로 이 호개문묵의 상해 제1호 분점에서 발행한 것으로 판단할 수 있다.

60번째 영수증은 종이 구매 영수증인데, 도장이 흐려서 다른 정보는 얻을 수 없다. 하지만 위의 영수증들과 마찬가지로 품목과 액수를 확인해 보면 57번의 제21방(幇) 내 "지료(紙料)"의 원단이며, 57번 영수증을 통해 상호명이 윤보재(潤寶齋)라는 것까지는 확인할 수 있었다. 마지막 62번째 영수증은 협화호(協和號)라는 상점이 세관에 관세를 낸 납세 영수증을 동순태에게 보낸 것인데, "월동보관(粵東報關)"이란 문구가 있어서 "월동" 즉 광주(廣州) 해관에 납세한 것이며 따라서 협화호도 광동성 광주의 상점으로 추정된다.[6]

이상으로 『동순태보호기』에서 처음 나온 여덟 개의 상호들 중에 동순태호 및 동태호에 영수증을 발행한 여섯 개 상점들이 어떤 곳인지 추적해 보았다. 그런데 주목할 만한 것은 이 상호들이 발행한 여섯 영수증 가운데, 62번 협화호의 납세 영수증과 58번 정항륭의 식비 원단을 제외하면 8, 53, 59, 60번 영수증은 수신자가 동순태가 아니라 모두 동태호(同泰號)이다. 동순태 앞으로 영수증을 발행한 정항륭은 원단으로 남아 있는 거래는 58번 영수증이 교환된 1차례이지만, 원단은 남아 있지 않아도 제20방에도 거래 기록이 남아 있어

4) 전통적으로 문방용품 중에서 먹은 徽州가 가장 유명하여 일명 徽墨이라고 불린다.

5) 胡遠杰 主編, 『福州路文化街』 文匯出版社, 2001, p. 205.

6) 粵東은 광동성 동부인 조산 지역 즉 조주부를 가리키기도 하고, 광동성과 광서성을 함께 兩粵로 부른 데에서 광동성 혹은 廣州를 뜻하기도 하는데 여기에서는 廣州 해관을 뜻하는 것으로 보인다.

연이어 두 차례의 구매가 있었다. 따라서 정항륭은 동순태호와 일시적이 아니라 빈번히 거래가 있었기 때문에 직접 동순태호에게 청구했을 가능성이 있다. 혹은 나머지 4개 영수증은 모두 십 수 원(元)의 소액 거래인데 정항륭의 식비 원단은 105.88원(= 78.351량)으로 꽤 금액이 컸기 때문에 직접 청구했을 가능성도 있다.

어쨌든 62번과 58번을 제외하면 모두 소액 거래에 대해 상해 동태호가 가까운 곳의 상해 전문 상점에서 구입해서 동순태에게 부쳤고, 따라서 영수증을 발급한 대상이 동태호로 되어 있다고 볼 수 있다. 60번의 윤보재 역시 동태호에 발행하고 있는 것으로 보아 상해의 상점이 아닐까 한다.

당강(糖姜)의 조주방(潮州幇) 위탁 거래

마지막으로 9번과 12번에 발행자와 수령자로 등장한 2개 상호를 검토해 보자. 이 9번과 12번 영수증은 당강(糖姜) 구매에 대한 영수증으로, 발행자가 “산두(汕頭)/생원(生源)”이고 수령자가 “연발보행(聯發寶行)”으로 되어 있어, 동태호나 동순태가 수령자가 아닌 특이한 영수증이다. “연발보행(聯發寶行)”의 “보(寶)”는 동순태호에게 발행하는 영수증이 동순태호를 높여서 “동순태보호(同順泰寶號)”라고 쓰는 것처럼 존칭의 의미이므로 수령 상호의 이름은 연발행(聯發行)이다. 영수증을 보면 발행자는 광동성 산두 지역의 “생원(生源)”이란 당행(糖行, 糖類의 도소매상)이라는 것을 알 수 있지만 “연발(聯發)”에 관해서는 이름 외에는 전혀 실마리를 찾을 수 없다.

그런데 품목과 액수를 대조해 보면, 9번과 12번은 각각 제4방과 제5방에 포함된 당강의 원단이다. 우선 당강이란 상품에 대해서 보자면 영수증에는 한자로 “당강(糖羌)”으로 쓰고 있는데 동순태문서에는 당강(糖姜)이라고도 쓰고 있다. 당강 혹은 당강편(糖姜片)은 생강을 얇게 저며서 설탕에

버무려 햇볕에 말린 것으로 건강식품으로 환영받았다. 당강 제조에는 설탕이 꼭 필요한데 예로부터 전통적으로 사탕수수 재배와 자당(蔗糖) 생산으로 유명한 곳이 광동성이었다. 그중에서도 광동성 동부인 조주부(潮州府)에서 생산된 "조당(潮糖)"은 해외 수출까지 되는 대표상품이었다. 산두(汕頭)는 바로 광동성 제2의 개항장이자 조주부의 중심 항구이다. 둘을 합해서 조산지구(潮汕地區)라고 부른다. 조주부는 행정상으로는 광동성에 위치하지만 언어와 풍습에서 복건에 가깝고 동향조직에서도 조방(潮幇)으로 독자적인 조직을 가지고 있어서, 광방(廣幇) 즉 광조방(廣肇幇)과는 연계가 없었다.

저자는 예전 논문에서 상해 광방과 조방은 영역이 확실히 구분되었던 정황에 비추어, 동태호가 광동성 조주부와 산두의 특산물인 당류(糖類)를 직접 산두의 당행(糖行)에 주문하기는 어려웠을 것이고, 연발행이란 상점에 부탁하여 산두 생원호라는 당행(糖行)에 당강을 주문, 구입해서 동순태에게 부친 것으로 추정한 바 있다. 왜냐하면 두 영수증 모두 발송장 맨 앞에 구매와 운송을 대행하여 천진선(天津船)과 낙생선(樂生船)이란 배로 부친다고 밝히고 있는 점, 또 결국 이 화물이 동순태가 수령하여 상해에서 인천으로 최종적으로 부쳐졌다는 점을 감안하면, 연발행은 산두나 제3의 장소가 아닌 상해에 있는 상점일 확률이 높기 때문이다. 따라서 매개자가 되는 연발행은 상해의 조주방 당행이고, 그러므로 원단 영수증이 산두 생원호가 주문자인 연발행에게 발행하는 형식으로 되어 있을 것으로 추정했다. 예전 2008년 논문에서는[7] 1907년과 비슷한 시기의 상해 당행 목록을 구할 수 없어서 1949년에 나온 『당업수지(糖業須知)』(張一凡 主編, 張肖梅 校訂, 『現代經濟研究所商品叢書』, 中華書局)의 상해 당행

7) 이 장의 저본이 된 강진아, 「근대전환기 한국화상의 대중국무역의 운영방식 - 同順泰寶號記의 분석을 중심으로 - 」 『동양사학연구』 105, 2008임.

목록만을 참조했는데 연발행(聯發行)의 이름이 실려 있지 않아 추정에만 그친 바 있다.

그런데 행운으로 그 후 일본 동양문고(東洋文庫)에서 『중국의 설탕무역(支那の砂糖貿易)』(1914년)이란 책을 얻어 연발행을 찾을 수 있었다. 이 책은 중국의 전반적인 제당업 상황과 당행을 소개하면서 글 뒤에 상해의 규모 있는 설탕도매상의 명단을 실었는데, 그 속에 "연발(聯發)"이란 상점이 등장한다. 이 자료에 따르면 상해의 당행은 조주방이 장악하고 있으며, 연발행도 조주상(潮州商)인데 자본금액이 30만 량에 달하고 매년 교역하는 당량(糖量)이 6, 7만 표[俵, 일본의 표 = 60kg, 중국에서 설탕 단위인 담(擔)과 거의 같다. 톤 수로는 3,600~4,200톤]에 달하여 상해 최대의 당행이었다.[8] 이로써 확실히 당강 교역은 상해를 결절점으로 하여 광방 네트워크와 조주방 네트워크가 연접되어 산두에서 조선까지 교역이 이뤄졌음을 알 수 있다.

이상을 요약하여 『동순태보호기』가 기록한 정미년(1907년)의 교역을 개괄해 보면 앞 장에서도 지적했듯이 우선 『진구각화창구단』, 『갑오년각부래화치본단』, 『을미래화치본』과는 달리, 1907년에 이르면 일본과의 관계에서 적어도 화물 거래는 보이지 않았다. 대신 상해 동태호와의 교역이 대부분을 차지하게 되었음을 알 수 있다. 두 번째로 이 자료에 나타나는 가장 큰 변화는 발송장의 형식에서 화물과 채표(彩票, 복권)가 크게 구분되어 연번이 다르게 매겨지고 있으며, 교역액 중 채표가 적지 않은 비중을 차지하고 있다는 점이다.

8) 木村增太郎, 『支那の砂糖貿易』 糖業硏究會, 1914, p. 154. 이 책에서는 연발행과 함께 "建源"을 양대 당행으로 꼽았다. 건원은 대표적인 자바당 취급 상점으로 1930년에도 여전히 수위의 지위를 유지하고 광동성정부와 남경국민정부와 합작하여 설탕 전매제도를 실시하려고 했던 상점이다. 건원의 오너는 인도네시아의 복건 출신의 화상이다. 이에 관해서는 강진아, 「1930년 중국의 경제개발에서 나타나는 성과 중앙-"廣東糖"의 상해진출과 남경정부」『중국근현대사의 재조명1』 지식산업사, 1999를 참조.

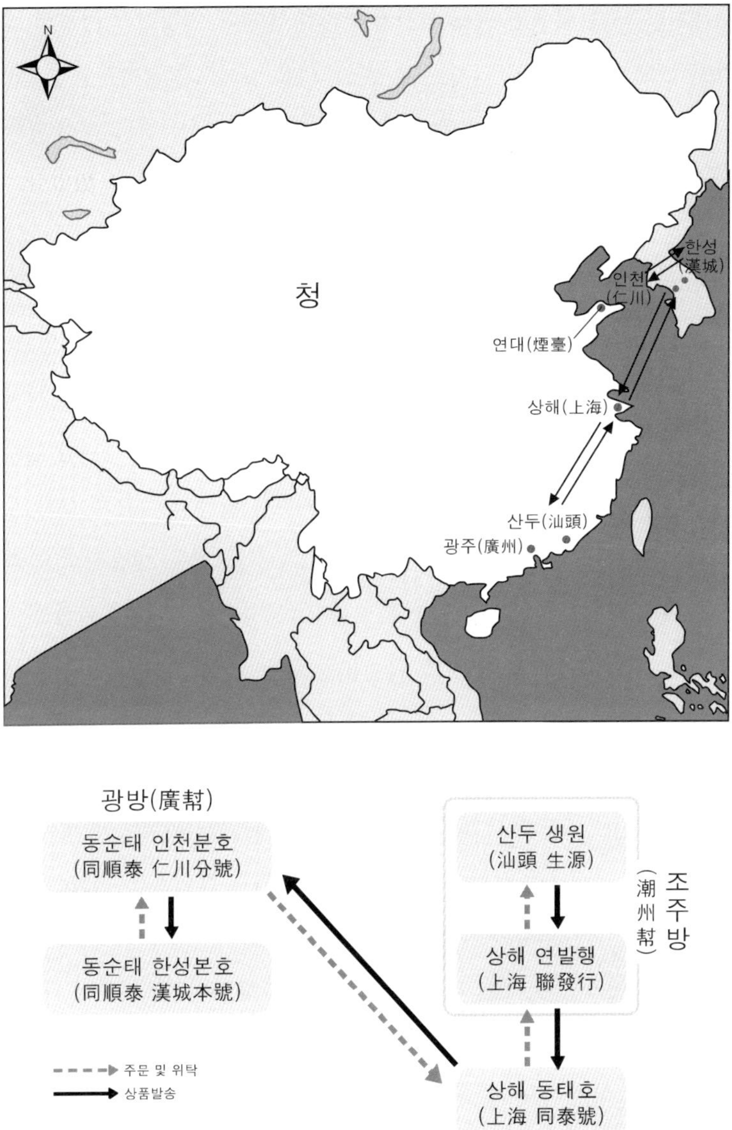

〈그림 4-1〉 당강의 교역네트워크

여기에서는 주로 화물에 관해 분석을 했는데 채표는 화물과는 성격이 다른 유통 루트와 업종 성격을 가지고 있으므로 다음 장에서 본격적으로 분석하도록 하겠다. 그러면 이하 절을 바꾸어 『동순태보호기』에 나타난 정미년(1907년)의 교역 규모와 한중무역의 운송루트를 자세히 살펴보자.

2) 『동순태보호기』로 본 정미년(1907년)의 교역량과 한중무역의 운송로

1907년 동순태호 대중국 수입업의 특징

〈그림 4-2〉는 정미년(1907년) 발송장 총액 및 화물, 채표별 발송장 총액의 추이를 그래프로 정리한 것이다.

『동순태보호기』에 실려 있는 정미년(1907년) 발송장은 크게 화물과 채표로 나눌 수 있다. 각각의 총액을 합산해 보면, 화물 발송장의 총액은 20,923.884량, 채표 발송장의 총액은 8,490.428량으로, 화물이 여전히 채표보다 2배나 많기는 하지만, 채표 취급량은 결코 적다고 할 수 없다. 화물과 채표를 합하면 29,414.312량으로 3만 량에 육박하는 거액이다. 한편 그래프를 통해 계절별 추이를 살펴보면, 화물의 경우 상반기와 하반기의 차이가 뚜렷한데, 채표는 월별로 합산하면 거의 꾸준한 수입액수를 보이고 있다.

이 결과를 이시카와 료타가 『진구각화창구단』, 『갑오년각부래화치본단』, 『을미래화치본』을 통해 분석한 갑오년(1894년)과 을미년(1895년)의 동순태의 수출입무역과 대조하면 몇 가지 흥미로운 점이 발견된다.[9]

첫째, 교역의 횟수와 구성에서의 변화이다. 발송장 번호가 매겨진 것과 알 수 없는 문서가 섞여 있고 재발급한 발송장도 있어서 정확한 거래횟수를 알기를 어려우나, 이시카와는 대체로 1년에 20편에서 30편가량의 발송이

9) 이하 갑오년과 을미년의 분석은 石川亮太, 「朝鮮開港後における華商の對上海貿易-同順泰資料を通じて」『東洋史研究』 63-4, 2005를 참조.

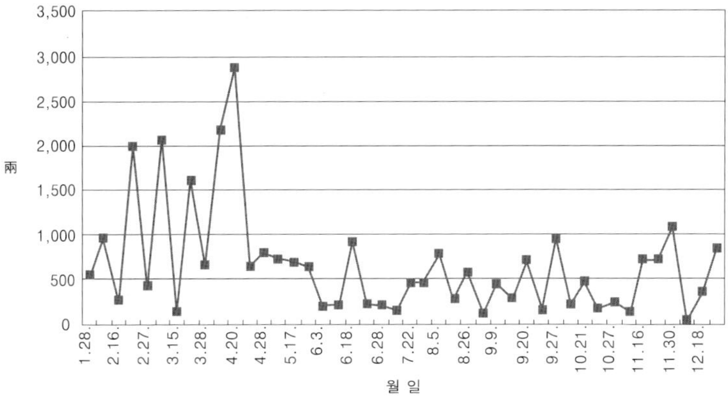

〈그림 4-2〉 정미년(1907년) 화물 및 채표 발송장 총액의 추이

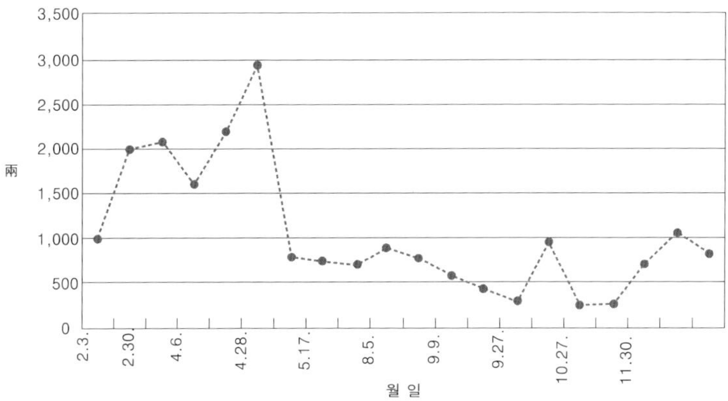

〈그림 4-3〉 정미년(1907년) 화물 발송장 총액의 추이

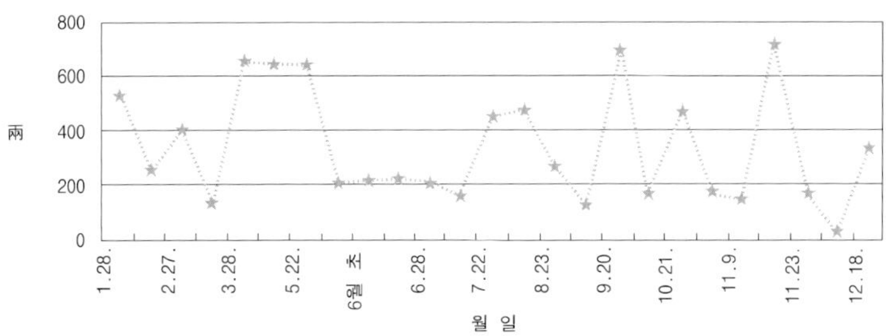

〈그림 4-4〉 정미년(1907년) 채표 발송장 총액의 추이

있었다고 보았다. 이 수치에는 전송(轉送)도 포함된 것이기 때문에, 정미년 『동순태보호기』에서 전송을 빼고 화물 21회의 발송은 갑오년(1894년) 및 을미년(1895년)과 비교할 때 큰 차이가 없다. 다만 이전 시기에 없는 채표 거래가 등장하여 채표로만 26회의 발송이 이루어진 점이 특이하다. 양지를 종합하면 전체적으로 청일전쟁(1894~1895년) 이후에도 거래의 빈도는 거의 줄어들고 있지 않다는 것을 알 수 있다. 참고로 각 해의 가장 늦은 발송이 1888년에 제16방이었으나, 전후는 1896년 제7방, 1897년 제21방, 1898년 제26방, 1899년 제29방이었던 점을 감안하면 더욱 그러하다.

둘째, 교역 대상의 중국 집중화 경향이다. 1894~1895년에는 상해 동순태와 홍콩 안화태 이외에도 광주 영안태(永安泰), 고베 상융호(祥隆號), 나가사키 만창호(萬昌號), 요코하마 복화호(福和號) 등 일본 거래처와의 교역이 꽤 있었지만, 앞서 언급했듯이 정미년(1907년) 동순태의 교역 범위는 더욱 상해와 광동, 홍콩 중심이 되었다.

셋째로 교역액은 어떤가? 갑오년(1894년) 동순태의 수입액은 52,000량, 을미년(1895년)은 148,000량이었다. 이 액수는 각종 수수료를 뺀 액수이다. 이시카와는 갑오년(1894년)은 전쟁의 영향으로 비교적 수입액이 적은 것으로 보고 있으므로,[10] 을미년(1895년)의 교역량을 평년 수준으로 본다면 대단한 규모이다. 정미년(1907년)의 교역액은 약 3만 량(수수료 포함, 상해규은량 단위)으로 적지 않은 규모이지만, 을미년(1895년)에 비하면 크게 축소했다고 볼 수 있다. 그런데 중국에서 한국으로의 수출액은 1890~1893년 사이 40만~47만 량[해관량(海關兩) 단위] 사이에서 1894년 89만 2,868량, 1895년 63만 8,063량, 1907년 216만 9,560량의 추이를 보이고 있다. 즉 전쟁이 한창

10) 石川亮太, 「朝鮮開港後における華商の對上海貿易-同順泰資料を通じて」 『東洋史研究』 63-4, 2005, p. 34.

이던 1894년이 1895년보다 오히려 수출액이 많았고, 1907년에는 1890년대 초반의 약 다섯 배로 교역규모가 커졌다.[11] 따라서 동순태호의 수입액 추이는 전체 대중국무역의 추이와는 맞지 않는다. 그러므로 정미년(1907년) 교역량 축소의 해석은, 청일전쟁 후 대중국무역의 쇠퇴가 아니라 수배로 커진 대중국무역의 담당자에서 재한화상의 역할이 축소했거나, 아니면 재한화상의 역할은 축소하지 않았어도 동순태호의 경영이 축소했거나, 최후로 동순태의 경영 자체는 축소하지 않았으나 경영 중심이 무역업에서 다른 곳으로 전환되었거나 셋 중 하나일 것이다.

우선 대중국무역에서 수입업은 1930년대까지도 줄곧 재한화상이 담당했고, 일본의 압력으로 무역량 자체가 1927년 이후 줄어들기는 했어도 대중국무역의 유통 구조에는 변화가 없었다. 따라서 재한화상의 역할이 그대로이고 대중국무역은 1900년대에도 크게 증가했다면 동순태호 자체에서 답을 찾아야 한다. 그 점은 제2장에서도 지적했듯이 1920년대 초반까지 담걸생이 조선에서 수위에 꼽히는 부자였고, 부동산업과 운송업으로 활발히 경영을 확대한 것을 볼 때 동순태호가 쇠퇴했다기보다는 조선에 뿌리를 내리는 토착화 경영으로 선회했기 때문으로 보는 것이 합당하다고 본다.

이러한 사업 방향의 전환은 사업에서 대외무역 부문의 축소와 상해 동태호와의 관계 변화로 나타나지 않았을까 추정한다. 상해 동태호는 한성 동순태호의 최대 거래처로, 동순태호 경리 담걸생은 동태호 경리 양륜경의 처남이었다. 앞의 제3장에서 살펴보았듯이 양자의 관계는 친인척이면서 동향이자 자본투자자의 관계로 얽혀 있었는데, 19세기 말의 초기 자료에서는 동순태호 경영의 최종적인 결정권이 양륜경에게 있다고 판단될 만큼 종속적이었다. 이는 자본

11) 何炳賢,『中國的國際貿易(下)』上海商務印書館, 1937, pp. 757~758의 표 〈歷年中國與朝鮮貿易統計表〉 참조.

투자 관계에서 연유한 것이기도 하지만, 동순태호가 대외무역 부문에 주력하는 한 상해에 화물과 정보를 의존할 수밖에 없다. 그런 의미에서 정미년(1907년)의 교역량 축소 역시 대중국무역에 의존하던 동순태호가 청일전쟁 이후 점차적으로 상해 동태호로부터 독립하면서, 경영을 다각화하며 한국 현지 투자를 늘려간 것을 방증하는 것이 아닐까 생각한다. 아울러 이 과정에서 담걸생이 조선 동순태호의 실질적인 오너 지위를 획득해 갔을 것으로 추정된다.

네 번째로 수입상품의 구성을 살펴보자. 갑오년(1894년)과 을미년(1895년)의 최대 수입품은 견직물로 각각 29,892.1량과 70,340량을 기록해 전체의 57%와 47%를 차지하였다. 정미년(1907년)은 비단 수입량이 12,655.582량으로 화물 수입량의 60%, 채표를 비롯한 전체 수입액의 42%를 차지해서 두 비교 시기 모두 비단이 최대의 수입상품이었다. 갑오년과 을미년에서 2위의 수입 품목은 면직물로 각각 6,163.9량 및 41,407.2량을 기록했다. 그런데 정미년에는 면직물은 거의 없고 잡화와 약재의 수입량이 크게 늘어났다. 전통적인 대중 수입품인 비단의 수요는 여전히 크지만, 일본 면포의 시장 독점으로 상해로부터 면직물의 수입은 크게 줄어들었음을 알 수 있다. 1880년대와 1890년대 화상은 상해로부터 영국산 면포를 직수입하여 일상(日商)을 누르고 한국 면포 시장을 장악했지만, 일본산 면포가 가격 경쟁력을 키워 가면서 시장을 상실했다. 정미년(1907년) 화물 수입 중에 면포 수입은 5방(幇)의 토포(土布) 12필(10.481량), 12방의 죽포(竹布) 40필(33.764량), 상순토포(祥順土布) 500필(213.25량)로 총액 257.495량에 불과했고, 모두 양포(洋布)가 아닌 토포(土布)였다.

1907년 대중국 수입무역의 운송방식

다음으로 이들 교역의 운송이 어떻게 이루어졌는지 살펴보도록 하자. 『동순태보호기』의 각 발송장은 대부분 맨 앞에 보낸 날짜와 물건을 부친 선박 이름을 적어 두었기 때문에 추적이 가능하다. 우선 상해 동태호가 상해에서 인천으로 보낸 파악 가능한 총 20차례의 화물 운송을 살펴보면, 등장한 선박은 총 10척이다. 이문선(鯉門船, 4회), 포나사파선(布羅士巴船, 1회), 가시선(駕時船, 1회), 직성선(織成船, 1회), 온주선(溫州船, 1회), 항주선(杭州船, 1회), 해구선(海口船, 3회), 담수선(淡水船, 6회), 박애환(博愛丸, 1회), 축전환(筑前丸, 1회)이다. 이 중 소속 기선회사의 이름이 확실히 기재되어 있는 것은 6척이다. 포나사파선, 가시선 2척이 "보융행(寶隆行)" 소속, 온주선, 항주선, 해구선, 담수선 4척이 "태고행(太古行)" 소속으로 적혀 있다. 『동순태보호기』에는 "일본 회사[日公司]"라고만 기재되어 있지만, 여러 자료를 통해 박애환, 축전환 2척은 일본우선주식회사(日本郵船株式會社) 소속의 선박임을 알 수 있다.[12] 직성선은 화물 발송장에는 기재가 없지만, 채표 발송장에 소속을 적어 놓아서 "보융행(寶隆行)" 소속임을 확인할 수 있었다.[13] 이렇게 9척의 소속회사는 모두 찾아낼 수 있었는데, 이문선은 소속을 아직 확인할 수 없다. 종합해 보면 소속 확인 가능한 선박 9척의 분포는 보융행(寶隆行) 소속 선박이 3척, 태고행(太古行) 소속 선박이 4척, 일본우선주식회사 소속이 2척이다.

『동순태보호기』에 나오는 "보융행"과 "태고행"은 상해 대외무역을 담당하던 주요 기선회사인 덴마크회사 보륭윤선공사(寶隆輪船公司, East Asiatic Co.)와 영국자본인 태고윤선공사(太古輪船公司, China Steam Navigation Co.)를 가리킨다고 본다. 중국의 기선회사는 상해를 중심으로 외국자본의 주도로 시작

12) 「所有船舶表」 日本郵船株式會社編 『日本郵船株式會社渡航案內』, 1916, p. 8; 「近海航路と郵船 : 上海航路の改善」『中外商業新報』 1915년 4월 4일(大正 4年), 神戶大學附屬圖書館 디지털아카이브(Digital Archives) 新聞記事文庫(http://www.lib.kobe-u.ac.jp/) 所藏.

13) 일련번호 6, 上海 同泰號 → 漢城 同順泰, 제4차, 음력 丁未年(1907년) 2월 27일, 『同順泰寶號記』.

되었다. 그 기폭제가 된 것은 미국회사인 기창양행(旗昌洋行, Russel & Co.)이 1862년에 세운 기창윤선공사(旗昌輪船公司, Shanghai Steam Navigation Co.)였는데, 1872년에는 영국 태고양행(Butterfield & Swire Co.)이 태고윤선공사(China Steam Navigation Co.)를, 이화양행(怡和洋行, Jardine, Matheson & Co.)이 이화윤선공사(怡和輪船公司, Indo-China Steam Navigation Co.)를 설립하여, 1877년 기창양행을 매입한 윤선초상국과 정족지세를 이뤘다.[14] 상해와 인천 노선은 청일전쟁 전에 단속적으로 윤선초상국이 정기선을 운영하기도 했으나 적자 운영과 전후 정치적 변화로 인해 중단되었다.[15]

『동순태왕복문서』와 『동태래신』을 보면 청일 전쟁 직전인 1894년은 윤선초상국의 진동호(鎭東號)가 상해-인천 간 운송의 주력이었는데, 정미년(1907년)에는 윤선초상국의 상선은 보이지 않고 외국 상선에 의존하고 있다. 보륭윤선공사는 1897년에 설립되어, 처음에 코펜하겐과 방콕 및 극동 지역을 연결하는 노선을 운영하였고, 1899년에는 지사로 Russian East Asiatic Steamship Co.를 설립하여 발틱해, 흑해와 극동을 연결하는 노선도 경영하였다. 상해와 인천 노선은 East Asiatic Co.로 생각되는데, 이 회사의 보유선박에는 1899년에 건조해서 이듬해 Russian East Asiatic Steamship Co. 노선에 투입된 Korea(6,163톤)라는 배가 있어, 한국의 국제항선에 적극 참여한 것으로 보인다.[16] 『동순태보호기』에서 상해 동태호는 인천으로 보낸 총 20회의 화물 운송

14) 李志英, 「外商在華股份公司的最初發展 - 關於近代中國股份公司制度起源的研究」『近代中國』 2008年4期; 高橋孝助·古厩忠夫 編, 『上海史-巨大都市の形成と人々の營み』 東方書店, 1995.

15) 청일전쟁 전 윤선초상국의 정기항로 운행에 관해서는 高秉希, 「晚淸中朝定期航線的開設背景及其影響」『史學月刊』 2005年 8期 및 나애자, 『한국 근대 해운업사 연구』 국학자료원, 1998을 참조. 高秉希의 연구는 나애자의 저작에 의존하는 바가 크지만, 경제성이 없는 정기항로 운행을 유지하게 한 재한화교의 적극적 활동에 관해서는 참신한 분석을 가하고 있다.

16) 寶隆洋行에 관해서는 계통적인 문헌자료를 찾기 어렵다. 『中國近代航運史資料第2輯(1895~1927)』 上·中·下冊, 中國社會科學出版社, 2002 등을 찾아도 기술이 적고, 대

에 태고윤선공사의 배를 11회로 절반 이상 이용하여, 이 시기 한중무역(韓中貿易)에서 태고윤선공사가 청일전쟁 전 윤선초상국의 지위를 대신하여 중요한 역할을 했음을 알 수 있다.

동태호가 일본우선을 이용한 것은 박애환(博愛丸)과 축전환(筑前丸)을 이용한 두 차례인데, 모두 상해에서 회물을 고베로 보낸 뒤 다시 인천으로 전송했다. 박애환은 1898년에 일본 적십자사가 병원선으로 사용하려고 건조한 배였는데, 건조 중에 일본우선이 물려받아 이듬해부터 상해노선에 취항했다. 축전환은 일본우선이 1907년 4월에 막 준공한 신형 화객선이었다.[17] 박애환과 축전환은 요코하마-상해 노선을 취항하는 배였다. 일본우선을 이용한 14방(음력 9월 9일)과 15방(음력 9월 13일)을 보면 각각 "由日公司博愛丸去神戶直轉仁", "由日公司筑前丸船付神戶轉仁川"로 이 배는 상해에서 고베로 갔다가 바로 인천으로 가고 있다. 1875년에 일본 최초의 국제노선으로 시작한 요코하마-상해 노선은 중간에 고베와 나가사키에 기항했다. 1885년 개설된 나가사키-인천 노선은 후에 고베까지 연장되어 고베-인천 노선으로 바뀌었으므로, 나가사키와 고베에서 두 항로가 연결되었다. 게다가 요코하마-상해 노선은 1900년

표적인 기선회사 소개도 영, 프, 일, 독 회사에 관한 설명과 통계가 있을 뿐이다(위의 책, pp. 193~198). 본문의 정보는 주로 인터넷 검색에 의존한 것으로, 영문 위키피디아(http://en.wikipedia.org), 선박 검색사이트인 쉽리스트(The Ships List, http://www.theshipslist.com/ships/lines/eastasiatic.htm)에서 얻었다. 신문자료 중에서는 「歐洲向大豆輸出漸減の一途：今後幾分好轉するか」, 『滿州日報』 1934년 5월 5일 및 「支那に還付後邦人の半減した青島」, 『臺灣日日新報』 1926년 5월 13일(모두 고베대학 신문기사문고 제공) 등에 보융양행에 관한 간단한 기술이 있어, 만주 지역의 두병 무역에도 관여했음을 알 수 있다. 汪敬虞 主編, 『中國近代經濟史(1895~1927)』 人民出版社, 1998, p. 676)에서는 東海輪船公司(Russian East Asiatic Steamship Co.)를 러시아 회사인 것처럼 기술하고 있는데, 이 회사는 보융양행이 발틱해와 흑해로 노선을 확대하면서 페테르스부르그에 세운 자회사를 러시아 회사로 잘못 기술한 것으로 보인다.

17) 각주 22번과 동일. 筑前丸의 사진 및 운영노선에 관한 자세한 정보는 일본 기선 소개 사이트(なつかしい日本の汽船)를 참조. http://homepage3.nifty.com/jpnships/

부터 횟수를 늘려 주 1회의 정기항로가 되어 매우 편리해졌다.[18] 직통의 정기선이 없는 상황에서 때에 따라서는 일본을 경유한 노선도 적극 활용했던 것이다.

계절에 따라 집중적으로 이용하는 선박이 바뀌는 화물과 달리 채표는 거의 대부분 일본우선을 이용하였다. 25차례 중에 20차례는 "由日郵局擔保寄上", 즉 일본우체국으로 보험을 든 뒤 부쳤다. 이 시기 일본우체국은 중국 각지에 지점과 출장소를 운영하고 있었는데, 상해에서 한국에 보내는 우편물은 대체로 일본우체국을 이용했던 것으로 보인다. 1906년에 상해를 시찰한 보고서에 따르면, 일본우체국 상해지점의 보통우편 취급 지역에 한국과 함께 천진(天津), 지부[芝罘, 현재의 연대(煙臺)], 소주(蘇州), 항주(杭州), 사시(沙市), 한구(漢口), 하문(厦門), 남경(南京), 북경(北京), 우장(牛庄), 장사(長沙), 진강(鎭江), 산두(汕頭) 및 만주(滿洲) 일본점령지 등 주요 도시가 거의 포괄되어 있어, 상업서신을 이용하기에 아주 편리했다.[19]

---

18) http://homepage3.nifty.com/jpnships/meiji02/meiji02_yunyusen_nyk1.htm. 1906년까지는 매주 1회의 운항주기였던 것으로 판단된다. 매주 수요일에 상해로 입항하여, 토요일에 일본으로 출항했다(遠山景直 編, 『上海』 1907, p.119). 이후 요코하마-상해 노선은 매주 2회로 늘어나 연간 104회 항해하였고, 보조항해로 고베-상해 간을 1척이 2주에 1회, 연 18회 항해하였다. 1915년 4월에는 다시 고베-상해 간에 2척을 사용하여 매주 1회 연 52회 정기항로로 강화하였다. 이때에 神戶上海線에 투입된 배는 八幡丸(3,817톤), 春日丸(3,816톤) 2척이었고, 橫濱上海線에 투입된 배는 近江丸(3,582톤), 山城丸(3,417톤), 博愛丸(2,636톤), 筑前丸(2,578톤), 筑後丸(2,563톤) 이상 5척이었는데[「近海航路と郵船：上海航路の改善」, 『中外商業新報』 1915년 4월 4일(大正4)], 丁未年(1907년)의 『동순태보호기』에 등장한 博愛丸과 筑前丸도 1915년에 여전히 운행하고 있었다.

19) 遠山景直 編, 『上海』 1907, p. 353. 1916년 공간된 일본우선의 출장소 명단에는 天津支店, 上海支店, 상해지점 漢口출장소, 상해지점 靑島출장소, 홍콩지점, 홍콩지점 廣東출장소가 기재되어 있는데(중국 「本支店出張所及代理店」 日本郵船株式會社編 『日本郵船株式會社渡航案內』, 1916, pp. 108~112), 1922년 12월 중국정부의 명령에 따라 각국이 중국에 설치한 우편국을 일률적으로 철폐하면서 함께 철폐될 때 일본우체국 재중국지점은 厦門, 芝罘, 長沙, 福州, 漢口, 南京, 北京, 沙市, 上海, 蘇州, 汕頭, 天津, 廣東 등 13개 지국이었다(「在支日本郵便局撤廢：特定協約の必要」 『大阪朝日新聞』 1922년 8월 11일; 「最近の上海」 『大阪朝日新聞』 1925년 2월 12일). 참고로 상해지점의 주소는 上海 美國租界 北揚子路 第3番戶였다. 동태호는 여기 상해지점에서 동순태호로 채표를 부쳤을 것이다.

일본우체국이 아닌 5차례 운송 중에서 2월 16일 3차분과 3월 15일 5차분은 "由寶隆行隨號信付上", 즉 화객선인 보륭행 편에 부친 우편으로 보낸다고 되어 있다. 2월 12일의 보륭행 선박으로 부친 화물 3방 발송장 안에는 "川漢票40張3月份由寶隆行信箱隨號信付上"이라고 적혀 있어 상품내역과 수량이 정확하게 일치한다.[20] 이를 보면 채표 발송장은 꼭 발송한 날 작성되는 것은 아닌 것 같다. 예를 들어 2차 채표 발송장에는 "저녁에 먼저 절반을 부치고 오후에 다시 부쳤으니, 알아두시기 바란다[晩先寄一半後□再晝付上祈知了]"라고 기재되어 있고, 4차 채표 발송장의 경우, 발송장 첫머리에는 일본우체국으로 부쳤다고 하면서 밑에, "재고 20장은 직성선이 도착하면 보융행 선박 항행에 부수한 우편으로 부치고, 강남표 재고 10장 역시 이렇게 처리하겠으니, 잘 살펴 받기 바란다[存20張候織成船到寄寶/隆行隨號信付上江南票/存拾張亦照到祈查收]"라고 되어 있다.[21] 마찬가지로 9월 20일 일본우체국으로 부쳤다고 기재된 18차 채표 발송장도 하단에는 "該票廿日先寄上80張分次再□寄上70張"이라고 하여 이 채표를 20일에 먼저 80장을 부쳤고, 나누어 다시 70장을 부쳤다고 적고 있다.[22] 그러므로 채표 발송장은 배 하나에 실어 보내는 화물 발송장과 달리, 실제 발송은 분산적으로 하고 정기적으로 그간 발송한 채표를 모아서 작성한 것으로 보인다. 대체로 채표 발송장은 한 달에 2회 내지 3회로 작성되고 있다.

"由寶隆行隨號信付上"으로 부친 2차례를 제외한 우송방법은 "由太古行賬房帶去仁川轉上"(19차), "由太古行賬房信箱寄上"(25차)와 "托麥羣拔兄帶上"(23차)이다.[23] 즉 태고양행의 회계담당자[장방(賬房)]가 인천에 갈 때 가져가

20) 일련번호 4, 上海 同泰號 → 漢城 同順泰, 제3방, 丁未年(1907년) 2월 12일, 『同順泰寶號記』.
21) 일련번호 1, 上海 同泰號 → 漢城 同順泰, 제2차, 丁未年(1907년) 1월 28일; 일련번호 6, 上海 同泰號 → 漢城 同順泰, 제4차, 丁未年(1907년) 2월 27일.
22) 일련번호 40, 上海 同泰號 → 漢城 同順泰, 제18차, 丁未年(1907년) 9월 20일.

게 부탁하거나 그의 사서함으로 부치거나, 서로 잘 아는 인편[운반자의 이름은 맥군발(麥羣拔)]으로 부치거나 한 것이다. 이러한 인맥을 이용한 운송은 채표 이외에도 보여 화물 7방에는 직성선 장방에게 부탁해서 담뱃대를 가져가게 하기도 하고, 화물 4방에는 이문선 장방에게 우산을 가져가게 부탁한 뒤, "잘 살펴 받고 (그에게) 비용을 지불하라[祈査收給費]"고 하고 있다. 20방에도 역시 담수선 장방에게 부탁해 수선화분(水仙花盆) 1립(笠)을 직접 동순태호에게 전달하게 했다.[24)]

그런데 여기서 의문점은 인편에 의한 수송이 어떤 성격의 것인가이다. 채표 중에 인편으로 부친 것들은 화물 발송장에 금액이 기재되지 않는다. 즉 세관에 신고하지 않고 화물 속에 섞어서 보낸 것이다. 또한 화물의 경우도 장방에게 부탁해서 부친 사례가 수차례 등장하는데, 그 화물은 매우 저렴한 것들뿐이라는 점이다. 담뱃대 여러 다스, 각종 싸구려 도자기, 우산을 굳이 수고료까지 지불하며 선박의 장방에게 전달을 부탁한 이유는 무엇일까? 추정에 불과하나, 이것은 관세를 피한 고가품의 수입이나 불법적인 물건(예를 들면 아편과 같은)의 한국 반입의 방편일 가능성이 있다.

화물 7방에는 사두(砂頭)이라는 약재 1상(箱), 110근(斤)을 부치면서 아래에 "內摻牛黃四斤祈留心", 즉 안에 우황 4근을 섞어 두었으니 주의하시기 바란다는 내용이 있다.[25)] 이 상품은 홍콩 안화태에서 상해로 부쳐서 다시 전송

---

23) 일련번호 41, 上海 同泰號 → 漢城 同順泰, 제19차, 丁未年(1907년) 9월 27일; 일련번호 55, 上海 同泰號 → 漢城 同順泰, 제25차, 丁未年(1907년) 12월 4일; 일련번호 50, 上海 同泰號 → 漢城 同順泰, 제23차, 丁未年(1907년) 11월 17일.

24) 일련번호 7, 上海 同泰號 → 漢城 同順泰, 제4방, 丁未年(1907년) 2월 30일; 일련번호 15, 上海 同泰號 → 漢城 同順泰, 제7방, 丁未年(1907년) 4월 20일; 일련번호 51, 上海 同泰號 → 漢城 同順泰, 제20방, 丁未年(1907년) 11월 30일. 여기에서 '費'는 수고비 즉 운반에 대한 대가로 보인다. 상해 동태호와 한성 동순태호 사이의 결제는 수출입 교역에서 발행하는 양방향의 결제액을 상호대차를 통해 정산하는 방식으로 진행되었다(石川, 앞의 논문, 2005).

한 물건인데, 안화태의 발송장 2방에 그 내역이 있다. 안화태 발송장을 참조하면 사두는 100근에 43량인데, 우황은 1근의 가격이 166원으로 4근 가격은 664원이나 되었다.[26] 7방의 지출 난에도 다른 상품에 대한 세금은 기재되어 있으나 우황에 대한 세금은 없다. 따라서 주의하라는 것은 세관에 들키지 않게 조심하라는 의미로 해석해도 무방하다.

12방에도 이와 같은 섞어 놓기가 등장하는데, 비단과 신발 상자의 물품 내역 뒤에 "內搭總領事豹皮壹張元山同豐泰托轉", 즉 "(신발 상자) 안에 총영사가 쓸 표범 가죽[豹皮] 1장을 실었는데, 원산 동풍태 상점이 부탁하여 전송한 것임"이라고 적고 있다. 총영사는 한국 주재 중국총영사이며, 조선 원산의 화상 동풍태(同豐泰)는 동순태호의 주요한 조선 내 거래처 중 한 곳인데 동순태호에게 조달을 부탁한 것이다.[27] 그런데 이 표범 가죽 역시 세관에는 신고하지 않았다.[28]

더 확실한 사례는 6방의 금반지이다. 이 화물 발송장에는 금반지 36개 274.464량이 포함되어 있었는데, 발송장 끝에 "金戒指卅六摻十號紬箱驗關祈留心爲荷", 즉 "금반지 36개는 10호 비단상자에 섞여 있으니, 해관 검사 때에 조심하시면 좋겠다"라고 써 놓고 있다.[29] 이 세 사례는 다른 상자에 섞어서 해관 검사를 통과하는 수법이지만, 장방을 통해 어떤 물건이 해관 검사 없이 상해로부터 동순태에게 넘어갔는지, 아니면 그저 도자기, 우산, 담뱃대뿐이었는지는 발송장만으로는 알 수 없다.

화상의 밀수 관행은 유명하다. 그리고 제2장에서 살펴보았듯이 동순태 역시 공론화된 것만도 1893년의 홍삼 밀수 의혹 사건에서 1924년 대대적으로

25) 일련번호 15, 上海 同泰號 → 漢城 同順泰, 제7방, 丁未年(1907년) 4월 20일.
26) 일련번호 61, 香港 安和泰 → 漢城 同順泰, 제2방, 丁未年(1907년) 3월 29일.
27) 이시카와 료타는 원산 동풍태 역시 상해 동태호의 "연호(聯號)"로 보았다(이시카와 료타, 앞의 글, 『규장각』 33, p. 192).
28) 일련번호 33, 上海 同泰號 → 漢城 同順泰, 제12방, 丁未年(1907년) 8월 5일.
29) 일련번호 14, 上海 同泰號 → 漢城 同順泰, 제6방, 丁未年(1907년) 4월 6일.

신문에 보도된 홍삼 밀수 사건까지 적지 않았다. 화상 세력이 커지는 그늘에는 밀수라는 불법적 영업 행위가 번성했다. 1894년 조선해관 총세무사 모건(Morgan)과 1920년대 조선 신문들도 30여 년의 간격을 두고 입을 모아 화상의 고질화된 밀수 습성에 대해 비판을 하고 있는 섬은 흥미롭다.[30)]

2. 『동순태보호기(同順泰寶號記)』의 기재 방식과 결제 방식

1) 화물 발송장과 채표 발송장의 기재 방식

여기에서는 동순태의 대중국무역에서 발송장이 어떤 형식으로 작성되었는지를 화물과 채표로 각각 나누어 검토하도록 하겠다. 『동순태보호기』에 수록된 62개의 문서는 크게 화물 발송장 및 영수증[원단(原單)], 그리고 채표 발송장 두 종류로 나눌 수 있다.

화물 발송장 및 영수증은 37개이다. 이 중 가장 많은 분량을 차지하는 것은 상해 동태호에서 동순태에 보낸 총 23개의 발송장으로, 연번 2방~연번 21방까지 20개의 정규 발송장과 3개의 추가 발송장으로 구성되어 있다. 그 외에는 홍콩 안화태에서 보낸 발송장 4개, 동태호 발송장 내에 포함된 상품 원단 9개, 광주 협화호에서 보낸 수출세 영수증이다. 차례대로 사례를 들어 살펴보자. 다음은 상해 동태호가 한성 동순태 앞으로 음력 정미년 5월 3일(양력 1907년 6월 13일)에 보낸 제9방 화물 발송장을 정리한 것이다.

---

30) 청일전쟁 전의 華商과 청국 관헌, 군함의 밀수 관행에 관해서는 한국해관 總稅務使인 모건(Morgan)의 목소리를 통해 잘 들을 수 있다[서울주재 대리총영사(W.H. Wilkinson) → 북경주재 영국공사 오코너(N.R. O'Conor), No. 54, 1893년 8월 8일, 영국공문서관 FO 228-1129(1893) From Corea, pp. 115; 서울주재 대리총영사(W.H. Wilkinson) → 북경주재 영국공사 오코너(N.R. O'Conor), No. 55, 1893년 8월 10일, p. 120].

〈사례 1〉

第九帮 五月初三日由寶隆駕時船付上

HCT 15綢子 1箱 共51疋

52 雪白自條紗 15疋 5.3匁 , 79.5匁
44 加重 各色淮地九云紗 7疋 ⎫
44 加重 各色淮地竹枝紗 8疋 ⎬ 共19疋 10.5匁 , 199.5匁
44 加重 各色淮地子孫壽紗 4疋 ⎭
44 天青芝地光素紗 9疋 7.6匁 , 68.4匁
15 天青芝地光素紗 2疋 2.55匁 , 5.1匁
11 天青芝地光素紗 4疋 1.95匁 , 7.8匁
44 品□九云府紗 2疋 18.2匁 , 36.4匁

TI 灣木双管烟斗 1箱 1百打 洋 280元 741 , 207.48匁
亦 銀□腰帶 1箱 50打 2匁 , 100匁 [/704.18]

支 税 紬子 47斤 12寸
紙 8斤 4寸 力02 1118 , 6.468匁 支 普安保漬, 920匁 3寸, 2.76匁
支 駁力 8件 , 1.2匁 支 叨佣 , 7.041匁
支 木箱 1只 8錢(0.8匁)
捆纂 2件 5錢(0.5匁)
包捆 1件 4寸 , 1.7匁 支 水脚 洋 6.8元 741 , 5.039匁 [/ 24.208入]
合共本98元 柒百念捌兩三錢八分八厘

漢城
同順泰寶號 (丁未)丁未 (上海北頭同泰號) 置本單

출전 : 일련번호 22, 上海 同泰號 → 漢城 同順泰, 제9방, 丁未年 5월 3일, 『同順泰寶號記』 丁未年(1907년), 정리자 미상, 서울대학교 고문헌자료실 소장.

참고 :

* 원문은 세로쓰기이다.
* 원문에는 숫자가 모두 蘇州碼字로 기록되어 있는데, 아라비아 숫자로 바꾼 것이다. 소수점 역시 인용자가 찍은 것이다. 蘇州碼字의 표기법은 1에서 10까지는 "〡 〢 〣 〤 〥 〦 〧 〨 〩 0"이다. 讀法은 〣〤〥元 = 3.45元, 〣〤〥百元 = 345元, 〣〤〥千斤 = 3450斤 하는 식으로 읽는다. 1, 2, 3 등의 숫자가 연이어 나올 때는 혼동을 피해 가로, 세로로 교차하여 뉘어서 쓴다.[31]
* □는 판독이 어려운 글자이다.

31) 蘇州碼字의 독법에 관해서는 山岡由佳, 『長崎華商經營の史的研究 – 近代中國商人の經營と帳簿』 ミネルヴァ書房, 1995 참조.

* [ ] 안의 글자는 발송장 수령 후 추가로 기입한 것인데, 수신자인 同順泰의 譚傑生으로 추정된다.
* ( )는 인장의 문자이다.
* 화폐 단위는 兩과 元이다. 㒳은 兩이란 뜻이고, 십진법으로 錢, 分, 厘의 하위 단위가 있다. 元은 십진법으로 角(= 毛), 分, 厘의 하위 단위가 있다.
* 이상 참고의 제 사항은 아래 다른 사례의 인용에서도 동일하나.

전체 구성을 살펴보자. 첫째 줄에는 화물의 발송 연번, 화물의 발송날짜, 발송 선박을 기재한다. 따라서 이 발송장의 화물은 상해 동태호가 동순태에게 정미년(1907년)에 들어와 9번째로 발송한 화물이며, 5월 3일에 보융행의 가시선에 선적되어 인천에 도착할 것이다. 본문에서 HCT 15, TI이라고 기재한 것은 배에 적재할 때 분산 포장된 선박 포장의 마크로 추정되는데(컨테이너 형태인지 어떤지는 확실하지 않다), 물품 내역은 이 선박의 선적 포장 마크별로 정리되어 있다.[32] 제9방에는 HCT 15의 비단 1상(箱)과 TI의 담뱃대 1상(箱), 허리띠 1상, 총 3상자의 화물이 발송되었다. 컨테이너의 이름 아래에는 화물 종류와 상자 개수를 적는다. 비단의 경우 총 수량을 적기도 하는데, 생략하는 경우도 많다.

HCT 15 컨테이너에는 8종의 비단 51필이 실려 있다. 한 상품에 대한 기재는 상품명, 수량, 단가, 가격 순이다. 예를 들어 첫 번째 상품인 52설백자조사(雪白自條紗)는 15필(疋)이 수입되어, 1필당 단가는 5.3문(㒳)이므로 가격은 79.5문이 된다. 문(㒳)은 량(兩)의 간자(簡字)이다.[33] 단가가 동일한 여러 상품이 있을 경우는 묶어서 합계[공(共)]를 내고 합계액을 기입했다. 종이에

32) 일련번호 4번 동태호 제3방에 포함되어 있는 鎭江 陳恒順號의 비단 화물은 SA 기호 하에 선적이 되었는데, 鎭江 陳恒順號가 보낸 일련번호 5번 원단에는 "SA唛印", 즉 SA 마크라고 기재되어 있다.

33) 『同順泰寶號記』는 은량의 단위로 주로 㒳을 사용하고, 총액을 적을 때만 가끔 兩을 사용한다. 숫자를 적을 때 보통은 蘇州碼字로 略記하지만, 총액에는 正字로 쓰는 것과 마찬가지다.

줄은 그어져 있지 않지만, 계산이 혼동이 오지 않도록 기록은 각 항목별로 줄을 잘 맞추어 기재했다. 9방 내에서도 비단의 단가는 1필에 최저 1.95량에서 최고 18.2량으로 크게 차이가 나 계산에 신중을 기해야 했다.

TI 컨테이너에는 담뱃대 1상자, 100타(打) 즉 100다스(dozen, 1 dozen = 12개)가 적재되었다. 담뱃대의 가격 계산은 비단과 다르다. 장부의 계산 단위는 은량(銀兩)인데, 담뱃대의 경우 구입가격 단위가 은원(銀元)이므로, 은량으로의 환산 과정이 추가되기 때문이다. 예를 들어, "洋 280元 741,207.48㠯"을 보자. 양(洋)은 은원(銀元)을 말한다. 741은 양리(洋厘) 즉 은원과 은량의 환율이다. 풀어보면 1원(元) = 0.741량(兩)이다. 그러므로 이 구절의 의미는, 담뱃대 100다스의 총 가격 은원 280원 × 0.741 = 207.48량이라는 뜻이다. 가격 환산법에 관해서는 다음 절에서 본격적으로 다루겠다.

이렇게 각 화물의 내역과 가격을 정리한 후에는 지출 항목을 적는다. 지출은 크게 세금, 보험, 수수료, 포장비용, 운송비, 잡역 이상 6항목이 일반적이었다. 보험[普安保濆]은 일반적으로 3촌(寸) 즉 보험금의 0.3%를 지불하였고(보험액 920량 × 0.003 = 2.076량), 수수료[叨佣]는 구매를 대행한 화물 가격의 1%를 붙이는 것이 관행이었다. 수수료는 예외 없이 1%였으나, 보험은 때에 따라 2.5촌(寸), 즉 0.25%인 경우도 드물지만 있었다. 촌(寸)은 단가를 뜻하는데, 상품과 지출 항목에 따라 촌의 수량은 다 달랐으나 상인들은 잦은 거래를 통해 숙지하고 있었기 때문에 설명을 달 필요가 없었다. 화물에 따라 1촌은 1량(兩)이 되기도, 1전(錢 = 0.1량)이나 1분(分 = 0.01량), 1리(厘 = 0.001량)가 되기도 했다. 지출 항목에서 1촌의 의미는, 나무 상자[목상(木箱)]의 경우 1량, 묶음 포장[捆纂]과 꾸러미 포장[包捆] 및 잡역의 경우 0.1량(兩 = 1錢)이었다. 촌은 단가뿐 아니라 백분율도 표시하기 때문에, 1촌(寸)의 의미는 보험에서는 0.1%, 수수료에서는 1%를 뜻했다. 화물에 자주 등장하는 원촌(元寸)

의 경우 은원으로 표기되는 단가를 뜻한다.

〈사례 1〉의 9방의 경우, 화물총액은 704.18량인데, 이에 대한 세금은 6.468량에 불과했다. 세(稅)는 대부분 관세이고, 가끔 연(捐, 지방부가세)이나 이금(釐金, 지방통행세)이 추가로 기재된 경우도 있다. 아쉽게도 세금 계산법은 아직 해명하지 못했다. 발송장에 기재된 물품과 가격에 따라 세금을 계산할 수 없다는 것이 난점인데, 각 발송장 중에 과세 항목 내역을 적어놓은 경우를 보면 예외 없이 화물액수를 더 낮게 신고하거나 몇 종류는 빼고 신고하고 있다. 청일전쟁 전에 영국 대리총영사 윌킨슨은 "화상들은 보통 관세가 종가세(從價稅)인 경우 실제 관세율보다 훨씬 낮게 자신의 상품가격을 신고하는 습관이 있다"라고 비난했었는데,[34] 『동순태보호기』를 보면 조선 해관에 대한 중국의 영향력이 사라진 정미년(1907년)에 가서도 여전히 이런 관행이 지속되고 있음을 알 수 있다. 여하튼 그 결과 세금은 화물총액의 1%에도 미치지 않은 미미한 수준이었다. 또 동순태호의 의뢰로 물건을 사서 부친 상해 동태호가 가져갈 수수료가 있는데 상품 가격의 1%로 매우 저렴했다. 따라서 부대 지출액은 합산해도 24.208량 정도였다. 지출에서 세금과 수수료 두 항목을 제외하면 수각(水脚) 즉 운반비가 비중이 높았다. 그런 만큼 『동태래신』에는 선박회사와의 운반비 흥정이 빈번히 비중 있게 등장하고 있다.[35]

지출항목까지 나열이 끝나면 마지막에 화물 가격과 지출비용을 합산한

34) 서울주재 대리총영사(W.H. Wilkinson) → 북경주재 영국공사 오코너(N.R. O'Conor), No. 74, 1893년 10월 30일, (런던)영국공문서관 FO 228-1129(1893) From Corea, vol. 2, no. 41~end, pp. 179~183.

35) 운반비를 둘러싼 교섭 과정과 減價 노력에 관해서는, 예를 들어 다음의 편지들을 참조하라. 譚廷賡 → 譚傑生, 甲午年(1894) 1月29日 『同泰來信』(5권 甲午上); 譚廷賡 → 譚傑生, 甲午年(1894) 2月1日 『同泰來信』(5권 甲午上); 譚廷賡 → 譚傑生, 甲午年(1894) 2月9日 『同泰來信』(5권 甲午上) ; 譚晴湖 → 譚傑生, 甲午年(1894) 3月28日 『同泰來信』(6권 甲午中).

총 액수를 조금 크게 정자체로 써 넣는다. "合共本98元 柒百念捌兩三錢八分八厘"는 총액이 "98원(元)" 단위로 728.388량이라는 뜻이다. 여기에 나오는 "98원(元)"은 상해 시장의 기준 화폐 단위였던 규은(規銀)이다. 규은은 상해 상업과 교역의 기장단위로 1933년 폐량개원(廢兩改元)[36] 이전에 상해뿐 아니라 전국 각지의 결제단위로 널리 쓰였다. 규은 1량은 표준은인 문은(紋銀)의 98%로 가치 평가되기 때문에 널리 구팔규은(九八規銀)이라고 불렸다.[37] 동순태호는 주로 상해 동태호에 의존해 무역을 하고 있었으므로, 동순태의 대중국무역의 기장단위는 상해 규은을 기준으로 삼았다. 총액 뒤에는 마지막으로 수신자, 연도를 기재하고, '치본단(置本單)'이라고 쓴 뒤 발송자의 인장을 찍었다.

화물 발송단에는 상해 동태호가 발행한 것 이외에도 홍콩 안화태의 발송단과 원단이 있는데, 둘 다 형식은 동일하다. 다만 지역에 따라 화폐 결제 방식에서 차이가 있는데 이 점은 뒤에서 검토하도록 하겠다.

다음으로 중국 복권인 채표 발송장의 기재방식을 살펴보자. 채표는 화물에

---

36) 1933년에 남경국민정부가 은량의 유통을 금지하고 은원으로 통일한 조치를 말한다. 이를 기반으로 1935년 11월에 모든 금속화폐의 사용을 금지하고 3개 국가은행에서 발행하는 지폐인 "法幣"로 화폐를 통일하는 법정관리화폐제도를 실시했다. 1933년을 기해 상해를 비롯해 남경국민정부의 행정력이 미치는 지역에는 모두 은량이 폐지되었다. 그러나 광동 지역은 1936년까지 군벌 지배 하에서 독자적인 화폐 체제를 유지했다. 1930년대 남경국민정부의 법폐 개혁과 광동 지역 화폐의 동향에 관해서는 강진아, 『1930년대 중국의 중앙, 지방, 상인』 서울대출판부, 2005 참조.

37) 청 道光 연간에 상해 상업계 중 餅豆業에서 스페인은화를 화폐단위로 사용하였는데, 이때 스페인은화를 본양 혹은 규원이라고 불렀다. 후에 스페인은화의 유입이 격감하여 화폐 기능을 할 수 없게 되자, 상해 豆餅業界는 다시 상해의 二七寶銀을 기준으로 할인해서 새로운 기준을 만들었다. 즉 이칠보은은 무게가 52인데, 프리미엄이 2량 7전 5분을 더해서, 실제 함유은은 54량 7전 5분이었다. 여기에 "98升算" 즉 98%로 나누면, 58전 2분 6리가 실제 포함되어, 98규원이라고 부르게 되었다. 규은은 일종의 虛銀兩制로, 98銀錠이나 98은원이 존재해서 유통하는 것이 아니라 관념적 기준으로, 실제 수수는 각종 銀寶나 銀元을 규은으로 환산해서 이뤄졌다. 상해 규은과 각 지역 은량과의 比價에 관해서는 遠山景直 編, 『上海』 1907, p. 151 참조.

비해 기재방식이 훨씬 단순하다. 『동순태보호기』에서 채표 발송장은 제2차에서 제26차까지 모두 25개가 있다. 〈사례 2〉는 상해 동태호가 정미년(1907년) 7월 29일에 동순태에게 보낸 제15차 채표의 발송장이다.

〈사례 2〉

第拾五次 七月廿九日由日郵局擔保寄上

八月份湖北票 50張 6.1元寸 洋 305元

八月份江南票 60張 5.5元寸 洋 330元 共洋 635元 733, 465.455匁

支 寄費 洋 2元 733 , 1.466匁

支 叨佣 1寸 , 4.654匁 [/ 6.12匁]

合共本98元 471.575兩

漢城

同順泰寶號 臺照 丁未 (上海北頭同泰號)本單

출전 : 일련번호 32, 上海 同泰號 → 漢城 同順泰, 제15차, 丁未年(1907년) 7월 29일, 『同順泰寶號記』.

위를 참조하면 화물발송장과 거의 흡사하다. 발송방식만 부피가 큰 화물이 아니므로, "일우국(日郵局)", 즉 일본우체국을 통해 부쳤다는 점이 다르다. 다음에는 화물 내역을 대신해 상품으로서 채표의 내역과 단가가 등장한다. "八月份湖北票 50張 6.1元寸 洋 305元"은 8월분 호북채표 50장을 1장당 6.1원 단가로 총 305원을 부쳤다는 뜻이다. 아래의 강남표 60장의 가격은 총 330원이므로 두 채표 가격의 총액은 635원이다. 이 액수에 은원 1원과 상해 규은 1량 사이의 환율인 양리 733을 적용하면, 635 × 0.733 = 465.455량이 된다. 채표의 내역을 다 기재하면, 화물 발송단과 마찬가지로 지출 항목의 내역이 이어지는데, 채표의 경우 지출 항목은 예외 없이 우송료와 수수료 둘뿐으로 간단하다. 채표 가격과 우송료는 항상 원 단위로 기재되었다. 그러나 기장단위는 항상 량으로 환산하여 계산하고 있고, 수수료 역시 화물과 마찬가지로 1%를 적용하여 량으로 계산했다. 총액 역시 상해 규은으로 표시된다.

2) 결제 방식의 다양성 : 상관행(商慣行)과 잡종화폐(雜種貨幣)

『동순태보호기』를 참고하면, 19세기 말 한중무역에서 한성 동순태는 화물과 채표를 막론하고 장부 기재와 회계 단위를 상해규은으로 하고 있었음을 알 수 있다.[38] 하지만 실제 중국 시장은 동전과 은원, 은량이 함께 유통하는 복잡한 구조였으며, 지역과 업종에 따라서도 기준 은량 및 기준 은원이 달랐다. 계산 방식 역시 상품 종류와 업계, 지역에 따라 조금씩 달랐다. 여기에서는『동순태보호기』의 다양한 품목들에 대한 결제 방식을 분석하여, 지역과 업종, 품목에 따라 시장에서 가격 환산이 어떻게 이루어졌는지를 살펴보도록 하겠다.

① 상해 규은 량(兩)에서 상해 규은 량(兩)으로

가장 일반적인 방식이다. 거래 품목의 단가가 상해 규은 량으로 표기되어, 총액도 상해 규은으로 쉽게 환산된다. 앞의 기재 방식에서 살펴보았듯이 품목 뒤에 수량과 단가가 제시되어 단위가 동일하기 때문에 단순히 곱하면 총액이 나온다. 동순태호의 대부분 수입화물은 상해 동태호를 통해 입수한 것이었는데, 상해 동태호가 직접 조달한 물품의 상당수는 대체로 이러한 방식이었다. 예를 들면 다음과 같다.

---

38) 다만 그것이 上海를 통해 한국에 진출한 廣東籍貫의 華商의 경우에 한해서인지, 山東籍貫의 商人이나 일본을 거쳐 부산으로 진출한 福建華商도 기본적으로 마찬가지인지는 향후 검토가 필요하다.

〈사례 3〉

44 加重 各色淮地子孫壽庫紗 28疋 10.5匁 , 294匁

출전 : 일련번호 4, 上海 同泰號 → 漢城 同順泰, 제3방, 丁未年(1907년) 2월 12일

즉 제품 이름은 44 가중(加重) 각색회지자손수고사(各色淮地子孫壽庫紗)이며, 합계 28필에 1필당 가격이 10.5문이므로 총액 294문이다. 이때 문은 기장단위로서 상해98규은[兩]이다. 대략 중저가 비단의 경우 화폐단위는 량이며 1필당 단가로 거래한다.

하지만 비단이라도 다른 계산 방식도 있다. 다음을 보라.

〈사례 4〉

(a) 雪青時花頂衣湖縐	25.2, 25.4匁	2疋	共重	50.6匁	6.1錢 ,	30.866匁
(b) 雪青廣庄頂衣湖縐	30.4, 30.4匁	2疋	[共重]	60.8匁	6.3錢 ,	38.204匁
(c) 各色廣庄時花湖縐		6疋	分	177.1匁	5.1錢 ,	90.321匁
(d) 雪青廣庄時花湖縐		3疋	分	86.5匁	5.4錢 ,	46.71匁
(e) 元青廣庄時花湖縐		1疋		30匁	5.2錢 ,	15.6匁

출전 :
(a)와 (b)는 일련번호 4, 上海 同泰號 → 漢城 同順泰, 제3방, 丁未年(1907년) 2월 12일
(c)~(e)는 일련번호 51, 上海 同泰號 → 漢城 同順泰, 제20방, 丁未年(1907년) 11월 30일

위는 모두 호추(湖縐), 즉 절강성(浙江省) 호주(湖州) 비단의 일종이다. 여기에서는 1필당 단가로 계산하지 않고 무게를 달아 무게 1량(兩)에 단가를 곱해서 계산하고 있다. 참고로 중국은 칭량화폐이기 때문에 량은 무게 단위이기도 하고 화폐 단위이기도 하다. 사례 (a)를 살펴보면, 2필의 무게는 모두 50.6량이고 1량 단가가 6.1전(錢 = 0.61량)이므로, 50.6 × 0.61 = 30.866량이

도출된다. 나머지 사례도 방식은 똑같다. 호추는 한 필당 가격이 15량이 넘는 고급 비단이다. “추”는 주름 비단이기 때문에 1필에 주름이 얼마나 어떤 식으로 들어가는가에 따라 소요되는 비단의 양이 달라질 것이므로 무게가 더욱 적절한 단위일 수 있다.

1필이나 무게(문 = 량)에 따른 계산 외에 길이[丈]에 따른 계산도 자주 보인다. 아래를 살펴보자.

〈사례 5〉

(a)	23 雪灰五蝠壽官紗	1疋		5.4丈 42	,	22.68匁
(b)	23 雪灰加重生官紗	2疋	5.46	5.47丈 39寸	,	42.627匁
(c)	23加重 雪青五蝠壽官紗	1疋		5.57丈 42寸	,	23.352匁

출전 :
(a)는 일련번호 7, 上海 同泰號 → 漢城 同順泰, 제4방, 丁未年(1907년) 2월 30일
(b)는 일련번호 14, 上海 同泰號 → 漢城 同順泰 제6방, 丁未年(1907년) 4월 6일
(c)는 일련번호 18, 上海 同泰號 → 漢城 同順泰, 제8방, 丁未年(1907년) 4월 28일

〈사례 5〉는 모두 비단의 필수를 기록한 뒤, 길이로 환산해서 계산하고 있다. 예를 들어 (a)의 경우 23설회오복수관사(雪灰五蝠壽官紗) 1필의 길이는 5.4장(丈)이고, 1장(丈)에 단가는 4.2량이므로, 5.4 × 4.2 = 22.68량이 산출된다. 촌(寸)은 앞에서도 설명했듯이 단위당 가격을 말하지만 물품이나 지출항목마다 지칭하는 단위가 다양했다. 상인들은 물건 가격을 숙지하고 있었으므로 굳이 량, 전, 리를 적지 않고 생략하는 경우가 많고, 촌 역시도 기재를 생략하는 경우가 많다.

(b)의 사례와 같이 여러 필인 경우는, 길이를 한 필 한 필 따로 장(丈)으로 표기했다. 그러므로 (b)는 총 2필 가운데 1필은 5.46장(丈) 1필은 5.47장이며, 단가는 1장에 3.9량이라는 뜻이다. 이처럼 상해 규은으로 계산하되,

1장 길이로 단가를 책정하는 비단의 사례를 모아보면 모두 관사(官紗)이다. 관사는 절강성 항주(杭州)와 소흥(紹興) 일대에서 생산된 직물로, 경선(經線)은 생사(生絲)를 사용하고, 위선(緯線)은 숙사(熟絲)를 사용해서 만들었다. 얇고 가벼워 여름옷에 많이 사용되었다고 한다. 예전에는 내정(內廷)에 많이 공납(貢納)했으므로, 관사(官紗)라고 불리게 된 것이다. 청 말에는 절강성 이외에도 생산되게 되었는데, 동순태보호기의 취급 비단은 대체로 강남 일대에 집중되어 있기 때문에, 이 관사 역시 항주, 소흥 등지의 강남 관사로 보는 것이 타당할 것이다. 〈사례 5〉의 관사는 한 필당 가격이 22량이 넘어 대단히 비싸다. 따라서 호추나 관사와 같은 고급 비단은 1필당 가격으로 계산하지 않고, 1필의 무게[兩]와 길이[丈]를 일일이 재서, 더욱 세분화한 무게와 길이를 단가로 가격을 계산하는 것이 관습화한 것으로 보인다.[39)]

② 할인율을 적용해서 상해 규은으로

다음으로 수량과 단가를 곱한 후에 다시 할인율을 적용해서 상해 규은으로 산출하는 사례이다. 중국은 지역과 업종마다 기준 은량과 유통 화폐가 조금씩 달라서, 중국 내의 교역이라고 할지라도 시장 환율과 관습에 따라 할인과 할증을 가해서 결제가 이뤄졌다. 또한 같은 업종이라고 할지라도 상품에 따라 관례적으로 할인이 이뤄지는 경우도 있었다. 문제는 지역의 기장 화폐 혹은 결제 화폐의 차에 따른 할인율의 적용인지, 아니면 품목에 따른 업계 내의 관습적인 할인율인지 확실하지 않다는 점이다. 『동순태보호기』에서 명확하게

39) 杭州市經濟調查,『絲綢篇』建設委員會調查浙江經濟所 出版, 1932. 湖縐의 縐는 주름 옷감이란 뜻인데, 천의 특성상 길이가 같아도 들어간 섬유의 양이 차이가 많이 나므로 무게를 달았을 가능성도 생각해 볼 수 있다.

지역별 결제화폐의 차로 인한 할인율 적용 사례는 뒤에서 따로 살펴보도록 하고, 우선 여기에서는 그 사례들을 제외한 할인율 적용 사례를 모아서 살펴보겠다.

〈사례 6〉

(a)	6丈鼻烟五間頭腰緞	1疋 6丈 6.8錢 97打	,	39.576匁
(b)	鼻烟□□□五間腰□	1疋 6丈 68 97	,	[3]9.576匁
(c)	茶靑福壽杭甯綢	3疋 5.94 5.32 5.08丈 97 69	,	109.364匁
(d)	茶靑純絨素杭甯綢	2疋 5.68 5.93 97 69	,	77.706匁
(e)	58紅雪靑杭大紡 5疋 31匁 31匁 30.8 31匁 31匁 58漢雪靑杭大紡 5疋 31匁 31匁 30.5 31匁 31匁	共重 309.3匁 97 5寸	,	150.01匁

출전 :
(a)는 일련번호 4, 上海 同泰號 → 漢城 同順泰, 제3방, 丁未年(1907년) 2월 12일
(b)는 일련번호 7, 上海 同泰號 → 漢城 同順泰, 제4방, 丁未年(1907년) 2월 30일
(c), (d)는 일련번호 15, 上海 同泰號 → 漢城 同順泰, 제7방, 丁未年(1907년) 4월 20일
(e)는 일련번호 42, 上海 同泰號 → 漢城 同順泰, 제16방, 丁未年(1907년) 9월 27일

* 앞서의 사례와 마찬가지로 원문은 소주마자(蘇州碼字)이고 인용자가 아라비아 숫자로 전환하였으며, 소수점은 인용자가 찍은 것이다. 다만 단위가 적시되지 않은 숫자는 소수점을 찍지 않고 원문 그대로 표기하였다. 따라서 (a)의 6.8전(錢)은 인용자가 소수점을 찍어 의미를 분명히 했지만, (b)~(d)까지는 원문 그대로 숫자만 표기했다.

(a)에서 (e)까지의 사례는 모두 비단의 결제이다. 요하(腰緞), 영주(甯綢), 대방(大紡)은 모두 고급비단이다. 따라서 〈사례 6〉은 중저가 비단에 적용하는 필당 단가의 사례는 없고(사례 4), 무게[兩] 아니면 길이[丈] 단위로 단가를 책정하고 있다. 길이[丈] 단위로 계산한 경우 중에서, (a)의 계산법을 보면, 품목 6장비연오간두요하(6丈鼻烟五間頭腰緞) 1필은 길이가 6장(丈)에 1장의 단가가 6.8전(錢)이고 여기에 97타(打)를 하라는 의미로 해석된다. 그렇다면 (a)에서 1장의 단가인 “6.8전의 97타”는 무슨 의미이고 얼마일까. 여기에서 타(打)는 할인율을 의미한다고 볼 수 있다. 청 말, 민국 시기 금융에서 “타보

(打步)"는 은량, 은원, 지폐 등 다양한 화폐 환율에서 할인[discount], 혹은 할인율, 할인 가격을 뜻하기 때문이다.

97타가 할인율이라고 한다면, 문제는 단가의 단위이다. 『동순태보호기』의 전반적인 분석에서 드러나듯이 단가가 은량인지 은원인지 아니면 동전인지는 상인들의 상식과 관습에 따랐기 때문에, 우리가 분석할 경우 학습을 통해 추정하고 익혀 갈 수밖에 없다. 앞에서 살펴보았듯이 길이 1장(丈)의 경우 단가는 량 단위였다(사례 5). 그러므로 (a)에서 1장(丈)의 단가인 "6.8전(錢)의 97타(打)"는 6.8×9.7이 되어야 한다. 즉 〈사례 5〉처럼 할인을 적용할 필요가 없는 경우라면 6.8량[0.68량(6.8전)×10]이겠지만, 할인을 적용해야 하기 때문에 단가는 6.596량[0.68량(6.8전)×9.7]이 된다. 따라서 1필의 가격은 6장 × 6.596량 = 39.576량이다.

여기에서 주의해야 할 점은 97타(打)라고 해서 항상 9.7이 아니라, 0.97일 수도 있고 화폐 단위에 맞추어야 한다는 점이다.[40] (e)의 사례를 살펴보자. (e)는 〈사례 4〉과 마찬가지로 무게 단위의 단가를 표기하고 있고 무게 1량의 단가는 전(錢) 단위였다. 그러므로 총 무게 309.3량 뒤의 "97 5촌(寸)"에서 단가인 5촌에 할인율을 97타(打)를 적용한 값은 전(錢)이어야 한다. 전 단위가 도출되려면 5촌은 5전, 즉 0.5량이어야 하고 여기에 0.95의 할인율이 곱해져야 한다. 즉 〈사례 4〉처럼 할인할 필요가 없다면 단가는 5전[0.5량(5전)×1]이겠지만, 할인율을 적용한 단가는 0.485량[0.5량(5전)×0.97]이 된다.

위를 정리해 보면, 할인율을 적용하여 길이[丈]당 단가로 계산하는 경우

40) 97折은 문자적으로 3%를 할인해서 97%의 가격을 수수하는 것이므로 ×0.97의 의미인데, 『同順泰寶號記』의 경우 달리 계산이 나오는 것은 관습적인 것이거나 ×10의 중간 단계가 생략되었거나 여러 가지 가능성이 있다.

단가는 전(錢) 단위×9.7, 무게[兩]당 단가로 계산하는 경우 단가는 전 단위 ×0.97로 할인율의 곱셈이 달라진다. 이 공식을 적용한 계산식은 다음과 같다.

(a) 6丈鼻烟五間頭腰緞 6 × 0.68 × 9.7 = 39.576兩

(b) 鼻烟□□□五間腰□ 6 × 0.68 × 9.7 = 39.576兩

(c) 茶青福壽杭甯綢 (5.94 + 5.32 + 5.08) × 9.7 × 0.69 = 109.364兩 (109.3636에서 반올림)

(d) 茶青純絨素杭甯綢 (5.68 + 5.93) × 9.7 × 0.69 = 77.706兩(77.7057에서 반올림)

(e) 58紅雪青杭大紡 5疋, 58漢雪青杭大紡 309.3 × 0.97 × 0.5 = 150.01兩 (150.0105에서 버림)

남은 문제는 할인율이 어떤 이유로 책정되었나 하는 것이다. 한 가지 단서는 필당 단가이다. 할인율을 적용하지 않은 계산법에서 필당 단가로 계산한 비단은 1필 가격이 10량 안쪽으로, 무게와 길이로 산출하는 비단은 1필 가격이 15량, 22량가량이었다. 할인율을 적용한 비단 중에 요하(腰緞)는 1필당 가격이 거의 40량이고, 영주(甯綢)는 36~38량, 대방 역시 30량가량이다. 그렇다고 볼 때, 97타(打)의 할인율을 적용하는 것은 최상급 비단 거래에서의 관례적 할인이 아닐까? 지역별 다른 결제 화폐 단위 간 할인율일 가능성이 낮은 까닭은, 할인율을 적용하지 않은 비단도 호주(湖州), 항주(杭州) 상품이 다수이고, 할인율 적용 비단도 대개 항주산이기 때문이다. 따라서 이 경우 97타의 할인율은 특정 품목 거래의 관행일 가능성이 높다고 하겠다.

『동순태보호기』를 전체적으로 보면 대체로 위의 해석이 맞아떨어지지만, 꼭 단가의 고저라는 위의 법칙이 맞아떨어지지 않은 예외도 하나 있다. 진강 진항순호가 한성 동순태호 앞으로 정미년(1907년) 2월 10일에 발행한 원단에서 그러한 사례를 확인할 수 있다.

진항순은 1890년대부터 동순태호가 비단을 구입해 온 진강의 비단상점인데, 이 영수증도 동순태에게 직접 발행했다. 비단 13종 총 91필 총액 501.282량에 상당하는 대규모의 거래이다. 필당 단가가 5량 남짓의 중저가 비단이 주류를 이뤘다. 그렇지만 원단에는 각 비단 항목 하위에 일일이 각 필의 길이[丈]를 기재했다. 즉 저가임에도 길이에 따라 계산하였다.

또 하나 특이한 점은 품목에 따라 사용하는 도량형에도 할인율을 적용한 사례가 있다는 것이다. 진항순호는 색화(色花), 색소(色[素?]) 두 품목 48필은 길이를 합산하여, "計長壹佰九拾五丈四尺三寸95□尺壹佰捌拾五丈陸尺六寸"으로 기재했는데, 195.43丈 × 0.95 = 185.66丈으로 도량형에 0.95의 할인율을 적용했다.[41] 도량형에 할인율을 가하나 금액에 할인율을 최종적으로 가하나 나오는 계산값은 똑같지만 이러한 차이는 상관행(商慣行)에 따른 것이므로 정확한 계산법을 정식화하는 데는 보다 많은 자료의 분석이 필요할 것으로 보인다.

---

41) 陳恒順號의 사례는 稱規가 아닐까 한다. 稱規란 가격을 할인하는 대신 관습적으로 무게를 일정 비율 할인 계산하는 것이다. 예를 들어 건어물가에서는 새우살(蝦米)의 경우, 도매상인 號家가 준도매상인 行家에 팔 때 市稱 100근마다 84折을 한다. 여기에 화폐에 대해 다시 銀規 99折을 한다. 즉 100근에 10량이라면, 號家는 100 × 0.84 = 84斤을 실제 주고 行家로부터 10량 ÷ 0.99 =10.1량을 받는 것이다. 行家가 소매상인 店家에 팔 때도 100근마다 88折, 다시 銀折 992折을 한다. 이렇게 무게와 화폐에 대해 할인평가를 해서 수수하면 행가는 호가에서 들여온 가격과 같은 가격으로 店家에게 팔아도 稱規의 이익을 얻을 수 있다(張一凡 主編, 張肖梅 校訂, 『南北貨海味業須知』 現代經濟研究所商品叢書, 中華書局, 1949, p. 16).

③ 은원(銀元) 단위에서 상해 규은으로

근대 중국 시장은 여러 종류의 화폐가 유통되던 시장이었다. 비단과 같이 상해 규은을 기본으로 결제하는 경우와 달리, 상해 규은이 아닌 다른 화폐를 표시 가격 단위로 하여 수수하는 품목의 경우, 이종(異種) 화폐 간의 환율을 적용하여 상해규은으로 환산하는 과정이 요구되었다. 가장 흔히 보이는 것은 은원을 표시 가격 단위로 하는 상품을 다시 상해 규은으로 환산하는 사례이다.

전통적으로 중국 왕조는 동전은 국가에서 발행했지만 고액 화폐인 은은 민간 시장의 자율에 맡겨 두었기 때문에 지역과 업종마다 다른 형태와 단위로 은화가 유통되었다. 중국의 은화는 기본적으로 무게와 순도에 따라 가치가 매겨지는 칭량화폐였고 단위는 다양한 종류의 량(兩)이었다. 그런데 명대 이후 대외무역을 통해 1개의 가치를 1원(元, dollar)으로 고정하여 개수로 가치를 세는 서양 은화(silver dollar, 銀元)가 중국 시장에 들어왔다. 청대는 스페인은화와 멕시코은화가 광범위하게 유통되어, 서양 은화 단위인 원(元)과 전통적 중국 칭량화폐단위인 량은 시장에서 병용되게 되었다. 처음에 서양 은화는 개수화폐로 받아들여지지 못하고 다시 녹여져 은정(銀錠, silver ingot)으로 주조되어 유통되었으나 점차 은화 형태 그대로 지역 전장(錢庄)이나 은호(銀號)의 보증[타인(打印)]을 받아 시장에서 수수되게 되었고, 청 말 화남(華南)의 선진 지역에서는 개수화폐로서 은원을 결제단위로 사용하는 경향까지 대두되었다. 청 말 상업의 중심지인 상해에서는 은원 중에서도 묵은(墨銀, 혹은 墨洋), 즉 멕시코 은화가 크게 환영받아, 결제화폐로도 사용되었다.

그러다가 1890년에 이르러 양광총독(兩廣總督) 장지동(張之洞)이 광주에 근대적 조폐창을 건설하여 최초로 국가 주조의 근대적 은원을 발행한 이후 각지에 조폐창이 세워져 청 말 은원의 유통은 크게 확산되었다.[42] 하지만 원(元, dollar)을 단위로 하는 1원(元) 은화라고 해도 칭량화폐의 관념이 강한 중국 시장에서는 복수의 서양 은화와 여러 지방정부 발행의 은원 사이에도 시장 환율이 적용되어 실제 화폐 결제는 매우 복잡했다. 은량과 은원의 통일은 1933년의 폐량개원에 가서야 이뤄지기 때문에, 1907년의 상해 시장에서는 은원(銀元, 액면가 1원 은화, 大洋이라고도 불림), 상해 규은[98規銀], 동전(銅錢), 소양(小洋, 액면가 0.1원 및 0.2원 은화, 角洋이라고도 불림) 등 각 종의 화폐 사이에 시가가 형성되어 연동하며 거래가 이뤄졌다.[43]

『동순태보호기』를 보면, 량을 단위로 거래하는 품목은 비단을 비롯해, 붓과 벼루, 금반지, 양탄자, 일부 농산물(깨 등)이 있었고, 비누와 치약, 화장품, 서양식 혁대 등도 량 단위로 거래되었다. 원(元)을 단위로 거래하는 품목은 차, 거울 걸이, 각종 신발류, 담뱃대, 안경, 종이류 및 편지 봉투 등이 있었다. 일반적으로 도매거래와 고액거래는 량을, 시중의 일반 소액거래는 원 단위로 이루어졌다고 하는데, 『동순태보호기』를 보는 한에서는 화폐 단위는 관행적인 것으로 특별한 법칙성이 없어 보인다. 예를 들어 붓과 벼루는 량이지만 먹은 원 단위이고, 깨는 량 단위이지만 땅콩은 원 단위이며, 거울[대경(大鏡), 경편(鏡片)]은 량 단위이지만 목재 거울걸이[목경가(木鏡架)]는 원 단위인 식이다. 하지만 모든 종류의 채표는 원 단위로 거래하였다. 은원 단위 물품의 총액 산출방식을 예를 들어 살펴보자.

---

42) 장지동의 최초의 은원 주조 과정과 그 여파에 관해서는 강진아, 『1930년대 중국의 중앙, 지방, 상인-광동성의 재정과 국가건설』 서울대학교출판부, 2005, pp. 268~277 참조.

43) 小洋에 대해서는 강진아, 위의 책, pp. 268~270, 혹은 강진아, 「1930년대 중국광동성의 화폐통일정책의 붕괴과정-외환위기와 小洋圈」『경제사학』 30, 2001 참조. 이론상 액면가로 0.2원 소양 5개면 대양 은원 1개와 같은 同價여야 하지만, 중국시장에서는 소양이 할인되었기 때문에 소양과 소양 사이에도 환율이 형성되었다.

〈사례 7〉

双發灣木烟筒	6打	2.8元寸	736	,
單發直木烟筒	2打	2元寸	736	,
單發冲琥珀木烟筒	2打	2.2元寸	736	, 18.547匁

출전 : 일련번호 11, 上海 同泰號 → 漢城 同順泰, 제5방, 丁未年(1907년) 3월 15일.

품목은 각종 나무로 만든 담뱃대인데, 먼저 물품명을 기재한 뒤 수량과 각 단가를 적고 있다. 2.8원촌(元寸)이라는 것은 한 다스[dozen, 타(打)]에 2.3원(元)이라는 뜻이다. 단가가 량(兩)이 아니라 원(元)일 경우는 원촌(元寸)으로 기재하였다. 뒤의 736은 은원과 상해 규은 사이의 환율인 양리(洋厘)이다. 은원 1원 = 상해 규은 0.736량임을 말한다. 그러므로 이 담뱃대의 계산식은,

$$(6 \times 2.8 + 2 \times 2 + 2 \times 2.2) \times 0.736 = 25.2 \times 0.736 = 18.5472 (2\text{는 버림})$$

이 된다. 화물발송장의 각 방(幇)에 기재되어 있는 양리는 시가에 따라 변동하지만, 동일한 방 내의 양리는 모두 똑같다. 한 발송장 안에 포함되어 있는 각종 상품의 구매날짜는 같을 리가 없기 때문에, 이때의 양리는 발송장을 작성한 날의 양리일 가능성이 크다. 발송장의 작성일이 문서 맨 앞에 기재한 발송일과 동일한지 여부는 알 수 없다.

1907년의 상해 시장에서는 비누, 우산, 칼과 같은 생활용품도 여전히 상해 규은 단위로 거래되고 있는데, 전통적인 수출품인 차와 홍콩 안화태에서 보내온 한약재와 오리털[우융(羽絨)]과 같은 상품은 예외 없이 은원(銀元) 단위로 거래되었다. 홍콩은 은량 유통지역이 아니므로 은원 단위 거래가 당연하지만, 차는 산지가 대체로 남방에 있고, 홍콩과 해외시장에 깊이 의존

하는 상품이므로 은원 단위 거래가 정착된 것이 아닌가 한다. 다음은 차의 발송단 기재이다.

〈사례 8〉

(a) 亦 16 奇馨紅茶 1箱 50斤 40元寸
亦 17 宜春紅茶 2箱 100斤 28元寸
代 色捆 3件 35寸
招牌紙 400張 8寸 共洋 4.25元
共洋 52.25元 733 , 38.299匁

(b) 亦 奇香 25 紅茶 1箱 50斤 40元寸 洋 20元 ,
亦 艺兰 25 又 2箱 100斤 洋 28元
代印□□元□招牌紙400套 洋 3.2元
代支包綑 3件 35寸 洋 1.05元 , 74 , 38.665匁

출전 :
(a)는 일련번호 7, 上海 同泰號 → 漢城 同順泰, 제4방, 丁未年(1907년) 2월 30일
(b)는 일련번호 57, 上海 同泰號 → 漢城 同順泰, 제21방, 丁未年(1907년) 12월 19일

위에서 맨 앞의 '亦'은 컨테이너 마크가 위와 동일하다는 의미이므로, (a)는 T1 16 컨테이너에 기형홍차(奇馨紅茶) 1상자, T1 17 컨테이너에 의춘홍차(宜春紅茶) 2상자가 있다는 의미이고, (b)는 [HST] 25에 기향홍차, 예란홍차(藝蘭紅茶)가 3상자 들어 있다는 의미이다. 차의 경우 눈에 띄는 것이 보통 상품의 포장비용을 맨 뒤의 지출 내역에 따로 기재하는 것과 달리, 차는 상품 내역을 적을 때 포장비용을 같이 포함시켜 비용을 청구한 것이다. 아마도 조선보다 상해가 포장지의 인쇄와 판매가 활성화되어 있었기 때문에, 동순태가 상해 동태호에게 부탁하여 한국에서 판매할 때 쓸 상품이 인쇄된 개별포장지를 상해에서 인쇄한 것 같다. 대(代)는 '대행'의 의미이므로 위는 상표가 찍힌 포장지[招牌紙]의 인쇄를 대행한 것이고, 아래는 수출용 포장의 대행으로 판단된다.

은원으로 구매한 상품은 발송장에 다시 양리를 적용해서 상해 규은으로 바꾸어 기재하므로, 『동순태보호기』는 정미년(1907년)의 양리 변동을 알 수 있는 좋은 자료이다. 〈사례 7〉과 〈사례 8〉을 보면 발송일 3월 15일에는 양리가 736이었는데, 2월 30일에는 733, 12월 19일에는 740으로 양리가 적지 않게 변동하고 있다. 『동순태보호기』에 나타난 발송일 기준 양리의 변화를 그래프로 나타내면 다음과 같다.

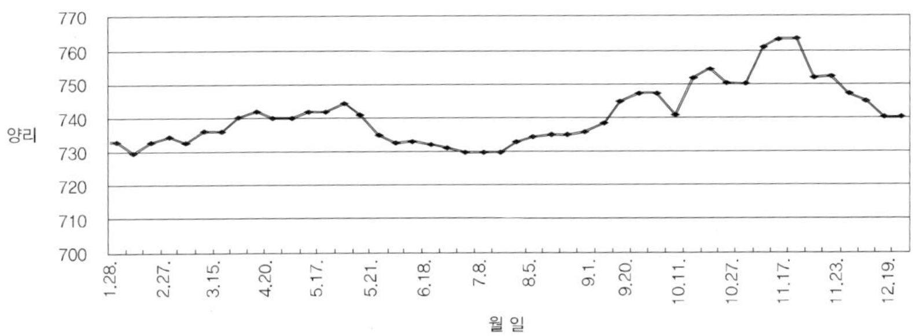

〈그림 4-5〉 상해 양리(洋厘)의 변화(1907년)

정미년(1907년) 한 해의 추이를 살펴보면, 양리는 대폭은 아닐지라도 끊임없이 변동하고 있다. 은원 1원 가격은 최저 0.730량에서 0.763량으로 4% 내외의 변화를 보여 하반기에 강세를 보이다가 다시 평균 수준인 0.740량 가량으로 떨어졌다.

④ 동전 단위에서 상해 규은으로

다음으로 동전 단위 거래를 상해 규은으로 환산한 거래를 살펴보자. 동전은 소액거래에서 결제되었으므로 『동순태보호기』에서 동전 환산이 나타나는 사례는 붓밖에 없다.

〈사례 9〉

(a) 玉筍筆 10支 56寸(0.56吊)
蓮菜第一枝筆 100支 128寸(1.28吊)
大號 純羊毛筆 20支 4寸(0.4吊) 共錢 26.4吊 68申 , 17.952匁

(b)

大號		3	32千	共錢 52.8吊 121申 洋43.63元 734, 32.024匁
2號	揸筆	5支	256千	
3號		5	208千	
大號		10支	56百	
2號	斗筆	10	48百	
3號	10支		4百寸	
4號	斗筆	10支	32百	
5號	10支		24百	

출전 :
(a) 일련번호 51, 上海 同泰號 → 漢城 同順泰, 제20방, 丁未年(1907년) 11월 30일
(b) 일련번호 33, 上海 同泰號 → 漢城 同順泰. 제12방, 丁未年(1907년) 8월 5일

사례 (a)와 (b)는 일견 계산 방식이 달라 보이는데, 이를 해명하기 위해 먼저 계산과정이 더 명확하게 기재된 (b)를 살펴보고 이어서 (a)를 살펴보도록 하겠다.

(b)에서 적(吊)은 관(貫), 관(串)의 의미이다. 1관(貫, 串)은 중국 동전인 제전(制錢) 1,000문(文)을 묶은 단위이다.[44] 소주부호[蘇州碼字]의 기재 방식에 따라 32천(千)은 3,200, 256천(千)은 2,560이고, 56백(百)은 560, 48백(百)은 480으로 환산되므로, 각 필의 수량과 단가를 곱하면 각종 붓의 총액은 동전(銅錢) 52,800문(文)이 된다. 그러므로 적(吊)으로 환산하면 52.8적(吊)이 되는 것이다.[45] 뒤에 나오는 "121申 洋43.63元"은 동전을 121의 환율로 은원

44) 원래 1貫(串)은 동전 1,000개이지만 업종에 따라서 빠지게 묶기도 하고 더 넣어 묶기도 하기 때문에, 『동순태보호기』에 표기된 1吊가 딱 동전 1천 개인지는 불명확하다.

으로 환산하라는 의미로, 52.8 ÷ 1.21 = 43.63(43.63…에서 버림)이 된다. "신(申)"은 환율을 적용해서 다른 화폐 단위로 환산한다는 뜻이다. 은원으로 환산한 후는 다시 상해 규은으로 환산해야 하므로, 양리 734를 적용하면 43.63 × 0.734 = 32.024(32.02442에서 버림)가 도출된다. 즉 (b)에서는 동전을 먼저 은원으로 환산한 뒤, 다시 규은으로 환산하는 방식을 취했다.

다시 (a)로 돌아가 보자. 붓 130개를 각 단가와 개수별로 곱하면, "共錢 26.4吊" 즉 합계 동전(銅錢) 26.4적(吊)이 된다. 여기에도 "68申", 즉 68의 환율을 적용해 량으로 환산하라고 되어 있으므로 이를 따라하면 26.7 × 0.68 = 17.952량이 도출된다. 즉 (a)에서는 동전을 바로 규은으로 환산하는 방식을 취했다. 그런데 (a)를 (b)의 방식대로 동일 환율을 적용해 은원으로 먼저 바꾼 다음, 다시 은량으로 바꾸면 16.014량이 도출되므로 17.952량과는 값이 다르다. 그렇게 본다면 (a)에서 적용한 "68申"은 (b)와는 다른 동전과 은량 사이의 또 다른 환율이라고밖에 볼 수 없다. 어떨 때 두 방식 중 하나가 적용되는지는 향후 규명해야 할 과제이다.

⑤ 타 지역 은량에서 상해 규은으로

마지막으로 타 지역 은량에서 상해 규은으로 환산한 사례를 살펴보도록 하겠다. 현지 은량 내지 은원 단위에서 상해 규은으로 환산한 사례는, 홍콩 안화태와 광주 서초당, 산두 생원이 발행한 발송장 및 영수증들이다. 그러나 홍콩 안화태와 광주 서초당의 발송장은 판독이 안 되는 글자가 많거나 아니면

---

45) 중국에서 1꾸러미, 즉 1吊은 동전 1천 개를 묶은 것이고 이념상으로는 은량 1량과 같지만 실제는 시대와 지역에 따라 매우 다르다. 19세기 청의 은량과 동전의 比價는 대외무역의 추세와 은동의 생산량 변화에 따라 은량 1량과 동가인 동전의 개수는 600개에서 2,000개까지 급격하게 변동했다. 또 1吊에 묶는 동전의 수도 지역에 따라 또 업종에 따라 600여 개(주로 중국 동북 지역)에서 1,200개까지 다양했다. 아울러 조선 동전은 중국 동전보다 할인되었고, 조선에서 1吊(=貫)에 묶는 동전 수 역시 이념형만 1천 개이고 실제로는 다양했다.

환율을 분명하게 기재하지 않아서 아직까지 환산 방법을 규명하지 못했다. 유일하게 저자가 규명할 수 있었던 사례가 산두 생원이므로 이 사례(사례 10)만을 분석하도록 하겠다. 다행히 이 영수증을 풀 수 있었던 것은 영수증 위에 담걸생으로 생각되는 수령자가 발송장 총액 옆에다 계산식을 적어 놓은 덕분이었다.

『동순태보호기』에는 발행자가 "산두/생원"이고 수령자가 "연발보행(聯發寶行)"인 영수증이 모두 두 개가 있다. 일련번호 9번과 12번으로 각각 상해 동태호의 화물 발송장 제4방과 제5방 안에 포함되어 인천으로 발송된 당강(糖姜)의 원단이다. 앞에서 살펴보았듯이 당류는 광동성 조산(潮汕) 지역의 특산물인데 이 지역 객방인 조주방(潮州幇)과 광방(廣幇)은 행정상으로는 같은 광동성 출신이라도 동향조직이 별개였으므로, 상해 동태호는 상해의 대표적인 조주방 당행(糖行)인 연발행에 부탁하여 같은 조주방인 산두 생원호에 당강을 주문 구입하도록 위탁하고, 그것을 받아서 다시 조선 동순태에게 부쳤다.

산두의 생원이라는 당행(糖行)에서 연발행에 보낸 두 영수증은 산두에서 상해까지 포장비, 운송비, 세금까지 합산하여 합계액에 (a) 合共**結欠**銀 貳佰五拾柒兩壹錢68分(257.168兩) [715**直**]359.675元718升98元258.246 三月初四日期(굵은 글씨는 추정 글자-인용자), (b) 合共欠直銀 貳佰陸拾柒兩五錢38分(267.538兩)[715 374.179元 717升98元□268.286匁]이라고 써 있다. [ ]는 글자체가 달라, 후에 수령자(아마도 담걸생)가 계산식을 써 넣은 것으로 추정하였다. 이 영수증의 결산식은 기재 방식이 상해 규은과는 상당히 다르다. 상해 동태호 발송장에는 합계[合共] 뒤에 바로 "98규은"으로 은량 단위가 나오고 금액이 적혀 있지만, 여기에서는 합계[合共] 뒤에 "결흠은(結欠銀)", "흠직은(欠直銀)"이 나오고 금액이 적혀 있다. "결흠"이란 거래를

〈사례 10〉

(a) (如意) 玆代辦配天津船運奉

64□ 源□ □利糖姜肆十(40)件

64□ 辦姜片40件 5,068千斤 △一支十斤 淨 4,668千斤30(70) , 209.126匁

代 桶索丁料 35 9.8匁

代 完內河兩駁 20 5.6匁

代 完出口正稅448□兩22.4匁 力125 25.2匁

代 厘□□22.4匁15 3.36匁 力1 3.696匁

代 挢駁力 32 128千 8.96錢(0.896匁)

代 保安450元 □ 727 2.29匁

代 行佣 4.0元 5.6錢(0.56匁)

合共結欠銀 貳佰五拾柒兩壹錢68分(257.168兩)

[715直359.675元718升98元258.246 三月初四日期]

聯發寶行 升照, 丁二月十九日 (汕頭/生源)單

(b) (如意) 玆代辦配樂生船運奉

□源 □利姜片肆十(40)件 □□□□4,480斤

66元□ 姜片40件 5151□(千斤) 支十斤 淨 4,751□(千斤?) 70 , 219.496匁

代 索丁料桶 35 9.8匁

代 完內河兩駁 20 5.6匁

代 □出口正稅448□(千斤)兩22.4匁 力125 25.2匁

代 □厘□22.4匁15 3.36匁 力1 3.696匁

代 挢駁力 32 128千 8.96錢(0.896匁)

代 □保家 450元 □ 727 2.29匁

代 行佣 20 5.6錢(0.56匁)

合共欠直銀 貳佰陸拾柒兩五錢38分(267.538兩)

[715 374.179元 717升98元□268.286匁 初十期]

聯發寶行 升照, 丁二月卄四日 (汕頭/生源)單

출전 :
(a)는 일련번호 9, 汕頭/生源 → 聯發寶行, 丁未年(1907년) 2월 19일
(b)는 일련번호 12, 汕頭/生源 → 聯發寶行, 丁未年(1907년) 2월 24일
* 2008년 논문에서 法尺으로 추정한 글자인데, 法을 結로, 尺을 欠으로 수정하였다.
* 이 영수증은 脫草와 계산식의 해독에서 불완전하다.
* [ ]는 영수증 수령자(담걸생으로 추정)가 적어 놓은 것.

결산한 후 부족한 금액, 빚진 금액이란 뜻이므로, “결흠”과 “흠”을 같은 뜻으로 보면 “은”과 “직은”은 “98규은”에 해당하는 또 다른 은량 단위라고 보인다. 두 계산식이 같은 것으로 보아 (a)의 “은”이 곧 (b)의 “직은”일 것이다. 상해 동순태호의 발송장에는 그냥 합계[合共]이리고만 썼는데, 왜 이 발송장에는 “합공결흠(合共結欠)”이란 표현을 쓰는지는 잘 알 수 없지만 물건은 가지만 아직 대금이 지불되지 않았으므로 빚, 부족분, 외상에 상당하는 표현을 쓴 것이 아닐까 한다.

그러면 우리가 관심이 있는 화폐 단위를 알 수 있는 단어는 “직은(直銀)”이 된다. 이 발송장은 1907년에 작성된 것인데, 1880년대부터 1925년경까지 산두 금융계는 회태공소(匯兌公所)를 중심으로 “직평칠태은(直平七兌銀)”을 기장(記帳) 및 결제 단위로 쓰고 있었다. 이 화폐 단위는 은량(銀兩)이 아닌 은원(銀元) 단위였다. 직평칠태은도 상해 규은(規銀)과 마찬가지로 장부와 계산 단위로만 존재하는 허은(虛銀)으로, 속칭 ‘칠태(七兌)’, ‘직평(直平)’이라고 불렸다. 화교 송금이 많은 산두는 금융업이 청 말부터 크게 발달하여 상해가 아직 규은 양제(兩制)를 쓸 때에 칠태 원제(元制)가 이미 채용되었으며, 각 전장은 직평칠태은을 기초로 칠태표(七兌票)라는 지폐를 발행하여 시장에서는 실물 은화를 압도할 정도였다.[46] 그런데 여기 나오는 “직은(直銀)”은 단위가 량이었다. 그러므로 저자는 여기의 “직은(直銀)”을 직평칠태은의 기준이 되는 산두의 은량 단위로 판단하였다.

그렇게 보면 이 발송장의 수령자로 예상되는 인물이 (a)의 총액 옆에 적어놓은 계산식이 문제 없이 해명이 된다. 즉 수령자는 총액 직은(直銀) 257.168

---

46) 陳景熙, 「商埠城市的金融行業與地方貨幣控制權」 『第五屆潮學國際研討會論文集』 2003; 강진아, 「1930년대 금융개혁에서 나타난 국가권력과 민간자본-광동성 汕頭의 사례-」 『중국근현대사연구』 16, 2002, p.121.

량에다가 먼저 환율 715를 적용하여 직평칠태은(直平七兌銀) 359.675원(元)으로 환산한 뒤, 이를 환율 718로 '승(升)', 즉 프리미엄[승수(升水)]을 붙여서 최종적으로 98규은(上海 規銀) 258.246량으로 환산하였다. (b)는 같은 방식으로 직은 267.538량을 직평칠태은 374.179원으로 환산한 뒤, 다시 상해 규은 268.286량으로 환산한다.

그 경우 계산방식은,

(a) 257.168 ÷ 0.715 = 356.675 → 356.675 × 0.718 = 258.246

(b) 267.538 ÷ 0.715 = 374.179 → 374.179 × 0.718 = 268.286

이다. 따라서 계산식을 통해 유추해 보면, 직은은 1907년 산두 일부 상계(혹은 여기에서는 당업계)에서 사용하는 은량 단위로, 상해 시장에서 규은(량)과 은원(원) 사이의 환율인 양리(洋厘)가 설정되듯이 산두 시장에서는 직은(량)과 직평칠태은(원) 사이의 환율이 설정되어, 상해 규은량으로 바꿀 때에는 직평칠태은을 매개로 하여 환산한 것으로 판단된다. 연발행에게 발행하는 영수증의 단위가 산두 통용의 은량이라는 점을 감안하면, 상해 동태호와 조선 동태호가 상해규은을 기장단위로 발송장을 주고받듯이, 조주방끼리는 산두에서 통용되는 은량 단위인 직은을 기장단위로 쓴 것 같다. 따라서 상해 규은으로 환산하는 것은 동태호가 직접 해야 했고, 동순태 담걸생은 동태호가 발송장에 기재한 환산 액수가 정확한지 직접 계산해 보면서 옆에 계산식을 써 놓은 것이리라.

3. 조선 대외무역의 결제화폐와 한중무역

이상으로 잡종화폐의 환경 하에서 상해의 시장거래에 사용된 다양한 결제 방식을 살펴보았다. 그런데 여기에서 주의해야 할 것은 조선 동순태와 상해 동태호 사이의 결제 단위는 상해 규은이지만, 허은(虛銀)인 상해 규은은 실재하는 화폐가 아니라 기장과 계산 단위에 불과하기 때문에 현실상의 결제는 현존하는 화폐로 이뤄져야 한다는 점이다. 조선에서 영업하는 동순태는 중국 화폐인 은량과 은원의 획득과 보유에 한계가 있었다. 따라서 동순태가 동태호에 대금을 지불하기 위해서는 조선에서 팔아서 얻을 수 있는 화폐를 동원해서 상해 규은으로 최종 환산해야 한다.

청일전쟁 이전 조선시장의 일반 상거래에는 한전(韓錢, 동전)이 수수되었고, 개항장에는 외국 은원, 일본 은원[엔화]이 광범위하게 유통되고 있었다. 그것은 갑작스럽게 개항을 맞은 조선 시장에 해외와 교역할 만한 결제화폐가 없었기 때문이었다. 1888년에 서울주재 영국총영사 와터스(Watters)는 청 북경의 영국공사인 월섬(Walsham)에게 직원 봉급 지급의 어려움에 대해 호소하면서, "한국인에게 은원은 주화도 아니고 화폐도 아닙니다. 그들은 오로지 '동전' 지불만 압니다(The dollar to the Corean generally is neither a coin nor a sum of money. They know only 'cash' payments)"라고 말하고 있다. 와터스는 북경 공사관 직원들은 한 달에 6원(dollar)을 받고 일하고 은화와 동전의 환율 진폭이 크지 않아 손실이 조금이지만, 조선 총영사관 직원들은 어려운 처지라고 불평했다. 조선 총영사관 직원들은 1884년에 3원(dollar)으로 일하기로 동의하여 1887년에도 월급은 똑같이 3원이었다. 월급이 북경의 절반에 불과하지만 더 심각한 문제는 환율이었다. 조선 시장에서 구매하려면 은원을 동전으로 바꾸어야 하는데, 환율이 폭락한 것이다. 1884년에 3원(元, dollar)의 가치는 동전 약 6,000문(文, cash)이었는데 1887년에는 겨우 3,750문으로 떨어졌다. 따라서 현지에서 조선 동전으로 태환하여 필수품을 구입해야 하는 영사관 직원들은 사실상 월급이 절반으로 깎인 것이나 마찬

가지였던 것이다.[47]

이런 상황에서 개항에 따른 무역의 증가에 따라 조선에서도 개항장을 중심으로 은원이 점차 유통되게 되었다. 동아시아 3국 간 결제수단은 은량과 멕시코 달러(멕시코 은화, 墨洋, 墨銀)였는데, 1871년부터 일본이 은화를 주조하면서 일본 은원 및 지폐가 주요한 결제화폐로 등장했다.[48] 조선이 개항한 1876년은 그런 즈음이었다. 1880년대에 조선의 대외무역은 일본과 청 위주였고, 조선해관은 영국인 총세무사와 휘하 외국인이 장악한 청 해관의 산하로 들어가 있었기 때문에 자연스럽게 청 대외무역의 결제화폐로 많이 쓰였던 묵은(墨銀)과 일본 은원(銀元)이 중요하게 쓰였다. 1883년 11월 26일에 영국과 체결한 조영조약(朝英條約)의 세칙장정(稅則章程) 제2관에는 모든 세금 항목은 묵은 혹은 일본 은원으로 납부 가능하다고 되어 있다.[49] 묵은과 일본 은원은 관세 납부에 사용된다고 조선정부가 보증했을 뿐이지만 개항장을 중심으로 결제 화폐로 널리 유통되었다. 두 화폐는 후에 공식적으로 조선 내에서 통용될 수 있는 권리를 보장받게 되는데, 1894년 청일전쟁 중에 조선정부가 신식

---

47) Söul Consulate General Mr. Watters → HM Envoy Extraordinary and Minister Plenipotentiary to China(Peking), Sir John Walsham, FO 228-1042(1888) From Swatow-Wuhu, Korea, Miscellaneous and office of works, No. 11, pp. 206~208.

48) 송규진 등 저, 『통계로 본 한국근현대사』 아연출판부, 2004, p. 78. 일본 은화는 중국에서도 유입되었는데, 대만은행이 발행하는 일본 엔화는 청 말 광동 汕頭지역에서도 龍兩으로 불리며 꽤 유통되었다(宮下忠雄, 『中國幣制の特殊研究-近代中國銀兩制度の研究』 丸善株式會社, 1952, p. 541).

49) 大英總領事官朱(邇典) → 大朝鮮外務大臣 閔(種默), 光武元年(1897) 10월 4일, FO 523-2 (1897~), p. 35. 한국사 연구자들은 영국인 총세무사 브라운이 한전을 불신하고 묵은과 일본 은원을 중시했으며 이를 훗날 러시아에 대항한 영일동맹의 분위기까지 소급 적용하여 설명하고 있는데(柳子厚, 『朝鮮貨幣考』 學藝社, 1940, pp, 671~675), 그것만으로 설명하는 것은 단편적이다. 당시 동아시아 역내 교역 결제화폐가 은화, 그중에서도 묵은이었고 조선 내에 통용 은화가 없었다는 점이 가장 중요하며, 무역에서 대일무역이 대부분이었던 상황에서 묵은과 품위와 중량이 같은 일본 은원을 수용한 것은 자연스러운 경과였을 것이다. 개항과 관세 관리의 시작은 조선 경제가 동아시아 역내 경제에 편입되는 과정이었기 때문이다.

화폐발행장정(新式貨幣發行章程)을 발표하면서 장정 제7조에서 신식 은화를 대량 주조하기 전까지 잠정적으로 외국 화폐를 혼용할 수 있다고 명시했기 때문이다. 하지만 이 공시는 사실상 기존에 외국은화가 널리 유통되었던 현상을 추인한 것에 불과했다. 처음에는 묵은이 조선 개항장에서 환영받았지만 위조화폐가 등장하고 양적으로 일본 은원이 대량으로 들어오면서 일본 은원이 애용되게 되었다. 1897년 경에 조선에 유통되던 일본 은원은 350여 만 원에 달했다고 한다.[50)]

그런데 조선에서 유통되는 일본 화폐는 은원(銀元) 즉 액면 가치 1원의 주조은화(鑄造銀貨)뿐 아니라 이 주화와 태환 가능한 태환은행권도 있었다. 일본은 1871년에 신화조례(新貨條例)를 발표하여 화폐 기본 단위를 량에서 원(圓, 서구에서는 dollar, 중국에서는 보통 元, 일본어에서는 円)으로 바꾸고, 본위화폐는 금화로 하고 은화는 보조화폐로 하였다. 하지만 아시아 무역에서는 은화가 기축통화였기 때문에 일본 정부는 편의를 위해 따로 무역은(貿易銀)으로 1원 은원을 발행했다. 이때 일본 은원은 아시아 지역 간 무역에서 가장 광범위하게 결제화폐로 쓰였던 묵은(墨銀)과 동일한 무게와 순도로 제작했다.[51)] 대신 일본정부는 금본위제를 표방하여 원래 1원 은원은 무역거래 전용으로 국내 일반 거래에서는 못쓰게 했다. 따라서 조선 및 청 개항장에서 결제화폐로 쓰인 것은 바로 이 무역은인 1원 은원이다. 그러나 일본 내 개항장에서는 은원이 무제한 통용되었고 일본 금화는 해외로 대량 유출되어 버렸기 때문에, 1877년이 되면 일본 국내에서도 시장에서 은화 유통량이 금화보다 많아져 사실상 금본위제가 아닌 금은(金銀) 복본위제 상태였다.

50) 柳子厚, 『朝鮮貨幣考』 學藝社, 1940, p. 672.

51) 1875년에 일본정부는 아시아 교역에서 일본 은원에 힘을 실어주기 위해 기존의 416그레인에서 미국 달러와 같은 함량인 420그레인으로 일본 은원의 은 함량을 높였는데, 1878년에는 다시 묵은과 같은 기존의 416그레인으로 돌아갔다.

이듬해 1878년부터 무역은인 일본 은원이 일본 국내에서 금화 1원과 동가로 무제한 통용되게 되면서 사실상 1원 액면의 일본 은원은 일본 국내외에서 본위화폐의 역할을 했다. 이런 상황에서 자연스럽게 조선 개항장에서 상거래의 결제화폐와 관세 납부 화폐로 일본 은원(즉 일본 엔화)이 쓰이게 되었던 것이다.

문제는 은원뿐 아니라 은행태환권도 마찬가지로 개항장에서 쓰이게 되었다는 점이다. 그 중에서 조선 개항장에서 강력한 영향력을 행사한 것이 일본 제일은행권(第一銀行券)이었다. 제일은행(第一銀行, 다이이치 은행)은 1872년 국립은행조례에 따라 1873년에 "국립제일은행(國立第一銀行)"으로 개업한 은행으로 일본 최초의 상업은행이다. 그런데 이때의 국립은행이란 국가 설립 은행이 아니라 국법에 의해 설립된 은행이란 뜻으로 실제는 민간 자본이었다. 제일은행을 비롯한 여러 '국립은행'들은 1876년부터 국립은행조례의 개정으로 지폐를 발행했다. 그러다가 1882년 중앙은행인 일본은행이 개업하면서, 제일은행을 비롯한 구 국립은행들은 일반은행으로 전환되었다. 또 일본은행이 1885년부터 법정화폐인 태환은권(兌換銀券)을 발행하면서 제일은행을 비롯한 구 국립은행권은 1899년 말까지 통용되다가 후에 일본 국내에서 통용이 정지되었다.

그런데 제일은행은 조선정부와 특수 관계에 있었던 점이 상업은행이면서도 조선 시장에서 제일은행권의 특수지위를 낳는 결과를 가져왔다. 제일은행은 일찌감치 1878년 부산에 지점을 열면서 조선에 진출하여 원산(1880년), 인천(1882년), 한성(1888년)에 출장소 및 지점을 확대하고, 조선화폐와 일본화폐 사이의 태환업무, 개항장 사이의 송금을 취급하면서 빠르게 세력을 신장하였다.[52] 게다가 1884년에 조선정부와 계약하여 부산, 인천, 원산 해관의 관세 취급 업무를 대행하는 유일한 은행이 되었다. 또 이에 따라 제일은행 부산지점은 관세 및 해관 수수료 납부에 쓸 수 있는 어음 형태의 태환권을 조선 동전(銅錢), 당오전(當五錢), 은화 액면단위로 각각 발행할 수 있게 되었다. 원래 관세 납부로 한정되었으나 시장에서 수수된 은원과 마찬가지로 이 제일은행 태환권도 관세 납부 이외에도 시장에서 수수되게 되었다.

조선 개항장에서 널리 수수된 제일은행태환권이 제일은행 부산지점에서 발행한 이 태환권만인지, 아니면 일본 본토에서 발행한 제일은행 태환권까지도 포함한 것인지는 확실치 않다. 저자는 후자라고 생각한다. 태환권이란 그 지폐를 해당 은행에 가져가면 액면가의 주화로 바꿔 주는 것이므로, 일본 은원이 광범위하게 유통되고 있는 이상 후자의 태환권 역시 동등하게 유통되었다고 보는 것이 합리적이기 때문이다. 또 동순태문서에서는 "일본 지폐[日紙]"를 결제에 사용할 뿐 아니라 일본 각지의 제일은행 지점에 송금할 때도 쓰고 있으므로 조선 해관에만 사용되는 부산지점 발행권이 이 "일본 지폐[日紙]"라고 보기는 어렵다. 이상은 단언할 수는 없고 검토가 필요한 문제이지만, 제일은행태환권이 1902년 정식으로 조선의 법정화폐로 재등장하기 전부터 개항장을 중심으로 널리 유통된 것은 틀림없다. 더 나아가 실제 개항장에 널리 유통된 것은 일본 은원보다는 오히려 제일은행 태환권이었을 것이라고 보이는데, 『조선화폐고』의 저자 유자후에 따르면, 묵은이나 일본 은원이나 실상 조선 내에서 머무르는 것은 적었고 청상(淸商) 즉 화상의 손을 거쳐 중국에 유출되는 액수가 거대했다. 일본 은원이 조선을 경유하여 중국으로 유출되는 것은 일본 정부의 큰 골칫거리였다고

---

52) 김재순, 「노일전쟁 직후 일제의 화폐금융정책과 조선 상인층의 대응」 『한국사연구』 69, 1990, pp. 130~131. 인천분호 개설을 김재순은 1883년으로 적고 있으나, 유자후의 주장에 따라 1882년으로 고쳤고, 원산 출장소 개설도 유자후의 기술에 따라 추가한 것이다(柳子厚, 『朝鮮貨幣考』 學藝社, 1940, p. 666).

하는데, 이런 상황에서 조선 시장에 널리 유통된 것은 오히려 태환권이 아니었을까 한다.[53]

〈그림 4-6〉 일본의 은원(銀元) 주화

53) 柳子厚, 앞의 책, p. 670. 안드레 군더 프랭크의 표현대로 중국은 16~19세기 초까지 세계 은의 거대한 배수구였는데, 개항 전에도 일본 은이 비단 교역을 통해 조선을 경유해 청으로 빠져 나가는 것은 조선 시대 내내 작동하던 구조였다(田代和生, 「一七·一八世紀東アジア域內貿易における日本銀」 『アジア交易圈と日本工業化 : 1500~1900』 2001, p. 299, p. 303).

〈그림 4-7〉 일본 제일은행권

〈그림 4-8〉 멕시코 달러, 즉 묵은(墨銀)

〈그림 4-9〉 여러 가지 은정(銀錠, 庫平銀, 元寶라고 불리던 馬蹄銀)

『동태래신』 중에 인천분호와 서울 본점 간의 왕래서신을 보면, 인천분호는 정기적으로 인천에서 형성된 한국 동전과 은원 사이의 환율을 보고하고 있다. 환시장은 인천뿐 아니라 서울에도 있었고, 두 시장이 연동되기는 하지만 달랐기 때문에, 동순태는 시황에 따라 인천에서 환전하기도 하고 서울에서 환전하기도 했다.[54] 상해의 외환은 묵은[멕시코 달러]을 기준으로 하고 있었는데,

54) 譚傑生 → □泉亨, (음력) 1894년 2월 30일; 譚傑生 → □泉亨, (음력)1894년 3월 2일, 『同泰來信』 5권, 甲午元月至三月(1894.1~4)上.

〈그림 4-10〉 조선 동전(상평통보 當一錢, 當五錢, 當百錢, 白銅貨)

조선의 화상(華商)은 획득한 한전(韓錢)을 엔화를 매개로 상해로 송금할 수 있었다. 『동순태왕복문서』을 살펴보면, 동순태가 상해 동태호에게 결제하는 방식은, 동순태가 시세에 따라 유리할 때 한전(韓錢)을 제일은행 인천분호에서 엔화로 바꿔서 일본 거래처가 계좌를 가지고 있는 고베나 요코하마의 제일은행 지점으로 송금하면, 다시 일본의 거래처가 이 돈을 찾아서 고베나 요코하마의 회풍은행(匯豐銀行, Hongkong Shanghai Banking Co.) 지점을 통해 상해 회풍은행 동태호 계좌로 송금하는 형태였다. 그러면 동태호는 환율에 따라 계산된 묵은 단위로 금액을 출금할 것이다.[55]

청 정부는 1899년에 가서야 근대식 은화(銀貨)를 주조했기 때문에, 일본 은원을 견제하는 정부 차원의 조직적인 움직임은 없었다. 동순태호가 동순태표를 발행하여 어느 정도 일본 상인들에 대적했다는 것은 제2장에서 살펴본 바와 같다. 그런데 일본 은원의 힘이 강대해지는 것을 견제하는 다른 열강의 움직임은 포착할 수 있다. 영국령 홍콩 은화를 조선에 유통시키려는 영국의 시도가 그것이다. 한성주재 영국총영사관의 노력은 확인할 수 있는 바에서 1891년까지 거슬러 올라가는데, 1891년 한성주재 영국총영사는 조선에서 "일본 태환권(Japanese paper)"이 외국 화폐임에도 통용되고 있다며 계속해서 홍콩 은화를 유통시킬 수 있도록 노력하고 있다고 북경공사에게 보고하였다.[56] 1897년에는 총영사가 정식으로 조선의 외무대신에게 조회를 보내어 "살펴보건대 현재 일본이 새로 화폐법을 제정하여 은원이 이 때문에 날로 감소하여 매우 부족합니다. 여러 상인들이 쓰는 것은 곧 묵은(墨銀)인데 이 역시 현재 공급이 부족합니다. 그런데 생각건대 영국령 홍콩과 싱가포르 등지의 은원은 일본 은원과 무게와 순도가 모두 같고 조금도 다르지 않으니, 만약 영국 은화로 이 사태를 구제하여 사용하게 한다면 가히 충분히 수요를 충족시킬 수 있습니다[查目今日本新定銀例, 而銀圓因之日見減少, 殊不足. 爲各商之

55) 1883년 6월의 「日本人民通商章程幷海關稅目」에 멕시코 달러는 일본은화와 동가라고 되어 있다. 『韓國條約彙纂』 統監府, 1908, p.112(김재순, 「노일전쟁 직후 일제의 화폐금융 정책과 조선 상인층의 대응」 『한국사연구』 69, 1990, p. 130 각주 41의 재인용). 그런데 제2장에서 살펴보았던 동순태차관 상환 계산 방식을 보면, 조선은 상환을 日本洋銀, 즉 일본 엔화로 지불하였다. 차관 상환방식을 보면 1892년이나 1894년이나 상해의 洋厘 시세를 적용하여 兩을 멕시코 달러 가격으로 환산한 후, 다시 멕시코 달러 100元에 1元씩 추가하여 日本洋銀으로 환산하고 있다. 그러므로 멕시코 달러의 시가 변화에 따라 일본 엔화와의 가치도 약간은 변동이 있었던 것으로 보인다. 그렇지만 시기가 약 10년 차가 있음에도 거의 가치가 비슷한 것을 감안하면, 일본 엔화는 상해 묵은과 거의 동등한 가치로 수수되었다고 해도 큰 무리는 없을 것이다.

56) British Consulate General Söul → Sir John Walsham, 1891년 8월 15일, FO 228-1071 (1891) From Korea.

用卽墨洋銀, 亦屬於用不敷, 而按英國所屬香港新嘉坡等處之洋銀圓, 與日本洋銀圓之輕重成色, 竝皆相同, 毫無所異. 若以英銀濟用則用, 庶可敷足相應, 備文照會]”라고 주장하였다.[57] 또 관세를 비롯한 지세(地稅) 및 각종 세금 납부에 영국 상인과 조선인 모두 영국 은화[英銀]을 쓸 수 있게 되면 상업 이익이 크게 늘어날 것이라고 장담했다.

여기에서 말한 일본의 화폐 개혁이란 1897년의 화폐법 공포이다. 일본 정부는 이 법률로 청일전쟁 배상금을 밑천으로 완전한 금본위제로 이행하고 액면가치 1원의 은원 주조를 중단했으며 단계적으로 유통을 중단시켰다. 일본 은원의 주조 중단은 당연히 조선 개항장에서 은원 부족을 불러왔지만, 사실 일찍부터 제일은행 태환권이 이 수요를 대체하고 있었던 상황에서 태환권보다 실물화폐인 은원을 선호하는 여론을 이용해 영국은 홍콩 은원으로 일본은원의 지위를 대체하려 한 것이다. 똑같은 시도가 1899년 2월에도 있었는데 마찬가지 논리로 탁지부 대신을 만나고 외무부에 조회를 보내면서 홍콩 은원을 해관 및 각 부(府)와 군(郡)에서 모두 납세와 수납에 쓸 수 있도록 해 달라고 요청하였다.[58]

그렇지만 조선에서 일본화폐의 위력은 계속 유지되었다. 제일은행은 1897년 일본 본토의 화폐개혁 때 특별히 일본정부에 청원하여 기존 회수 대상인 일본 은원 중에 28만 원 어치를 “은(銀)” 자(字)를 각인(刻印)하여 계속 조선에서 쓸 수 있도록 허가를 얻어 냈다.[59] 1896년에 제일은행은 국립은행 지위

---

57) 大英總領事官朱(邇典) → 大朝鮮外務大臣 閔(種默), 光武元年(1897) 10월 4일, FO 523-2 (1897~), p. 36.

58) 大英欽命駐箚漢城辦事公使大臣兼保護華商事務 朱(邇典) → 大韓帝國外部大臣 朴齊純, 1899년 2월 15일, FO 523-5(1898~), pp. 25~26. 이때 영국총영사는 청 정부의 요청으로 청일전쟁으로 철수한 청 외교기관을 대신하여 조선 거류의 화상에 관한 사무를 대리했기 때문에 “보호화상사무(保護華商事務)”라는 직함을 겸하고 있다.

59) 柳子厚, 앞의 책, p. 670. 이 이른바 각인부원은(刻印附圓銀, 각인을 더한 1원 은화)은 러

를 버리고 일반은행인 주식회사 제일은행으로 바뀌지만, 1902년에는 갑오개혁으로 은본위제를 실시한 한국정부와 계약하여 민간은행이면서도 조선의 중앙은행 업무를 대행하였고, 제일은행 부산지점에서 제일은행권(第一銀行券)을 정식으로 발행하여 한국 정부의 공인지폐로 유통되었다. 또 러일전쟁 후 1905년에는 대장대신령(大藏大臣令)으로 제일은행 오사카 제조국에서 한국 화폐의 주조를 청부하고, 조선에서 제일은행권이 법정화폐가 되면서 한국은 화폐 주권을 상실하였다.[60] 조선에서 제일은행권의 특수 지위는 1909년에 주식회사 한국은행(韓國銀行, 후의 朝鮮銀行)에게 중앙은행 업무를 양도할 때까지 지속되었다. 『동순태보호기』가 기록하고 있는 정미년(1907년)에는 이미 제일은행권이 조선 국내 교역의 결제화폐가 되었던 시기였다. 동순태호는 한국에서 제일은행권을 획득하고, 이를 태환하여 상해로 송금했을 것이다. 그럼에도 기장과 회계단위는 1894년 청일전쟁 전과 마찬가지로 은원 단위가 아니라 상해 규은을 사용하고 있었다. 그것은 은원이나 지폐가 압도적으로 된 후에도 1933년까지 기장단위는 상해 규은을 사용했던 상해 상계의 관습에 따른 것이라 하겠다.

지금까지 재한화상(在韓華商)의 동아시아 교역에 관한 연구가 19세기 후반, 청일전쟁 전에 집중해 있었다는 점에서, 『동순태보호기』는 20세기 초 한국화상의 무역 활동을 살펴볼 수 있는 귀중한 자료라고 하겠다. 또한 인천-상해 간 국제교역의 구체적인 방식에 관해서도 적지 않은 정보를 제공해 준다.

시아 재정고문이 개입하여 총세무사 직을 겸임하면서 통용을 금지시켰으나 다시 러시아 세가 퇴조하고 영국인 브라운이 총세무사로 복귀하는 한편 일본 재계의 태두인 시부사와 에이치(澁澤榮一)가 제일은행 총재 자격으로 한국에 직접 와서 교섭하여 해제시켰다(柳子厚, 위의 책, p. 677).

60) 김재순, 앞의 글, 1990, pp. 123~124, p. 132.

위에서 검토한 내용을 간단히 정리해 보면 다음의 몇 가지 사항을 확인할 수 있다.

첫째, 동순태호는 청일전쟁 후에도 대중국 수입업에 적극적으로 참여했는데, 교역 범위는 더욱 상해와 광동네트워크 중심으로 수렴되어, 청일전쟁 전과 같은 일본을 매개로 한 삼각무역 활동은 확인되지 않았다. 그러나 무역 규모는 전전에 비해 줄어들어, 사업 중심이 대외무역 중심에서 한국 현지 투자로 옮겨가는 양상을 보여 주었다.

둘째, 홍콩 및 광주, 진강 등 국내외 거래처의 상품은 모두 상해로 일단 운송된 뒤, 상해 동태호를 통해 일괄 인천으로 우송되었다. 산두와 같이 동향네트워크에 속해 있지 않고 정기적인 교역이 이뤄지지 않은 지역은 동태호에서 다시 중간상인을 매개하여 물품을 구매하고 있었다.

셋째, 청일전쟁 전과 같은 상해-인천 정기항로는 없었지만, 서구 및 일본 기선회사의 항로의 확대로 선편은 줄어들지 않았으며, 교역 빈도는 청일전쟁 전과 비교해서 차이가 없었다.

넷째, 청 말의 시장은 다양한 종류의 화폐가 지역, 업종, 관행에 의해 할인되거나 할증되면서 거래되는 잡종화폐(雜種貨幣)의 시장이었다. 동순태호는 광동방(廣東幇)으로 동향네트워크를 따라 상업 활동을 전개하지만 상해를 거점으로 활동하는 만큼 기장화폐단위는 상해 규은 은량을 사용했다. 발송장에서 나타나는 결제 방식은 상관행과 화폐 종류에 따라 복잡한 양상을 드러내고 있는데, 화상들은 이러한 비즈니스 방식에 대해 숙지하고 있었다.

마지막으로 정미년(1907년) 동순태의 교역품목에는 채표(彩票)가 새롭게 등장하여 화물 거래량의 축소분을 메우고 있었다. 다음 장에서는 한말 채표업과 화상 간의 관계, 채표의 국제적 유통 경로 및 한국에서의 유통 경로에 관해서 살펴보도록 하자.

제5장

동순태호와 한말 복권 사업

1. 청 말 근대적 채표업의 흥기

"채표(彩票)"란 복권(lottery)의 중국어로, 동순태가 한국에서 판매한 채표 역시 중국 복권이다. 하지만 중국에게도 채표는 "박래품(舶來品)", 즉 수입품이었다. 복권과 유사한 형태의 도박은 중국 역사에도 일찍부터 있었지만, 1612년에 영국에서 실시되어 1826년에 중단된 복권처럼 정부가 재정 수입이나 공공사업을 위한 자금 모집을 위해 실시한 "근대적" 형태의 복권은 중국에서는 없었다. 공공성을 띤 복권 사업은 그럼에도 도박의 성격으로 늘 비난의 대상이 되었기 때문에 20세기 초에는 미국과 영국 및 유럽 대륙 다수의 국가에서 금지되었고, 제2차 대전 이후에야 오늘날처럼 대부분의 국가가 각종 공공목적을 내세워 복권을 발행하기에 이른 것이다.

중국의 복권도 비슷한 길을 걸었다. 서구에서 복권 문화를 수입하고 청 말 재정 곤란의 상태에서 재원 마련의 목적으로 복권을 발행한 뒤, 다시 정부가 도박을 장려한다는 여론의 비판을 받아 발행을 중단하게 되었다. 동순태호가 수입한 복권이란 바로 청 말 근대적 국가건설 과정에서 채용된 복권 사업의 파생물이었다.

처음 중국에 수입된 채표는 여송표[呂宋票, 일명 백합표(白鴿票)]였다. "여송(呂宋)"이 필리핀을 가리키는 한자 지명인 것에서도 알 수 있듯이, 여송표는 스페인이 식민지 필리핀에서 발행한 대형 채표였는데, 놀랍게도 여송표의 주요 시장은 필리핀이 아니라 중국이었다.[1] 1850~1860년대 사이에 중국에 유입된 여송표는 반세기 동안이나 중국 시장에 독점적인 지위를 확보했다. 하지만 1898년, 대(對) 스페인 전쟁에 승리한 미국이 필리핀을 식민지로 획득한 후 채표의 발행을 중단시킴으로서 여송표는 중국에서 사라지게 되었다. 발행이 중단되기 직전 판매량은 130만여 원(元)으로, 이중 상해의 여송표 위탁판매액[經銷額]은 50만 원에 달했다. 당시 10원으로 1무(畝)의 양전(良田)을 샀다고 하는데 여송표 1등 상금이 물경 10만 원이었으므로 일확천금의 유혹은 컸다.

해외의 채표가 유행하고는 있었지만, 청조가 도박을 엄금했기 때문에 중국 국내에서 공공연히 채표를 발행할 수는 없었다. 그러다가 재해 구제기금을 형성하기 위한 "의진(義賑)"의 명목으로 채표 발행이 흥기하게 되었다. 『신보(申報)』에는 이미 1879년부터 의진채표(義賑彩票) 발행의 광고가 나타났다. 하지만 중국에서 근대적인 채표업이 최초로 등장한 것은 1899년 강남의진채표(江南義賑彩票)의 발행으로 꼽는다.

1898년 여름에 서회(徐淮) 일대에 큰 홍수가 나자, 양강총독(兩江總督, 江蘇省과 浙江省의 최고 지방장관, 上海는 절강성 도시임) 유곤일(劉坤一)은 "상인들이 재해 구제자금 마련을 위한 채표를 발행하기를 청합니다[商人請設籌賑彩票]"라는 상소를 올려 청조의 비준을 받아 처음으로 공식적으로 채표

1) 그런데 彩票라는 용어와 형식은 중국 민간 도박에 이미 있던 말이다. 도박으로 유명한 廣東省의 '闈 姓'은 과거 합격자의 성씨를 맞추는 도박인데, 역시 당첨의 순위를 頭彩, 二彩, 三彩라고 하였다(張雲江, 「清朝末年的彩票業」 『文史天地』 2004年9月號, pp. 45~46). 중국 채표 연구에서 가장 계통적인 연구로는 劉傑, 「論清末彩票」 『近代史研究』 2000年 第4期 및 劉力, 『晚清彩票述論』 四川大學博士論文, 2007年이 있다.

를 발행하게 되었다. 이 채표를 발행한 회사는 광제공사(廣濟公司)로서, 광동상인(廣東商人)이 설립한 최초의 채표공사였는데, 유곤일은 6년의 전리(專利), 즉 독점발행권까지 보장해 주었다. 광제공사가 발행한 강남의진채표는 1899년 4월 23일[음력 기해년(己亥年) 3월 14일]에 제1회 추첨[개채(開彩)라고 한다]을 성공리에 마쳤다. 제1회의 발행수는 1만 장, 1매 가격은 5원으로 연간 판매액은 60만 원이었으나, 1901년 8월경에는 매회 3만 장, 연간 판매액은 180만 원으로 크게 늘었다. 1등의 상금은 4만 원이었다.[2)]

이에 자극받아 1900년과 1901년 사이에는 대자본의 외국회사들이 중국 채표시장에 뛰어들었다. 순식간에 10개의 채표공사가 상해 조계에 설립되어 채표를 발행했다. 그러나 1901년 3월 상해에 주재하는 각국의 영사들은 회의를 열어, 이들 자국 회사들의 채표 발행이 투기를 과열시키고 서양인들의 위신을 중국에서 하락시킨다는 이유로 단속을 결정하고, 상해조계의 외국인

〈그림 5-1〉 1899년 발행한 강남의진채표(江南義賑彩票)

2) 劉傑, 「白鴿飛來-彩票百年史之一-」 『百年潮』 2000年 第3期, pp. 73~74.

자치행정기구인 상해공부국(上海工部局)은 채표 발행을 금지시켰다. 상해조계의 다국적 자본에 의한 채표의 대량 발행은 1년 만에 막을 내렸지만, 이는 단기간에 상해에 거대한 채표시장을 형성시켰다. 결국 이 무주공산이 된 시장을 겨냥하여, 재정수익을 노린 각성(各省) 지방장관이 후인하는 관판(官辦) 채표공사가 분분히 상해에 설립되어 외국자본이 철수한 공백을 메우게 되었다.

제일 먼저 유곤일과 광제공사가 선점한 상해시장에 침투를 꾀한 것은 북양대신(北洋大臣) 겸 직예총독(直隷總督) 이홍장(李鴻章)과 합작한 보제공사(普濟公司)였다. 1901년 3월 상인 황병장(黃秉璋)은 이홍장에게 매월 판매액의 10%를 순직선후주진국(順直善後籌賑局)에 납부하는 조건으로 상해에 보제공사를 설립하여, 1901년 6월경부터 순직의진채표(順直義賑彩票) 12,000장을 발매하였다.[3] 보제공사의 상해 진출 소식을 듣고, 산서성과 안휘성에도 순무(巡撫)의 후원을 얻어 채표공사가 설립되어 상해시장에 진출했다.[4] 이렇게 각 지방의 행정 장관들이 관할 성의 재정 마련을 위하여 상인 자본과 결탁하여 채표공사를 차리고, 또 그 회사를 전국 채표시장의 대부분을 차지하는 상해에 두자, 선발주자인 광제공사는 어려운 처지에 놓이게 되었다.

광제공사는 양강총독 유곤일에게 약속한 6년 독점권을 보장해 달라고 요청했고, 유곤일은 화북 실세인 이홍장이나 이웃 성의 순무들과 불편한 관계가 되는 것까지 감수하며 세 공사에게 상해 퇴출을 명령했다. 이 바람에 여타 지방정부가 발행하는 채표회사는 상해에서 쫓겨나 본사를 각 지방의 성회(省會)로 옮겨서 발행하게 되는데, 역설적이게도 이에 따라 여송표 시절에 상해를 비롯해 몇몇 개항장에 한정되었던 채표시장이 전국적으로 확대되는 계기가 되었다.[5]

---

3) 劉傑, 「論清末彩票」 『近代史研究』 2000年 第4期, p. 24.
4) 劉傑, 「白鴿飛來-彩票百年史之一-」 『百年潮』 2000年 第3期, pp. 75~76.
5) 劉力, 「道德價值轉型中的清末彩票」 『福建論壇·人文社會科學版』 2007年 第1期, pp. 73~75.

1902년에는 호광총독(湖廣總督, 湖北省과 湖南省의 최고 지방장관) 장지동(張之洞)이 세운 관판채표인 호북첨연채표(湖北籤捐彩票)를 비롯하여, 광동성(廣東省)의 주방채표(籌防彩票), 안휘성의 철로채표(鐵路彩票)가 발행되었고, 신정(新政, 1901년부터 시작된 청 정부 주도의 교육, 경찰, 군대 각 영역에 걸친 근대화 정책) 자금을 조달하기 위한 사천성(四川省)의 사천채표총공사(四川彩票總公司)가 설립되었다. 이 가운데 호북첨연채표(湖北籤捐彩票)는 신해혁명(1911년) 전까지 최장기간 최대 규모로 발행된 관판채표(官辦彩票)였다. 각 성 지방장관이 다투어 채표사업을 승인한 것은 지방 재정이 부족했기 때문이었다. 청조(淸朝)는 의화단운동(1900년)에 피해를 입은 열강에게 막대한 배상금[경자배관(庚子賠款)]을 지불하느라 외채 부담이 급증했다. 곤경에 처한 청조는 상환액을 각 성에 분담시켰고, 그 바람에 지방재정이 극심한 압박을 받았던 것이다.[6]

상해는 현지 발행의 채표를 비롯해 각 성에서 발행하는 채표를 위탁 판매하는 중국 최대의 채표시장이었다. 1901년 전국에 정식 등록한 채표공사는 11개로, 매월 17만 장의 채표가 팔려, 월 판매액은 85만 원에 달했다. 1장 가격은 5원으로, 5원은 당시 평민의 한 달 생활비에 해당했다고 한다. 하지만 1등 상금[頭彩銀]이 최소 판매액의 20%나 점했고, 판매액의 70~75%가 당첨자에게 돌아갔으므로[還彩] 구매자에게는 상당히 매력적이었다. 대신에 수익을 높이기 위해서는 당첨금액을 늘리더라도 발행액을 높여서 많이 파는 것이 채표공사로서는 합리적이었다.

1905년 이후 채표공사들은 발행액을 크게 늘렸는데, 호북채표공사(湖北彩票公司), 안휘철로채표공사(安徽鐵路彩票公司)의 두채(頭彩, 1등 상금)는 한때 10만 원(元)까지 치솟았다.[7] 청 말 10만 원은 중소기업의 평균 자산에

6) 劉力, 「道德價値轉型中的淸末彩票」 『福建論壇 · 人文社會科學版』 2007年 第1期, p. 76.
7) 劉傑, 「淸末彩票何以暢銷-彩票百年史之二」 『百年潮』 2000年 第5期, pp. 72~73.

맞먹는 금액이었다.[8] 한편, 판매를 촉진하기 위해 5원 채표 1장[1全張]은 10개[십칙(十則) 혹은 십조(十條)]로 나뉘어 있어서 1조(條)를 5각(角)에 판매를 하였고, 구매력이 크지 않은 계층까지 시장을 확대시킬 수 있었다. 1조(條)는 당첨금액의 10분의 1에만 권리가 있었다. 이런 마케팅으로 빈민, 부녀자들까지 채표 구매열풍에 휩쓸렸는데, 농민까지도 채표 구매 대열에 합류하게 된 것은 장지동이 호북채표를 발행하면서부터라고 한다.[9]

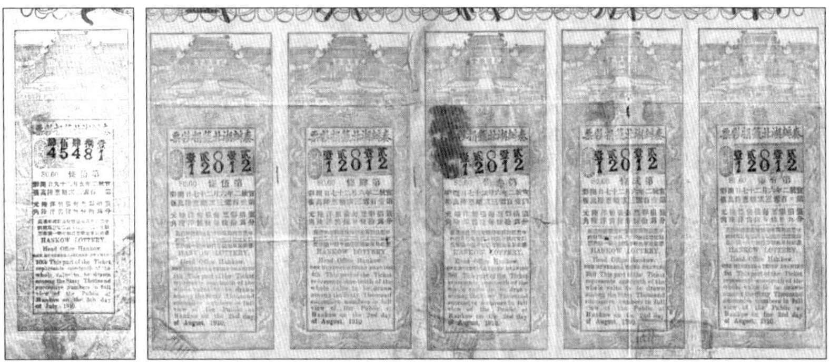

〈그림 5-2〉 호북첨연채표(湖北籤捐彩票). 채표 1장은 10개로 나뉜다. 왼쪽은 10분의 1인 1칙(則)이며 오른쪽 그림은 5개가 붙어 있는 모양이다. 위로 5개가 더해져서 채표 1장이다.

1900년대 초는 채표의 극성기(極盛期)였다. 하지만 비판 여론도 만만치 않아 1902년부터 원세개(袁世凱)는 채표가 민생을 해친다고 금지할 것을 황제에게 상주하였으며, 정부 언관(言官)들의 채표 금지 상주도 이어졌다.[10] 1905년 청 정부가 예비입헌을 실시하면서 각 성에는 성의회에 해당하는[그러

8) 1895년에서 1913년까지 중국인 자본으로 신설된 기계동력을 사용하는 제조업체 및 광산업체 549개 중 절반 이상이 초기 자금이 10만 元 미만이었고, 10만 원 이상 자본금인 회사(246개)의 평균자본금도 43만 2천 원이었다(앨버트 포이어워커, 「청 말의 경제 동향(1870~1911년)」『캠브리지중국사 11, 2부 上』 새물결, 2007, p. 83).

9) 劉傑, 「論清末彩票」『近代史研究』 2000年 第4期, p. 46.

10) 「直督示諭」『大公報』 1903.3.4.; 「奏請禁止彩票」『大公報』 1904.6.18.(劉力, 「道德價值轉型中的清末彩票」『福建論壇 · 人文社會科學版』 2007年 第1期, p. 76 재인용).

나 아직 자문기능만 있는] 자의국(諮議局)이 설립되었는데, 청 말 자의국은 지방 여론을 주도하고 이끄는 신사층(紳士層)이 제도적으로 영향력을 행사할 수 있는 길을 열어 주었다. 그리고 이를 계기로 유교적 이념에서 볼 때 투기와 일확천금을 조장하는 채표에 부정적이었던 신사층을 중심으로 민간에서는 채표 금지의 목소리가 점차 조직화되었다.[11] 중국 본토에서 채표가 절정기를 맞으면서도 논란의 중심에 놓이게 되던 때를 즈음하여 1907년『동순태보호기(同順泰寶號記)』의 교역 기록에서 드러나듯이, 한말 화상 동순태는 대량의 중국 채표를 상해에서 수입하여 한국에 유통시키고 있었다.

그렇다면 1899년부터 시작된 중국채표는 언제 어떻게 한국에서 유통되기 되었을까. 시기를 거슬러 올라, 한국에 중국채표 시장이 형성되는 과정을 살펴 보도록 하자.

2. 한말(韓末) 채표영업(彩票營業)과 재한화상

1)『황성신문』의 채표광고(彩票廣告)

『황성신문』은 화상들이 채표 광고를 주로 하던 중요한 신문이었다.[12]『황

11) 劉傑,「論清末彩票」『近代史研究』2000年 第4期, p. 50.

12) 1896년 서재필의 독립신문에 이어 1898년에는『매일신문』,『제국신문』,『황성신문』등 3개의 신문이 잇달아 발간되었다. 이 중『매일신문』,『제국신문』은 일반인을 대상으로 순한글 표기를 하였으나,『황성신문』은 지식인과 사회지도층을 대상으로 한 신문으로 국한문 혼용으로 발간되었다. 1898년 9월 5일 창간되어, 1910년 9월 15일에 완전히 폐간되었다. 전신인『경성신문』발간이 1898년 3월 2일이므로 이 기간까지 합하면 12년 6개월이다(이광린,「『皇城新聞』研究」『동방학지』53, 1986, p. 1, p. 42). 일부 채표 광고가『제국신문』에 실리기도 하지만,『황성신문』이 주력이었던 것은 채표 구매자층이 일본인, 중국인, 부유한 한인들, 성별로는 남성 위주로『황성신문』의 구독자층과 합치했기 때문일 것이다. 때문에 국문을 전용한『제국신문』을 암신문,『황성신문』을 숫신문으로 불렀다고 한다(한기형,「근대어의 형성과 매체의 언어전략」『문예공론장의 형성과 동아시아』성균관대학교출판부, 2008, p. 60). 채표광고 역시 처음에는 국한문 혼용체였으나,

성신문』에서 채표 광고가 나타나는 시기는 음력 1899년[己亥年] 10월 14일부터 1903년[癸卯年] 2월 15일까지 약 3년 4개월이다. 여기에서는 이 광고를 통해 한국에서 화상의 채표 영업이 이뤄지는 경과를 살펴보도록 하자. 〈표 5-1〉은 이 기간에 『황성신문』에 실린 채표 광고를 간략하게 정리한 것이다.

『황성신문』에 처음 채표 광고가 등장한 것은 음력 기해년 10월 14일자(양력 1899년 11월 16일) 신문 3면에 실린 안창호(安昌號)의 강남채표(江南彩票) 광고였다. 그때는 "강남광제발재형표(江南廣濟發財形票)"라는 이름이었는데, 다음 기해년 11월분 광고까지만 이 명칭을 사용하고 그 뒤로는 "강남채표(江南彩票)"라는 명칭으로 통일되었다. 채표의 공식명칭은 "강남주판의진표(江南籌辦義賑票)"이며, 상해의 대표적 신문인 『신보(申報)』의 채표 광고에는 "강남의진표(江南義賑票)"로 등장하는데, 한국에서는 강남채표로 통용되게 된다. 저자가 살펴본 한에 있어서 『황성일보』에 나타난 마지막 채표 광고는 계묘년(癸卯年) 2월 15일자(1903년 3월 13일) 제3면 광고란에 실린 동순태호의 계묘년 2월분 강남채표(江南彩票), 교주채표(膠洲彩票), 호북채표(湖北彩票) 광고이다. 대략 3년 5개월 동안 세 차례의 공백을 제외하고 줄곧 매월분의 광고가 실렸다.

광고가 확인되지 않는 세 차례의 공백은 경자년(庚子年) 2월분, 경자년 7월분, 임인년(壬寅年) 9월분 채표이다. 경자년 7월분(제17차)의 광고 공백은 발행기관인 강남채표 측에 문제가 발생하여 추첨이 예정대로 이뤄지지 못하고 다음 달로 연기가 되었기 때문이었다. 이 문제에 관해서는 다음 절에서 상론하도록 하겠다. 임인년(壬寅年) 9월분의 광고 공백은 『황성신문』 영인본 중에 9월 11일자부터 10월 20일자까지의 분량이 누락되어 있어 저자가 게제

후기에는 아예 순한문체로 바뀌었다.

〈표 5-1〉『황성신문』의 광고에 나타난 중국 채표의 판매 현황(날짜는 모두 음력)

복권 회차	판매상점	채표종류	최초 게재일	회차	판매상점	채표종류	최초 게재일
己亥10月分	安昌號	江南彩票	10.14.	6月分	安	江南彩票	6.10.
11月分	安昌號	江南彩票	10.18.	7月分	安, 同/杏	江南彩票	7.7.
12月分	安昌號	江南彩票	12.19.	8月分	安, 同/杏	江南彩票	8.14.安
庚子1月分	安昌號	江南彩票	1.27.	9月分	安, 同/杏	江南彩票	9.10.
2月分	광고 없음			10月分	安, 同/杏	江南彩票	10.8.同/杏
3月分	安, 同, 杏	江南彩票	2.30.安	11月分	安, 同/杏	江南彩票	11.7.同/杏
4月分	安, 同, 杏	江南彩票	4.10.安	12月分	同順泰	大德膠洲彩票	11.28.
5月分	安, 同, 杏	江南彩票	4.25.同, 杏	壬寅1月分	安, 同/杏	江, 膠	1.5.安
6月分	安, 同/杏	江南彩票	6.1.	2月分	安, 同/杏	江, 膠	2.3.
7月分	광고 없음			3月分	安, 同/杏	江, 膠	3.1.同/杏
8月分	同/杏	江南彩票	8.5.	4月分	安, 同/杏, 德	江, 膠	3.30.同/杏
閏8月分	同/杏	江南彩票	閏8.20.	5月分	安, 同, 德, 廣	江, 膠, 北	4.26.同
9月分	同/杏	江南彩票	9.21.	6月分	安, 同/杏, 德, 廣	江, 膠, 北	5.22.同/杏
10月分	同/杏	江南彩票	10.26.	7月分	安, 同/杏, 德, 廣	江, 膠	6.29.同/杏
11月分	同/杏	江南彩票	11.17.	8月分	同/杏, 德	江, 膠	7.17.同/杏
12月分	同/杏	江南彩票	12.11.	9月分	광고 게재 여부 알 수 없음		
辛丑1月分	同/杏	江南彩票	1.12.	10月分	安, 同/杏, 德, 廣, 同	江, 膠, 湖	9.24.同/杏
2月分	安, 同/杏	江南彩票	2.10.安	11月分	安, 同/杏, 德, 廣	江, 膠, 湖	10.26.同/杏
3月分	安	江南彩票	2.27.	12月分	安, 同, 杏, 德, 廣	江, 膠, 湖	11.20.同
4月分	安	江南彩票	3.27.	癸卯1月分	廣	江, 湖	1.8.
5月分	安	江南彩票	5.7.	2月分	安, 同, 德, 廣, 義	江, 膠, 湖	2.4.

출전 : 『皇城新聞』 1899년 11월~1903년 3월.

* 표에 쓰인 略字는 다음과 같다. 상점의 경우, 安昌號 = 安, 同順泰 = 同, 杏花春 = 杏, 同順泰와 杏花春의 공동 게재 = 同/杏, 德興號 = 德, 廣泰亨 = 廣, 義生盛 = 義이며, 채표의 경우, 江南彩票 = 江, 大德膠洲彩票 = 膠, 北洋大票 = 北, 湖北彩票 = 湖로 略稱하였다.
* 게재일은 최초로 『황성신문』에 게재된 날짜를 말하며, 연월에 맞추어 음력으로 적었다. 광고 상점이 복수인 경우 선발광고를 한 상점도 뒤에 병기하였다. 기재하지 않은 것은 동시 게재한 경우이다.
* 11월 초순 己亥 11月 강남표의 도착을 예고하는 광고를 했으나, 실제 11월 강남표의 광고는 게재되지 않았다.
* 壬寅 10월은 동순태와 행화춘 공동 명의로 게재한 광고 외에, 호북표를 위해 따로 동순태가 같은 지면에 광고를 냈다. 壬寅 12월은 각자 따로 광고를 게재하였다.

여부를 확인할 수 없었던 경우이다. 그렇지만 전후의 추세로 볼 때 광고가 게재되었을 가능성이 크다.

그렇다면 나머지 경자년 2월분의 광고 공백은 추첨도 정상적으로 이뤄지고 공급자 측에선 문제가 없었기 때문에 다른 측면에서 원인을 찾아보아야 한다. 정확한 원인을 확정짓기는 어려우나 광고 효과가 적어서 싣지 않았을 가능성을 생각해 본다. 우선 경자년 2월은 아직 안창호만이 채표 광고를 하던 시절이라서 중국 채권이 한국에 막 소개된 시기라고 할 수 있다. 그런데 음력 2월은 채표의 주된 구입자인 재한화교들이 대거 귀국하는 시기이다. 1900년의 『통상휘찬(通商彙纂)』 보고에 따르면, 1899년 1월 한성 경찰 당국에서 조사한 중국인 수는 989명이지만, 1899년 인천영사관에서 조사한 인천 화교 인구는 1,517명이라고 전하면서, 음력 12월에서 1월 사이에 화교들은 대체로 본국으로 귀국해서 초봄에 다시 한국으로 오기 때문에 한성 경찰의 통계는 과소평가되어 있다고 하였다.[13] 평상시의 한성과 인천 인구를 각각 1,500여 명으로 추산하고 있으므로 이에 따르면 30~40%가 연말에는 귀국하는 셈이 된다.[14] 중국 채표가 점차 일본인과 한국인으로 시장이 확대되어 가지만, 초기에는 구매층이 재한화교 중심이었던 점을 감안하면 경자년 2월에 광고가 없었던 것은 시장 축소로 인하여 광고 효과가 미미해서였거나, 혹은 판매상의 귀향 등으로 광고를 하지 않았기 때문으로 보인다. 후에 채표 시장이 확대되고 참여 상점도 늘어 경쟁이 치열해진 뒤에는 연말 화교의 귀국 시기와 관련 없이 빠지지 않고 광고가 실렸다.[15]

---

13) 「在高麗中國人貿易商之勢力」(譯通商彙纂東8月)『湖北商務報』第53期, 湖北商務局刊行, 光緒 26年(1900)9月1日, p. 7.

14) 아마 이 통계는 1899년 2월 漢城府 관할 五署에서 조사하여 발표한 것으로 보이는데, 『황성신문』 1899년 2월 17일(己亥 1월 8일) 雜報 3면에 발표된 한성 주재 淸人의 숫자는 西署 172명, 南署 462명, 北署 1명, 中署 255명 총 890명이었다. 이 통계에 따르면 연말에 청으로 돌아가는 화교의 비중은 40% 이상으로 더 높아진다.

3년 5개월의 전반적인 추세를 보면 처음에는 안창호 한 곳만 신문 광고를 냈지만, 경자년(1900년)에 들어와 동순태와 행화춘의 등장으로 활기를 띠기 시작하여, 임인년(1902년)에는 덕흥호(德興號), 광태형(廣泰亨) 등 후발주자가 가세하고 채표 종목도 다양화되어 대대적인 성행을 보이고 있다. 『황성신문』의 광고는 매일 10여 개 정도 실렸는데, 극성기인 1902년 후반기에는 채표 광고가 절반가량을 점할 정도였다. 신문 광고의 시작과 채표 영업의 시작 시기는 대체로 동일시해도 무방하다고 판단된다. 만약 앞서 영업을 시작했는데 광고만 후에 시작했다면 광고 내에 이전 달분의 당첨번호 명단[방목(榜目)]의 도착을 알리는 것이 보통이다. 하지만 각 상회의 첫 광고는 모두 채표의 입수와 판매 시작만을 알리고, 다음 광고부터 전달의 당첨 명단 도착을 싣고 있다. 이렇게 첫 광고 게재를 영업 시작일로 본다면, 1899년에 안창호(安昌號), 1900년에 동순태와 행화춘(杏花春), 1902년에 덕흥호, 광태형, 1903년에 의생성(義生盛)의 순으로 채표 영업에 뛰어들었다고 해석할 수 있다.[16] 광고에서 확인할 수 있는 이들 상점의 소재지는 『황성신문』 광고에 실린 대로 옮기면, '한성(漢城) 대정동(大貞洞) 안창호', '한성 동현(銅峴) 동순태', '한성 대정동 대안문전(大安門前) 행화춘', '한성 미동(美洞) 덕흥호', '한성 동현 광태형', '한성 소룡동(小龍洞) 의생성'으로 정확한 위치는 확정하기 어렵지만 한성 중서(中署)에 집결하고 있었다.[17]

---

15) 그런 경우도 癸卯年 정월은 廣泰亨을 제외하고 나머지 상점은 광고를 게재하지 않고 있다.

16) 각각 『황성신문』에 첫 광고를 게재하며 등장한 날짜는 빠른 순서대로 安昌號(1899년 11월 16일, 己亥年 10월 14일), 同順泰(1900년 4월 13일, 庚子年 3월 14일), 杏花春(1900년 4월 14일, 庚子年 3월 15일) 德興號(1902년 5월 9일, 壬寅年 4월 2일), 廣泰亨(1902년 6월 17일, 壬寅年 5월 12일), 義生盛(1903년 3월 2일, 癸卯年 2월 4일)이다.

17) 安昌號는 1899년 12월을 전후해서 漢城 大安門前 新碑洋房으로 이전해 왔다. 이전 광고에 따르면 "敝號가 漢城에서 貿易한 지 歷有年所온데…兵士의 宮前防衛함을 因하야 各貴客의 購物來訪하심에 屢有被阻하야 不便來往故로…陰曆 11月初 4日에 開市届期하오

2) 동순태호의 우세와 그 원인

이렇게 『황성신문』의 채표 광고를 종합적으로 정리해 보면, 〈표 5-1〉을 훑어만 봐도 선발주자인 안창호의 정체와 동순태의 약진이 눈에 띈다. 동순태호가 최초로 『황성신문』에 채표 광고를 낸 것은 경자년 3월 14일(양력 1900년 4월 13일)로 안창호보다 6개월가량 늦었지만 빠른 시일 내에 안창호를 따라잡았다.

동순태의 우세를 알 수 있는 것은 여러 지표가 있다. 우선 선발 광고율이다. 채표는 재구매율이 높아 살 사람이 정해져 있어 채표 도착을 하루라도 빨리 신속하게 알리는 것이 중요하다. 처음에는 안창호가 항상 선발 광고를 했고 동순태와 행화춘은 1901년 상반기에 광고가 아예 없었다. 그런데 1901년 하반기 재등장한 후로는 동순태와 행화춘이 압도적으로 선발 광고율에서 앞서고 있다. 두 번째는 광고 기간이다. 처음에는 안창호나 동순태나 4일에서 1주일 정도 광고를 한 뒤 간판을 내렸다. 하지만 1901년 하반기 이후 동순태의 광고 기간은 타 상점을 앞서기 시작하여, 1902년은 우세를 굳혔다. 1902년 5월부터 12월까지 동순태는 수일의 예외를 제외하고는 매일 광고를 게재했으며, 서로 다른 종류의 채표 광고를 동시에 올리는 경우도 많았다.[18)]

이처럼 동순태가 후발로 우세를 점한 원인은 무엇일까? 먼저 마케팅 전략이다. 안창호가 개척한 채표 시장이 수익성이 높은 것을 보고 뒤따라 채표 시장에 뛰어든 상점은 동순태 외에도 행화춘이 있었다. 첫 판매를 시작한

니…"로 되어 있어, 궁궐 근처에서 영업을 하다가 己亥年 11월 4일(1899년 12월 6일)에 이전 개업한 것으로 판단된다[『황성신문』 1899년 12월 4일(己亥年 11월 2일) 광고 3면]. 杏花春은 1902년 연말과 1903년 연초 사이에 石井洞으로 이전하였다.

18) 예를 들어 『황성신문』 1902년 8월 20일~8월 29일 광고 3면을 참조. 이 기간은 다른 상점이 광고를 다 내린 뒤에 동순태만 膠洲彩票와 江南彩票를 따로 2종으로 단독 광고하였다.

경자 3월차에서 5월차까지의 채표 광고에서는 동순태와 행화춘이 따로 광고를 냈다. 그런데 6월차부터 양자는 공동명의로 광고를 내고 있다. 그리고 공동명의로 광고를 낸 달부터 동순태와 행화춘의 광고는 안창호보다 1주일 정도 더 길게 광고를 게재하기 시작했고, 그해 하반기와 이듬해 신축년(辛丑年) 정월까지는 안창호는 광고 지면에서 사라지고 두 상점의 공동광고만 게재되었다. 신축년 상반기에 다시 안창호가 등장하면서 동순태와 행화춘 두 상점의 광고가 몇 달간 사라진 원인은 확실치 않지만, 신축년 7월차 채표 광고부터 두 상점이 복귀한 후에는 줄곧 공동명의의 광고를 이어 갔으며 광고 기간도 안창호에 비해 훨씬 길었다. 이는 선발자 안창호의 시장을 탈취하기 위한 후발 그룹의 전략적 제휴로 파악할 수 있는데, 공동명의로 게재함에 따라 같은 광고비 투자로 두 배나 길게 광고를 지속할 수 있었던 것이다. 양자의 제휴는 1902년까지 지속되다가, 1903년 1월, 계묘년(癸卯年) 12월차 채표 광고부터 따로따로 독자적으로 광고를 게재하기 시작했다. 그 원인은 행화춘의 주소 이전과 관계 있는 것으로 보인다. 독자 광고가 시작된 1903년 1월부터 행화춘의 주소가 석정동(石井洞)으로 바뀌기 때문이다.[19]

더 핵심적인 동순태의 우위는 바로 자본에 있었다. 동순태가 한말 최대의 무역상임은 주지의 사실이지만, 이러한 자본력이 있는 동순태라면 판매 규모도 타 상점에 비해 컸을 것으로 판단된다. 그 점은 당첨율에서 알 수 있다. 당첨은 '득채(得菜)' 혹은 '중식(中式)'이라고 하는데, 그중에서 1등에서 4등까지 큰 상금에 당첨이 되면 '대채(大彩)'라고 한다. 채표를 판매한 상점에서 '대채'가 나오면 대단한 선전효과가 있기 때문에, 『신보』 광고에서도 쉽게 확인되듯이 당첨 채표를 판매한 상점은 바로 신문에 선전 광고를 실었다.

19) 『황성신문』 1903년 1월 6일(癸卯年 12월 8일) 광고 3면.

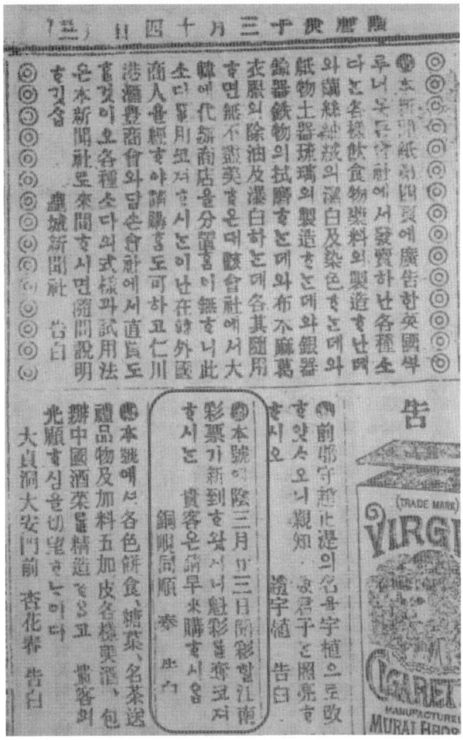

本號에陰三月十三日開彩할江南彩票가新到ᄒᆞ얏ᄉᆞ오니魁彩를奪코져ᄒᆞ시ᄂᆞᆫ貴客은請早來購ᄒᆞ시옵 銅峴同順泰 告白

〈그림 5-3〉 동순태호 최초의 『황성신문』 채표광고

그런데 『신보』와 『황성신문』의 광고에서 '득채' 광고를 내고 있는 유일한 한국 상점이 바로 동순태호이다. 『신보』에는 당첨자 발표를 매번 게재하여 당첨 번호와 그 번호를 판매한 상점의 이름을 공표했는데, 경자년(1900년) 10월 제20회 강남채표의 당첨자 발표 광고[대채지희(大彩誌喜)][20]에는 1등[頭彩]이 상해(上海) 만유리(萬有利) 상점에서 나오고, 이어서 "二彩第五千九百七十八號由同泰寄仁川同順泰", 즉 "2등 채표의 당첨 번호는 5978호로,

20) 『申報』 1900년 12월 17일(庚子年 10월 26일).

상해 동태호에서 인천 동순태호로 부친 것"으로 되어 있다. 채표 판매를 시작한 지 여덟 달 만에 터진 낭보였다. 기이한 것은 그럼에도 이 시기 『황성신문』에는 전혀 축하 광고나 선전 광고가 없다는 점이다. 『신보』의 광고는 틀림이 없기 때문에, 어떤 원인이 있었겠지만 지금으로서는 알 수 없다.

더 큰 호재는 아직 남아 있었다. 신축년(1901년) 9월분 강남채표에서 놀랍게도 1등 당첨번호가 동순태가 판매한 채표에서 나온 것이다.

> 알립니다. 저희 상점에서 23일 저녁(음력 9월 23일, 양력 11월 3일-역자) 전보를 받았는데, 판매한 9월분 강남채표 제22381호가 1등에 당첨되어, 상금 은화 4만 원(元)을 타게 되었으므로 특별히 신문에 실어 두루 알리는 바입니다. 저희 상점이 판매한 채표는 예전부터 당첨이 많았습니다만, 이번에 드디어 대채(大彩)에 당첨이 되었습니다. 채표를 구매하시고 싶은 분으로 부자가 되고자 하시면 바라건대 장래에 저희 상점과 더불어 영광을 함께할 수 있기를 바랍니다. 10월 채표는 며칠 있으면 도착하오니, 1등 당첨 채표를 가지고 가고자 하는 분은 조속히 오셔서 구매하시길 바랍니다.[啓者, 本號於卄三晩接來電傳, 售出九月份江南票第二萬二千三百八十一號中一等彩, 得銀四萬圓, 故特登報使各週聞可知. 本號歷來售出之票居多中式, 今竟然得中大彩, 惟願買票者其圖致富, 尙望於將來與本號有生光之致, 十月份彩票約日間可到, 如欲爭奪彩魁者, 請早來購爲望(방점은 인용자)][21]

이 광고는 1901년 11월 6일부터 12월 10일까지 한 달이 넘게 연속해서 실렸다.

21) 『황성신문』 1901년 11월 6일(辛丑年 9월 26일) 광고 3면.

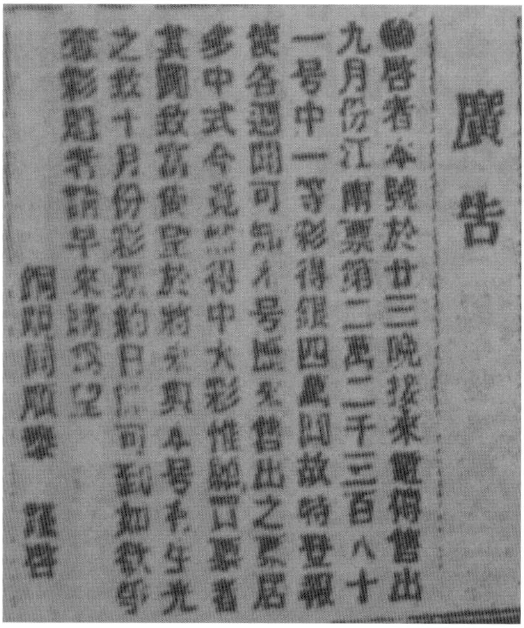

廣告
啓者本號於廿三晚接來電得悉出
九月份江南票第二萬二千三百八十
一號中一等彩得銀四萬四故特登報
使各週聞可知本号既蒙售出之票居
多中式今竟獲得中大彩惟[illegible][illegible]
其圓數富後望於將來與本号者幸先
之數十月份彩票約日已可到如欲
奪彩者請早來購為望
同順泰謹啓

〈그림 5-4〉 동순태호의 『황성신문』 강남채표 1등 당첨광고

우선 유일하게 두 차례나 당첨자가 나왔다는 것은 동순태의 취급 물량이 적지 않았고, 자본력이 우세했음을 보여 준다. 이러한 당첨 축하 광고는 동순태의 채표 마케팅에 결정적으로 도움이 되었음에 틀림없다. 이후 동순태는 두 달 만에 새로운 채표인 대덕교주채표(大德膠洲彩票)를 최초로 한국에 선보이며 대대적인 마케팅을 시작하고, 연이어 북양대표(北洋大票)와 호북표(湖北票)도 한국에서는 가장 먼저 취급하면서 종목을 확대하는 한편, 광고 지면도 크게 늘렸다. 채표 시장에서 동순태의 결정적 우위가 굳어진 것은 대체로 이 1등 당첨을 전후한 것으로 판단된다.

중국채표가 머나먼 한국에서 1등 당첨이 나왔다는 것과 광고의 확대는 한국사회 내에도 엄청난 채표 열기를 가져왔을 것이다. 1901년에 은화 4만 원이라는 것은 한국사회에서 상상도 하기 힘든 거액이었다. 중국 상해의 기축은화인 묵은(墨銀, 墨洋, 멕시코 달러) 1원과 일본화폐 1원은 거의 동가(同價)로 통용되었으므로, 중국의 4만 원은 한국에서도 4만 원이었다. 한국 최초의 민족은행인 대조선은행소[大朝鮮銀行所 = 조선은행(朝鮮銀行)]의 1898년 초기 자본금이 6만 원, 한성은행(漢城銀行, 신한은행으로 합병된 조흥은행의 전신)의 1897년 초기 자본금이 4만 5천 원이었으니,[22] 1등 당첨금은 당시 한국에서 은행을 차릴 수 있는 금액이었던 것이다.

이 1등 당첨 채표는 따로 명시는 없지만, 아마도 화교나 일본인이었을 것으로 예상되는데,[23] 이후 구매층은 한국인을 포함하여 크게 확대되었다고 보인다. 실제로 이듬해 임인년(壬寅年, 1902년) 4월분 교주채표에는 드디어 한국인 당첨자가 나왔다. 『황성신문』에는 "저희 상점에 초8일(음력 4월 8일, 1902년 5월 15일) 3월분 당첨자 명단이 이미 도착했는데, 제26962호가 4등에 당첨되어, 은화 1,000원(元)은 대한인(大韓人)이 획득하였으니, 특별히 신문에 실어 두루 알리는 바입니다[本號於初八日接三月份榜目已到, 第二萬六千九百六十二號中四等彩, 銀一千元是大韓人得彩, 故特登報, 使各週聞可知]"라고 광고가 실려,[24] 역시 한 달간 대대적으로 광고가 이어졌다.

한국인의 당첨 소식은 1등 당첨 이후 채표 구입열기가 이미 한국인 사회로 확대되었음을 보여 주며, 광고에서 "대한인(大韓人)"으로 특별히 강조를 한 것도 채표 구매층 확대를 위한 동순태호의 마케팅의 일환이라고 해석할 수

22) 이영훈 등 저, 『한국의 은행 100년사』 도서출판 산하, 2004, p. 94, p. 96.

23) 당시 최대 채표 시장인 한성과 인천의 일본인 인구는 약 6천 명, 화교는 약 3천 명이었다(『湖北商務報』 第53期, 湖北商務局刊行, 光緖26年(1900)9月1日, p. 13). 이 시기 한성 인구는 20만 명가량이었다.

24) 『황성신문』 1902년 5월 16일(壬寅年 4월 9일), 광고 3면.

있다. 이 시기를 전후하여 덕흥호, 광태형, 의생성 등 신참자가 연이어 채표 판매시장에 뛰어든 것도 구매층의 확대를 증명하는 것이다.

〈그림 5-5〉 동순태호의 『황성신문』 한국인 교주채표 4등 당첨광고

구매층의 확대와 신참 판매자의 연이은 등장은 광고 전쟁으로 나타났다. 1902년도 하반기의 『황성신문』 광고의 약 40~50%가량이 채표 광고였을 뿐 아니라, 광고 전략도 발달했다. 글자크기를 동일하게 하던 평이한 광고 형식에서 벗어나, 이 시기가 되면 월차와 채표의 종류 및 상점 이름의 글자 크기를 확대하여 광고하는 신기법이 출연하기 시작했다. 취급하는 채표 종류의 다양화도 두드러진 현상인데, 이 면에서도 동순태는 우세를 보였다. 처음으로 강남채표, 교주채표, 호북채표를 3종 모두 취급하였고, 호북표는 이후 다른 상점도 취급했지만 교주채표만은 줄곧 동순태만 취급하여 3종을 다 판매하는

곳은 동순태가 유일했다.[25] 다양한 채표가 들어왔으나 1902년 단계에서 여전히 주력은 강남채표였다.[26]

3) 한말 채표상의 성격과 1903년의 광고 중단

동순태를 비롯한 채표 판매 상점은 어떤 화상(華商)들이었을까? 결론적으로 말하자면, 중국의 채표 산업과 비교하여 한국의 채표 판매상들은 채표 전문 상점이 아니라, 무역상이나 잡화상이 채표 판매를 겸한 것이라는 점이 다르다. 즉 부업으로 채표를 팔았다.

중국의 채표 산업은 앞서 살펴보았듯이 여송표부터 비교적 긴 역사를 가지고 있었고, '표행(票行)'이라는 전문 상인이 존재했다. 강남주판의진채표(江南籌辦義賑彩票)를 발행한 광제공사(廣濟公司)나 이에 앞서 채표 발행을 시도하다 실패한 대익공사(大益公司)는 모두 원래는 여송표를 판매하던 표행이었다.[27] 표행은 상해에서 지방에 채표를 도매로 다시 넘기는 "탁표행(拆票行)"과 직접 구매자에게 판매하던 표행으로 나뉘어 있었다.[28] "탁(拆)"의 용례는 당첨 사례에도 자주 나오는데 『신보』 1899년 10월 30일(기해년 9월 26일) 4면의 "1등 당첨 사례 광고[頭彩誌喜]"를 보면 "제7회 강남의진표…1등은 본시(本市, 상해-인용자)에서 한구(漢口)의 형창양행(亨昌洋行)에 배급한 표임을 알립니다. 상해 광게흥(廣揭興) 고함[第七會江南義賑票…其頭彩由本市拆與漢口亨昌洋行. 此佈. 上海廣揭興 告白(강조는 인용자)]"이라고 하고 있다. 즉 강남채표 제7회의 1등은 한구의 형창양행이 일반인에게 판매한 채표에

25) 최초로 3종 광고가 실린 것은 『황성신문』 1902년 12월 3일(壬寅年 11월 4일) 광고 3면에서이다.

26) 동순태의 경우도 여러 채표를 병렬하여 선전할 때도 강남채표의 글자 크기를 확대해서 광고하였고, 다른 상점도 마찬가지였다.

27) 이 두 사람은 모두 廣肇幇 상인이었다.

28) 拆票行의 용례는 『申報』 1900년 12월 21일(庚子年 2월 9일) 광고 참조.

서 나왔는데, 『신보』의 이 광고는 형창양행에게 표를 공급한 도매 표행인 상해 광계흥이 사례 광고를 낸 것이다.[29)]

대조적으로 한국의 채표 판매상들은 주력이 따로 있으면서 채표 사업을 겸했던 것인데, 주로 어떤 사업을 했는지도 『황성신문』의 광고를 통해 엿볼 수 있다. 최초의 채표 판매상인 안창호는 자전거 판매 광고를 싣고 있고,[30)] 동순태 역시 안창호에 이어 경쟁적으로 자전거 판매 광고를 싣고 있으며 1903년에 가면 일본 기린맥주(麒麟麥酒) 판매 광고를 실고 있다.[31)] 마지막에 채표 사업에 뛰어든 의생성 역시 물품 광고를 게재한 바 있다. 이 상점의 취급 품목은 자수 병풍, 여름 의자, 찻상, 양과자, 양주 등 식품류, 서양 담배[洋煙], 양말, 서양 각국의 카펫, 핀, 유리, 각종 라커 등 생활용품과 양화류(洋貨類)였다.[32)] 의성생의 취급 물품은 『동순태보호기』 화물 발송장에서 동순태가 취급하던 물품과 거의 비슷해서, 상해로부터 잡화를 수입하는 무역상으로서 의생성과 동순태는 성격이 비슷한 듯하다. 광태형에 대해서는 채표 발행기인 이 기간에 저자가 살펴본 한에서는 물품 광고가 없어서 별다른 정보를 얻지 못했다.

이상 정보가 있는 세 상점이 모두 무역상 및 잡화상이었다면, 행화춘은 성격이 조금 다르게 보인다. 행화춘은 식품점이나 음식점으로 추정된다. 고래

29) "拆"은 업종에 따라 은행계에서는 "拆票" 혹은 "拆放"이라고 해서 외국은행이나 외국회사가 전장에게 대출해 준 단기 자금을 의미하기도 하고(하오옌핑 저, 이화승 역, 『중국의 상업혁명』 소나무, 1987, p. 94), 藥材業에서는 拆兌行을 각종 상품을 鄉客, 즉 지방 소매업자에게 도매를 해 주는 상점을 말한다(張一凡 『國藥業須知』 現代經濟研究所商品叢書, 中華書局, 1949. p. 4.). "拆"의 문자적 의미도 큰 것을 허물다, 액면이 큰 돈을 깨다는 의미이므로, 도매로 배급하다는 의미로 해석할 수 있다.

30) 『황성신문』 1901년 10월 2일(辛丑年 8월 20일) 광고 3면.

31) 자전거 광고와 맥주 광고는 각각 『황성신문』 1902년 3월 15일(壬寅年 2월 6일) 및 1903년 5월 2일(癸卯年 4월 6일) 참조.

32) 『황성신문』 1903년 5월 15일(癸卯年 4월 22일) 광고 3면.

부터 중국 명주로 유명한 분주(汾酒)의 생산지가 산서성 분양현(汾陽縣) 행화춘(杏花春)으로 상점 이름에서도 술과 관련된 직종으로 추리되거니와, 행화춘의 『황성신문』 광고에는 주로 중추월병(中秋月餠), 술, 차를 취급하고 있기 때문이다.[33] 따라서 이들 한국의 채표 판매상의 기본 성격은 주업인 무역업이나 잡화업, 요식업에 의해 결정되는 것이었고, 채표업은 부업이었다. 그러므로 채표 사업의 속행 여부는 주업의 사업 환경에 의해 부수적으로 결정되는 것이었다고 볼 수 있다.

이러한 한말 채표업의 취약성은 1903년 초 갑작스러운 채표 광고의 중단을 설명하는 한 요인이 될 수 있을 것이다. 1903년 3월 절정에 달했다고도 좋을 시기에 급작스럽게 채표 광고는 마치 약속이나 하듯이 『황성신문』 지면에서 사라지고 만다. 이에 대한 합리적 설명으로 다음의 몇 가지 가능성을 제시할 수 있다.

우선 동순태호에 한정해서 말하자면, 1903년 초 동순태호는 악재가 거듭되어 힘든 시기를 맞고 있었다. 1903년이 시작되자마자 1월(임인년 12월)부터 동순태호가 발행한 어음인 동순태표의 유통에 반대하는 한성 시민들의 민족주의적 운동이 발생한 것이다. 동순태표의 발행 경위와 중단 경위는 제2장에서 살펴보았으므로 다시 설명하지는 않겠지만, 제일은행권의 발행으로 촉발된 외국 화폐에 대한 민족주의적 반감은 조선에서 동순태호의 사업 환경에 악영향을 주었다. 연이어 계묘년(1903년) 2월차 교주채표가 발행사인 인제공사가 조선 동순태호로 발송하는 과정에서 유실되는 사고가 발생했다. 결국 추첨이 취소되고 표를 환불하는 사태가 발생하여, 동순태호의 신용에 큰 타격이 가해졌다.[34] 결정타는 1903년 3월경에 불거져 나온

33) 『황성신문』 1900년 9월 4일(庚子年 8월 11일) 광고 3면.
34) 『황성신문』 1903년 3월 13일(癸卯年 2월 15일) 광고 3면.

동순태표의 위조 문제였다. 동순태호는 신문에 위조지폐 분별법을 설명하는 광고를 3월 28일부터 5월 1일까지 한 달 넘게 게재하는 등 사태 수습에 나섰으나, 이와 시기를 같이하여 동순태호의 채표 광고는 지면에서 자취를 감췄다.[35] 1890년대부터 개항장에 광범위하게 유통되어 신용이 높았던 동순태표의 발행은 동순태호에게 일종의 지폐발행권을 보유한 것처럼 실제 자산을 훨씬 넘는 자금 동원력을 보장해 주었다. 그랬던 동순태표의 위축은 당연히 회사에 커다란 타격이 되었음에 틀림없다. 결국 1904년 8월경 동순태호는 공식적으로 한 달간 모든 전표(錢標)의 회수와 향후 영구 발행 중단을 선언하였다.[36] 동순태표의 현금 태환으로 동순태호에게는 여유 자금이 거의 없었을 것이다.

이러한 동순태표에 대한 애국주의적 공격은 반청(反淸) 정서 전반으로 확대되었을 가능성도 있다. 경제적 착취자라는 청상(淸商)에 대한 오랜 부정적 이미지도 이같은 애국주의적 정서의 고양으로 강화되었을 것이고, 채표에 대한 비판 정서도 커졌을 가능성이 있다. 애초에 안창호가 강남채표를 처음 한국에 도입했을 때, 채표의 시장 가능성을 점치고 한국인이 채표를 발행하려던 시도도 있었다. 인천에서 1900년 3월에 조직된 명신회(明信會)라는 "채회(彩會)"가 그것으로, 1등은 400원, 10등은 10원으로 채표를 첫 발매했다.[37] 그러나 이 조직은 바로 도박으로 단속을 받아 설립자는 구속되었고, 구매자의 피해를 줄이기 위해 약속한 첫 회 추첨만 진행하고 곧바로 해산되었다.[38] 이를 보면 중국의 경우도 마찬가지였지만, 채표를 공인하기에는 도박 금지를 표방

---

35) 『황성신문』 1902년 3월 28일(癸卯年 2월 30일) 광고 3면.

36) 『황성신문』 1904년 8월 4일자 3면.

37) 『황성신문』 1900년 3월 9일(庚子年 2월 9일) 2면 雜報. 彩票와 비슷한 도박으로 한국에도 萬人契가 있으나, 公司를 설립해서 대규모 발행을 하는 근대적 채표와는 다르다.

38) 『황성신문』 1900년 3월 28일(庚子年 2월 28일) 2면 雜報.

하는 유교 사회와 국가의 도덕적 거부감은 상당한 것이었다.

중국 채표가 창궐한 것은 한국인의 채표 발행이 금지된 상황에서 중국 채표만이 유일했기 때문일 것이다. 따라서 1902년과 같은 과열이 발생하고, 이듬해 바로 민족주의적 배외의식이 고양되었을 때 한국사회에 한탕주의를 만연시킨 채표와 이를 부추긴 화상에 대한 비판 여론이 발생했으리라고 예상하기는 어렵지 않다. 그러나 아쉽게도 채표 중단을 전후해 『황성신문』에 뚜렷하게 채표가 사회적 물의를 일으켰다는 기사는 보이지 않아 더 이상의 논증은 어렵다. 이 시기 경제적으로 어려움을 겪고 있던 『황성신문』이 최대의 광고수익을 올리는 채표에 대해 공개적인 비판을 하기는 어렵지 않았을까 추측할 뿐이다. 결론적으로 볼 때, 1903년의 민족주의 운동과, 이듬해 1904년 2월부터 1905년까지 러일전쟁으로 인한 해로의 단속적인 봉쇄는 채표 열기의 쇠퇴에 어느 정도 작용했을 것으로 판단되고, 전문적인 표행이 아닌 한국 채표 판매상의 성격 역시 급작스런 소극 경영으로의 전환에 한 원인이 되었다고 본다.

이상으로 『황성신문』을 통해 대체적인 한말 화상의 채표업 영업에 관해 소묘를 해 보았다. 다음으로는 절을 바꾸어 이러한 한말 화상의 채표업이 중국 채표업과 어떻게 연동하고 있었는지, 중국 시장의 변동으로부터 한말 채표업의 성쇠와 종말을 관찰해 보겠다.

3. 중국 채표시장의 판도 변화

강남채표의 등장과 양표(洋票)의 도전

1899년에서 1903년 사이에 한말 채표시장에 등장한 채표는 강남채표, 북양대표, 호북채표, 교주채표 모두 4종인데, 한말 채표업 전반기에 가장 중요한 채표는 역시 강남채표였다. 다음은 해당 시기 상해 『신보』에 실린 강남채표의 발행 규모를 정리한 것이다.

〈표 5-2〉 강남의진채표의 발행 규모[己亥年 3月(1899.4.)~壬寅年 2月(1902.2.)]

會次	年月	發行數	추첨일	1등 상금	會次	年月	發行數	추첨일	1등 상금
1	己亥3月	10,000	3.14.(日)	20,000元	24	2月	15,000	2.19.(日)	20,000元
2	4月	10,000	4.19.(日)		25	3月	15,000	3.17.(日)	
3	5月	10,000	5.18.(日)		26	4月	18,000	4.23.(日)	25,000元
4	6月	12,000	6.23.(日)		27	5月	22,000	5.22.(日)	
5	7月	12,000	7.22.(日)		28	6月	30,000	6.27.(日)	40,000元
6	8月	15,000	8.20.(日)		29	7月	30,000	7.26.(日)	
7	9月	15,000	9.25.(日)		30	8月	30,000	8.24.(日)	
8	10月	18,000	10.24.(日)		31	9月	30,000	9.23.(日)	
9	11月	20,000	11.22.(日)		32	10月	30,000	10.21.(日)	
10	12月	25,000	12.21.(日)	25,000元	33	11月	30,000	11.19.(日)	
11	庚子1月	25,000	1.26.(日)		34	12月	30,000	12.20.(水)	
12	2月	25,000	2.25.(日)		35	壬寅1月	30,000	1.28.(金)	
13	3月	25,000	3.23.(日)		36	2月	30,000	2.28.(日)	
14	4月	25,000	4.22.(日)		37	3月	30,000	3.27.(日)	
15	5月	25,000	5.21.(日)		38	4月	30,000	4.25.(日)	
16	6月	25,000	6.19.(日)		39	5月	30,000	5.24.(日)	
17	8月	15,000	8.23.(日)	18,000元	40	6月	30,000	6.23.(日)	
18	閏8月	12,000	閏8.23.(日)		41	7月	25,000	7.28.(日)	
19	9月	12,000	9.27.(日)		42	8月	25,000	8.27.(日)	
20	10月	12,000	10.25.(日)		43	9月	25,000	9.23.(金)	
21	11月	12,000	11.23.(日)		44	10月	25,000	10.20.(水)	
22	12月	12,000	12.22.(日)		45	11月	25,000	11.28.(土)	
23	辛丑1月	12,000	1.20.(日)		46	12月	25,000	12.24.(水)	

출전 : 『申報』 1899년 4월~1902년 2월.
* 추첨일은 모두 음력이다.

강남주판의진표(江南籌辦義賑票, 江南義賑彩票 또는 江南彩票, 江南票로 약칭)는 기해년(1899년) 3월에 첫 발매하여 제1회 추첨을 음력 3월 14일(1899년 4월 23일)에 실행하였다. 첫 회는 10,000장(張)을 발행하여 매전장(每全張) 즉 온장 하나에 5원(元)이고, 1장을 10칙(則)으로도 분할 판매하였다. 1칙이 당첨되면 상금액의 10분의 1을 가져갔다.[39] 때를 같이하여 강남주판의진표공사(江南籌辦義賑票公司), 즉 상해 광제공사는 원래 영국 조계에 있었으나 십륙보(十六甫) 남마로(南馬路) 상기마두(祥記馬頭)로 회사를 이전하고 채표를 발매하기 시작했다.[40]

광제공사는 원래 여송표의 판매상이었는데, 원칙적으로 여송표는 조계 내에서만 판매가 허용되어 있었으므로 영국 조계에 사무실을 두었을 것이다. 그런데 강남채표는 남양대신(南洋大臣) 겸 양강총독(兩江總督)의 주판으로 발행한 이른바 '내지(內地)'의 채표였으므로 거꾸로 조계에서는 판매가 금지되고, '내지'에서는 6년간의 독점적 발행권[六年專利]을 획득했다. 강남채표 발행 전 광제공사가 사무실 주소를 이전한 것은 수입채표상에서 내지발권상으로의 변화를 의미한다.

최초로 중국 정부의 인가를 받은 중국 채표인 강남표는 이때부터 파죽지세로 성장하였다. 제1회의 발행량은 1만 장이었으나 제10회는 2만 5천 장으로 늘어, 10달 만에 두 배가 넘게 성장하였다. 안창호가 『황성신문』에 광고를 게재하고 한국에서 본격적으로 채표 판매를 시작한 것은 제8회, 즉 기해년 10월분 강남표로 강남표가 발매된 지 여덟 달 만에 한국 땅에 상륙한 것이다.

강남표의 발행과 추첨 방식을 보면 다음과 같다. 먼저 추첨이 이뤄지는 달이나 그 전 달 말경에 채표의 인쇄와 발매가 시작된다.[41] 추첨일은 상해

39) 劉傑, 「論清末彩票」『近代史硏究』 2000年 第4期, p. 12.

40) 『申報』 1899년 4월 10일(己亥年 3월 1일)

십륙포 신마로 대마두(大碼頭)의 광제공사에서 대체로 그 달 마지막 일요일 오전 10시와 11시 사이에 이뤄지는데, 때에 따라 좀 일찍 추첨하는 경우도 있었다. 하지만 1902년까지는 일요일 추첨은 손에 꼽을 정도의 예이를 제외하고는 지켜졌는데, 1902년에 들어서면 일요일 원칙이 지켜지지 않고 있다. 일요일에 추첨을 하는 이유는 추첨의 공정성을 위해 관중을 모으고 지방장관이 배석한 자리에서 공개 추첨을 했기 때문이다. 따라서 흥행이 잘 되도록 휴일에 하는 것이 좋았다. 방식은 항상 같았다. 숫자를 하나는 크고 하나는 작은 청동구[大小銅球]에 집어넣고 잘 흔들어 섞은 뒤, 두 청동구에서 굴러 나온 숫자를 맞추어 당첨 번호를 공시했다.[42]

강남표는 판매량을 수직으로 상승시키며 매달 성공적으로 추첨을 했는데, 제17차 경자 7월차 채표는 추첨이 성사되지 못하고 8월로 연기되었다. 때문에 한국에서도 음력 7월분 채표 광고가 『황성신문』에 실리지 않았다. 한국의 경우 회차(會次)를 공시하지 않고 추첨 달로만 광고를 했기 때문에 7월분 채표가 발매되지 않은 것처럼 보이나, 사실은 기해년 7월분에 해당하는 제17차 채표는 발매가 되었으나 내부 사정으로 추첨이 한 달 연기된 것이었다. 이 유일한 예외에는 복잡한 사정이 있었다.

1회에서 12회까지 승승장구하던 광제공사는 이후 안팎으로 도전에 직면하였다. 12회의 추첨일은 경자년 2월 25일로 양력 1900년 3월 25일인데, 바로

---

41) 초기에는 추첨이 이뤄지는 음력 월초에 발행되었으나 점차 시기가 앞당겨져 이듬해 1900년과 1901년에 여러 채표의 등장으로 경쟁이 격화되자, 두 달이나 앞서 발행되기도 했다. 예를 들어 제11회 경자년 1월 26일 추첨의 강남채는 발매 광고가 기해년 12월 24일부터 게재되었는데, 제25회 신축년 3월 17일 추첨 강남표는 1월 20일 광고에 벌써 인쇄와 발매를 알리고 있다(『申報』 己亥年 12월 24일, 辛丑年 1월 20일).

42) "經蓋蓬廠屆期之日, 先將號數字碼得彩字碼分懸左右, 俾衆自共覩, 隨將字碼分入大小銅球內, 搖勻然後, 由兩球內搖出, 卽對得彩號數列明, 以昭公當, 請諸君屆期光臨明察"[『申報』 1899년 9월 19일(己亥年 10월 23일)].

그 달부터 외국회사 광익공사(廣益公司)의 상해채표가 화려하게 등장하였다. 광익공사는 영미조계(英美租界) 공부국(工部局)의 허가를 받아 상해에 채표를 발행하고, 『신보』에 대대적으로 광고를 실었다. 연이어 다른 양행의 채표 발행도 줄을 이었다. 강남표도 이에 대응하여 조계 내에서 판매를 할 수 있도록 공부국에게 허가를 받아 내는 한편, 광고도 화려하게 바꾸었다.[43]

강남표는 16회까지 발행액은 25,000장을 유지하지만 이미 시장 잠식이 시작되었을 것이다. 왜냐하면 『신보』에는 광익채표를 취급한다는 표행의 광고가 줄을 이어 배급처인 표행에서 강남표 외에 광익채표를 대거 팔기 시작했기 때문이다. 이런 위기감은 곧바로 광고 대응으로 표출되었는데, 3월 말 제14회 강남채표 광고에서 광제공사는 내지에서 "육년전리"를 주장하고 여타 채표의 불법성을 강하게 주장하는 내용을 삽입하고 있었다.[44]

그러나 광익 등 외국 채표회사들은 더욱 광고를 확대했고, 광익공사는 오히려 2회의 발행액을 1만 장에서 1만 5천 장으로 늘렸다.[45] 강남표는 채표 발행 시기를 앞당기고 광고를 앞서하는 방식으로 대응하여, 음력 4월 17일(양력 5월 15일)에 벌써 음력 5월분(제15회)의 발행을 공고하였다. 그러나 여기에서 문제가 발생한다. 이 15회에 조작 의혹이 대두한 것이다. 광제공사는

---

43) 廣益公司 上海彩票가 『신보』에 첫 광고를 "英美 工部局의 비준을 받아 상해채표의 발행을 시작한다[英美工部局諭准開辦上海彩票]"고 내자[『申報』 1900년 3월 23일(庚子年 2월 23일)], 그 다음날 바로 廣濟公司는 광고 내용을 바꾸어 "저희 회사는 재해 구제를 위해 설립되어 일찍이 국내외에 신용이 있음은 부언할 필요가 없습니다. 어제는 또한 영미 공부국으로부터 조계 내에서도 마찬가지로 등록을 하여 판매할 수 있게 허락받았습니다[本公司乃濟賑而設, 早爲中外信實, 無煩贅言, 昨又奉英美工部局諭准在租界一體注售] [방점은 인용자, 『申報』 1900년 3월 24일(庚子年 2월 24일)]"라는 내용을 추가하였다.

44) "本公司…南洋大臣의 상주로 황제로부터 專利六年을 비준받아[硃批]…, 本公司가 비준을 받은 江南賑票 외에 어떤 다른 채표도 모두 內地에서 판매할 수 없다. 만약 사사로이 판매하는 자는 반드시 지명하여 관청에 보내 회사를 봉쇄하고 엄히 추궁할 것이다[『申報』 1900년 4월 27일(1900년 3월 38일)]."

45) 『申報』 1900년 5월 15일(庚子年 4월 17일)

"무뢰배들[無賴之徒]"이 "이채(二彩)" 즉 2등 당첨번호가 중간에 바뀌었다는 조작 의혹을 제기하였고 이는 강남표의 판로를 저해하려는 음모라고 광고를 냈으나,[46] 판매량에는 영향이 없을 수 없었다. 게다가 이즈음 의화단의 난으로 화북 지역의 판로가 경색되어 판매에 결정적인 타격을 입게 된다. 결국 "화북의 급보가 빈번히 들리면서 인심이 동요하니 시장에도 판매가 감소하지 않을 수 없어, 이제 임시방편으로 제17회 표를 1만 5천 장으로 하고 8월 23일에 추첨을 하기로 하며, 화북 사태가 안정된 후에 다시 발행량을 늘일 것을 알립니다[惟北驚頻聞, 人情惶惑, 市面無不減色, 今擬變通辦法, 將第十七會票卽一萬五千張, 定期八月二十三日開彩, 仍俟北事平後, 再行加票. 此佈]"라고 광고를 내게 된다.[47]

이 일련의 사태에 대해 기존의 연구는 "외국 상인[洋商]"의 공세로 보통 해석하지만,[48] 『호북상무보(湖北商務報)』에 실린 아래의 기사는 다른 시각을 보여 준다.

> 상해의 채표는 지난해에 여송표가 발행 정지된 후 마침 회안(淮安), 서주(徐州), 해주(海州) 지역이 대홍수로 재해를 입어 마침내 월동 상인(粵東商人, 즉 광동 상인-인용자) 즉 이 주진(籌賑)을 명목으로 남양대신에 품청(稟請)하여 상해에 공사를 설립하는 것을 상주해 허락받았다. 주판강남의진채표(籌辦江南義賑彩票)는 개설 이래 운영을 잘하여 판매가 늘어 이 공사의 이익이 자못 풍부해, 사람들이 모두 부러워했다. 작년에 이미 상인들이 다투어 일어나 채표사업을 하려 했는데, 남양대신은 6년의 전리(專利)라는 제한을 이유로

46) 『申報』 1900년 6월 28일(庚子年 6월 2일).
47) 『申報』 1900년 7월 21일(庚子年 6월 25일).
48) 劉傑, 「論淸末彩票」『近代史研究』 2000年 第4期, pp. 15~23.

청원을 허락해 주지 않았다. 상인들이 그와 경쟁할 수 없음을 알고 마침내 방법을 바꾸어 양상(洋商)과 모의하여, 영미(英美) 공부국에 품청해 조계에서 채표를 팔 수 있도록 허락받았다. 왜냐하면 의진표는 조계에서는 금지되었기 때문이다. 이후 공부국과 상의하여 매월 공납금 1,000원을 내는 자는 조계에서 공사(公司)를 설립할 수 있게 되었다. 이에 화제표(和濟票), 광익표(廣益票), 합중표(合中票), 육위표(六圍票) 등이 연이어 일어나, 일시에 조계 안팎에 채표를 파는 상점이 즐비하게 들어서 거리에 광고를 붙이고 호객을 하니, 눈에 띄는 것은 모두 복권을 사려는 자들로 온 나라가 미친 듯 했다. 각 채표공사는 서로 이익을 다투고 질시하여 공존할 수 없을 지경에 이르렀다. 현재의 상황으로 말하자면 화제(和濟) 등 공사(公司)는 아직 처음 설립한 터라 모두 극력 판로를 넓히고 있으니, 지금 (당장은) 강남주판채표에게 손실을 주지는 않지만, 장래에는 결국 어려움을 면할 수 없을 것이다.[滬上彩票一項, 自前年呂宋票停止後, 適淮徐海等屬, 大水爲災, 遂有粤東商人, 以籌賑爲名, 稟請南洋大臣, 奏准在上海設立公司, 籌判江南義賑彩票, 創辦以來, 立法美善, 票卽廣銷, 該公司獲利頗豊, 人咸欣羨. 去年已有商人, 起而與之爭辦, 南洋大臣, 因礙於專利六年之限, 不准所請, 商人見不能與爭, 遂轉而謀諸洋商, 稟請英美工部局, 准在租界售票, 蓋因義賑票爲租界所禁故也. 嗣經工部局定議, 每月捐洋一千元者, 准在租界設立公司, 售賣彩票, 於是有和濟廣益合中六圍等表, 接踵而起, 一時租界內外, 售票之店, 鱗次櫛比, 街招告白, 觸目皆是, 購票之人, 擧國若狂, 各彩票公司, 則互相奪利, 互相妬忌, 有不能共立之勢, 據目前情形而論, 和濟等公司, 尙在初辦, 均各極力推廣銷路, 現雖與江南籌賑彩票無損, 恐將來終不免有礙.][49]

---

49) 「彩票盛行」『湖北商務報』第44期, 湖北商務局刊行, 光緖26年(1900)7月1日, p. 6.

이를 보면 "서양 채표[洋彩票]"의 상해 진출에는 독점 규정의 제한을 피해 상해 채표업에 진출하려는 중국 상인들, 즉 표행의 움직임이 배경에 있었다. 같은 표행이었으면서 채표 발행공사로 변신한 광제공사에 대한 반격이었던 셈이다. 의화단의 난이 결정적이기는 했지만, 강남표의 위축에는 과당경쟁, 유언비어의 유행, 자본 열세 등이 복합적으로 작용하고 있었다고 할 수 있다. 이 같은 과당경쟁과 정치적 불안은 채표업 전체의 손실로 이어졌다.[50)]

그런데 광제공사도 공납금을 공부국에 내고 조계에서 채표를 팔 수 있게 되고, 또 조계에서 발행한 양표(洋票)도 조계를 넘어 유통되면서, 사실상 조계와 내지의 구분이 무너지자, 강남표의 광제공사는 당국에 끈질기게 양표의 단속을 탄원하였다. 여기에 투기의 과열이 사회문제화되면서 조계의 각국 영사관은 공부국에 채표 발행 금지를 요청하였다. 결국 1901년 5월로 모든 양표는 상해에서 철수하게 되었다.

관판(官辦) 호북채표의 발전

경쟁자가 다시 사라지고 화북의 사태 역시 진정되면서, 강남표는 신축년(辛丑年) 2월차 제24회부터 발행량을 다시 늘려서, 이후 단 5개월 사이에 15,000장에서 30,000장으로 발행량이 두 배나 증가했으며, 1등 상금은 4만 원으로 올랐다. 그렇지만 양표가 퇴장을 준비할 무렵, 강남표에게는 새로운 경쟁자가 등장하였다. 바로 다른 내지 채표의 등장이다. 앞에서도 잠깐 설명했지만 1901년 4월(신축년 2~3월)에 보제공사는 이홍장에게 인가를 받아 제1회 12,000장 발매 매장 3원 1등 8,000원의 순직의진채표(順直義賑彩票)를 발행하였다(신축년 4월 15일 추첨). 순직의진채표 역시 관에서 승인받은 채표

50) 「彩票虧本」『湖北商務報』第50期, 湖北商務局刊行, 光緒26年(1900)閏8月1日, p. 12.

이기 때문에 발행 자체는 막을 수 없지만, 최대의 채표 시장인 상해를 장악하기 위해 상해에 본사를 세우고 상해에서 추첨을 하려는 보제공사(普濟公司)의 시도를 좌절시키는 것은 가능했다. 결국 순직의진채표(順直義賑彩票)는 제2회 채표의 광고 중에 상해 추첨을 포기하고 연대(煙臺)로 철수하였다.[51] 이후 지방정부의 후원을 받은 새로운 관판 채표가 속속 등장하면서 강남표는 본사를 상해에 두고 상해에서 추첨할 권리는 이후 6년간 독점할 수 있었지만, 내지 공급에서의 독점은 무너졌다.

이 새로운 경쟁자들이 『황성신문』의 광고에서 후반에 등장한 각종 채표들이다. 훗날 동순태가 수입한 교주채표는 『신보』에서 "대덕교주황가인연채표(大德膠州皇家印捐彩票)"라는 이름으로 1901년 8월 29일 광고에 첫 등장했다.[52] 교주채표의 발행 회사는 산동성(山東省) 교주(膠州) 청도(淸島)의 인제공사로, 신축년 9월 4일 추첨을 예고하며 제1회 발행량은 8천 장, 매장 가격은 3원이었다. 추첨은 청도에서 이뤄졌다. 그러나 교주채표는 중도에 늘렸던 1만 장의 발행량을 경영 부진으로 다시 줄이는 등 강남표의 상대가 되지 못했다. 순직의진채표와 교주채표의 발행 조건은 매회 3만 장 발행에 1등 상금 4만 원 매장 5원의 강남표와 비교하면, 발행규모와 1등 상금은 적지만 장당 가격을 저렴하게 해서 시장에 파고들려는 전략이었다고 할 수 있다. 그런데 이후 이와 전혀 다른 전략으로 승부한 새로운 채표가 강남표를 대적하게 된다. 바로 호북표이다.

1902년 초에 설립된 호북전성채표공사(湖北全省彩票公司)는 의화단의 난으로 맺은 경자배상금을 청 정부가 각 성정부에 "탄파(攤派, 할당)"하면서 호광총독 장지동이 그 재원을 마련하기 위해 설립한 회사로, 관인(官認)이라

51) 『申報』 1901년 4월 23일(辛丑年 3월 5일).
52) 『申報』 1901년 8월 29일(辛丑年 7월 16일).

도 상인이 발행하는 강남표와 달리 성정부가 직접 발행하는 명실상부한 관판 기업이었다.[53] 아래의 표는 호북표의 초기 발매 현황을 정리한 것이다.

〈표 5-3〉 임인년(壬寅年, 1902년) 호북표의 발매 현황

회차	발행 수	일등상금	가격	추첨일	회차	발행 수	일등상금	가격	추첨일
1	20,000	50,000元	6元	2.25.	6	30,000	50,000元	6元	7.24.
2	30,000	50,000元	6元	3.30.	7	30,000	50,000元	6元	8.24.
3	30,000	50,000元	6元	4.25.	8	40,000	50,000元	6元	9.24.
4	30,000	50,000元	6元	5.23.	9	40,000	50,000元	6元	10.21.
5	30,000*	100,000元	12元	6.23.	10	40,000	50,000元	6元	11.18.

* 가격은 1全張의 가격이다. 단 5회 30,000장은 雙票로 가격은 雙票 1장의 가격이다.
* 추첨일은 모두 음력 일자이다. 1회 추첨일 음력 2월 25일은 1902년 4월 3일, 10회 추첨일 음력 11월 18일은 양력 1902년 12월 17일이다.

1902년 2월 25일 첫『신보』광고에 등장한 호북표의 정식 명칭은 "주판호북첨연채표(籌辦湖北籤捐彩票)"로 임인년 2월 25일(1902년 4월 3일)에 첫 추첨을 예고했다. 첫 회부터 매장 가격은 6원으로 비싼 대신, 1등 상금을 5만 원으로 높여 강남표의 4만 원을 눌렀다.[54] 발행량도 2만 장에서 3만 장으로 늘려 강남표와 어깨를 나란히 했다. 호북표는 1등 상금을 올리고 규모를 키우는 전략을 구사했는데, 이러한 전략은 효과적으로 호북표 시장을 개척했다. 또 초반에 아직 지명도가 없을 때 호광총독 장지동은 채표 판매를 호북성과 호남성의 하위 지방 행정기관에 강제로 할당하는 등 호북표는 지방정부의 적극적인 지원을 받았기 때문에 판매고를 유지할 수 있었고, 그 결과 횟수를 거듭할수록 시장이 확대되었던 것이다.[55] 강남표도 자극을 받아 대응책을 내

53) 劉力,『晩淸彩票述論』四川大學博士論文, 2007, p. 106.
54)『申報』1902년 2월 25일(壬寅年 1월 18일).
55) 劉力,『晩淸彩票述論』四川大學博士論文, 2007, p. 117.

놓는데, 강남표의 임인년 7월 제41회 광고에서 1등 당첨액의 선전문구가 사라지고,[56] 임인년 11월 제45회 광고에서 매장 10칙을 20칙으로 분할하여 판매하였다. 이는 1등 당첨금에서의 우위가 사라지고 난 뒤에도 구매 가능한 채표 가격을 낮추어서 구매자의 마음을 잡으려는 노력이었다.[57]

그러면 이러한 중국 채표 시장의 판도변화가 한국 채표 시장에는 어떻게 반영되었는지 정미년(1907년)의 『동순태보호기』를 통해 살펴보도록 하자.

4. 『동순태보호기』에 나타난 정미년 중국 채표의 수입

『동순태보호기』는 동순태가 1907년 1월 28일부터 12월 19일까지 거의 1년간 수령한 발송장 및 기타 영수증을 모은 것이다. 이 문서에는 채표 발송장이 다수 포함되어 있어 1903년 이래 『황성신문』의 광고에서 채표가 사라진 뒤에도, 여전히 화상(華商)의 중국 채표 판매는 계속되고 있었음을 알려 준다.

『동순태보호기』에 수록된 총 62건의 문서 중에는 방(幇) 연번으로 정리되어 있는 화물 발송장 외에, 차(次) 연번으로 정리된 상해에서 판매되는 채표 즉 복권의 발송장이 포함되어 있다. 채표 발송장은 2차에서 26차까지 상해 동태호에서 동순태로 보내졌는데, 1907년에는 모두 26차의 발송이 이뤄졌을 것으로 추정하지만, 1차가 없기 때문에 남아 있는 문서는 모두 25건이다. 규장각(奎章閣)에는 1894년과 1895년 동순태의 수입 발송장이 소장되어 있는데, 그 자료에는 여송표와 같은 해외 채표도 포함해서 채표 수입은 전혀 나타나지 않았다.[58] 반면 1907년에는 채표 수입액이 전체 수입총액 약 29,414

56) 『申報』 1902년 7월 28일(壬寅年 6월 24일).

57) 『申報』 1902년 11월 24일(壬寅年 10월 25일).

58) 1894년과 1895년의 분석은 石川亮太, 「朝鮮開港後における華商の對上海貿易-同順泰資料を通じて」 『東洋史研究』 63-4, 2005를 참조.

량의 30%가량을 차지하여 견직물을 제외하고는 최대의 교역품으로 부상하였다.[59] 채표의 결제는 판매 단위가 원(元)이었으므로 단가에 장수(張數)를 곱하여 원 단위로 총액을 산출한 뒤, 상해 시장에서 결정되는 은원과 상해규은량(上海規銀兩)의 환율인 양리(洋厘)에 따라 기장 단위인 규은량(規銀兩)으로 환산하였다.

이하는 『동순태보호기』에 나타난 정미년(1907년) 동순태가 취급한 채표의 종류와 수량, 액수이다.

〈표 5-4〉『동순태보호기』 내 채표 발송문서 내역

次數	날짜	청구액(兩)	月份	취급 채표	매수(張)	단가(元)	洋厘	구매가(兩)	수수료(兩)	우송료(元)	우송방법
2次	1.28.	534.503	2	湖北票/南洋票	80/40	6.2/5.6	733	527.76	5.277	2.00	日郵局
3次	2.16.	260.259	3	川漢票	40	8.8	73	256.96	2.569	1.00	寶隆行
4次	2.27.	409.486	3	湖北票/江南票	50/45	6/5.575	734	404.342	4.043	1.50	日郵局
5次	3.15.	132.072	3	湖票	30	5.9	736	130.272	1.3	0.50	寶隆行
6次	3.28.	654.89	4	江南彩票/湖北彩票	50/100	5.575/5.95	74	646.575	6.465	2.50	日郵局
7次	4.24.	647.233	5	湖北票/江南票	100/50	5.9/5.48	74	639.36	6.393	2.00	日郵局
8次	5.22.	642.291	6	湖北票/江南票*	50, 50/50	5.875, 5.925/5.5	733	634.045	6.34	1.906	日郵局
9次	6.3.	209.803	6	湖北票/江南票	20/30	5.875/5.5	733	207.073	2.07	0.66	日郵局
10次	6.□.	216.881	7	湖北票	50	5.85	732	214.11	2.141	0.82	日郵局
11次	6.21.	219.383	7	湖北票	50	5.925	731	216.559	2.166	0.90	日郵局
12次	6.28.	203.378	7	江南彩票	50	5.5	73	200.75	2.007	0.85	日郵局
13次	7.8.	156.965	7	湖北彩票	35	6.06	73	154.833	1.548	0.80	日郵局
14次	7.22.	449.37	8	湖北票*	50, 50	6, 6.15	73	443.475	4.435	2.00	日郵局
15次	7.29.	471.575	8	湖北票/江南票	50/60	6.1/5.5	733	465.455	4.654	2.00	日郵局
16次	8.23.	271.658	9	湖北票*	30, 30	6.05, 6.125	735	268.459	2.684	0.70	日郵局
17次	9.1.	123.066	9	江南票	30	5.5	736	121.44	1.214	0.56	日郵局
18次	9.20.	693.106	10	湖北票*	80, 70	6.15, 6.05	747	683.878	6.838	3.20	日郵局
19次	9.27.	166.282	10	江南票	40	5.5	747	164.34	1.643	0.40	太古行賬房
20次	10.21.	469.704	10	湖北票	100	6.15	754	463.71	4.637	1.80	日郵局

59) 1907년 견직물의 수입액은 12,655.582량으로, 전체 수입액의 42%를 차지했다. 제4장 참조.

次數	날짜	청구액(兩)	月份	취급 채표	매수(張)	단가(元)	洋厘	구매가(兩)	수수료(兩)	우송료(元)	우송방법
21次	10.24.	167.325	11	江南票	40	5.5	75	165	1.65	0.90	日郵局
22次	11.9.	144.57	11	湖北彩票	30	6.25	761	142.687	1.426	0.60	日郵局
23次	11.17.	716.686	11	湖北彩票	150	6.2	763	709.59	7.096	-	托麥葦拔
24次	11.23.	166.353	12	江南票/安徽小票	35/30	5.5/0.9	747	163.967	1.639	1.00	日郵局
25次	12.4.	20.692	12	江南票	5	5.5	745	20.488	0.204	-	太古行賬房
26次	12.18.	342.897	1	(戊申年)湖北彩票	75	6.1	74	338.55	3.385	1.30	日本信局
청구액 합산		8,490.428									

출처 :『同順泰寶號記』 서울대학교 고문헌자료실 소장 자료, 1907.

* 거래액 단위는 上海98規銀(兩)이다. 元인 경우만 기입했다. 날짜는 모두 음력이다.
* 洋厘가 733일 경우, 1元 = 0.733兩을 의미한다.
* 단가는 종류에 따른 단가는 /로 구분하고, 同種의 채표로 같은 발송장(次) 내에 여러 개의 단가가 존재할 경우 쉼표(,)로 구분하였다.

〈표 5-5〉 채표의 종류별 수량과 가격

종류	수량(張)	가격(元)	가격(兩)
湖北票	1,330	8,049.6	5,968.954
江南票	485	2,673.63	1,973.4
南洋票	40	224	164.192
川漢票	40	352	256.96
安徽小票	30	27	20.169
소계	1,925	11,326.23	8,383.675
지출(우편/수수료)	총 25건		106.753
총계			**8,490.428**

출처 :『同順泰寶號記』 서울대학교 고문헌자료실 소장 자료, 1907.

* 분류별 수량과 가격은 각 방내의 환율[洋厘]를 적용해서 환산한 뒤 종류별로 합산한 것이다.

〈표 5-6〉 종류별 채표의 수입 수량 추이

	2월분	3월분	4월분	5월분	6월분	7월분	8월분	9월분	10월분	11월분	12월분	1월분	합계
호북표	80	80	100	100	120	135	150	60	250	30	150	75	1,330
강남표		45	50	50	80	50	60	30	40	40	40		485
기타표	40	40									30		110
합계	120+a	165	150	150	200	185	210	90	290	70	220	75+a	1,925

먼저 〈표 5-4〉에서 월별 상해로부터 수입한 빈도를 살펴보면, 기록에 있는 제1차 발송을 포함하여 1월부터 3월까지는 월 2회씩 규칙적으로 발송되었다. 대체로 중순인 15일을 좌우해서 한 차례, 월말(27일과 28일)에 한 차례 발송되었다. 4월과 5월은 24일과 22일에 월 1차례씩 발송되는 데 그쳤는데, 6월에는 모두 4차례나 거의 1주일 단위로 발송되었다. 7월에도 3차례 발송되었다. 8월은 한 차례 발송에 그치고, 9월에 다시 세 차례 발송되었고, 10월은 중, 하순에 두 차례, 11월은 다시 3차례 발송되었다. 12월은 남아 있는 자료로는 12월 4일 제25차와 12월 18일 제26차 두 차례만 발송장이 남아 있으나 대체로 20일 넘어서 월말에 발송이 집중되는 것으로 보아 12월 말에 한 차례 이상 발송이 이뤄졌을 가능성도 부정할 수 없다. 전체적으로 가장 발송이 적은 달은 한 달에 한 번(4월, 5월, 8월), 가장 많은 달은 네 번(6월)이었으며, 보통은 2차례(2월, 3월, 10월, 12월) 내지 3차례(7월, 9월, 11월) 발송되었다. 상해에서 서울로의 채표 운송은 거의 일본우체국을 이용하였다. 25번의 발송 중에 20번은 "유일우국담보기상[由日郵局擔保寄上]", 즉 일본우체국을 통해 보험을 든 뒤 부쳤다.[60)]

동순태가 수입한 중국 채표는 모두 한 달을 주기로 추첨[開彩]하는 것으로, 채표는 시기적으로 반 달에서 한 달 정도 앞서서 수입되었다. 예를 들어 7월분 채표는 6월이나 7월 초에 수입되었다. 〈표 5-6〉에서 달별 혹은 분기별 채표 수입 수량을 확인해 보면 10월분 채표가 290장으로 가장 많이 수입되었고, 11월분 채표가 70장으로 가장 적게 수입되었으며 대체로 평균하여 매월 150~200장가량의 채표가 수입되었다.

---

60) 遠山景直 編, 『上海』 1907, p. 353; 「本支店出張所及代理店」 日本郵船株式會社編, 『日本郵船株式會社渡航案內』 1916, pp. 108~112; 「在支日本郵便局撤廢 : 特定協約の必要」 『大阪朝日新聞』 1922년 8월 11일; 「最近の上海」 『大阪朝日新聞』 1925년 2월 12일. 참고로 상해지점의 주소는 上海 美國租界 北揚子路 第3番戶였다.

〈표 5-5〉에서 정리한 채표의 종목별 분류를 참고하면, 가장 많이 수입된 채표는 총 1,330장 5,968.954량(8,049.6원)어치가 수입된 호북표였다. 두 번째는 강남표로 총 485장 1,973.4량(2,673.63원)이었으며, 기타 1차례 등장한 남양표 40장, 천한표(川漢票) 40장, 안휘소표(安徽小票) 30장이 총 110장 441.321량이었다. 구매가 총액[61]에서 차지하는 비율로 볼 때 호북표가 압도적으로 많은 71.2%를 차지했고, 강남표가 23.5%로 뒤를 이었으며, 두 채표를 제외한 기타 채표는 5.3%에 불과하다.

이와 같은 분포는 강남표에서 호북표로의 시장 판도의 변화를 잘 보여준다. 『동순태보호기』의 정미년(1907년) 2월에서 무신년(1908년) 정월까지의 수입량과 교역액은 호북표가 강남표에 비해 약 세 배나 많았다. 이 시기의 채표 가격 및 1등 상금액은 1902년 말에 강남표와 호북표의 경쟁이 일단락되었을 때와 거의 변함이 없다. 맨 처음 등장하는 제2차 발송장의 2월분 채표는 호북표 제62회 정미년 2월 채표로, 정미년 2월 22일(1907년 4월 3일)에 추첨을 하였다. 62회 호북표는 모두 6만 장을 발매하여 발행량은 두 배가 늘어났으나, 장당 가격과 1등 상금은 6원과 50,000원으로 1902년과 같았다.

제2차에 호북표와 함께 딱 한 번 등장한 남양표는 무엇인가? 이 채표는 남양주연채표(南洋籌捐彩票)로 추정된다. 좀 복잡하지만 해답을 얻기 위해서는 강남표의 몇 차례 굴곡에 찬 변천 과정을 살펴보아야 한다. 원래 강남표는 광제공사가 1899년에 처음 발매한 강남주판의진표(江南籌辦義賑票), 통칭 강남의진채표라고 앞에서 설명했는데, 1905년에 광제공사의 6년 독점권이 만료

61) 구매가 총액은 한 발송장 내의 각종 채표 구매액을 원으로 먼저 합산한 뒤 양리를 적용해서 량으로 바꾸기도 하고, 각 항목별로 량으로 환산한 뒤 합산하기도 하는데, 厘 이하는 버림을 하기 때문에 환산상의 오차가 발생한다. 따라서 각 次의 구매가 액수를 합산한 총액은 8,383.678兩이지만, 각 채표 종류별 합산 액수는 8,383.675兩으로 3厘(=0.003兩)의 미세한 차이가 있음을 미리 밝혀 둔다.

가 되었을 때, 양강총독은 호북표의 선례를 좇아 채표공사를 아예 관판으로 바꾸고 남양주연채표(南洋籌捐彩票)로 이름을 바꾸었다.[62] 이른바 남양표는 강남의진채표의 관판 계승자인 셈이다. 이 남양주연채표는 1906년 11월까지만 발행되고 중단된 것 같다. 『신보』 1907년 3월 14일(정미년 2월 1일)의 광고란을 보면, 남양주연채표총국이 "정판(停辦)" 공고를 내서, 병오년(丙午年, 1906년) 11월부터 폐업하므로 병오년 11월분 제20회의 발매 채표는 환불하라고 공지하고 있다.[63] 병오년 11월분이 제20회였다면 남양표의 제1회 발행은 을사년(乙巳年, 1905년) 4월이다. 강남의진채표 광제공사의 6년 독점권이 끝나는 시점이 을사년 3월이므로 시기적으로 일치한다. 즉 남양표는 을사년(1905년) 4월에서 병오년(1906년) 11월까지 1년 8개월 동안 발행되었다.

그런데 남양표를 남양주연채표라고 할 경우 모순이 생긴다. 즉 음력 정미년(丁未年, 1907년) 1월 28일에 상해에서 발송된 『동순태보호기』 제2차 영수증에는 분명히 상해 동태호가 정미년 2월분 남양표 40장을 장당 5.6원씩 구매해서 동순태에게 부쳤다고 적혀 있는데, 이 채표는 그 전해 11월로 발매가 중단되었기 때문이다. 그러므로 정미년 남양표는 존재할 수 없다.

이 의문에 대해 저자는 남양표가 또 다른 "강남표"로 계승되었고, 따라서 동태호는 이미 "강남표"가 발매되었음에도 타성대로 2차까지는 그냥 남양표라고 기재한 것이 아닌가 추리한다. 즉 남양주연채표가 해산한 병오년(1906년) 11월 한 달 뒤 병오년 12월에는 매 장(張) 6원(元)의 "주판강남진연공익채

62) 劉傑, 「論清末彩票」 『近代史研究』 2000年 第4期, p. 36. 南洋票와 관련하여 흥미로운 것은 同順泰號의 최대 사업 파트너인 同泰號 梁綸卿의 인적 네트워크에 南洋票 관계자가 있다는 점이다. 1902년 설립된 상해 최초의 상회조직인 上海商業會議公所가 조직되었을 때 梁綸卿은 72명의 회원 중 한 사람이었다. 上海商業會議公所를 이끄는 總董은 다섯 명이었는데, 그중 한 명인 梁鈺堂(梁榮翰)은 梁綸卿과 같은 廣東省 高要縣 출신이었다. 梁鈺堂은 이 南洋籌捐彩票局의 總辦이었다.

63) 「南洋籌捐彩票總局停辦廣告」 『申報』 1907년 3월 14일(丁未年 2월 1일).

표(籌辦江南賑捐公益彩票)"라는 새로운 채표가 발매되었다. 이 채표의 광고를 보면 "남양대신양강총독부당단주명판리(南洋大臣兩江總督部堂端奏明辦理)"로 강남의진채표나 남양주연채표와 마찬가지로 남양대신(南洋大臣)의 주판(奏辦)에 의한 것이며, 형식은 관판(官辦)으로 강남진연공익채표총국(江南賑捐公益彩票總局)에서 발행하지만, 기타 조건은 강남의진채표와 동일하다. 발행수는 3만 장, 1등 당첨액은 4만 원이며, 추첨 장소도 강남의진채표와 동일하게 상해 남시(南市) 구대마두(久大碼頭)였다.[64] 1899년 최초의 채표로 시작된 강남의진채표(약칭 강남표)가 1905년 4월부터 남양주연채표(약칭 남양표)로 바뀌고, 1906년 12월에 다시 강남진연공익채표(약칭 강남표)로 바뀌었던 것이다. 그러므로 제2차의 남양표는 사실 강남진연공익채표, 즉 강남표인데 관성대로 남양표라고 쓴 것이었고, 제4차의 강남표 역시 정미년 2월 22일(1907년 4월 4일) 추첨한 강남진연공익채표(江南賑捐公益彩票)인데 이때부터 제대로 강남표라고 쓴 것이라고 판단된다. 이렇게 본다면 2월 이후에는 남양표가 등장하지 않는 것, 반면 3월부터 12월까지 빠지지 않고 송부된 강남표가 2월에만 빠진 이유 역시 정합적으로 설명된다.

기타 『동순태보호기』에 한 차례씩 등장한 3월 천한표와 안휘소표를 살펴보자. 천한표는 병오년 12월 10일(1907년 1월 23일)에 제1회 추첨을 하며 처음 개설된 주판호북천한철로초고채표(籌辦湖北川漢鐵路招股彩票)로 판단된다.[65] 1900년대 이권회수운동의 하나인 노권(路權) 회복을 위해 천한철로공사의 자금을 지원할 목적으로 호북철로국이 발행한 채표이다. 제1회 발행수는 6만 장, 매장 판매가 10원, 1등 10만 원이었다. 3개월에 한 번 발행했으므로 3차는 정미년 3월 15일(1907년 4월 27일)에 추첨했는데 『동순태보호기』

64) 『申報』 1907년 1월 1일(丙午年 11월 17일).
65) 『申報』 1907년 1월 9일(丙午年 11월 25일).

의 3월 천한표가 이것이다.[66] 안휘소표 역시 노권회수운동의 일환으로 안휘철로공사(安徽鐵路公司)가 발행된 안휘철로권고표(安徽鐵路勸股票)를 말한다.[67] 이 채표는 병오년(1906) 정월부터 발행하여 매회 발행수가 6만 장, 매장 7원, 1등 당첨금 3만 원이었는데, 매달 두 번이나 발행해서 규모가 컸다.[68] 그렇지만 중국채표 시장에서 이 시기 가장 판매량과 수익이 높은 것은 호북표였다. 『동순태보호기(同順泰寶號記)』에서도 호북표의 수입량이 가장 많고, 뒤를 강남표가 잇고 있는 것을 보면 중국채표시장과 시장 분포가 동일하다.

여기에서 관심을 끄는 것은 『동순태보호기』의 발송장에 나오는 단가이다. 호북표와 강남표(및 남양표)의 공식 가격은 모두 1장에 6원이었고, 천한채표의 공식 가격은 10원이었다. 그런데 상해 동태호가 동순태에게 보낸 실구입가는 채표별로도 다르고, 같은 채표라도 시기에 따라 달랐다. 심지어는 같은 발송장 내의 동일 채표라도 단가가 복수로 기재되어 있는 경우까지 있다.

예를 들어 제8차의 6월 호북표는 5.875원 단가의 50장과 5.925원 단가의 50장으로 나누어 기재되어 있다. 제14차, 제16차, 제18차도 마찬가지의 사례이다. 최저 단가와 최고 단가를 살펴보면, 호북표는 5.85원과 6.325원, 강남표(남양표 제외)는 5.48원과 5.575원으로 상당한 차이가 있다. 처음 1899년에 강남의진채표를 발매할 때 광제공사는 95% 가격으로 표행에 채표를 공급하였으므로, 5%는 표행의 수수료였는데,[69] 5%를 관행으로 보면 5원이면 4.75원, 6원이면 5.7원이 도급가가 된다. 채표 발송장에는 상해 동태호가 청구하는 수수료[叨佣]가 1%로 따로 계산이 되어 있으므로, 채표장의 단가에는 따로

---

66) 『申報』 1907년 1월 9일(丙午年 11월 25일), 『申報』 1907년 4월 27일(丙午年 3월 15일).

67) 小票는 正票인 安徽鐵路勸股票에 부수하여 발행한 것으로, 강남표도 副票를 발행하는 등 후기로 가면 小票, 副票란 명칭이 다수 등장한다. 이 시기에는 떨어진 채표를 모아 재추첨하는 방식도 있었다.

68) 劉傑, 「論淸末彩票」 『近代史硏究』 2000年 第4期, p. 35.

69) 劉傑, 「論淸末彩票」 『近代史硏究』 2000年 第4期, p. 12.

동태호를 위한 수수료가 포함된 가격은 아니고, 동태호의 실구입가로 보아야 한다. 이 기준으로 보면 호북표는 도매가가 소매가보다 더 높게 단가가 형성되어 있고, 강남표는 평균 도매가보다 더 낮게 단가가 형성되어 있다.[70)]

이는 시장법칙에 따른 것으로 인기가 많은 채표의 경우 공식 가격과 달리 시장가격이 형성되었던 것으로 볼 수 있다. 일례로 강남의진채표가 발매된 지 얼마 안 된 1899년 10월 24일(기해년 9월 20일) 『신보』 광고에는 항주홍경발표행(杭州鴻慶發票行)은 1장 6원에, 항주의리원(杭州義利源)은 1장 5.5원에 똑같은 강남표를 서로 다른 가격으로 판매 광고를 내고 있었다.[71)] 또 추첨일이 가까워지면 가격이 할인되거나, 인기가 없는 채표의 할인 광고도 심심치 않게 눈에 띤다. 따라서 호북표의 강세와 강남표의 약세는 그대로 당시 시장 선호도를 반영한 것으로 볼 수 있으며, 호북표의 경우 도매 가격이 정가보다 높은 만큼, 한국 시장에서의 판매가격도 중국시장보다 높았을 것으로 보인다.

『황성신문』의 초기 광고를 보면 중국 시장에 장당 5원이었던 강남표는 6원에 팔렸으며, 한국인 당첨자를 냈던 대덕교주채표의 경우 중국에서 정가가 3원이었을 때는 매 장(張) 지폐(紙幣) 은(銀) 3.5원에 팔렸고,[72)] 장당 정가가 5원이었을 때는 5.5원에 팔렸다.[73)] 마찬가지로 광고와는 달리 실거래가는 시장 수요가 많을 때는 할증이 붙고, 추첨일이 가까워지면 할인이 되었을 가능성도 충분히 있다.

이처럼 1907년 단계에도 한국에서 중국채표는 시장을 여전히 형성하고

70) 川漢票는 10元의 도매가 9.5%를 훨씬 밑도는 8.8元으로 수입하고 있다. 신규 채표인만큼 지명도가 낮았을 것이다.

71) 『申報』 1899년 10월 24일(己亥年 9월 20일).

72) 『황성신문』 1902년 1월 7일(辛丑年 11월 28일).

73) 『황성신문』 1902년 8월 20일(壬寅年 7월 17일).

있었다. 한국 시장의 비중을 추산해 보자면, 호북표의 경우 1년 발행량 72만 장에서 동순태호가 취급한 1,330장은 약 0.18%의 비중이다. 동순태호 외에도 여러 상점이 있었지만 합해도 1% 내외를 넘지 않을 것이다. 많다면 많고 적다면 적은 수치인데, 당첨율의 빈도를 볼 때 1900~1902년의 전성기에는 1907년의 0.18%보다는 한국 시장이 훨씬 비중이 컸을 가능성이 있다.

1907년경에는 이미 채표의 폐해에 대한 민간의 여론이 거세져 채표 금지론이 공감대를 얻고 있었다. 중국은 채표의 과열은 "망국(亡國)"과 "망민(亡民)"의 풍조라는 비판 여론이 일찍부터 있었으나 지방재정 조달 때문에 폐지를 못하고 있다가, 입헌운동의 진전으로 각 성 자의국이 성립하면서 조직적인 반대운동이 일어났다. 이 과정에 대해서는 기존 연구가 자세히 설명하고 있으므로 반복하지 않겠는데, 1909년 말에 광동성과 강소성이 채표를 금지하였고, 이를 기폭제로 전국 각성에서 채표의 발행이 금지되었다. 다만 호북채표만은 '특수한 상황'이라는 이유로 각 성의 동의를 얻어 발행량을 3분의 1로 줄이는 조건으로 1910년 말까지 유지되었으나, 신해혁명인 직전인 1911년에 역시 취소되면서 중국 전역에서 채표는 일률적으로 금지되었다.[74]

절묘하게도 중국에서 채표단속이 실현되는 1909년 한국에서도 채표 단속이 한발 앞서 시작되었다. 『통감부문서(統監府文書)』에 따르면 이사청(理事廳)이 채표 구매자 단속법을 발표하고 한국 정부도 함께 단속함에 따라 채표 판매가 거의 3분의 1로 줄자, 1909년 6월 25일에 이태호(怡泰號), 안창호, 광승호(廣升號), 동순태, 덕흥호 외 30여 명의 화상(華商)이 남부(南部) 낙동(駱洞) 화상총회(華商總會)에 모여 대책 회의를 가졌다고 되어 있다.[75] 채표

74) 劉傑, 「論清末彩票」『近代史研究』2000年 第4期, p. 46, p. 50.

75) 「清國商人ノ言動」, 警視總監 若林賚藏 → 外務部長 鍋島桂次郎, 警祕第1890號-1, 1909년 6월 29일(隆熙三年六月二十九日), 『統監府文書』.

단속은 상당한 타격이었던 것으로 보이는데, 청상들은 일본정부가 일본인, 한국인의 중국채표 구입을 금지한 이상 한국에 체류해도 이익이 없다고 할 정도였다.[76] 그 후의 단속 경과를 알 수는 없으나, 그해 말에 중국에서 채표 발행이 금지되면서 한국에서의 중국채표 창궐의 역사는 딱 10년으로 막을 내렸다.

1899년부터 중국에서 시작된 채표 열기는 황해를 건너 화상(華商)의 손을 통해 한국에까지 전해졌다. 그 결과 양 지역은 모두 공급자의 확대와 광고전, 과당경쟁을 통한 채표 시장 확대를 유사하게 겪었고, 사회적으로는 일확천금을 꿈꾸는 사행 풍조의 유행으로 물의를 일으켰다. 중국은 중국 자본의 채표를 발행하여 '양표(洋票)'를 '국산화'하여 자본의 외류(外流)를 막았지만, 한국은 '양표'인 중국채표를 소비하고 신정기(新政期) 중국 지방재정의 자금을 댔다.

한때 중국에서의 "한류(韓流)"가 유행처럼 미디어에서 다뤄졌다. 그런데 『동순태보호기』의 채표 발송장에서 시작해서 추적해 간 중국 채표의 유통을 보면, 1899년에서 1909년 20세기의 첫 10년 동안에도 이에 못지않은 실시간의 정보와 문화가 교환되고 소비되었다. 시장의 측면에서 살펴볼 때 한중(韓中) 채표시장에는 뚜렷한 광역적인 연동성이 나타난다. 의화단의 난과 같은 정치적 변화와 중국 내 지방재정의 원심력 강화라는 정치적 변화는 채표라는 매개를 통해 한국시장에도 감지되었다. 정미년(1907년)은 한국에서는 국채보상운동이 일어난 해이지만, 청 말 이권회수운동의 일환으로 추진된 노권(路權)회수운동은 한국 시장에서 채표 판매를 통해 자금을 조달했다.

---

76) 「下層民間ノ風說」警祕第1904號-1, 1909년 6월 30일(隆熙三年六月三十日), 警視總監 若林賚藏 → 外務部長 鍋島桂次郎, 『統監府文書』.

언어와 문화, 출판의 한중교류는 어떤가. 1900년에 『신보』에 출판 광고를 낸 『무술변법기』는 이듬해에는 『황성신문』에 『청국무술정변기(淸國戊戌政變記)』란 이름으로 광고가 나오고 있었다. 번역이 필요 없는 시기였다. 『황성신문』의 채표 광고는 처음 몇 달간은 국한문 혼용체로 광고를 했지만 곧 순한문체로 바뀌었고, 광고를 통해 고문이 아닌 생활 중국어가 그대로 일상생활에 유포되었다. 1899년의 『황성신문』은 수입(輸入)과 수출(輸出)이라는 일본어 대신 "진구(進口)"와 "출구(出口)"라는 중국어를 쓰고 있으며, 안창호와 동순태호는 일본어인 "자전거(自轉車)" 대신에 "자행쾌차(自行快車)", "각답자행쾌차(脚踏自行快車)"라는 중국어를 광고에 실었다. 『황성신문』의 외신[外報]은 중국 기사가 가장 많았고, 일본 기사는 구미(歐美) 기사보다 약간 많은 정도였다. 광고에서도 한국인의 광고를 제외하면 일본 상점의 광고보다 화상(華商)의 광고가 더 많았다.

1900년의 채표 열기는 부정적 의미이든 긍정적 의미이든 밀접했던 한중관계의 마지막 현란한 쇼로 비춰진다. 대량의 화폐가 국경을 넘나들고, 사회적·문화적 파장이 공간을 뛰어넘어 동시간대로 퍼져나갔다. 그 열기를 단절시킨 것은 한국 민족주의와 일본 제국주의였다.

제6장

동순태호의 눈에 비친 근대 조선과 타자인식

동순태호가 영업을 시작하여 발전하기 시작한 근대 전환기 조선의 인천과 한성이란 공간은 개항 이전과 달리 새롭게 등장한 다양한 군상(群像)들로 북적거리던 다국적 공간이었다. 동순태호의 담걸생과 직원들은 청의 재한 파견기관의 주재관원들, 같은 화교 상인이나 경쟁자였던 산동 상인들, 일본 상인들, 조선의 관료들과 상인들, 일반인들과 매일 여러 층위의 접촉을 했다. 이 장에서는 동순태문서의 서신을 프리즘으로 당시 화상의 눈에 비친 한말 한성과 인천의 군상이 어떠했는지 살펴보자.

1. 동향의식과 국민의식의 경계

동순태문서의 서신 왕래에서 뚜렷이 드러나는 것은 강렬한 동향의식과 경쟁 상대였던 산동방(山東幇)에 대한 경계였다. 동순태의 주력 업종은 비단, 금사(金砂)였는데, 경쟁자였던 산동방의 수급 상황에 따라 인천과 서울에서 가격이 하락하기도 하고 상승하기도 했다.

1894년 초에 인천분호(仁川分號)를 책임지던 담청호(譚晴湖, 담걸생의 형)는 한성본호(漢城本號)의 책임자 담걸생에게 보낸 편지에서, "산동방(山東幇)

의 비단이 많이 와서 아마도 (우리 물건의) 회전이 어려울 것 같다"[1]며 싼값이라도 우선 빨리 팔도록 하고 있다. 중국에서 수입하는 비단은 인천을 통해 들어오지만, 주요 시장은 서울의 왕족과 양반가였다. 따라서 인천분호에서는 미리 경쟁상대인 산동방의 입하량을 보고 서울 시장에서 앞서서 대응하도록 하고 있었다. 또 같은 시기 한성본호의 담걸생이 상해 동태호 양륜경에게 보낸 서신을 보면, 담걸생은 금사(金砂) 거래에 관해서 다음과 같이 말하고 있다.

> 금사는 (상해에서 주신) 전보를 받은 후에 시가에 따라 (조선에서) 매입하려 했는데, 산동인들이 (동전) 160적(吊)에서 165적(吊)까지 가격을 올려 놓는 바람에, (은량) 37량까지는 되어야 매입해 드릴 수 있습니다. 보내주신 전보의 (은량) 36.2량으로는 이문이 맞지 않으므로, 감히 무리하여 매입할 수가 없습니다…요 이틀 사이 산동인이 잠시 (금사 구입을) 중단하고 있으므로, 가격이 7적이나 8적쯤 떨어질지도 모르겠습니다[(　)는 인용자].[2]

비단이 주요 수입품이라면 조선화상이 중국으로 수출하는 최대상품은 금(金)이었다. 이 편지에서는 상해 동태호의 주문에 따라 조선시장에서 금을 매집하던 동순태호가 산동방의 대량 매수로 시가가 오른 것에 대해 불만을 표하고 있다.

이처럼 같은 물품을 취급하기 때문에 광동방과 산동방 사이에는 가격 경쟁

---

1) 譚晴湖 字 → 譚傑生, 1894.1.21.『同泰來信』5卷. "東幇疋頭多來, 料難得回好也(이하 표점은 모두 인용자)."

2) 譚傑生 → 梁綸卿, 1894.2.5.『同順泰往復文書』14卷. "金砂自接電後, 本欲照市而作, 但山東人由160吊搶至165吊, 要打至37匁方能承本, 照來電36.2匁亦不合寸, 故不敢强作…近兩日山東人暫止手, 價則跌7.8吊未知."

이 치열했다. 또 인천과 한성 사이의 화물 선적을 둘러싸고도 때로는 경쟁이 벌어졌다. 동순태문서 중 가장 많은 것이 동순태 인천분호와 한성본호 사이의 서신인데, 오가는 서신마다 인천에서 한성으로, 다시 한성에서 인천으로 보내는 화물의 품목과 수량을 반드시 기재하였다. 왜냐하면 물건 도착 후 수량을 점검할 시에 착오가 생기면 책임소재를 분명히 해야 할 필요가 있었고, 인천분호와 한성본호는 오늘날 본점-지점 관계와 달리 회계를 달리하고 있었기 때문에 정산에서도 중요했다. 한편 인천분호는 해외 각항과 국내에서 인천항에 보낸 화물을 시장 상황에 맞게 제시간에 소비시장인 서울로 보내는 중요한 역할을 담당하고 있었다. 그런 보고 속에서도 "말씀하시는 각 화물을 서울에 돌려보낼 건에 대해서는, 어제 산동인의 화물이 많아서 앞다투어 (배에) 선적한 데다가, 본호(本號)에는 인력이 모자라는 바람에 아직 선적하지 못했습니다"라고 쓰고 있어, 화물 선적에서도 산동인과의 경쟁 관계를 자주 드러내고 있다.[3)]

1894년에는 중국 쌀을 상해에서 수입해 와서 조선 현지에서 팔거나 일본에서 파는 사업이 크게 성행했는데, 이 과정에서 산동방과의 경쟁은 생생하게 문서에 나타난다. 아래의 기록을 살펴보자.

> (가) 24일(음력 1894년 2월 24일)과 28일에 미선이 모두 6척 약 6~7만 석이 (인천에) 도착하여 해관 부두에 쌓인 것이 산과 같은데, 일본인은 기다리고 사지 않으니, 아마도 (쌀값이) 크게 떨어질 것 같다. 본호에서 방출한 3,000포는 매 일본 두(斗)에 6.5모(毛)이니, 이문을 따져보면 남는 것이 없다. 왜냐하면 상해에서 산동인들이 대거 쌀을 구매하는 바람에 최저 매매가가 2모로 올랐고,

3) 譚廷賡 → 譚傑生, 1894.2.21.『同泰來信』5卷. "詳付各貨返漢, 因昨日山東人貨多奪裝, 于本號人力不及, 所以未能裝上."

인천은 가격이 3모 내외로 떨어졌으니, 정말 양쪽으로 다 수지가 맞지 않는다.[4)]

(나) 이번에 온 쌀은 멥쌀과 찹쌀을 불문하고 입가(入價, 매입가격)가 다 비싼데, 왜냐하면 상해에서 산동인들이 다투어 구매하는 바람에 1석당 약 1모씩 올랐고, 영국 은원도 비쌌기 때문이다. 따라서 치본(置本)을 작성해 보면 지난번보다 입가가 비싸다. 하지만 물건은 질이 좋으니, 17적(吊)까지 가격을 올릴 수 있을지도 모르겠고, 혹은 지난 번 가격인 16.5적이라도 역시 팔도록 해라. 이문을 따져 보면 여전히 이익이 있으므로 빨리 팔아치우는 것이 상책이니, 쌓아 두고 비용이 나가는 것은 면해야 한다. 만약 조선인들이 다시 가격을 깎으려 하면 잠시 물건을 가지고 있고 그들이 사지 않는 것을 걱정하지 마라. 생각건대 조선에서 찹쌀은 이 정도가 적절하다. 주의하도록 하라.[5)]

(다) 찹쌀은 원래 판로가 넓지 않아 (조선에) 들여오는 양이 적으면 높은 이익을 얻을 수 있는데, 지금 산동인들도 (찹쌀 수입을) 시작하여 구매해 오니, 부화뇌동하여 들여오는 양이 많아지면 안 팔리고 쌓이는 우환이 생길까 방비하고 있습니다.[6)]

원래 청조(淸朝)는 쌀 수출을 금지해 왔으나, '속국(屬國)'인 조선에 기근이 들자 조선 측과 원세개의 요청으로 이홍장이 특별히 주선하여 상해에서 무관세 쌀 수출을 허가했던 것이다. 그런 만큼 수속도 특수하여, 총서[總署, 용산에

---

4) 譚傑生 → □泉亨, 1894.2.30.『同泰來信』5卷. "卄四至卄八日共到米船六艘, 約六七萬石之譜, 海關碼頭堆積如山, 日本人縮手未買, 料有大跌之勢. 本號放出三千包, 每日斗6.5毛, 核寸無利, 因上海山東人湧辦立起價二毛, 仁川跌價三毛外, 眞是兩頭不化寸."

5) 譚傑生 → □泉亨, 1894.3.2.『同泰來信』5卷. "今水所來之米, 無論大米粘米, 入價均貴, 因在申山東人湧辦, 故每石立升一毛外, 且英洋亦貴也. 故列置本, 比前幇, 入價高矣. 但貨頗佳, 未知加扳17吊否, 或扳回前盆16.5吊, 亦要放之. 因核寸仍是有利, 以早脫爲上, 免至擱下耗息或朝人再殺價, 則暫守之, 不憂其不買, 料朝粘米有如此之相宜也. 祈會意焉."

6) 譚傑生 → 梁綸卿, 1894.2.10.『同順泰往復文書』15卷. "粘米原是銷流不廣, 如少到則利得厚利, 今山東人入手則辦米, 防雷同多到, 則有久責之患."

있던 주차조선총리교섭통상사의(駐箚朝鮮總理交涉通商事宜) 원세개(袁世凱)의 집무처]에서 허가·발행한 미조(米照, 수입허가증)를 용서[龍署, 용산에 있던 판리용산상무위원(辦理龍山常務委員)의 한성 업무 사무처]에서 신청·수령하여 상해로 가져가서 상해 도대(道臺)에서 도장을 받아 비로소 쌀을 수입할 수 있었다. 1894년의 미 무역은 동순태호가 앞서서 개척했는데, 이윤이 크게 남는 것을 보고 산동인들도 뛰어드는 바람에 상해의 쌀 구입가는 높아지고 인천에서 조선인이나 일본인들에게 파는 값은 떨어졌다. 따라서 동순태호는 산동인의 동향을 예의 주시하고 있었다.[7]

동순태호는 산동인에 대해 강한 우월의식을 가지고 있었는데 이러한 우월의식은 시장 경쟁력에서 광방(廣幇)이 가진 우위에서 나오는 것이기도 했다. 조선의 광방은 상해를 비롯해 일본 각지에 진출한 광동네트워크를 기반으로 활동하고 있었으므로 동아시아 전반의 시장 정보의 입수에서 앞서 있었으며, 광동 출신의 매판 자본가들과 구축한 인적 유대를 이용해 관계(官界)에도 두터운 인맥을 자랑하고 있었다. 따라서 산동인은 일본인이 쌀 구입을 일방적으로 취소하는 계약 위반을 일으켜도 양보를 할 수밖에 없거나, 가격도 시세보다 낮게 팔아야 했다. 그해 음력 3월 말에 발생한 계약 파기 사건을 보면 이런 점을 잘 알 수 있다.

(가) 산동인은 네 상점이 합하여 일본인에게 쌀 2만 포를 팔았는데, 그저께 이미 협상하여 5,000포만 팔기로 하고, 계약금은 (위약에도 불구하고) 약정대

---

7) 예를 들어 다음과 같은 기사가 있다. "듣기로 이들(산동인)은 (일본)우선회사와 협의하여 쌀 10만 포를 선적할 수 있는 品川丸을 세내어 인천에 오면 쌀을 싣고 오사카로 가기로 하였는데, 운반비는 1포당 5毛(= 0.5元)라고 한다. 어제 저녁에 이 회사(= 일본우선회사)가 그들(산동인 5, 6개 상점)을 大佛亭으로 초대하여 술을 마셨다고 하니, 아마 틀림없을 것이다.[聞得伊與郵船會社, 租品川丸[可裝10万包]來仁裝米去大阪, 水脚每石五毛寸, 昨晚該會社請他[山東人五六家]到大佛亭飲酒, 料必不錯也]"(譚晴湖 → 譚傑生, 1894.4.1. 『同泰來信』 6卷).

로 받지도 못했던 데다가 나머지 1만 5,000포는 아예 없던 일로 하고 일을 마쳤으니, 산동인들이야말로 양보의 극치라고 하겠다.[8]

(나) 이태호(怡泰號)가 의생성(義生盛)을 대신해서 미조(米照) 110장을 수령한 것은, 아마 필시 산동인이나 일본인이 부탁해서 한 것인데, 4월 말이 지난 후에 인천해관에서 관세를 받을지 어떨지는 알 수 없다. 만약 관세를 징수한다면, 이문이 남지 않을 것이다.[9]

한편 같은 시기인 그 해 4월 7일에 동순태 인천분호 담청호는 한성본호의 담걸생에게 보낸 편지에서, "오늘 일본인이 산동방(山東幇) 상점 서성(瑞盛)에게서 1,000포, 공화순(共和順)에게서 2,000포, 항순창(恒順昌)에게서 2,800포를 샀는데, 일본 두(斗)에 6.2모(毛)[= 0.62원]로, 포대까지 포함한 가격이다. 이 가격으로는 겨우 본전치기인데, 그들(산동방)이 해외 개항장 시황을 알지 못하니 급하게 팔아 버리려는 것도 이상할 것이 없다"라고 말하고 있다.[10] 그러면서도 "주학운(周鶴雲)이 와서 화물 선적을 묻는데, 나는 일부러 상세하게 오사카 시황이 좋지 않다고 말하여, 그가 산동방에게 전하도록 해서 (그들이) 더욱 급하게 물건을 팔게 했다"라고 덧붙이고 있어, 강한 경쟁의식을 보여 준다.[11]

1894년의 쌀 무역과는 달리 산동방의 선점 분야에 후발로 진출하는 경우

---

8) 譚晴湖 → 譚傑生, 1894.4.1. 『同泰來信』 6卷. "山東人合四家賣與日本人米貳萬包, 前日已講妥□□出五千包, 定銀照寸不能罰, 餘一萬五千包, 不要作爲了事, 山東人可謂相就之極也."

9) 譚傑生 → 邵蘭圃, 1894.4.21. 『同泰來信』 6卷. "所詳怡泰代義生盛領米照壹百十張, 料必山東人或日本人托辦, 未知過四月底到仁海關要收稅否耳. 如果要實稅, 似亦不化寸也."

10) 譚晴湖 → 譚傑生, 1894.4.7. 『同泰來信』 6卷. "今日日本人有與東幇瑞盛買1千包, 共和順2千包 恒順昌2800包 每日斗6.2毛, 連袋在內核, 此價僅可保存, 伊不知外埠市, 怪不得急於脫手."

11) 譚晴湖 → 譚傑生, 1894.4.7. 『同泰來信』 6卷."周鶴雲來求貨俩 我故意詳說坂市不好, 使其告東幇知, 更欲急賣也."

도 있었다. 당강(糖姜)은 원래 산동방이 연대(煙臺)에서 구입해서 조선에 파는 품목이었다. 그런데 담걸생은 당강 판매가 수익이 높은 것을 알고 산동방과 달리 원산지인 광동성 산두(汕頭)에서 직접 구입을 시도하여 가격 경쟁력을 확보하였다. 담걸생은 같은 해 2월 5일에 상해 양륜경에게 보낸 편지에서, "당강은…이미 산두의 거래처에 편지를 써서 구매를 부탁했으니, 만약 (물건이) 상해에 도착하면 바로 (인천으로) 부쳐 주십시오. 현지에서 구매를 하면 어쨌든 연대에서 사오는 것보다 나을 것이니, 아마도 산동방에 대적할 수 있을 것입니다"[12]라고 주문을 부탁했다. 또 3월 3일의 편지에서도 "당강은 조선에서 잘 팔려 산동인이 많이 취급했는데, 우리 상점은 거래처에 부탁하여 (산두) 현지에서 구매해 오므로, 연대에서 오는 화물에 비해서 유리할 것입니다"[13]라고 말하고 있다. 서간으로 볼 때 1894년 이전에 동순태호는 당강을 취급해도 산동방과 마찬가지로 연대에서 사왔던 것을 이때에 와서 산지 직수입의 루트를 뚫었음을 알 수 있다. 1907년의 거래영수증을 모은 『동순태보호기(同順泰寶號記)』를 보면, 산두 당행(糖行) 생원(生源)에서 상해 당행 연발행(聯發行)으로 보낸 당강 영수증과 다시 상해 동태호가 한성 동순태호로 보낸 당강 영수증이 2건씩 확인된다. 1894년의 산지 직거래가 계속 이어진 것을 알 수 있다.

사업상의 경쟁 외에도 산동방과의 경쟁은 조선 주재 청국 관헌과의 인맥이나 자존심 싸움으로 드러났다. 1894년 2월 25일 일처리로 인천에 와 있던 담걸생이 한성본호에 보낸 편지에는 "이번 달 28일이 원총판(= 원세개) 부인의 생일인데, 생각하건대 각 방(幇) 상인도 총서에 가서 축하를 드려야 합니

12) 譚傑生 → 梁綸卿, 1894.2.5. 『同順泰往復文書』 14卷. "糖姜…致信托汕友作辦, 如到申卽轉付下, 諒在地頭作辦, 總宜于在烟臺辦來, 料可與山東幇敵手矣."
13) 譚傑生 → 梁綸卿, 1894.3.3. 『同順泰往復文書』 16卷. "糖姜朝地多行, 山東人多作, 我號托友在地頭作辦, 總比烟臺來貨相宜."

다. 고간정(古幹庭)에게 부탁하여 산동방(山東幇)이 어떻게 할 건지 물어봐서, 본방(本幇)도 그들과 같이해야 하니, 절대 남보다 못해서는 안 됩니다"[14]라고 하고 있다. 또 그 해 4월에는 조선 주재 청국 관헌이 재한화상 각 방에게 순포방(巡捕房, 조계의 치안을 담당하는 청 관할의 경찰서)의 비용을 위해 재원을 염출하도록 하는데, 이때 연락을 받았던 인천분호의 담청호는 광방 책임자였던 담걸생에 연락하여 "유영사가 [광서(光緖) 19년(서력 1893년)] 사리연(四厘捐)을 내라고 한 일은, 만약 북방(北幇 = 산동방)이 냈으면, 우리 광방(廣幇)은 안 낼 수 없으니, 신속히 용산 영사에게 물어 보라"라고 독촉하고 있다.[15]

동순태문서를 살펴보면, 광동방인 동순태호는 산동 화상에 대해서 "산동인", "동방(東幇)", "산동방(山東幇)"이라고 지칭하면서 대체로 경쟁의식과 우월의식을 함께 드러내는데, 이러한 의식은 "중국인"이라는 용어에도 투영되어 있는 점이 주목된다. 앞서 쌀 무역에서 일본 선박회사에 쌀을 적재해 고베로 보내면서 운반비 교섭이 벌어졌다. 인천분호 점원인 담정갱(譚廷賡)은 담걸생에게 보낸 2월 1일 편지에서 "오후 주월송(周月松)이 와서 말하기를, 절대로 깎지 말라고 하니, 이 사람이 마음으로 무엇을 바라는지 모르겠습니다"라고 말했다.[16] 그런데 이틀 뒤에 보낸 편지에서는 "쌀을 오사카로 실어 보내는 일은, 본호(本號)에 쌀이 있으므로 제가 직접 일본인과 만나서 상의해야 할 것으로, **중국인**에게는 상세히 알리지 말아야 합니다. 그 사람됨이 믿기 어려우므로, 역시 그를 경유해서 처리하지 않는 것이 좋겠습니다(강조는 인용

---

14) 譚傑生 → □泉亨, 1894.2.25.『同泰來信』5卷. "本月廿八日, 袁總辦考太之生日, 料各幇商人, 到署道喜, 祈托古幹庭, 打聽山東幇如何, 本幇依他一樣而爲, 切不可落人之後也."

15) 譚晴湖 → 譚傑生, 1894.4.3.『同泰來信』6卷; 譚晴湖 → 譚傑生, 1894.4.5.『同泰來信』6卷. "劉領事要繳十九年四厘捐之事, 如果北幇交去, 我廣幇不能不交, 祈速問過龍山領事."

16) 譚廷賡 → 譚傑生, 1894.2.1.『同泰來信』5卷. "下午周月松來云, 要寔不扣, 未知此人心中如何欲."

자)"[17]라고 쓰고 있다. 여기에서 지칭하는 "중국인"은 구체적으로는 앞서의 주월송을 가리키는 말이라고 생각되지만, 그를 부정적 의미에서 "중국인"이라고 부른 것에서, 당시 조선화상의 인식 속에 "중국인"이란 1905년 미국 보이콧운동 때와 같이 단결의 상징은 아니었음을 엿볼 수 있다.[18]

2. 정치(政治)와 치부(致富) 사이

청의 주한파견기관의 출납과 동순태호

동순태는 조선 주재 중국 관헌과 조선 관헌 모두와 긴밀한 인적 유대를 맺고 있었다. 그 유대의 내용은 다양한데 앞에서도 살펴보았지만, 청의 주재관헌과 조선정부를 도와 일본에 배를 주문하는 일을 돕기도 하고,[19] 조선정부의 홍삼 수출을 대행하기도 하고, 동순태 차관의 매월 상환금을 인천해관에서 대리 수령하여 원세개의 총서(總署)에 넘기는 일을 하기도 하였다. 아래의 상업서신은 동순태의 일상적 경영활동이 얼마나 관과의 업무 처리와 연계되어 진행되는가를 잘 보여 준다.

> (가) 영태선(永泰船)으로 편지 한 통과 함께 은 한 상자를 보냈는데, 내역은 일본 은화 1,462.93원, 지폐(일본제일은행권) 150원 합계 1,612.93원이다.

17) 譚廷賡 → 譚傑生, 1894.2.3.『同泰來信』5卷. "裝米往坂, 爲本號有米, 我當往與日人面斟, 不與中國人詳知, 因此人難靠, 亦不用經由于他."

18) 요시자와 세이치로(吉澤誠一郎)의 연구에 따르면, 1905년 대미 보이콧 운동과 애국주의의 고조, 그 과정에서 "청"이란 국호를 넘어서 "중국인"이 민족주의적 뉘앙스를 담고 널리 쓰이게 되었다(『愛國主義の形成-ナショナリズムから近代中國をみる』岩波書店, 2003. 국역판은 요시자와 세이치로 저, 정지호 역『애국주의의 형성』논형, 2006).

19) 陳如三 → 譚傑生, 1894.1.23.『同泰來信』5卷; 陳如三 → 譚傑生, 1894.1.9.『同順泰往復文書)』1권.

이 상자에는 칠로 봉인을 해 두었다. 생각건대 난포(蘭圃) 형(兄)에게 알려서 증명서를 가지고 용산으로 가서 검역 후에 받아오면 될 것이다. (중국 정부를) 대신하여 수령한 18차 인천 해관 차관(즉 동순태차관)은 원래 2,592.19元인데, 지금 인천에서 900여 원을 써 버렸으니, 바라건대 한성본호에서 은화를 좀 사거나 지폐로 보충해서 보내기 바란다. 절대로 기일을 어기지 말아야 하니, 그(청 담당관리)가 다시 추궁하는 일이 없도록 해야 한다. 지금 총서장방(總署賬房), 용서장방(龍署賬房)에게 올릴 증명서 각 1장씩을 작성해 보내니 도장을 찍어서 돈과 함께 보내기 바란다. 통혜공사(通惠公司)는 작년에 총서로부터 2,980원을 빌렸는데 매월 이자가 1푼으로, 원래 계약서를 작성할 때는 은량(銀兩)으로 했지만 실제 줄 때는 은원(銀元)으로 지급해 온 데다, 또 내가 전에 공사의 수입과 지출에는 은량이 없다고 분명히 말해 두었으므로, 이후에도 은원으로 상환할 따름이다. 하물며 지금 공사에는 보유하고 있는 은원도 없어서, 반드시 정병하(鄭秉下)가 줄 배값을 받아야만 상환을 할 수 있다.[20)]

(나) 인천 해관을 대신해 받은 돈이 시일이 경과된 지 오래되어, 날짜에 맞추어 총서장방(總署賬房)에 보내야 하므로 다시 연기할 수 없다. 만약 금액이 부족하고 약간 모자라면, 하루 이틀 늦추어 채워 넣으면 된다. 내일 산동신국에 부탁해서 400원을 부칠 것이니, 보충해 쓰도록 해라. 오늘 오후 해관(海關) 신상(信箱)에 부탁해서 부치려고 했으나 해관의 배달은 야간에 이뤄지므로 안전하지 못한 것 같아 마음을 놓을 수 없었다.[21)]

---

20) 譚傑生 → □泉亨, 1894.2.26.『同泰來信』5卷. “永泰輪船帶上信壹函, 幷銀壹箱, 內計日洋壹千四百六十二元九角三分(1,462.93元), 札紙壹百五十元(150元), 共1,612.93, 此箱有火漆印封固, 計關照蘭圃兄帶提單, 往龍山驗收可也. 所代收十八次仁關借款, 原是2,592.19元, 今在仁用去九百餘元, 祈在漢買洋錢, 或札紙補足, 乃送去. 千祈不可延後, 免至他再追討也. 今列上總署賬房、龍署賬房各單一紙, 祈打圖章, 連銀一應送去, 就是. 通惠公司昨年借總署洋貳千九百八十元(2,980元), 每月行息一分寸, 雖立單是寶銀, 他原是交洋錢來, 況我前有明提公司無元寶進出, 將來亦是還洋錢耳. 況現時公司無洋錢存, 須俟收得鄭秉下船價, 方能淸還也.”

위의 (가)는 한성본호를 책임지는 담걸생이 인천분호에 와서 사무를 보던 중에 한성본호로 보낸 서신이다. 첫머리에 나오는 영태선은 한강을 왕래하는 선박으로 한성과 인천 사이의 물류를 날라 동순태 서신에 자주 등장한다. 이 편지에서 담걸생은 동순태차관 제18차 상환금 2,592.19원을 인천해관에서 대신 받아서 용산의 중국 공관에 납부해야 하는데 이미 인천분호에서 일부를 써 버렸으니 그만큼 보태서 기일을 어기지 말고 내라고 하고 있다. 글에서 보건대 이런 부분적인 공금 전용은 다반사로, 기일을 어기지 않는 이상 크게 문제가 되었던 것 같지 않다.[22]

이 금액은 서신에서도 밝히고 있듯이 동순태 제1차 차관의 제18차 상환금으로 보인다. 그런데 1894년 2월 27일에 조선해관 총세무사 백탁안(柏卓安, John Mcleavy Brown)이 통리교섭통상사무아문(統理交涉通商事務衙門)에 보낸 문서에는 2월 23일에 제18차 차관 상환금을 동순태에게 2,611.93원 지불했다고 보고하고 있다.[23] 한성으로 보낸 담걸생의 서신이 2월 26일에 작성된 것과도 딱 맞아떨어지는데, 다만 금액이 서신의 2,592.19원과는 차이가 있다. 제2장에서 『총관래신(總關來申)』의 관련 영수증을 분석하여 도식화한 매월 차관 상환금액 산출 공식에 따라 동순태 제1차관 제18차 상환액은 계산해 보면 다음과 같다.

---

21) 譚傑生 → 邵蘭圃, □泉亨, 1894.2.30. 『同泰來信』 5卷. "代收仁關揭款經已日久, 祈早日送去總署賬房, 不可再延, 如果不够交, 尙欠若干, 或遲一二日, 找足亦可, 准明日托山東信局帶上四百元, 以備交用. 今午本欲托海關信箱帶上, 因海關帶信夜行, 似不穩陣, 故不放心也."

22) 중국은 조선과 사이에 屬邦 관계의 특수성을 드러내기 위해 領事나 公使를 파견하지 않았다. 처음 파견한 상주 외교대표인 陳樹棠에게는 總辦朝鮮商務, 후임인 원세개에게는 駐箚朝鮮總理交涉通商事宜라는 직함을 주고, 주요 항구에 파견한 常務委員을 관할하게 했다. 각사등록과 같은 조선 측 문서에서는 약칭으로 袁總理, 辦理龍山商務, 辦理仁川商務 등으로 부르고 있다. 동순태문서에서는 원세개를 袁總辦, 각지 상무위원은 領事로 부르고 있다.

23) 二品銜一等寶星總稅務司 柏卓安 → 統理交涉通商事務衙門 稅字 第三百六十八號, 光緒二十年二月二十七日(1894년 2월 27일) 『總關來申』 7-9, 奎17829, 외부아문 편, 9책.

원금이 1,250량, 이자가 472.5량이므로 이 합산한 은량을 은원으로 환산한 가격은 2,566.525원이 되고, 이를 일본 은원으로 다시 환산한 가격은 2,592.19원이다. 여기에 보험료와 운반비를 더하면 최종적으로 2,612.93원이 된다. 이 산출액과 세무사 보고서는 1원의 차이가 나는데 그 원인은 명확하지 않으나 세무사 보고서가 오류이고 계산식이 맞다고 판단한다. 왜냐하면 (가)의 담걸생 편지에 나오는 2,592.19元은 바로 위 계산식에서 보험료와 운반비를 뺀 금액이기 때문이다. 따라서 인천세관은 2,612.93원을 동순태에게 지불하고, 동순태는 보험료와 운반비로 20.74원을 공제한 뒤, 일본 은화로 환산한 금액을 원세개의 용산 총서에 납부했음을 알 수 있다. 또 이 차관 상환금에 대한 보고 및 인수증은 총서장방(總署賬房), 용서장방(龍署賬房) 두 사람 모두에게 올리고 있는데, 장방(賬房)은 회계를 지칭하는 상업용어이므로 각각 총서(總署)와 용서(龍署)의 회계 담당 관리를 지칭하는 것으로 보인다.

한편 서신 (가)에 나오는 통혜공사는 제2장에서 자세히 밝혔듯이 동순태 제2차 차관의 대가로 한강항행권을 획득하여 설립한 기선회사인데, 후에 경영 부진으로 조선 전운서(轉運署)에 주력 증기선인 한양호를 매각한 바 있다. 위의 인용문을 보면, 동순태는 경영자금을 위해 원세개의 총서(總署)로부터 이미 2,980원을 빌려 썼는데, 이 금액의 상환은 전운사(轉運使) 정병하(鄭秉下)에게서 밀린 한양호 매각금을 받아야 갚을 수 있다고 하는 것이다. 이렇듯 동순태호의 자금 출입과 중국 파견기관의 회계 출입은 조선 정부와의 관계까지 가세하여 복잡하게 얽혀 있었다. (나)에서는 자금의 송달이 (가)와 같이 배와 화물과 함께 움직이기도 하고, 지폐의 경우 산동신국(山東信局) 즉 산동인이 조직한 우편조직과 해관신국(海關信局) 즉 해관에서 조직한 우편조직을 통해서 전달되고 있음도 알 수 있다.

조청 간 공금 송금과 동순태호의 결제네트워크

동순태는 청 본국에서 조선 주재관에 보내는 공금의 송금과 출납도 대행하였으며 그 송금 금액이 일시에 2만 량이나 되는 사례도 있었다. 1894년 3월 11일에 인천분호 책임자 담청호(譚晴湖, 담걸생의 친형)가 한성본호 책임자 담걸생(譚傑生)에게 보낸 편지를 보면, "오늘 유(劉) 인천영사(仁川領事)가 인편을 보내 말하기를 원대인(원세개)에게서 전보가 와서 본호에 인천으로 올 미선이 있는지를 묻고, 그(원세개)에게 (송금받아야 할) 공금 2만 량이 있으니, 본호에게 상해 동태호로 전보를 쳐서, 동태호가 상해 도대(道臺)에게 대신 받도록 하라고 했다고 하여, 내가 알았다고 하였다"[24]라고 하고 있다. 즉 청조의 주한파견기관장인 원세개는 본국으로부터 공금 2만 량을 송금받아야 하는데, 그 2만 량은 상해도대가 지급하는 것이었다. 그런데 원세개는 인천영사[常務委員] 유(劉)에게 전보를 보내서, 동순태 인천분호에 찾아가서 상해 동태호와 연락을 취해 상해 도대에게서 돈을 받은 뒤 조선으로 송금하도록 주문하고 있다. 상해 동태호는 상해도대에게 2만 량을 받지만, 원세개는 한성 동순태 본호를 통해 그 금액을 수령할 것이다.

이 2만 량의 출처는 어디일까. 동순태차관의 경우 실제로는 상해 중국해관의 출사경비항목(出使經費項目, 즉 외국에 주재하는 청 외교관의 경비)에서 나온 금액이었다는 점을 감안하면, 주한파견기관의 공금도 상해 중국해관에서 지출되었고, 그 항목의 관리를 상해도대가 맡고 있었다고 추정된다. 약 한 달 뒤인 4월 12일에 인천분호 담청호가 한성본호에 보낸 서신을 보면, "원총판(원세개)이 강해관(江海關) 은(銀)의 수령을 위탁한 일은 신호(申號, 상해 동태호)도 대신 수고를 해 주겠다고 허락했으므로, 오늘 왕명산(王鳴山)

---

24) 譚晴湖 → 譚傑生, 1894.3.11. 『同泰來信』 5卷. "今仁川領事劉着去, 云及袁大人有電到, 問本號有米船來仁否, 伊有餉銀貳萬兩, 着本號打電去申同泰, 代爲向滬道領取, 我已答應他."

에게 편지 한 통을 써주고 그에게 이 일이 어떻게 수령하게 될지를 알려주었다. 먼저 그 증서를 작성하여 인천으로 보내 다시 상해로 부쳐 대신 수령할 수 있도록 바란다"[25]라고 하고 있다. 여기에서 강해관은 상해 해관을 지칭하므로, 이 강해관의 자금이 상해도대를 통해 원세개로 지급된 것으로 보인다. 이상의 사례들은 청 말 국가은행이 부재한 상황에서 동순태와 그 동업네트워크가 일종의 공금 관리 은행 역할을 했음을 보여 주고 있다.

흥미로운 것은 조선과 중국 사이의 자금왕래에 동순태의 무역 네트워크를 이용한 사례뿐 아니라 일본까지 걸친 삼각 결제 역시 보인다는 점이다. 조선 주재 중국 관원들은 일본을 거쳐 상해를 통해 귀국하는 경우, 동순태호의 거래 네트워크를 따라 그 지점 내지 거래처에서 차금(借金)하고 후에 상환(償還)도 그 네트워크를 따라 결제되는 사례가 보이는데 아래를 살펴보자.

(가) 영사(領事) 당소의(唐紹儀)가 오늘 배로 (상해에서) 고베로 갔는데, (동순태호의 중개로 조선 정부가 고베 조선소에서 구매하기로 한-인용자) 그 소기선을 보고 나서 바로 한성으로 간다고 한다. 상해에서 빌려간 은 5백 원은 한성에 가면 돌려준다고 하니, 액수대로 받기 바란다. 또 (고베) 상융호(祥隆號)에게 편지를 보내 그(= 당소의)가 얼마나 빌려 썼는지 물어보고 알려주기 바란다.[26]

(나) 부쳐 온 당영사(= 당소의)의 회은신(匯銀信), 원총리(= 원세개)의 수은단(收銀單)은 이미 잘 받았다. 즉시 진동선으로 (상해로) 부치겠다.[27]

---

25) 譚晴湖 → 譚傑生, 1894.4.12.『同泰來信』6卷. "袁總辦委收江海關之銀, 申號亦允代勞, 今交王鳴山信壹函, 亦告知他此事如何有收, 祈先將此單付仁轉寄去申代收."

26) 梁綸卿 → 譚傑生, 1894.1.28.『同順泰往復文書(交貨尺牘)』1卷. "唐領事紹儀, 今船去神戶, 看□此小火船後, 即來漢云, 在申借去銀5百元, 云到漢交回, 祈照收. 又致信祥隆招呼, 他有借支多少, 後達."

27) 譚晴湖 → 譚傑生, 1894.4.21.『同泰來信』6卷. "所付來唐領事 匯銀信袁總理收銀單 經已收到 即由鎮東船."

(가)는 상해 동태호 양륜경이 한성 동순태 본호 담걸생에게 보낸 편지이고, (나)는 인천분호 담청호가 한성본호 담걸생에게 보낸 편지이다. (가)의 상해 동태호 양륜경이 말한 금액은 두 종류로, 하나는 상해에서 빌려간 500원이고, 또 하나는 고베의 거래처인 상융호에게 빌려간 모종의 금액이다. 첫 번째 자금이 공금인지 아닌지는 모호하다. 한중관계연구자 권혁수(權赫秀) 교수는 한국학 중앙연구원 장서각(藏書閣)이 소장한 서간집 『당소의등서독(唐紹儀等書牘)』에서 당소의가 김윤식(金允植)에게 보낸 편지(1885년 6월 추정)를 인용하여, 전해(1884년) 조선정부에서 외국어[西文] 학습을 위해 파견한 2명의 조선정부 관원을 상해에 데려가 수속을 밟는 데 영양(英洋, 영국 은화) 478원이 들었으나, 그 비용을 아직도 조선정부에서 주지 않는다며 개인사정으로 급하니 고종에게 아뢰어 빨리 상환해 주기 바란다는 내용을 소개한 바 있다. 권 교수는 금액이 거의 비슷하기 때문에 (가)의 금액이 이 유학비용일 것이라는 의견을 피력하였다.[28] 하지만 우선 시간적 격차가 10년이나 되고, 금액이 딱 맞지는 않기 때문에 저자의 의견은 회의적이다.

실제로 당소의는 오랜 기간 상습적으로 동순태에 채무를 지고 있기 때문에 공금이라고 해도 이렇게 장기간 채무를 해결하고 있지 않는 것은 어색하기 때문이다. 예를 들어 1889년 1월 8일(음력) 인천분호에서 한성본호에 보낸 편지를 보면, "노당(老唐 = 당소의)이 (인천분호에서 빌려간) 빚 217원을 한성본호에 갚으려고 하지만, 한성본호는 인천분호 장부의 금액은 받지 않으므로 이 빚 상환은 맞지 않는 것이다. 바라건대 한성에서 이 점을 명백히 밝혀서 인천에다가 돈을 주라고 하면 좋겠다"라고 쓰고 있다.[29] 이 외에도 물건의

28) 權赫秀, 「唐紹儀在近代朝鮮十六年活動考述」 『韓國硏究論叢』 第二十一輯(북경 : 世界知識出版社, 2009年, pp. 289~321, 각주 36. 두 금액이 같은 것인 듯하다는 의견은 동순태문서 강독회(동북아역사연구재단 후원 소규모 학술회)에 참가한 권혁수 교수의 의견이다. 玉稿와 高見을 제공해 주신 권혁수 교수께 감사를 드린다.

외상 구입도 빈번하여 연말에 밀린 외상과 빚의 청산이 정기적으로 이루어지고 있었던 점을 보면 (가)의 금액이 개인용도일 가능성도 높다.[30] 동순태는 조선주재 중국관원들을 위해 공금과 개인송금 모두를 인천-상해에 그치지 않고 때로는 일본까지 포함하여 다각 결제로 운영하고 있었다.

(나)의 당소의 회은신(匯銀信)은 (가)의 서신 이후 약 3개월 뒤의 편지인 점을 고려하고 그 사이에는 당소의 관련 돈거래가 언급되지 않은 것으로 볼 때 (가)에서 당소의가 상해에서 빌려간 500량의 상환금으로 보인다. 회은신(匯銀信)은 송금 증서를 말한다. 또 (나)의 원세개의 수은단(收銀單) 역시 앞서 원세개가 상해 동태호에게 수령과 송금을 부탁한 2만 량에 대한 영수증으로 추정된다. 수은단(收銀單)은 돈을 받았다는 영수증이다. 따라서 (나)의 서신을 보면 한성에서 담걸생이 당소의에게 상해 동태호로 보낼 송금 증서를 받고 원세개에게 상태 동태호로 보낼 영수증을 받아서 함께 인천분호로 보냈고, 장차 인천분호는 두 증서를 배편으로 상해로 보낼 것임을 알 수 있다. 앞서 언급한 원세개의 2만 량 공금 송금 대리건을 추적해 보면, 상해 동태호가 대리 수령에 허락했으니 원세개 용산총서에서 문서를 보내달라고 한 것이 4월 12일이었고 원세개의 영수증이 인천에 도착하여 상해로 부칠 준비를 한 것이 4월 21일이었으므로 단 9일 안에 청 본국과 주한파견기관 사이에 2만 량이나 되는 거액 송금이 완료되었음을 알 수 있다.

---

29) 仁庄 → 漢庄本號, 1889.1.8., 4號信元月初八日付□芝帶, 同泰 vol. 1, p. 4. "卽如老唐之賬欠卄丨亖百元, 欲付漢號數, 而漢號無收仁號數, 此賬亦不符也. 祈在漢弄明白, 付仁收數可也." 唐紹儀를 老唐이라고 부른 것은 그가 해관 통역 직원에서 출발해 원세개의 막료로 두각을 나타내기 시작한 아직 20대의 청년으로 1889년 8월에 그가 龍山商務委員에 임명되어 정식 관원으로 출세 가도를 달리기 전이기 때문이다. 이후는 唐大人, 唐領事로 호칭이 바뀐다.

30) 물품 구입 건은 仁庄 → 漢庄本號, 1889.1.3., 1號信己丑年初月初三日交海關帶, 同泰 vol. 1, p. 1 참조.

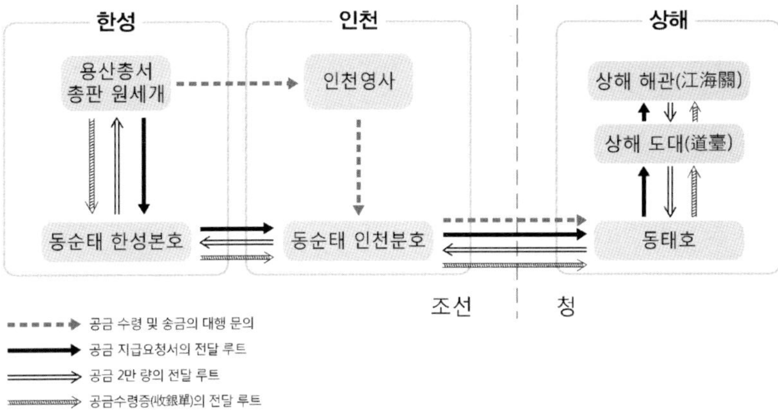

〈그림 6-1〉 동순태호 네트워크를 통한 청과 주한파견기관의 송금

관과의 유착과 동순태호의 비즈니스

청의 주한파견기관과 동순태호 사이의 이러한 특수 관계 때문에, 청 주재관들은 동순태호에 매우 개인적인 청탁도 하고 있었다. 동순태 경리 담걸생은 상해 동태호 양륜경에게 보낸 편지에서 원세개의 여섯째 동생이 "공흠차(龔欽差)"의 출사에 수행원으로 가게 되어, 매월 상해해관 인책방(印冊房)에서 안가은(安家銀) 50량을 받는데, 원세개가 상해 동태호에 부탁해서 대신 돈을 받아서 저축해 두었다가 4~5개월 후에 동생이 편지로 알려주면 그 돈을 고향인 하남(河南)으로 보내달라는 부탁을 했다고 전하고 있다. 즉 원세개는 자신의 여섯째 동생의 월급 관리를 한성 동순태호를 통해 상해 동태호에 부탁하고 있는 것이다. 이때 여섯째 동생은 원세동(袁世彤)이다. 기록에 따르면 원세동은 1893년 10월(음력)에 공앙거(龔仰蘧)가 흠차대신의 자격으로 설복성(薛福成)을 이어 영국, 프랑스, 벨기에 대사에 임명되었을 때, 참찬(參贊)으로 동행해서 출국했다고 하니 이 편지 내용과 정확하게 일치한다. 원세개의 고향은 하남성(河南省) 항성(項城)으로 원세동은 출국 후 3년 뒤에 돌아와 고향에

낙향하여 다시는 출사하지 않았다고 한다.[31] 원세동 역시 해외공관에 나가는 것이므로 그 매월 수당은 상해해관에서 지불되었던 것 같다.

담걸생은 원세개의 요구 사항과 함께 이후 경과를 양륜경에게 보고하고 있다. "제가 보건대 그는 장차 이임할 관리이고 또 상해점은 바빠서 거기에 신경 쓸 여가가 없을 것이므로 바로 수차례 거절했습니다. 하지만 그는 달리 부탁할 다른 상점이 없다고 하면서, 만약 신경이 쓰이고 가게 일에 지장이 있으면 잠시 4~5개월만 대신해 주면, 그가 8월이나 9월에 온처도(溫處道)로 부임할 때 상해를 거쳐 가면서 다른 사람에게 처리를 부탁하겠노라고 합니다. 현재 저는 아직 승낙을 하지 않았습니다만, 형님께서 찬성 여부를 바로 알려주시면 답변을 할 수 있겠습니다"[32]라고 쓰고 있다.

원세개는 조선에서의 활동을 인정받아 오랜 해외 근무를 마감하고, 온처도(溫處道), 즉 절강성(浙江省) 4도 중 온주(溫州)와 처주(處州) 2부를 관할하는 지방장관으로 부임할 예정이었다. 물론 실제로 원세개는 이임하기 이전에 청일전쟁이 발발하는 바람에 끝까지 조선 문제와 얽히게 되는데, 흥미롭게도 여기에서 동순태호는 1894년 4월 시점에서 원세개가 곧 이임할 관리라는 이유로 그의 청탁을 수차례나 거절하고 있다.

동순태호는 이런 관(官)과의 특수 관계를 치부(致富)에도 활용하였다. 앞서 쌀 수출에서 동순태호는 인천에서 쌀을 일본인에게 파는 것만으로는 산동방의 대거 참여로 큰 이익을 보지 못하자, 일본으로 직접 가져가 팔 구상을 하게 되었다.

---

31) 傅文永, 「名士才子袁世彤」項城文化網〉項城人文〉名人大觀, 2008년 12월 17일. http://www.chnmus.net/html/20081217/440726.html

32) 譚傑生 → 梁綸卿, 1894.4.2. 『同順泰往復文書』 17卷. "弟見他將離任之官, 且申號事忙防不暇與其照管, 以直推之數次矣. 他云無別號可托, 如果費神及有沮碍舖事, 則暫行與其代辦四五個月, 俟他八九月去溫處道上任, 經由上洋, 再托別人辦理云. 現弟仍未曾答應, 與其代辦, 如兄臺合意與否, 祈卽示知, 以得回覆."

원래 상해에서 온 쌀은 조선에서만 팔게 되어 있었다. 인천분호에서 일하던 담걸생의 조카 담정갱(譚廷賡)은 "지금 아문(衙門)에서 유단(諭單)이 내려와, 화상(華商)이 쌀을 다른 부두로 옮기는 것을 불허하고, 조선에서만 팔도록 했습니다만 숙부께서는 어떤 대책이 있으신지 모르겠습니다. 편지로 알려주시기 바랍니다"라고 담걸생에게 방법을 촉구했다.[33] 이런 상황에서 담걸생은 당소의에게 부탁하여 원세개에게 쌀의 수출을 허락해 달라고 청했다. 즉 원래 중국에서 조선에 오는 쌀은 기근 해소를 위해 특별히 면세수출 허가를 한 것이지만, 2월부터 이미 조선은 일본의 압력으로 쌀 수출 금지를 해소하여 일본인들이 이 쌀을 일본에 가져가 큰 이익을 얻고 있으므로, "화상의 이익을 나눠 가져가고 있다[分我商人之利]"는 것이다. 따라서 화상도 일본으로 이 쌀을 팔 수 있도록 부탁한 것이었다. 원세개는 "규칙에 어긋나므로 중당[中堂 = 이홍장(李鴻章)]에게 알려져 문책을 받지 않도록[于條規有碍, 防中堂知之受責]" 서류 처리만 확실히 한다면, 인천에 도착해서 수입을 보고하고 미조(米照)를 제출하고 난 다음에는 어디에 가서 누구에게 팔든 상관하지 않겠다고 약속해 주었다.[34] 이후 미조의 발급 과정에서도 수속을 빨리 하도록 원세개에게 청탁하거나 공식적으로 미조 발급을 중단한 뒤에도 정식 수순을 밟지 않고 특별 추가 발행을 받고 있다.[35] 담걸생은 상해 양륜경에게 보낸 편지에서,

---

33) 譚廷賡 → 譚傑生, 1894.2.9.『同泰來信』5卷. "今因衙門有諭單下來, 不准華商運米往別埠, 准在朝地宜沽之, 未知叔臺如何設. 祈即來音示知."

34) 譚傑生 → 梁綸卿, 1894.2.10.『同順泰往復文書』15卷.

35) 예를 들어 다음과 같은 기사가 있다. "합계 쌀 1萬 石의 米照 1백 장이 아직 발행이 되지 않았으면 시일이 늦어지지 않도록 다시 王鳴山과 高潤軒에게 부탁하여 袁憲(= 袁世凱)을 면담하여 부탁드려 바로 발급받도록 해서, 하인에 주어 인천으로 보내 鎭東船 출발 시간에 맞추어야 하니, 연기되어 일을 그르치지 않도록 하는 것이 중요하다.[領取米照壹百張, 計壹萬石, 如果未曾發出, 防延擱赶之不及, 須再托王鳴山及高潤軒, 面求袁憲, 卽之發下, 以得交姑兒帶回仁, 赶付鎭東船, 萬望延遲悞事爲要]"(譚傑生 → □泉亨, 1894.2.30.『同泰來信』5卷) "袁大人(= 원세개)이 米照를 바로 발급을 해주지 않아 받지 못했다고 했는데, 이 문제는 내가 한성에 돌아간 뒤에 상의하도록 하자[所詳, 袁大人不轉發米照,

"미조는 이미 발행을 중지하여, 산동방이 다시 얻고자 하였으나 수령하지 못했습니다. 본호는 아문과 잘 알고 지내므로, 한두 친구의 협력을 얻어 원총헌(袁總憲, 원세개)에게 사정하여, 사무실의 손을 거치지 않고 뒤로 발급받았으니, 다른 사람들이 모르도록 하십시오. 지금 이미 수령한 미조 140장을 하영걸(何英傑) 형(兄)에게 맡겨 가져가게 했으니, 살펴 받아서 쓰시기 바랍니다"[36]라고 하여 동순태와 원세개의 밀접한 관계를 보여 준다.

그러면서도 조선에서 상업 활동의 비호라는 면에서 청 주재관에 대한 평가는 그다지 높지 않았다. 산동인이 일본인과의 교역에서 일방적인 파기로 손해를 본 일을 두고, 담걸생(譚傑生)은 양륜경에게 보낸 편지에서, "일본인과 교역하면 뒤집어엎기 일쑤고 신용이 없습니다. 비록 계약금을 받고 물건이 나갔고 돈도 확실히 받았으니 확실한 거래였다고는 하나, 만약 도리를 바로 잡고자 일본인에게 소송을 건다면 일본 관리는 (자국) 상민을 비호하며 도리를 따지지 않고 결국 우세를 점할진대 중국 관리는 일처리에 무능하고 겁이 많아 (소송을 걸면) 반드시 손해를 보게 되니, 관을 믿고 일을 하기는 실로 미덥지 못합니다"[37]라고 말하고 있다.

그렇지만 조선에서 활동하는 화상의 대국의식(大國意識)과 중국 관헌의 위세는 결코 치부에 무용한 것이 아니었다. 앞에서 홍삼 밀수와 같은 구체적인 결합 사례는 이미 살펴보았는데 다음의 사례는 영업전선의 최말단에서

当未領就是, 容当回漢商量可也]"(譚傑生 → □泉亨, 1894.3.2.『同泰來信』5卷) 등, 미조 발급과 관련한 활발한 관리들과의 물밑 접촉이 나타난다.

36) 譚傑生 → 梁綸卿, 1894.3.16.『同順泰往復文書』17卷. "米照經已止發, 山東幇欲有再取而不能領, 本號相熟衙門, 得力一二友在袁總憲求人情, 不經門房之手, 暗中而取, 不俾別人知也. 今已取使壹百四十張托何英傑兄帶上, 祈查收用."

37) 譚傑生 → 梁綸卿, 1894.4.2.『同順泰往復文書』17卷. "與日人交易, 眞是反覆無信, 雖收了定銀, 將貨出去, 收淸楚銀, 乃是實事, 如揸正道理, 與其打官司, 而日本官庇護商民, 不講道理, 總要占上風, 而中國官無才能辦事畏懼, 必然貼虧, 靠官辦事, 實不足持."

어떻게 청의 정치적 위세가 기능하는가를 잘 보여 준다.

1894년 전라도에서 동학군의 움직임이 본격화되고 있을 즈음, 당시 동학군 활동을 살펴보러 파견된 원세개의 친병(親兵)이 전주 지점에 자주 들러 안부를 묻고 갔는데, 이를 동순태호 전주(全州) 지점 책임자가 담걸생에게 보고하는 내용은 의미심장하다. "예전에 서(徐) 나리와 원대인(袁大人)의 여러 친병도 저희 상점에 와서, 여러 상황에 대해 물어 보았습니다. 이제 정(丁) 나리[= 정득붕(丁得鵬)]도 역시 저희 상점에 와서 한담을 나누면서 장사가 어떤지 미수금이 있는지 물어 보았습니다. 저는 그에게 지금도 아직 빚이 천여 적(吊)이 있는데 못 받고 있다고 말했습니다. 이번에 두 나리가 저희 상점에 오시어 앉아서 한담을 나누고 간 것이 저희 상점의 위풍이 높아지는데 도움을 주었습니다. 조선인들이 중국의 높은 사람 몇 명이 와서 저에게 (이것저것) 묻고 갔다고 말들을 많이 하고, 조선인들이 저를 두려워하는 마음이 커졌습니다. 저는 이 관청의 위세를 빌어 외상을 진 각 상점들에게 독촉할 것이니, 아마 미수금도 잘 걷힐 것입니다. 이 역시 동가(東家, 주주, 여기서는 한성 동순태)의 홍복입니다."[38] 즉 은밀한 방식으로 정치(政治)는 치부(致富)를 도울 수 있었다.

3. 청일전쟁을 바라보는 이중의 시선

1894년 음력 4월부터는 서신에 점점 동학군에 관한 기사가 늘어났다.

---

38) (全州支店)劉時高 → 譚傑生, 1894. □□. 『同順泰往復文書(交貨尺牘)』 1권. "前者徐老爺與各袁大人之親兵, 亦有到來本號, 問及各事情如何. 今丁老爺亦到來本號, 閒談問生意如何, 有賒賬否, 弟對他說, 今尙有欠賬仟餘吊, 尙未收妥. 今得兩位老爺到本號來, 安座閒談, 助本號之威風. 朝鮮人多有說及, 中國幾個大人到來問及我, 朝鮮人多有畏懼我之心, 弟趁此官威追問各欠號, 料亦各賬好收, 亦是東家之鴻福也."

동학군에 대한 담걸생의 시각은 상당히 호의적이라는 점이 주목된다. 담걸생은 "조선의 민심이 멀어진 것은 모두 평소에 관리의 착취로 원한이 쌓인 지 오래되었기 때문으로, 따라서 인심이 반란을 생각하게 된 것이다. 생각건대 동학당(東學黨)이 이처럼 사람이 많아졌는데 관병은 겨우 1,000, 2,000에 불과하니, 비록 총포의 우세가 도운다고 하나, 아마도 중과부적일 것이다"[39]라고 보았다. 또 "관(官)의 핍박으로 민변이 일어났다면, 오로지 관(官)과 대적하고, 장사하는 이들에게는 해가 없을 것 같으나, 보건데 난민들이 세를 믿고 약탈을 하면 아무 것도 남지 않게 될 것 같으니, 정말 앉아도 누워도 불안하고 마음이 칼로 찌르는 것 같다"[40]라고 하면서도, "듣기로 동학은 기치를 내걸기를 지금까지도 호국안민(護國安民)을 내세우며, 이들 밝은 무리는 결코 약탈을 하지 않아 인심이 평상시처럼 편안하다고 하니, 만약 이것이 사실이라면, 그들은 백성과 함께 해악을 제거한다고 크게 명분을 만들 수 있을 것이고, 또 유적의 행위를 배우지도 않을 것이다. 그러나 일이란 만일을 방비해야만 한다. 내 생각에 국왕이 멍하니 손을 놓고 있지는 않을 것이니 장래 전주에서 전투가 일어나 전장이 된다면 정말 걱정스럽다"[41]라고 하여 동학군에 대해서는 상당히 동정적이지만, 전쟁 자체가 사업에 일으킬 파장을 염려하고 있음을 알 수 있다.

그러면서도 담걸생은 "조선왕은 동학을 토벌할 힘이 없으므로 반드시 중국에 병사를 청하여 도와달라고 할 것이니, 이는 필연적인 형세이다. 조선은 중국

---

39) 譚傑生 → 邵蘭圃, 1894.4.21.『同泰來信』6卷. "但朝鮮民心離散, 皆因平日官抽剝積怨日久, 故人心思亂, 計東學黨如此衆成, 而官兵僅得千餘貳千, 雖槍炮利便, 恐寡不能敵衆."

40) 譚傑生 → 李泉亨, 1894.4.28.『同泰來信』6卷. "如果是官逼民變, 專與官作對, 似于做生意無碍. 看有亂民, 藉勢搶劫, 料化爲烏有, 眞是座臥不安, 心如刀刺也."

41) 譚傑生 → 李泉亨, 1894.4.28.『同泰來信』6卷. "但聞東學起旗, 至今乃出護國安民, 玄徒并無搶劫, 所以人心安靖如常, 料是眞言, 因他大書名目與民除害, 又未必學流賊之行爲, 但事不可不防, 卜國王未必據然罷手, 防將來交兵在全州爲戰場之地, 誠是可慮耳."

의 속국(屬國)이니, 역시 반드시 병사를 파견하여 도와주어야 한다. 그러나 동학이 중국병사가 온다고 들으면 중국인을 원수로 여겨 이를 빙자하여 재물을 약탈할 지도 모르니 걱정스럽지 않을 수 없다"[42]라고 하여, 사업의 유지를 위해서도 반드시 파병이 이뤄져야 한다고 여러 곳에서 확신하고 있었다. 놀랍게도 담걸생은 평화 해결의 희망을 원세개에게 걸고 있는데, "듣기로 국왕이 원총리(袁總理)에게 전주로 가서 (동학당을) 설득을 해달라고 부탁하여 그 날로 이미 길을 떠났다고 하는데 진짜인지 모르겠다. 그는 평소에 퍽 조선인의 인심을 얻고 있으니, 혹시 한 번 유세를 하러 갈 수 있다면 모두가 안심할 것이다"[43]라고 하고 있어, 원세개에 대한 조선인의 평가가 높다고 확신하고 있었다.

1894년 5월이 되면 청군과 일본군이 모두 인천과 한성에 파병하여 바야흐로 전운이 감돌기 시작하였다. 이때의 서신에는 거의 매일 각 군의 자세한 동향이 적혀 있는데, 담걸생은 거래처의 인천 이생호(怡生號) 경리 진달생(陳達生)에게 보낸 편지에서, "상인들은 이런 사태에 연루되어 피해를 입을까 두려워 정말 자도 먹어도 불안합니다. 조선은 반란이 많고 위험한 나라로, 일본과 러시아가 오래도록 점거하고자 노렸는데, 중국 관료들은 모두 안락함만 탐했으니, 생각건대 중국이 다시 기를 펼 날은 없을 것 같습니다. 일이 사단이 나기에 이르렀으니 인천에서 장사를 하는 것을 보호받는 것도 비관적이고 반드시 연루되어 피해를 입을 것이니, 제 마음도 역시 까맣게 탑니다"라고 하고 있다.[44]

---

42) 譚傑生 → 李泉亭, 1894.4.29.『同泰來信』6卷. "但朝鮮王無力量勦滅, 必請中國兵來幇助, 此乃勢所必然. 朝鮮是中國屬國, 亦必發兵來相幇也. 但恐東學聞有中國兵到, 與中國人爲仇敵, 幷藉端搶劫財物, 不可不慮."

43) 譚傑生 → 李泉亭, 1894.4.29.『同泰來信』6卷. "袁總理, 聞國王托其往全作說客, 卽日已起程未知是否, 他似平日素得朝鮮人心, 或可一說卽行, 均皆安慰也."

44) 譚傑生 → 陳達生, 1894.5.19.『同順泰往復文書』19卷. "商人恐防受累, 眞是寢食不安. 朝鮮是危亂之邦, 日俄久欲占據, 中國官場皆是偸安, 料無振作之日, 怕事以至生事, 悲觀保護在仁港□做生意, 必然受累, 弟心亦是恢恢(= 灰?)也."

그런데 조선을 바라보는 이러한 우월적 시선 속에서도, 결국 상업서신에서 확인되는 전쟁을 바라보는 시선은 전쟁 자체나 본국인 청(淸)에 대한 걱정보다는 오로지 상업 활동의 유지 여부와 자산의 보호라는 철저히 상인의 시선이었다. 파병이 이뤄지지 않은 4월에서노 담걸생은 "조선국 동학난으로 만약 군무(軍務)로 쌀을 조달할 일이 있어 당영사(唐領事, 당소의)가 나와 상의할 일이 있다면, 즉시 전보를 쳐서 나에게 알려라. 전보를 치면 한성으로 돌아가겠다"[45]라고 하여 전쟁을 또 하나의 치부의 기회로 바라보았다. 인천분호의 담청호는 일본이 파병하자 중국과의 전쟁을 점치면서도, "전쟁이 인천과 한성에서 벌어지면 모두 걱정스러운 일이다. 본호의 쌀은 대부분 급히 일본으로 부치는 것이 어떠하냐"[46]라고 하여 군량미가 될 수 있는 쌀을 일본에 옮기도록 하였다. 상해 동태호의 양륜경 역시 22일 한성으로 전보를 보내 피난을 권유하면서, 혹시 재산상의 손실이 생기면 "문제를 일으킨 나라[起事國]"에 배상을 청구한다며 어디까지나 전쟁의 쌍방과 거리를 둔 제3자의 입장을 취했다.[47]

연대(煙臺)로 철수하기 직전 인천에 남아 있던 담걸생은 재물을 조계 내로 옮겨놓으면서, "듣기로 각국은 인천과 한성에서는 전투를 벌이는 것을 불허하고 병사를 조계로 들일 수 없도록 했다고 하니, 만약 그것이 사실이라면 큰 문제는 없을 것이다"[48]라고 하였다. 양륜경과 일맥상통하는 무국적의 상인적 시각이라 하지 않을 수 없다.

---

45) 譚傑生 → 李泉亨, 1894.4.29.『同泰來信』6卷. "朝鮮國東學亂或有軍務米辦, 如唐領事有事與我商量, 祈卽行電達知我 卽返漢矣如. 打電報返漢城."

46) 譚晴湖 → 譚傑生, 1894.5.9.『同泰來信』6卷. "事見仁漢, 均屬可憂. 本號之米, 急欲多付東洋奈何."

47) 譚傑生 → 梁綸卿, 1894.5.27.『同順泰往復文書』19卷.

48) 譚傑生 → 梁綸卿, 1894.5.27.『同順泰往復文書』19卷. "聞各國云不准在仁漢地方開戰, 及不能兵到租界, 如果是眞, 似亦無碍也."

동순태문서를 통해 근대전환기 화상의 시선을 따라가다 보면, 마치 근대국가로 거듭나려 애쓰던 동아시아 각국의 내면의식을 엿보는 듯한 느낌이 든다. 전근대부터 뿌리 깊은 동향의식이 아직 화상의 아이덴티티와 공동체 범주를 가장 지배적으로 장악하고 있는 가운데, 해외에서 사업을 경영하면서 조선인과 일본인과 접촉하며 중국인 의식과 국가의식은 맹아를 드러내기는 하지만 아직까지 지배적인 의식은 아니었음을 알 수 있다. 청일전쟁 전야라는 급박한 위기 상황에서조차 화상은 명확한 국가의식보다는 상업디아스포라로서 다국적 네트워크를 통해 자산을 유지하는 것에 무엇보다 관심을 두고 있었다. 이러한 성격은 일본 복건화교와 달리, 조선 진출 과정에서 관(官)과 밀착하여 청의 대조선정책의 일익을 담당해 온 조선 광동화교조차도 마찬가지였던 것이다. 저자는 근대전환기 청이 문명제국에서 국민국가로 탈바꿈해가는 결정적인 계기가 청일전쟁이었다고 하면서, 그 점을 중화 제국질서의 최종적 붕괴와 내부 개혁운동의 성격 전환에서 지적한 바 있으나,[49] 화상에게도 아이덴티티 인식에서 볼 때 청일전쟁 이전은 여전히 과도기였던 셈이다.

49) 강진아, 『문명제국에서 국민국가로』 창비, 2009, p. 119.

종장

동아시아사를 다시 생각한다

화상 동순태호의 성장과 몰락 과정은 한말 재한 화교 상인의 전형적인 예를 제공한다. 초기에 영국 면포를 대량으로 수입하고 있던 동아시아 시장에서, 화상은 동아시아 무역루트의 물자배분센터인 상해를 근거지로 동아시아 각 개항장에 진출하여 부를 축적하였다. 조선의 개항과 함께 1882년 이후 진수당과 원세개의 조선 부임으로 화상들은 정치적 비호를 업고 조선 시장에 입성했다. 그 대열의 선두에서 활약한 동순태호는 1892년 차관 공여에 참여함으로서 기선회사 설립권과 한강항행권 및 조량미의 독점적 운영권을 획득하고, 이후 이익이 큰 국책 사업에 참여할 수 있었다.

청일전쟁 이후 정치적 배경이 사라지자 동순태호는 채표 사업과 같은 새로운 수익사업을 발굴하고 운수업에 투자하는 한편 자본을 본국에 가져가지 않고 부동산에 투자하였다. 경영 다각화와 견실한 부동산 자산으로 동순태호는 1920년대까지 승승장구할 수 있었다. 그러나 1920년대의 보호무역주의의 대두와 국내외의 민족주의 고양, 이에 따른 민족 갈등의 심화 과정에서 동순태호 역시 서서히 내리막길을 걸었다. 1929년 동순태호의 개창자 담걸생(譚傑生)이 사망하고, 1937년 9월 중일전쟁 발발 직후 담가(譚家)는 가산을 정리하고 조선을 떠났다.

조선에서 화교 자본의 단기간의 성장은, 그 진출과 성장 시기가 동아시아 역내 교류가 급증하고 그 연결 고리를 국제정치적 개입(혹은 침략)이 공고히 하는 근대 전환기이기 때문에 가능했다. 그리고 근대이기 때문에 1920년대와 1930년대 국가주의와 민족 갈등이 고조되자 결국 한국 땅에 발을 붙이지 못하고 떠날 수밖에 없었다. 21세기 국민국가를 뛰어넘으려는 포스트모던의 시기에 초국적(超國的) 자본은 이러한 20세기의 선례와 달리 성공할 수 있을까? 그리고 과연 초국적일 수 있을까?

어떤 의미에서 동순태호가 활약한 19세기 말 20세기 초는 인구 대비 이동 인구의 비율을 생각해 볼 때 오늘날보다도 더욱 인적 이동이 활발하던 시기였다. 인적 이동의 배경이 된 것은 다름 아닌 개항에 따른 물류의 확대였고, 물류와 인적 이동의 네트워크를 따라 문화도 이동했으며 갈등도 낳았다.

제3장의 외국 자본의 동아시아 개항장 진출과 광동 매판의 네트워크, 그리고 제5장의 채표가 조선에 소개되는 과정에서 나타나듯이, 근대적 문물의 수용과 동아시아 확산에 화교는 대단히 능동적인 역할을 했다. 그 과정에서 조선도 화상 네트워크에 편입되면서 세계시장에 첫 발을 디뎠다. 제4장에서 살펴보았던 것처럼, 아직 화폐시장도 환율시장도 성숙해 있지 못한 조선에서 화상들은 중국의 은량, 은원, 일본의 은원, 조선 동전을 상해 환율시장과 일본 환율시장을 링크시켜 적절히 교환하고 무역을 수행했다. 날마다 바뀌는 상해 시장의 환율은 이제 조선 내의 상업 거래에도 영향을 미치게 되었고, 개성의 홍삼 구입과 서울의 비단 판매에 개입하게 되었다. 일본상선이 일본과 조선 개항장을 연결했으며, 청의 윤선초상국 기선이 인천과 상해를 연결시켰고, 홍콩과 유럽의 유력 기선회사가 인천까지 노선을 확장시켰다. 배편을 통한 상업서신이 동아시아 개항장을 주유하여 조선 동순태호까지 전달되었고, 인천과 상해 간의 무선통신은 화상의 교역활동을 도왔다.

물류와 정보의 네트워크가 갖춰지자 문화 유통에서도 조선은 더 이상 변방이 아니게 되었다. 청말 신정기의 재원 부족으로 서구 복권을 본뜬 채표가 발행되자, 곧이어 화상들의 손을 빌려 한국에 채표가 소개되었다. 국경을 뛰어넘어 일확천금의 광풍이 동시에 중국과 한국 사회를 휩쓸었다. 어떤 의미에서 한말에 이미 한국은 충분히 세계화되어 있었다.

오늘날 중국이 글로벌 경제대국으로 부상하면서 중국은 2004년에 미국을 제치고 한국의 최대 무역상대국이 되었다. 조선왕조 내내 중국은 조공무역과 국경 호시(互市) 무역을 영위하는 거의 유일한 무역상대 국가였다. 1876년 일본은 조선을 압박해 개항시키고 곧 조선 최대의 무역상대국이 되었다. 그렇지만 1882년 이후 조선에 대한 정치 개입을 본격화한 청은 청일전쟁 직전(1894년)에는 일본과 더불어 조선 무역을 양분했다. 청일전쟁에서 일본이 승리하면서 일본은 한국을 강제 병합한 뒤 해방 전까지 조선 대외무역의 90%를 점하는 최대 상대국이었다. 그러나 중국 역시 제2의 무역상대국이었으며 더구나 무역총액으로는 1931~1937년의 중일전쟁 전야를 제외하고는 1894년 수준의 40~50배, 1913년 수준의 6~7배까지 늘어났다.

중국은 해방 직후에서 한국전쟁 전야까지 기존의 패권 일본과 새로운 패권 미국이 최대 무역상대국 자리를 가져가기 전에 한국 무역에서 최대상대국 자리를 잠시 회복했다. 휴전과 냉전의 막이 열리자, 한국에서 중국은 무역과 정치적 영향력 모두에서 관계없는 국가가 되다시피 했고, 미국이 예전 중국의 자리를 차지했다. 하지만 개혁개방 이후 새롭게 세계경제 및 국제정치의 파워로 등장하는 중국은 거의 100년 만인 2004년 다시 일본과 미국을 제치고 한국의 최대무역상대국이 되었다. 아니 한국의 2천여 년 역사 속에 유일하게 최대무역상대국이 아니었던 100년을 보내고 다시 원래 자리로 돌아갔다고 할 수도 있겠다.

물론 과거와 다른 점도 있다. 조중무역에서 조선은 항상 (아마도 한국사 2천 년 동안 내내) 수입초과였는데, 오늘날 중국은 한국에게 최대수출국이자 최대흑자국이다. 그렇지만 2007년에 중국이 한국에게 수출뿐 아니라 수입에서도 최대국가가 된 것처럼, 과거와 같은 수입형으로 바뀔 가능성은 여전히 있다. 아울러 새로운 환경 속에서 화상 네트워크가 향후 어떻게 한국과 관계를 맺게 될지는 여전히 미지수이다.

무역뿐만 아니라 노동 분야에서도 화교는 오늘날 새로운 형태로 한국 사회와 관계를 재설정할 것이다. 제3장에서 살펴보았듯이 조선 화교는 아시아 다른 지역의 화교와 달리 청의 정치적 개입 확대라는 "일국적" 요인으로 시작되었으며 그 일국적 팽창의 수행자였던 양무파 관료와 손잡고 성장했다. 그러면서도 그 "일국적" 자양분을 먹고 자라고 확대재생산하는 네트워크는 동아시아(나아가 이후는 구미까지) 전역으로 퍼져 나간 화교의 동향네트워크, 즉 동순태호의 경우는 광동(廣東, Cantonese) 화상(華商)의 그것이며 혹은 타 지역 화교의 경우 산동(山東)네트워크 내지 복건(福建)네트워크로서, "다국적"의 디아스포라 네트워크였다. 그렇기 때문에 일단 정치적 후광이 사라진 뒤 조선에 남게 된 화상 자본은 타 지역에서 화교 자본이 겪은 것과 마찬가지로 소수자[minority]로서 설움과 압박을 피할 수 없었다.

냉전으로 한국으로 들어오는 국경을 넘는 이주의 흐름은 크게 줄었다. 화교 숫자는 정체했고, 오히려 동남아시아나 미국으로 빠져나갔다. 하지만 냉전의 종결과 중국의 개혁개방 정책 이후 화교 인구는 다시금 급증하고 있다. 2007년 법무부는 불법체류를 포함하여 한국에 장, 단기로 체류하는 외국인 수가 백만 명을 넘었다고 발표했는데, 이 중 중국인이 전체의 절반 가까이인 44만 명을 차지하고 그중 재중교포인 조선족이 약 26만 명이었다. 일본의 재일중국인 수 역시 이미 2003년에 46만 명을 넘어섰으니, 이러한 이동의 급증은 한국만의 현상이 아니라 동아시아 전역에서 전개되는 것이며, 아울러 냉전으로 중단되었던 추세의 재개이기도 하다. 이들 신(新)화교의 다수는 외국인 노동자의 신분으로 한국에 입국해 있다. 그리고 주요 산업체의 노조가 외국인 노동자 고용금지를 노사협상에서 요구하는 등 노동시장을 둘러싼 경쟁역시 20세기 초의 복사판처럼 재현되고 있다. 국경을 넘나드는 자본, 상품, 노동의 흐름은 20세기 중반 냉전으로 중단되었다가 21세기에 더욱 거침없이 확대되고 있다.

그런 의미에서 19세기 말 이래 오늘날에 이어지는 일련의 유사현상의 확대재생산을 제대로 파악하기 위해, 일국 단위의 경제사를 넘어서 동아시아 경제사를 제기하는 것은 시의적절하다고 할 수 있다. 하지만 동아시아사의 구상이 역사를 보다 입체적으로 파악하는 성과를 거두기 위해서는 과제 역시 적지 않다.

우선 지역사로서 동아시아사에서 국가권력의 역할을 어떻게 삽입할 것인가의 문제이다. 지금까지의 검토에서도 나타났듯이, 국경을 넘어 동아시아를 주유한 유통과 이주에 있어서도 국가권력은 그 형태와 성격을 규정지은 핵심적인 요소였다. 재한 화교는 개인으로서 독립된 역사주체였지만, '자주'적인 측면 못지않게 청조의 팽창적 대외정책, 일본 식민지당국의 노동정책, 일본제국주의의 아시아 전략에 의해 규정되었다. '변경'은 국민국가를 뛰어넘기보다는 더 쉽사리 동원되었던 것이다. 소수자로서 화교 디아스포라는 적극적으로 정치 환경을 이용하든 아니면 "동원"되든, 역학 관계에서 늘 불안한 존재였다. 그런 만큼 제6장에서 동순태호 담걸생의 눈을 통해 본 화교의 정체성은 끊임없이 정치 환경의 변화에 따라 흔들리는 유동적인 것이었다.

두 번째로 '동아시아'라는 범주의 설정이 타당한가 하는 문제이다. 자주 이야기하지만, 중국이 동아시아 국가라는 발상은 한국과 일본에게 익숙할 뿐이지, 중국이나 중국과 국경을 접하고 있는 러시아, 인도, 동남아시아 각국은 흔쾌히 동의하지 않을 것이다. 중국은 아시아 제(諸) 국가들과 연결되어 있으며, 일본은 역사적으로 동남아시아와 빈번한 교류를 해 왔고, 동남아시아는 16세기부터 유럽사의 영향하에 있었다. 아울러 근현대사를 돌이켜보면 동아시아의 역내 교류가 활발해진 만큼 구미의 개입 역시 커졌다. 오늘날에 이르기까지 동아시아에서 구미, 특히 미국의 존재감은 더욱 커지고 있다. 동아시아사에 대한 미국의 개입 정도는 단순한 외부적 변수라기보다는 동아시아사의 구성요소에 가깝다. 한때 미국에서 동아시아가 아닌 '환태평양(pacific rim)'을 지역 연대의 단위로 제시한 것은, 미국 역시 태평양에 접한 동아시아의 이웃이라는 점을 강조한 것이었다.

이주의 흐름에서도 그 점을 확인할 수 있다. 지난 1990년부터 2000년까지 10년 사이에 중국계 해외거주자의 수는 천만 명도 넘게 증가했는데, 그 인구를 가장 많이 흡수한 곳은 아메리카 대륙이었고 유럽 및 오스트레일리아로의 이주도 크게 늘어, 10년 사이에 아시아의 비중은 16%나 낮아졌다. 그래도 아시아의 비중은 여전히 전체의 80%가량을 점하고 있지만, 중국이 고학력자로 더 좋은 생활조건을 찾아 이주하는 신(新)화교를 계속 배출하는 한, 선호지역인 구미로의 이주 흐름은 더욱 거세질 것이다.

이와 같은 문제가 제기되는 것은 '동아시아사'가 실체로서 먼저 인식되고 제기되기보다는 시대적·사상적 요구에 응하여 개념이 제시되고 실체로서의 동아시아사가 가능한지 타진되는 역순을 밟고 있기 때문일 것이다. 따라서 '동아시아'라고 금을 그어도 역사의 실체 자체는 그 금을 넘기 일쑤이고, 나아가 세계사와의 관련에 대해서도 명확한 대답을 주지 못하고 있다. 학문 전반에서 근대적 가치/구미에 대항하여 동아시아가 강조되고, 미국자본/헤게모니에 대항하여 상대적 주변부인 동아시아공동체가 강조되었다. 또 근대 내내

적대적 모순에 차 있었던 동아시아 내부 구성국 간의 갈등적 관계를 불식하고 평화상존의 동아시아공동체를 추구하면서, 그 가능성을 중화공동체의 화교나 한민족공동체인 한교(韓僑) 등 디아스포라 그룹에서 찾으려고 하는 것도 사실이다. 그렇지만 그러한 가능성을 제대로 현실로 구현하기 위해서노 학문적으로 냉정한 시선이 견지되고 역사적 실체를 추구하려는 노력이 필요하다. 그러한 면에서 최근 늘어나고 있는 화교에 대한 역사적, 실증적 연구는 긍정적이다. 동순태호 연구가 그 일익을 담당할 수 있기를 바란다.

마지막으로 일국사를 넘어선 동아시아적 시야에 공감을 표하면서도, 그 시선이 또 스스로 세계로 향하는 문을 닫는 자승자박의 자세가 되어서는 안 된다는 점을 말하고 싶다. 화교 연구에서 우리가 주목하는 경계를 넘는 움직임의 역사, 그 상호영향과 형성의 역사는 "동아시아" 안에서만 작동하는 것이 아니다. 화교 문제를 논할 때에도 서장에서 미국의 중국인 노동자 문제와 일본의 조선인·중국인 노동자 문제, 식민지 조선에서 한, 중, 일 노동자 간 갈등의 유사성을 지적했던 것처럼 '동아시아'는 유동체의 한 범주에 불과하다. 따라서 동아시아는 세계와 단절되지 않으며, 결국 세계사로 수렴된다. 그러한 의미에서 조선 화교사 연구 역시 한반도의 특수 상황을 함께 고려하면서도, 궁극적으로 인적 이동이 극적으로 활발해진 근현대의 세계사적 변화라는 맥락에서 적절하게 위치 지워지기를 바란다. 마찬가지 이유로 화교 자본의 역사성과 전망에 대한 문제도 세계자본주의의 재편 과정 속에서 논해질 수 있기를 바란다.

조선 화교사 관련 연구문헌 목록

* 중국어 문헌에 관한 소개 및 목록은 權赫秀 〈20世紀以來國內外學界的朝鮮半島華僑史硏究綜述〉(《韓國硏究論叢》 21, 世界知識出版社, 2009年11月)에 주로 의지하여 작성하고, 저자의 배려에 의해 목록에 첨부하였다. 원문에는 자세한 문헌 소개가 있음.
* 현대 화교에 관한 연구는 역사와 관련 깊은 문헌을 제외하고 배제하였다.

〈중국어 문헌〉

康恩誒, 《大韓民國的華僑政策》 臺灣大學國家發展硏究所 碩士論文, 2003.

高秉希, 〈晚淸中朝定期航線的開設背景及其影響〉 《史學月刊》 2005年08期.

高偉濃, 〈19世紀80年代中朝通商之初到朝鮮半島的廣東商人〉 《東南亞縱橫》 2004年4月.

高偉濃, 〈中朝通商初年到朝鮮的粵商〉 《廣東史志》 1988年第2期.

曲曉範, 劉樹眞, 〈當代朝鮮華僑的歸國定居及安置史略〉 《華僑華人歷史硏究》 2000年第4期.

權赫秀, 〈近代中國第一所公立韓國語教育機構—袁世凱駐韓公署附設韓語學堂考〉 《當代韓國》 2003年春夏合刊.

權赫秀, 〈陳樹棠在朝鮮的商務領事活動與近代中朝關系〉 《社會科學硏究》 2006年第1期.

梁志明, 《世紀之交中國大陸學術界關於華僑華人的硏究》, 中國僑網(www.chinaqw.com), 2001年12月28日.

盧冠群 編著, 《韓國華僑經濟》, 臺北, 海華出版社, 1956.

陸益龍, 《嵌入性適應模式 - 韓國華僑文化與生活方式的變遷》, 中國社會科學出版社, 2006.

李丹, 〈超國家民族經濟網絡的運營 - 華商大會與韓商大會的比較分析〉 《華僑華人歷史硏究》 2007第3期.

李正熙,〈近代朝鮮華僑制造業造業研究-以鑄造也爲中心〉《華僑華人歷史研究》 2009年第1期.
慕德政,〈朝鮮華僑教育的歷史回顧〉《華僑華人歷史研究》2001年第4期.
濱下武志著, 艾菊紅譯,〈20世紀初上海, 神戶, 仁川的海外華人金融網絡〉《海外華人研究論集》, 中國社會科學出版社, 2002.
孫科志,〈甲午戰爭前朝鮮華商研究〉 張啟雄 主編,《東北亞僑社網絡與近代中國論文集》臺北, 海外華人研究學會叢書六, 2002.
隋皓昀,〈山東移民韓國史略〉《山東文獻》52－3, 1999.
楊昭全, 孫玉梅,《朝鮮華僑史》中國華僑出版公司, 1991.
楊韻平,《汪政權與朝鮮華僑(1940－1945)：東亞秩序之一研究》, 臺北, 稻鄉, 2007.
王正廷,《朝鮮華僑概況》1930.
張兆理 編著,《韓國華僑教育》, 臺北：世界文化出版社, 1960.
張泰河,〈韓國華僑的過去、現在與未來〉《華僑華人歷史研究》1996年第2期.
晁中辰,〈旅韓華僑華人歷史分期初探〉 北京大學韓國研究中心《韓國學論文集》第九輯, 黑龍江朝鮮民族出版社, 2002.
晁中辰,〈旅韓華僑華人的歷史與展望〉《當代韓國》2000年第4期.
曹華清, 別必亮,〈韓國近代華僑教育初探〉《當代韓國》2000年春季號.
朱慧玲,〈韓國華僑社會的變遷與特點〉《華僑華人歷史研究》1996年第2期.
中央執行委員會宣傳部 編印,《萬寶山事件及朝鮮排華慘案》南京, 1931.
陳建康,《大韓民國與華僑概況》, 臺北, 中正書局, 1988.
秦裕光,《旅韓華僑六十年見聞錄－韓國華僑史話》, 臺北, 韓國研究學會, 1983.
崔承現,〈轉折中的旅韓華僑〉《華僑華人歷史研究》1999年第3期.
崔承現,〈華人網絡與韓人網絡的比較研究〉《華僑華人歷史研究》2007年第3期.
崔承現,《韓國華僑史研究》, 香港社會科學出版社, 2003.
華僑志編纂委員會編,《華僑志－韓國》, 臺北, 1958.
曉雪,〈<朝鮮華僑史>出版〉《華僑華人歷史研究》1991年第4期.

〈한국어 문헌〉

강진아, 「廣東네트워크와 조선화상 同順泰」, 『사학연구』 88, 2007.

강진아, 「근대 동아시아의 초국적 자본의 성장과 한계 -재한화교기업 동순태(同順泰)(1874?~1937)의 사례-」, 『경북사학』 27, 2004(『근대전환기 동아시아 삼국과 한국-근대인식과 정책-』 성균관대학교 출판부, 2006에 轉載).

강진아, 「동아시아경제사 연구의 미답지 : 서울대학교 중앙도서관 고문헌자료실 소장 朝鮮華商 同順泰號關係文書」, 『동양사학연구』 100, 2007.

강진아, 「이주와 유통으로 본 근현대 동아시아 경제사」, 『역사비평』 여름호, 2007.

강진아, 「中日무역마찰의 전개와 朝中關係의 변화-1920년대~1930년대를 중심으로」, 『근대전환기 동아시아 속의 한국』 성균관대학교출판부, 2004.

고승제, 「화교 對韓 이민의 사회사적 분석」 『백산학보』 13, 1972.

고승제, 「화교이민의 기원과 재한화교사회의 실태」 『한국이민사연구』, 장문각, 1973.

김승욱, 「20세기 초(1910~1931) 인천화교의 이주 네트워크와 사회적 공간」 『중국근현대사연구』 47, 2010.

김영신, 「開港期(1883~1910) 仁川港의 對外交易과 華僑의 역할」 『인천학연구』 2, 2003.

김영신, 「日帝時期 在韓華僑(1910~1931)-仁川地域 華僑를 중심으로」 『인천학연구』 4, 2005.

김영신, 「開港期(1883~1910) 仁川港의 對外交易과 華僑의 역할」 『인천학연구』 2, 2003.

김영신,「日帝時期 在韓華僑(1910~1931)-仁川地域 華僑를 중심으로」 『인천학연구』 4, 2005.

김희신, 「주조선사관(駐朝鮮使館)의 화교 실태조사와 관리 -청일전쟁 이전 한성(漢城),인천(仁川)을 중심으로-」 『명청사연구』 34, 2010.

남지숙, 『서울시 화교의 지리학적 고찰 : 1882년~1987년』 이화여자대학교 석사학위논문, 1987.

譚永盛, 『조선말기의 청국 상인에 관한 연구-1882년부터 1885년까지』, 단국대학교 사학과 석사논문, 1976.

문은정, 「20세기 전반기 마산지역 화교의 이주와 정착」『대구사학』 68, 2002.
문은정, 「해방이후 마산 화교사회의 인구 변화와 그 특징」『가야문화』 16, 2002.
박경태, 장수현, 이선옥, 손애경, 『국내거주화교인권 실태조사』 성공회대학, 국가인권연구회 간행, 2003.
박기철, 「화교 자본의 북한특구에 대한 투자 가능성 연구 - 신의주 특별 행정구를 중심으로」『중국학연구』 25, 2003.
박영석, 『萬寶山事件硏究 - 일제대륙침략정책의 일환으로서』 아세아문화사, 1978.
박은경, 이효재, 「한국 화교 및 화교 이동에 관한 연구」『(이화여자대학)한국문화연구원논총』 37, 1980.
박은경, 「북한화교연구시론」, 조한혜정, 이우영 공편 『탈분단시대를 열며- 남과 북, 문화 공존을 위한 모색』 삼인, 2000.
박은경, 「한국화교사회의 역사」『진단학보』 52, 1981.
박은경, 『한국화교의 종족성』 한국연구원, 1986.
박정동, 왕샤오핑, 『화인형 기업경영』 삼성경제연구소, 2006.
박정현, 「1882~1894년 조선인과 중국인의 갈등 해결방식을 통해 본 한중관계」『중국근현대사연구』 45, 2010.
박현욱, 박정동, 『한국화교(인천화교)의 경제활동 및 사회적 지위에 관한 연구』 인천발전연구원, 2003.
백영서, 『동아시아의 귀환』 창작과 비평, 2000.
손승회, 「1931년 식민지조선(植民地朝鮮)의 배화폭동(排華暴動)과 화교(華僑)」『중국근현대사연구』 41, 2009.
손정목, 「개항기의 한성내 외국인거류 경위」『한국사연구』 28, 1980.
손정숙, 「구한말 주한 미국공사들의 활동과 개인문서 현황」『이화사학연구』 30, 2003.
손정숙, 「주한 미국공사 알렌(H. N. Allen)의 외교활동(1897~1905)」『이화사학연구』 31, 2004.
양필승, 이정희, 『차이나타운 없는 나라-한국화교경제의 어제와 오늘』 삼성경제연구소, 2004.
왕은미, 「미군정기의 한국화교사회: 미군정,중화민국정부,한국인과의 관계를 중심으로」『현대중국연구』 7-1, 2005.
이사카와 료타, 「개항기 중국인 상인의 활동과 정보매체: 동순태서간자료를 중심으로」『규장각』 33, 2008.
이시카와 료타, 「조선 개항 후 중국인 상인의 무역활동과 네트워크」『역사문제연구』 20, 2008.
이옥련, 『인천 화교 사회의 형성과 전개』 인천문화재단, 2008.
이은자, 「"소송(訴訟)" 안건을 통해 본 청일전쟁 이후(1895~1899) 한중관계(韓中關係) 연구」『중국근현대사연구』 38, 2008.
이은자, 「청말(清末) 주한(駐韓) 상무서(商務署) 조직(組織)과 그 위상(位相)」『명청사연구』 30, 2008.
이정희, 「해방 이후 한국화교 자본 축적과 그 의의(1948.8.~1949)」, 한국경제공동학술대회 발표논문, 2001.
이정희, 「20세기 전반기 대구지역 화교의 경제적 활동(1905~1955년)」『대구사학』 80, 2005.
이정희, 「중일전쟁과 조선 화교-조선의 화교소학교를 중심으로」『중국근현대사연구』 35, 2007.
이정희, 「해방초기 인천화교의 경제활동에 관한 연구」『인천학연구』 9, 2008.
이현종, 「구한말 외국인 거류지내 조직체에 대하여」『역사학보』 34, 1967.
이화승, 「전주 화교사회를 통해 본 한국 화교의 고찰」『사림』 26, 2006.
전우용, 「한국 근대의 화교 문제」『한국사학보』 15, 2003.
정혜중, 「개항기 仁川華商네트워크와 華僑 정착의 특징」『중국근현대사연구』 36, 2007.
조희정, 『재한화교에 관한 지리학적 연구』 상명여자대학교 석사학위논문, 1986.
주봉의, 『학술화교들의 문화이식 과정에 있어서의 매체이용 패턴에 관한 연구』 서울대학교 석사학위논문, 1985.
채희남, 『우리 나라의 화교경제에 관한 연구』 전남대학교 석사학위논문, 1982.
최희재, 「양무운동기 민족의식 발전의 일단 -동치말, 광서초의 국권과 화교문제 인식을 중심으로-」『동양사학연구』 85, 2003.

하세봉, 「“동아시아 교역권”론의 지평 확대」 『중국근현대사연구』 10, 2000.
한동수, 「사학부(史學部) : 인천 청국조계지 내 공화춘의 역사변천에 관한 연구」 『국제중국학연구』 60, 2009.
한중문화협회 편, 『在韓國華僑槪況』 韓中文化協會, 1949.
한철호, 「개화기(1880~1906) 역대 주한 일본공사의 경력과 한국 인식」 『한국사상사학』 25, 2005.
현광호, 「영일동맹 이전 주한영국공사의 대한제국 정세인식」 『역사학연구(구-전남사학)』 31, 2007.

〈일본어 문헌〉

古田和子, 『上海ネットヮークと近代東ジア』 東京大學出版會, 2000.
綠川勝子, 「萬寶山事件及び朝鮮內排華事件についての一考察」 『朝鮮史研究會論文集』 6, 1969.
廖赤陽, 『長崎華商と東アジア交易網の形成』 汲古書院, 2000.
龍谷直人, 『アジア國際通商秩序と近代日本』 名古屋大學出版會, 2000.
濱下武志, 『近代中國の國際契機 : 朝貢貿易ツステムと近代アジア』 東京大學出版會, 1990.
山岡由佳, 『長崎華商經營の史的研究ー近代中國商人の經營と帳簿ー』 ミネルヴァ書房, 1995.
石川亮太, 「19世紀末東アジアにおける國際流通構造と朝鮮ー海産物の生産·流通からー」 『史學雜誌』 109-2, 2000.
石川亮太, 「開港後朝鮮における華商の貿易活動 - 1894年の淸國米中繼貿易を通じて」 森時彦 『中國近代化の動態構造』 京都大學人文科學研究所, 2004.
石川亮太, 「朝鮮開港後における華商の對上海貿易 - 同順泰資料を通じて」 『東洋史研究』 63-4, 2005.
石川亮太, 「ソウル大學所藏同泰來信の性格と成立過程 - 近代朝鮮華僑研究の端緖として -」 『九州大學東洋史論叢』 32, 2004.
石川亮太, 「開港期漢城における朝鮮人·中國人間の商取引と紛爭- 「駐韓使館檔案」

を通じて-」『年報朝鮮學』10, 2007.

小田內通敏,『朝鮮部落調査報告　火田民·來住支那人』朝鮮總督府, 1924.

小田內通敏,『朝鮮に於ける支那人の經濟的勢力』東洋研究會出版, 1926.

緦谷智雄,「在韓華僑の形成過程－植民地朝鮮におけるエスニックマイノリティ－」『日本殖民地研究』9, 1997.

李正熙,「韓國華僑研究の現在と今後の課題」『京都創成大學紀要』3, 2003.

李正熙,「南京國民政府期の朝鮮における華僑小學校の實態-朝鮮總督府の「排日」教科書取り締まりを中心に」『現代中國研究』26, 2010.

李正熙,「植民地期における在韓華僑の制造業に關する一考察」『京都創成大學紀要』4, 2004.

李正熙,「植民地期における朝中貿易と朝鮮華僑の商業活動」國際高麗學會西日本地域研究會發表論文, 2003.

李正熙,「韓國華僑研究の現在と今後の課題」『京都創成大學紀要』3, 2003.

李正熙,「近代朝鮮における中國農民の野菜栽培に關する研究-京畿道を事例として-」『史林』94-3, 2011.

朝鮮總督府官房庶務調査課編,『朝鮮における支那人の經濟勢力』1925.

朝鮮總督府庶務部調査課,『朝鮮における支那人』朝鮮總督政府資料 第七輯, 朝鮮總督府, 1924.

中川雅彦,「最大のバイリンガル—韓國華僑略史」『アジ研ワールド·トレンド』42, 1999.

河明生,「韓國華僑商業－1882年~1897年迄のソウルと仁川を中心として」『神奈川大學大學院經濟學研究科』23, 1994.

和田正廣, 翁其銀共著,『上海鼎記號と長崎泰益號-近代在日華商の上海交易』中國書店, 2004.

〈영어 문헌〉

Ishikawa, Ryota, Commercial Activities of Chinese Merchants in the Late Nineteenth Century Korea—with a focus on the documents of Tong Shun Tai archived at Seoul National University, South Korea, *International Journal of Korean History*, Vol. 13, Mar. 2009.

Kirk Wayne Larsen, "From Suzerainity to Commerce: Sino-Korean Economic And Business relations during the open port period 1876~1910", June, Harvard Univcrsity, Ph. D dissertation, 2000(Kirk W. Larsen, *Tradition, Treaties and Trade, Qing Imperialism and Chosŏn Korea 1850 -1910*, Cambridge (Massachusetts) and London: Harvard University Press, 2008)

중문요약[内容提要]

本書追究了近代轉換期在朝鮮活動的代表性華商同順泰號之歷史，以此論述了朝鮮開港之後朝鮮經濟與東亞華商網絡的互動機制。首爾大學所藏的同順泰文書在解釋此主題上提供了最佳的材料。通過分析同順泰文書，我們不僅能了解朝鮮華商的經濟活動而且通過華商的眼光可以窺視朝鮮社會和韓中關系之變化。

當淸朝加強對於朝鮮的介入之際，同順泰號從上海首先進出到仁川，接著進入到漢城而開創了同順泰漢城本號，不久將分號紛紛設立在朝鮮各地，成爲朝鮮華商資本最雄厚的商號。而且同順泰號在上海，廣州，香港，神戶，橫濱，長崎等地都有聯號，擔任了連接東亞通商口岸的廣東商人網絡之一個環節，積極地進行了對外貿易。同順泰號發展爲在朝鮮數一數二的貿易商，一時處理了朝鮮對淸貿易總量的30%。

不僅如此，同順泰號爲淸政府和派韓外交公署代辦了公款的存庫和出納功能，實際上扮演了戶部銀行辦事處的角色。進而以貿易業和批發零售業起家的同順泰號借1892年淸朝對朝鮮借款的名義，得到了各種商業上的特惠。此時，淸朝考慮朝鮮政府裏的反淸情緖，事實上使用了上海海關的出使經費項目提供的借款，竝借用了在朝鮮的華僑資本同順泰的名義。此就是兩次共計20萬兩的所謂同順泰借款。從此同順泰號能夠加強了與淸朝官員和朝鮮政府之間的密切關系，竝且同順泰借款規定了以仁川一漢城間的河流航運權和漢江輪船路線的開設權作爲借款的代價，朝鮮政府和淸朝合資創立了汽船公司，稱爲通惠公司，淸朝給與同順泰合資權，雖說合資，運營權卻歸於同順泰。此外，同順泰號發行的同順泰票在朝鮮港口和大城市裏好象法定貨幣一樣通行了。

同順泰號的創始人譚傑生(1853－1929)，出生於廣東省高要縣金利村，1880年代來到朝鮮，在漢城水標橋附近創立了同順泰號。譚傑生一開始在姐夫梁綸卿經理的上海同泰號擔當了報關業務，學習了經商，後來梁綸卿投資了資本要他去朝鮮擧辦同順泰號。

梁綸卿與以鄭觀應和唐廷樞等廣東省香山縣籍貫的買辦結識，關系頗爲密切，因爲兩者都屬於旅滬廣幫。鄭唐都爲李鴻章等洋務派大官做事，參加了清朝對朝鮮政策的各種工作，通過唐廷樞的周旋不少香山縣同鄕親戚進入到清朝派韓機構裏做官。梁綸卿在朝鮮開店的決定和同順泰號和清朝派韓機構之間的不凡關系，都由於梁綸卿的人際關系可以說明了。宏觀地說，同順泰號是以上海爲中心的東亞廣東華商網絡的成員。本書分析了同順泰號內部成員和聯號人物，此網絡就是由於同鄕關系和姻親關系被構成。

淸日戰爭後，該公司雖然政治背景消失，仍以經營多元化和房地產投資而持續發展20餘年。比如說，淸末官辦彩票業勃興，朝鮮華僑開始將中國彩票進口到朝鮮銷售，譚傑生發現票行有利可圖，在報紙上登載廣告，大爲宣傳，後來居上。要注意的是，朝鮮同順泰號經理譚傑生在該公司營業轉換的過程中估計通過買入梁綸卿股份的方式成爲名副其實的業主。在1924年漢城個人納稅排榜上第二名爲日本人中村再造，第一名則是同順泰號譚傑生。譚傑生不僅在經濟上處於華僑社會的首位，而且在華僑組織團體裏也起到領導的作用。1902年合竝朝鮮各地商會成爲全國性組織的“中華總務商會”，1923年的會長是同順泰譚傑生。他所屬的廣幫雖爲少數派，但同順泰在華僑社會的地位是獨一無二的。同年擔任副會長是北方幫的王竹亭，譚傑生同時兼任廣東東鄕會長。但是，隨著1920年代貿易保護主義的興起和韓國民族主義的高漲,同順泰漸漸開始走下坡路，在韓華僑未能在朝鮮站穩腳根，再加上譚傑生的兒子門陷入買空賣空，投資失敗，瀕臨破產，到1937年譚家擧家回國了。

찾아보기

[ㄱ]

가고타니 나오히토(籠谷直人) 24

가시선(駕時船) 165, 174

가와카츠 헤타(川勝平太) 21

강남의진채표(江南義賑彩票) 212, 213, 234, 247, 248, 249, 250, 251

강해관(江海關) 267, 268

경자배관(庚子賠款) 215

계중무역(啓中貿易) 48

고간정(古幹庭) 262

고동(股東) 132, 139, 140, 141, 146

고분(股分) 139, 140, 141

고평은(庫平銀) 73

공백홍(龔伯洪) 119, 120

공부국(工部局) 237, 239, 240

공앙거(龔仰蘧) 271

공화순(共和順) 260

관사(官紗) 182

관삼(官蔘) 64, 130

광방(廣幇) 66, 79, 124, 127, 132, 157, 158, 194, 259, 262

광승호(廣升號) 252

광익공사(廣益公司) 237

광제공사(廣濟公司) 213, 214, 229, 235, 236, 237, 240, 247, 248, 250

광조공소(廣肇公所) 125, 127, 132

광조방(廣肇幇) 124, 127, 140, 147, 157

광태성(廣泰成) 48

광태형(廣泰亨) 221, 228, 230

굉안지산공사(宏安地產公司) 146

구팔규은(九八規銀) 177

권혁수(權赫秀) 11, 13, 269

규은(規銀) 104, 177, 178, 179, 181, 182, 187, 188, 189, 191, 193, 194, 196, 197, 198, 209, 210

기창양행(旗昌洋行, Russel & Co.) 166

기창윤선공사(旗昌輪船公司, Shanghai Steam Navigation Co.) 166

[ㄴ]

나애자(羅愛子) 60, 77, 130, 140, 166

나요잠(羅耀箴) 118

나카무라 사이조(中村再造) 98

낙생선(樂生船) 157

남방(南幇) 66, 189

노열좌흥기(老悅坐興記) 122, 123

뇌송분당(雷誦芬堂) 153

[ㄷ]

담걸생(譚傑生) 8, 9, 10, 11, 12, 17, 27,

53, 54, 55, 56, 60, 61, 62, 63, 64, 65, 66, 70, 76, 77, 79, 93, 94, 95, 96, 97, 98, 99, 101, 102, 103, 104, 106, 107, 108, 109, 110, 111, 112, 115, 116, 117, 118, 119, 129, 131, 133, 134, 135, 136, 137, 138, 140, 141, 142, 143, 144, 145, 146, 147, 163, 164, 194, 195, 197, 255, 256, 260, 261, 262, 265, 266, 267, 269, 270, 271, 272, 273, 274, 275, 276, 277, 278, 280, 284
담상교(譚象喬) 116, 117, 135
담수봉(譚秀鳳) 103, 112, 136
담수선(淡水船) 153, 165, 170
담영봉(譚永鋒, Frank Tang) 11, 14, 17, 62, 108, 109, 110, 134
담영성(譚永盛) 61, 62, 63, 65
담옥계(譚玉階) 119
담이시(譚以時) 62, 115, 117
담정갱(譚廷賡) 116, 118, 139, 141, 145, 262, 273
담정곤(譚廷琨) 99, 100, 101, 102, 103, 106, 107, 112, 117, 136, 137
담정림(譚廷琳) 99, 102, 103, 112, 117, 136, 137
담정창(譚廷昌) 116, 136
담정택(譚廷澤) 11, 14, 17, 62, 63, 65, 94, 95, 101, 103, 104, 105, 106, 107, 108, 109, 116, 133, 135, 136, 143, 144, 145
담정호(譚廷瑚) 112, 116, 117, 136
담청호(譚晴湖) 115, 117, 118, 136, 143, 144, 145, 255, 260, 262, 267, 269, 278
당강(糖姜, 糖羌) 17, 156, 157, 158, 159, 194, 261
당걸신(唐傑臣) 127, 128, 135
당소의(唐紹儀) 76, 78, 126, 128, 129, 268, 269, 270, 273, 278
당오전(當五錢) 83, 202
당정추(唐廷樞) 126, 127, 128, 132
대덕교주채표(大德膠洲彩票) 226, 251
대익공사(大益公司) 229
대채(大彩) 223, 225
대채지희(大彩誌喜) 224
덕흥호(德興號) 61, 221, 228, 252
동가(東家) 193, 201, 207, 227, 275
동순태차관 19, 70, 72, 74, 79, 207, 264, 265, 267
동순태표(同順泰票) 7, 17, 80, 82, 83, 84, 85, 207, 231, 232
동양용달회사(東洋用達會社) 96
동태호(同泰號) 55, 62, 63, 65, 66, 76, 77, 104, 106, 117, 118, 120, 122, 123, 124, 125, 130, 131, 135, 140, 142, 143, 145, 148, 149, 150, 152, 154, 155, 156, 157, 158, 163, 164, 165, 166, 167, 168, 170, 171, 172, 174, 176, 177, 178, 179, 190, 194, 197, 198, 206, 210, 225, 243, 248, 250, 251, 256, 261, 267, 269, 270, 271, 278
동풍태(同豊泰) 118, 171
동학(東學) 13, 276, 277

두채(頭彩) 215
둔진호개문필묵장(屯鎭胡開文筆墨庄) 155
득채(得菜) 223, 224

[ㄹ]

라센(Kirk Wayne Larsen) 35, 39, 40, 51, 126, 148

[ㅁ]

마건충(馬建忠) 126
만경원(萬慶源) 122
만보산 사건(萬寶山事件) 42
만상당(萬祥堂) 122
만유리(萬有利) 224
만창화(萬昌和) 118, 122, 139
만취동(萬聚東) 48
모건(Morgan) 172
묄렌도르프 126
무라이 쇼스케(村井章介) 23
무역은(貿易銀) 200
무화상(茂和祥) 122
묵은(墨銀) 17, 73, 187, 199, 200, 202, 204, 205, 206, 207, 227
문은(紋銀) 177
미노베 슌키치(美濃部俊吉) 94
미조(米照) 259, 260, 273, 274
미카도택시회사 97

[ㅂ]

박애환(博愛丸) 165, 167
반달초(潘達初) 118, 119
발기(發記) 80, 96, 122, 123
백탁안(柏卓安, John Mcleavy Brown) 265
백합표(白鴿票) 212
보륭윤선공사(寶隆輪船公司, East Asiatic Co.) 165, 166
보순양행(寶順洋行) 125
보융행(寶隆行) 165, 169, 174
보제공사(普濟公司) 214, 240
복융상(福隆祥) 48
복화호(福和號) 119, 121, 122, 139, 142, 143, 162
북방(北幇) 66, 98, 144, 262
북양대표(北洋大票) 226, 233
비공식적 제국주의(informal imperialism) 35, 126, 148

[ㅅ]

사두(砂頭) 170
사리연(四厘捐) 262
사이토 큐타로(齊藤久太郎) 84
사치품 관세 41, 99
산동방(山東幇) 255, 256, 257, 260, 261, 262, 272, 274
산두(汕頭) 156, 157, 158, 168, 193, 194, 196, 197, 210, 261
산서표호(山西票號) 9, 85, 139
상융호(祥隆號) 119, 120, 122, 129, 136, 138, 142, 143, 162, 268, 269
상해상업공의공소(上海商業公議公所) 127, 135
상해총상회(上海總商會) 127
생원(生源) 156, 193, 194, 261
서성(瑞盛) 155, 260

서윤(徐潤) 125, 132
서초당(瑞草堂) 122, 123, 152, 193
설복성(薛福成) 34, 271
성업사(成業社) 105, 107
손경문(孫景文) 64
손윤필(孫允弼) 64, 65
송예(松藝) 141
수은단(收銀單) 268, 270
순직의진채표(順直義賑彩票) 214, 240, 241
순포방(巡捕房) 262
스기하라 가오루(杉原薰) 21
신덕양행(新德洋行) 125
신화조례(新貨條例) 200

[ㅇ]

안창호(安昌號) 218, 220, 221, 222, 223, 230, 232, 235, 252, 254
안학주(安學柱) 130
안화태(安和泰) 122, 123, 150, 151, 152, 162, 170, 172, 177, 189, 193
안휘철로권고표(安徽鐵路勸股票) 250
야스이 산키치(安井三吉) 45
양륜경(梁綸卿) 62, 77, 117, 118, 124, 125, 127, 128, 129, 130, 131, 133, 136, 137, 138, 141, 142, 143, 144, 145, 163, 256, 261, 269, 271, 272, 273, 274, 278
양리(洋厘) 175, 178, 189, 191, 193, 197, 244, 247
양소전(楊昭全) 44
양옥당(梁鈺堂) 135
양용방(梁容芳) 112, 117
여계직(呂季直) 44
여송표(呂宋票) 212, 214, 229, 235, 238, 243
연대(煙臺) 29, 53, 54, 60, 73, 104, 108, 112, 122, 136, 137, 138, 141, 142, 168, 241, 261, 278, 285
연발(聯發) 156, 158
연호(聯號) 68, 72, 120, 171
영미연공사(英美烟公司) 146, 147
영안태(永安泰) 122, 162
영양(英洋) 269
영태선(永泰船) 263, 265
영태원다잔(永泰源茶棧) 135
영태잔(永泰棧) 104, 106, 146
영태화연행(永泰和烟行) 146
영화서관(英華書館) 125
오장경(吳長慶) 35
오카모토 다카시(岡本隆司) 14, 40, 132
온주선(溫州船) 165
온처도(溫處道) 272
와터스(Watters) 198
왕초안(王初安) 129
외환규제법 48
용서장방(龍署賬房) 264, 266
우황(牛黃) 170, 171
원단(原單) 122, 154, 155, 156, 157, 172, 174, 177, 186, 194
원세개(袁世凱) 66, 68, 70, 76, 77, 78, 97, 126, 129, 131, 216, 258, 261, 263, 265, 267, 268, 270, 272, 273, 274, 275, 277, 280

원세동(袁世彤) 271
월섬(Walsham) 198
웡(R. Bin Wong) 21
윌킨슨(W.H. Wilkinson) 76, 77, 176
유곤일(劉坤一) 212, 214
유자후(柳子厚) 202
육신환(六神丸) 152
육의전(六矣廛) 67, 68, 96
윤보재(潤寶齋) 155, 156
윤선초상국(輪船招商局) 166, 167, 281
은호(銀號) 85, 187
응양(鷹洋) 63
의생성(義生盛) 118, 221, 228, 230, 260
이도재(李道宰) 81
이문선(鯉門船) 165, 170
이사청(理事廳) 252
이생호(怡生號) 76, 118, 140, 277
이시카와 료타(石川亮太) 10, 13, 26, 28, 51, 52, 63, 64, 89, 90, 114, 118, 135, 144, 160, 171, 291
이태겸(履泰謙) 122
이태호(怡泰號) 252, 260
이홍장(李鴻章) 34, 55, 126, 131, 214, 240, 258, 273
이화양행(怡和洋行) 126, 127, 166
이화윤선공사(怡和輪船公司, Indo-China Steam Navigation Co.) 166
익창성(益昌盛) 48
익태동(益泰東) 48
인창공사(仁昌公司) 48
인천화상조계장정(仁川華商租界章程) 59
일본우선주식회사(日本郵船株式會社) 165
일본제일은행(日本第一銀行) 70, 80, 263
임오군란(壬午軍亂) 35, 49, 92
임휘봉(林輝鋒) 132

[ㅈ]

자의국(諮議局) 217, 252
장지동(張之洞) 34, 187, 215, 216, 241, 242
전운사(轉運使) 266
전운사(轉運司) 77, 78, 130, 141, 266
전장(錢庄) 187, 196, 230, 276
전환국(典圜局) 64
정가현(鄭家賢) 63, 65
정관응(鄭觀應) 34, 125, 126, 127, 132
정기호(鼎記號) 153
정득붕(丁得鵬) 275
정백소(鄭伯昭) 104, 106, 145, 146
정병하(鄭秉下) 264, 266
정정강(鄭廷江) 125
정항륭(正恒隆) 154, 155
제일은행권(第一銀行券) 17, 80, 81, 82, 85, 201, 204, 209, 231, 263
조선식산은행(朝鮮殖産銀行) 103, 104, 105
조주방(潮州幇) 156, 157, 158, 194, 197
조청상민수륙통상장정(朝淸商民水陸通商章程) 59
주몽룡(周夢龍) 118
주방채표(籌防彩票) 215
주수신(周壽臣) 128
주월송(周月松) 262, 263
주차조선총리교섭통상사의(駐箚朝鮮總理交涉通商事宜) 259

주판호북천한철로초고채표(籌辦湖北川漢鐵路招股彩票) 249
주학운(周鶴雲) 260
중서서원(中西書院) 146
중식(中式) 223
중화총무상회(中華總務商會) 98
증기포(曾寄圃) 125
직성선(織成船) 165, 169, 170
직은(直銀) 196, 197
직평(直平) 196
직평칠태은(直平七兌銀) 196, 197
진광순(陳廣順) 154
진남포(鎮南浦) 36, 84
진달생(陳達生) 119, 136, 139, 143, 277
진동호(鎭東號) 78, 166
진수당(陳樹棠) 59, 68, 126, 280
진여삼(陳如三) 118
진항순호(陳恒順號) 122, 123, 152, 186

[ㅊ]
채병화(蔡炳龢) 118
천덕양행(天德洋行) 48
천진선(天津船) 157
청일전쟁(淸日戰爭) 19, 26, 27, 54, 55, 57, 58, 60, 73, 79, 80, 84, 86, 88, 90, 91, 121, 126, 131, 135, 136, 142, 143, 145, 149, 162, 163, 164, 166, 167, 172, 176, 198, 199, 208, 209, 210, 272, 275, 279, 280, 282
총서장방(總署賬房) 264, 266
총판상무위원(總辦常務委員) 59
축전환(筑前丸) 165, 167
출사경비항목(出使經費項目) 70, 267
치본단(置本單) 55, 177
칠태(七兌) 196

[ㅌ]
타보(打步) 183
탁표행(拆票行) 229
탄파(攤派) 241
태고윤선공사(太古輪船公司, China Steam Navigation Co.) 165, 167
태고행(太古行) 165
통리교섭통상사무아문(統理交涉通商事務衙門) 70, 265
통혜공사(通惠公司) 17, 74, 75, 77, 78, 130, 140, 264, 266

[ㅍ]
폐량개원(廢兩改元) 177, 188
포나사파선(布羅士巴船) 165
포머란츠(Kenneth Pomeranz) 21
표행(票行) 229, 230, 233, 237, 240, 250
프랑크(A.G. Frank) 21

[ㅎ]
하금원(何錦垣) 117, 132
하마시타 다케시(濱下武志) 9, 21, 22, 24
하야시 곤스케(林權助) 81
한성(漢城) 36, 59, 63, 64, 65, 67, 68, 69, 70, 79, 83, 91, 92, 94, 95, 112, 136, 142, 144, 163, 170, 172, 179, 186, 201, 207, 220, 221, 227, 231, 255, 257, 259, 261, 265, 267, 268,

269, 270, 271, 273, 275, 277, 278
한성개잔권(漢城開棧權) 69
한성은행(漢城銀行) 99, 227
한양호(漢陽號) 17, 75, 76, 77, 78, 130, 140, 266
합고(合股) 138, 141, 146, 147
합복당광동회소(合福堂廣東會所) 119
항순창(恒順昌) 260
항주선(杭州船) 165
해관량(海關兩) 86, 89, 162
해관신국(海關信局) 266
해구선(海口船) 165
행화춘(杏花春) 219, 221, 222, 223, 230, 231
허태신(許台身) 82
협화호(協和號) 155, 172
호개문묵(胡開文墨) 154, 155
호광총독(湖廣總督) 215, 241, 242
호북전성채표공사(湖北全省彩票公司) 241
호북첨연채표(湖北籤捐彩票) 17, 215, 216, 242
호운경(胡雲卿) 112, 136
호추(湖縐) 180, 182
화교배척폭동 42
화교복무(華僑服務) 48
화상총회(華商總會) 100, 252
화창호(華彰號) 122, 123
회은신(匯銀信) 268, 270
회풍은행(匯豊銀行) 70, 112, 120, 142, 206
회풍전표(滙豊電票) 120
후루타 가즈코(古田和子) 24, 25, 40